U0541555

商务印书馆语言学出版基金

《中国语言学文库》第三辑

基于梵汉对勘的《法华经》语法研究

姜　南　著

商务印书馆
创于1897　The Commercial Press

2011年·北京

图书在版编目(CIP)数据

基于梵汉对勘的《法华经》语法研究/姜南著. —北京:商务印书馆,2011

(中国语言学文库. 第3辑)

ISBN 978-7-100-08396-6

I. ①基… II. ①姜… III. ①法华经—汉语—语法—研究 IV. ①B942.1 ②H141

中国版本图书馆CIP数据核字(2011)第105224号

所有权利保留。

未经许可,不得以任何方式使用。

JĪYÚ FÀNHÀNDUÌKĀN DE FǍHUÁJĪNG YǓFǍ YÁNJIŪ

基于梵汉对勘的《法华经》语法研究

姜 南 著

商 务 印 书 馆 出 版

(北京王府井大街36号 邮政编码 100710)

商 务 印 书 馆 发 行

北京瑞古冠中印刷厂印刷

ISBN 978-7-100-08396-6

2011年11月第1版 开本 880×1230 1/32

2011年11月北京第1次印刷 印张 14¾

定价: 32.00元

本研究得到教育部人文社科重点研究基地重大项目《语言接触和汉译佛典语法比较研究：以梵汉对勘为基础》（北京大学汉语语言学研究中心，2005—2009，05JJD740177）的资助

目　录

第一章　绪论 …… 1

1.1　汉译佛典对于汉语历史语法研究的价值 …… 2

1.2　基于梵汉对勘的佛教汉语语法研究 …… 8

1.3　以《法华经》为代表的佛典专书研究 …… 19

第二章　佛经翻译中格范畴的系统对应 …… 24

2.1　概述 …… 24

2.2　宾格标记 …… 27

2.3　具格标记 …… 40

2.4　目的格标记 …… 57

2.5　方位格标记 …… 61

第三章　梵文原典动词变化之汉译 …… 75

3.1　概述 …… 75

3.2　时态表达式 …… 76

3.3　体貌表达式 …… 84

3.4　语态表达式 …… 97

3.5　语气表达式 …… 119

第四章　汉译佛经中的特殊构式 …… 132

4.1　框式结构 …… 132

4.2　同源宾语结构 …………………………………… 152
4.3　“自然为＋V”非宾格结构 ………………………… 157
4.4　特殊“是”字句——“S,N 是”句式 …………………… 161

第五章　复句与句法关联词…………………………………… 176
5.1　让步转折关系 …………………………………… 176
5.2　假设关系 ………………………………………… 181
5.3　因果关系 ………………………………………… 189
5.4　并列及选择关系 ………………………………… 194

第六章　篇章衔接策略…………………………………… 201
6.1　增译话题转移标记 ……………………………… 201
6.2　呼格的凸显与转移 ……………………………… 218

结语………………………………………………………… 226

缩略语及符号表…………………………………………… 230
参考文献…………………………………………………… 233
附录:《法华经》1～10 品梵汉对勘语料(节录) ………………… 244
专家评审意见…………………………………… 万金川　459
专家评审意见…………………………………… 洪　波　465

第一章　绪论

汉译佛典对于汉语史研究具有不可替代的重要价值，这不仅体现在它数量庞大、口语化程度高，能弥补同期（中古）中土传世文献在数量和质量（口语化程度）方面的不足，是中古汉语常规研究的必用语料；还表现在它作为汉语史上第一次大规模、可考察的汉外语言接触的直接产物，是研究历史上汉语受到外来语言影响的宝贵资料。然而，作为翻译作品，汉译佛典的语言无论在词汇上还是在语法上都不同于一般的汉语文言著作，表现出了口语和书面语、汉语与原典语的双重混合，呈现出复杂而独特的语言个性。现阶段，只有先进行专门的研究，对其特殊性有了足够的认识，才有可能科学有效地利用好这份珍贵的语料。基于上述认识，本书选取汉译《法华经》进行基于梵汉对勘的专书语法研究。

《法华经》（*Saddharmapuṇḍarīkasūtra*），包括西晋竺法护译《正法华经》和姚秦鸠摩罗什译《妙法莲华经》，是中古时期影响最大的两部汉译佛典。本研究的主要目的在于厘清译文与原典在语法上的联系，揭示汉译《法华经》特殊语法现象的来源和性质，并在此基础上讨论译经语法与汉语语法发展的可能关系。具体的内容是通过对《法华经》1～10 品进行全面细致的梵汉对勘和同经异译的比较，从名词格范畴、动词时体范畴、特殊构式、复句与句法关联词以及篇章衔接策略等诸多层面展示汉译《法华经》语言的语法面貌；并在与中土重要传世文献的对比中发掘中古译经的语法特点，分析探源，厘清哪些成分是汉语固有的，哪些成分是受原典语言影响新产生的，新产生的成分是仅仅出现在汉译佛典中，还是逐步融入汉语全民语的表达系统中。本书力图以系统、穷尽的专书语法研究揭开两部译经语言在语法上的特点，尤其是受到原典影响而形成的不同于汉语固有语法的特点，实践理想的、相对独立的佛教汉语语法研究。我们期望通过这样的研究，既能为佛教对汉语的影响这一“古老”的研究命题提供新的例证，同时也能为其他佛教汉语语法研究者提供一份“熟语料”，从而使中古汉语研究中对佛典语料的利用、使汉语史上由佛经翻译导致的语言接触研究以及中古汉语研究等等建立在更加科学的基础上。

1.1 汉译佛典对于汉语历史语法研究的价值

1.1.1 汉译佛典作为汉语口语的宝藏和对同期中土传世文献不足的重要补充，是进行中古汉语常规研究的必用语料。

吕叔湘(1985)曾明确指出研究各个时期汉语本质特征的根据当为白话资料，也就是“反映口语的书面语材料”。然而中古时期中土文献中以口语为主的“白话”篇章非常有限。相比之下，中古译出的汉文佛典则数量庞大，并且以方便向汉地普通民众传播佛教的教义教理为主要目的，注重译文的通俗性，富含流行于当时汉语共同语和方言中的口语俗语成分，比同期其他汉语文献更多地反映了当时汉语口语的真实面貌，所以，作为中古汉语白话资料的典型代表。汉译佛典理应成为汉语史研究的理想语料。

朱庆之、朱冠明(2006)在《佛典与汉语语法研究》一文中详细评介了 20 世纪以来有关汉译佛典语法的研究情况。概括而言，汉译佛典材料从 1980 年代以前的重视不足到 1980 年代以后的关注度逐步提升，以至“有关的论著中征引佛典语料已成为通例”(见方一新 1999)，汉译佛典被大量用于汉语史研究中，成绩有目共睹，不仅有力推进了汉语历史语法的研究，也成为汉语史研究走向深入的必然。如文中所述：

> 王力是目前所见最早利用佛典语料研究历史语法的国内学者。他在《中国文法中的系词》(1937)一文中曾引用《四十二章经》和《阿弥陀经》各2例。
>
> 吕叔湘也较早把目光投向了汉译佛典。他在1940年代进行的一系列近代汉语研究中(吕叔湘1999)，除了以禅宗语录为主要材料外，还利用了中古佛典的例证，如在《说汉语第三身代词》(1940)、《论毋与勿》(1941)中引用了《百喻经》，又在《论底、地之辨及底字的由来》(1943)引用了《佛本行集经》。
>
> 张永言也是国内较早注意到佛典语料价值并加以利用的学者。他在1960年代初期发表的一系列文章中(张永言1999)，便重视并广泛征引了佛典语料，其中包括对"会""会当""为当""尔许""能这样、如此""着""几多"等虚词早期用例的探寻。

稍有遗憾的是，系统而大规模利用汉译佛典语料来研究汉语历史语法的不是中国学者，而是日本的太田辰夫。他在《中国语历史文法》(1958/1987)的"跋"中专门讲到了研究的资料问题，明确指出唐以前的研究"译经应该进一步大量使用"。书后"引用书目"共列有隋以前译经30部，唐代译经2部。在很多语法问题上作者都有意识地引用了汉译佛典材料作为证据，比如助词"着"、被动式、重叠式、接头/尾辞等等。太田先生对汉译佛典重要性的强调，以及他在研究中的具体实践，为这部日后成为汉语语法史经典的大作增色不少。

许理和(1977/1987)继太田辰夫之后，再一次从语言学的角度强调了中古汉译佛典的重要性，认为在当时"东汉佛经译文这种宝贵的语言资料还没有引起语言学家们的普遍重视"。他对自己考订出的29部"可靠的"东汉佛经中包含的一些词汇语法现象(许认为反映了当时的口语)进行了颇具方法论意义的分析,比如词的构成、动词补语、代词系统等等,结论在今天看来仍然是可信的。

进入1980年代后,越来越多的汉语史研究者开始关注汉译佛典语料,并积极加以利用,研究成果层出不穷,进一步显示了汉译佛典在汉语历史语法研究中的价值。主要表现在:

第一,许多中古汉语新兴的语法现象都能在汉译佛典中找到更加丰富的例证,得到更加完整的体现。

汉语史上判断句的研究,主要集中在系词"是"的来源以及它产生的时间、产生的机制、成熟使用的时间等问题上。汉译佛典中系词"是"的使用,无论是数量上还是用法上,都比同期中土文献丰富,为上述问题的进一步厘清提供了重要条件。如唐钰明(1992)证明系词"是"在东汉已经"走向成熟"的四点理由均依赖佛典用例的支持。而且作为一条过硬的检验标准,陈秀兰(1997)、汪维辉(1998)都曾在东汉佛典中找到4处"不是"的用例。

汉语被动式的研究也与汉译佛典关系密切。中古时期是现代汉语最常用的"被"字句形成的重要阶段,吴金华(1983)、唐钰明(1987、1991、1993)的统计证明汉译佛典中被动句及"被"字句的使用频率要远远高于中土文献,这无疑为考察"被"字句的发展脉络提供了大量的语言事实。

动态助词"了""着"和结构助词"底"的最终形成是近代汉语中的事,但它们的源头都要追溯到中古,大量用例则来自汉译佛典。如梅祖麟(1981)最早把"了"的来源与南北朝的完成动词"竟、讫、已、毕"联系起来,指出"动+宾+完成动词"是"了"语法化的最初句法环境,而这一结构在中古佛典中最为常见。蒋绍愚(2001)进一步对比了"已、竟、讫、毕"在佛典与中土文献中的使用情况,指出"已"与"竟、讫、毕"性质有异,佛典中用于瞬间动词后的"已"才是完成貌词尾"了"的前身。

其他还有大量溯源中古的语法现象都有赖于佛典用例的支持。

第二,汉译佛典语言本身具有独特的语法表现,不同于地道的中土汉语,但与汉语语法的发展关系密切。

四字格的强势使用造成佛典中的双音成分激增,加剧了中古汉语双音化的趋势。志村良志(1984/1995)最早在汉语双音化的背景下考虑使成复合词的形成,认为在中古复音节词激增的时期内,某些词有可能越过并列连用的阶段而使成复合动词化,他所列举的二百多个复音动词中,大部分来自佛典。朱庆之(2003)更清楚地阐明了动补结构的产生受到了佛典翻译的影响:佛典中经常会用"同义连文"将单音词双音化或多音化,但译师有时会误用一些不是真正同义的词汇,这样便会产生一些特殊的双音动词——"准补充式",如"拔断、充满"等,而这些"准补充式"可能正是动补结构的重要来源。

许理和(1977)、太田辰夫(1988)、魏培泉(1997)、曹广顺、遇笑容(2000)等研究指出,中古最常见的两种处置式"取"字句和"持"字句都是在译经中产生且主要在译经中使用,中土文献里用例稀少。

梅祖麟(1978)、朱庆之(1990a)、何亚南(2001)等注意到现代汉语选择问句的前身"为……为……"式最早见于汉译佛经。

其他如魏培泉(2002)对佛典比拟式的研究,遇笑容、曹广顺(2002)对中古特殊疑问句的研究,等等。

可见,汉译佛典不仅可为溯源中古的语法现象提供丰富可靠的例证,还与汉语语法的发展关系密切,涉及汉语语法史许多重要方面的问题,是汉语历史语法研究中不可缺少的组成部分及中古汉语研究的必用材料。

1.1.2 汉译佛典作为汉语史上第一次大规模、可考察的汉外语言接触的直接产物,还是研究古代中印语言接触及其对汉语发展产生影响的珍贵资料。

由于目前有关汉译佛典语法的研究还处在起步阶段，汉译佛典语料在汉语历史语法研究中的价值远远未被发掘出来。研究者的目光主要集中在利用佛典语料研究汉语语法史中的传统问题上，研究中多将佛典语料与一般中土文献混为一谈，没有充分认识汉译佛典语言的本质特征。

日本学者辛嶋静志(1997)曾一针见血地指出，以往单纯从中国学角度的研究有其缺陷。这些研究总的来说有两类：一是收集用例，归纳性地阐明意思；二是停留在自始至终与外典(佛典以外的中土文献)中相类似的用法的比较，没有表明汉译佛典的特征，即汉译佛典是“翻译”。台湾学者万金川(2005)用“良药苦口”来形容辛嶋的批评。大陆学者作为当前汉译佛典语言研究的主力军，一方面虚心接受，一方面也在加深对汉译佛典语言的本质特征认识的同时，着力寻求适合的角度和方法展开新的研究。朱庆之(2001)就认为，过去研究佛教文献语言的角度和方法或多或少地存在问题，过分夸大了汉译佛经的口语化程度，那些在同期中土文献中不经见的语言成分和现象往往被认为是口语或方言的成分，企图从更早的中土文献中寻找来源，而忽略了佛教文献与原典的关系。在其看来，汉译佛典语言是一种与其他中土文献语言有明显差别的“佛教混合汉语(Buddhist Hybrid Chinese)”，表现在它是一种非自然产生的混合体——“一是汉语与大量原典语言成分的混合，二是汉语文言文与大量口语俗语和不规范成分的混合”。也就是说，汉译佛典语言作为汉语历史文献语言的独特变体，具有明显的混合特点，其中汉语与大量原典语言成分的混合实际上是语言接触的产物。

现代语言学理论已经证实，语言接触是导致语言演变的重要原因。在汉语的发生与发展史上，汉语与外族语言的接触从未中断过，既有由人员直接交流形成的自然语言接触，也有通过文字传播或文献翻译等间接途径进行的非自然语言接触。汉语史大量研究证明，汉魏六朝是汉语孕育巨变的关键时期。而此时正是汉语史上汉外语言接触异常频繁的时期，因此，在讨论中古汉语为何发生如此变化的时候，语言接触是一个不能忽视的因素。

汉末魏晋以来，汉民族与其他民族之间发生了大规模的民族融合，在这个过程中，汉语自然要与其他语言发生程度不同的直接语言接触，导致汉语的某些变化。此外，从东汉开始，印度佛教正式传入，作为重要的传播手段，中外僧人进行了大规模的佛经汉译活动，仅从东汉到隋这一段，就翻译了 1482 部、5702 卷共计 4600 万字的经典（朱庆之 2001）。这些经典的原文大部分由梵语等印度古代语言写成，是非常典型的屈折语，将其转换成典型孤立语的汉语，不但在古代中国文化史上，在世界古代文化史上都堪称奇观。直接参与佛经汉译的人虽然不多，但是翻译作为间接方式的语言接触，持续近千年，这无疑奠定了汉语与梵语等外族语言充分接触的良好基础。随着佛教的迅速传播，随着佛教对中国的“征服”，作为佛教教义的承载者，汉译佛经得到了广泛的流传，包含了大量原典成分的汉译佛经语言势必会对中国民众的语言生活产生重大影响。

当前，语言接触理论以及历史上语言接触对汉语发展产生过什么影响，已经成为学界关注的热点。汉译佛典作为汉语有史以来第一次系统欧化，即古代印度语言和文化对汉语和汉文化深刻影响的直接产物，在这方面具有独特的研究价值，有助于揭示中古时期受佛经翻译影响的汉语语法演变的面貌和机制，从而为汉语历史语法研究中的一些疑难问题找到更为全面合理的解释。

总之，汉译佛典以其量的优势和质的特色，对于汉语历史语法研究具有多重价值：不仅是中古汉语研究的理想语料，而且是语言接触研究的范例样本，语言对比研究的绝佳舞台，具备验证现有语言理论、酝酿新生语言理论的潜力。从这个意义上讲，汉译佛典更应受到汉语史研究者的重视，进而从全新的视角展开专门的研究，充分发挥它在汉语史研究中的作用，为揭示中古时期汉语演变的真相、丰富历史语言学理论以及语言接触理论做出积极的贡献。

1.2 基于梵汉对勘的佛教汉语语法研究

基于梵汉对勘的佛教汉语语法研究是迄今为止比较理想的佛教汉语研究，即通过汉译与原文的语言比较，厘清两者在语法上的联系，揭示汉译佛经中特殊语法现象的来源与性质，在此基础上探讨译经语法与汉语语法发展的可能关系。

1.2.1 梵汉对勘研究方法的必要性与可行性

汉译佛典语言的独特性质自然需要与之相应的研究方法，那就是梵汉对勘，包括梵汉对勘材料和方法的运用。

汉译佛典作为翻译作品，其语言无论在词汇上，还是在语法上，都混杂着外来的、非汉语的成分，或者说原典语言在词汇、语法上异于汉语的成分被披上汉语的外衣移植到译经中来。这些外来成分无疑是汉译佛典语言中最有特点的东西。要将它们从译经语言中剥离出来，最直接有效的办法就是利用梵汉对勘（见朱庆之、朱冠明 2006）。把某一部汉译佛典的词汇、语法与以梵文为主的原典语言相比较，厘清哪些成分是汉语固有的，哪些是原典的渗入或者受到原典语言影响而产生的。唯有如此，才能揭开佛教汉语的真实面貌，正确把握汉译佛典与梵文原典、与汉语全民语的关系，在更加科学的基础上探究佛经翻译影响下汉语的发展轨迹与演变机制。

梵汉对勘作为一种研究方法，很早就被用于佛教学、印度学及文献校勘领域，并且取得了丰硕的成果，词典、索引等具有较高学术利用价值的工具书不断编制问世，嘉惠学界。近年来，在国内外学者的大力倡导下，才开始将梵汉对勘从汉语史研究的角度用于佛典语言研究。

朱庆之（1990b、1991、1994、1998）较早将梵汉对勘方法和对勘材料用于汉译佛典语言研究，并初见成效。例如利用梵文平行词考订出《世说新语》"将无同"一语中语气副词"将无"的准确含义和可能来源，辨明佛典中频率副词"时/时时"经常表达"几乎不"的意义，等等，初步显示了梵汉对勘方法和材料的价值。

台湾学者万金川（2001、2003）强调汉译佛典语言的研究者应该具备一些原典语言的知识，不然会造成误读或误解。

日本的辛嶋静志虽然是佛教文献学者，也曾多次阐述梵汉对勘在汉语史研究中的重要性（1997、1998）。他倾力编纂的两部词典，《正法华经词典》（1998）和《妙法莲华经词典》（2001），分别收集了见于《正法华经》和《妙法莲华经》的大量佛教用语、音译词和口语词，这些词语要么没有被历来汉语词典或语法书收录，要么即使收了，也是以西晋后的文献作为依据。词典将这些词按音序排列，并附上梵文本（Kern-Najio校勘本及中亚出土写本）、异译本的对应词以及英文翻译。两部词典描写全面细致，对汉语史角度的佛教汉语词汇、音韵乃至语法研究都有很高的利用价值。

曹广顺、遇笑容（2000）较早地把梵汉对勘运用到汉语历史句法研究中，考察了处置式中可能受到的外来影响。蒋绍愚（2001）发现了汉语动态助词"了"的前身是佛典中用于瞬间动词后的"已"，而"已"之所以能在佛典中产生新的语法功能，主要源于对梵文"绝对分词"的对译。朱冠明、段晴（2005）也利用梵汉对勘方法，挖掘出佛典中一些可能受外来影响的特殊语法形式。

与词汇的直观、敏感、易变的特征相比，语法涉及一个语言的深层组织规则，具有高度的稳固性和隐秘性，变化不易察觉。如果离开系统的梵汉对勘，不仅难以探明许多佛典中特殊语法现象的来源，而且挖掘不出更多佛教汉语不同于中土汉语的隐性语法差异，进而限制佛教汉语和语言接触研究的深入展开。此外，对勘还有助于发掘梵汉两种语言各自不同的组织原则，展现佛经翻译如何跨越两类语言表层形式的差异、达到深层语义的对应。

根据目前实际，梵汉对勘也已经成为一套切实可行的佛教汉语研究方法。

虽然许多印度佛典到达中国以前，经历了复杂的文本变更及翻译转换过程，导致了一个非常混杂和分层的文本[①]。汉译佛经的原典除了梵语佛典外，还流传着阿耆尼语（吐火罗语 A）、龟兹语（吐火罗语 B）、于阗语、粟特语、维吾尔语、西夏语、蒙古语、满洲语等各种佛典。但是它们大多数只有片断，或是转译、重译，对研究很难有用处。因此，最早而且以比较有条理的形式流传下来的梵语佛典负有重大使命，是推进研究的支柱（见山田龙城 1988）。

19 世纪以来，大批佛典梵文写本问世，国际上随即掀起了校勘整理的热潮，学者们也据此比定出许多与现存汉译佛经同源的梵文原典，为进一步开展梵汉对勘的研究工作奠定了基础。

就《法华经》而言，该经的核心部分形成于公元前 1 世纪，嗣后长期流传印度、中亚各地。据史料记载，该经传入中土后，凡经八译，最早为三国吴 · 支谦节译的《佛以三车唤经》一卷，今已亡佚。现存完整的汉译本共有三种，按时代先后分别为：

西晋 · 竺法护译《正法华经》10 卷 27 品，286 年译出。收录于 T9，No. 263。

姚秦 · 鸠摩罗什译《妙法莲华经》7 卷 28 品，406 年译出。收录于 T9，No. 262。

隋 · 阇那崛多共笈多译《添品妙法莲华经》8 卷 27 品，601 年译出。收录于 T9,No.264。

其中《添品妙法莲华经》是对鸠摩罗什译本的重新校订,除了结构有所变动,略微增加一些内容外,跟《妙法莲华经》没有太大不同。所以学者们更多关注 3 世纪译出的竺法护本和 5 世纪译出的鸠摩罗什本。

《添品妙法莲华经·序》中保留了该经援用底本的最早记载:"昔敦煌沙门竺法护于晋武之世译《正法华》,后秦姚兴更请罗什译《妙法莲华》,考验二译,定非一本,护似多罗之叶,什似龟兹之文。余检经藏,备见二本,多罗则与《正法》符会,龟兹则共《妙法》允同。"(《大正藏》T9/134c)即认为竺法护译本似译自梵文,鸠摩罗什译本则可能转译自龟兹文译本。

由于两部佛经汉译之初的底本早已亡佚,现存的龟兹文本又残缺不全(见山田龙城 1988),所以我们不可能拿它们的原始底本来做对勘,但这并不意味着对比研究无从入手。因为在迄今发现的梵语佛典写本中,《法华经》的数量非常多,达四十余种,主要来自尼泊尔、克什米尔、中国新疆和西藏等地。学者们习惯上将这些写本划归三类两大体系。三类为:(I)尼泊尔写本;(II)吉尔吉特写本;(III)中亚写本(又称新疆写本或喀什写本)。

I. **尼泊尔写本** 写本数量有四种说法:39 个(汤山明)、45 个(克劳斯·伏葛尔)、36 个(冢本启祥、久留宫圆秀)、33 个(蒋忠新)。包括贝叶本和纸本。书写年代为 11—19 世纪。西藏发现的梵文《妙法莲华经》是从尼泊尔传入的贝叶本,也写于 11 世纪。这些写本是迄今所见数量最多、保存最完整的《法华经》梵文写本。

II. **吉尔吉特写本** 书写材料为桦树皮。大部分被零星卖掉,残缺不全。书写年代为 6—8 世纪。

III. **中亚写本** 都是纸本。书写年代为 7—8 世纪。

经过半个世纪以上各国学者的共同努力,目前已有多种精校梵本陆续问世。如：

H. Kern and Bunyu Nanjio(ed.)，*Saddharmapundarīka*，St. Petersburg，1908—12.（repr. in Japan，1977).

荻原云来(U. Wogihara)、土田胜弥(C. Tsuchida)编《改订梵文法华经》(*Saddharmapundarīka-sutra*，*Romanized and Revised Text of the Bibliotheca Buddhica Publication by Consulting a Sanskrit Ms. and Tibetan and Chinese Translations*)，山喜房佛书林，东京，1934—35。

N. Dutt（ed.），*Saddharmapundarīkasutram*，*with N. D. Mironov's Readings from Central Asian MSS*. Calcutta，1953.

P. L. Vaidya(ed.)，*Saddharmapundarīkasutra*，Darbhanga，1960.

Lokesh Chandra (ed.)，*Saddharmapundarīka Kashgar Manuscript*，New Delhi，Reissue，1976.

Hirofumi Toda (ed.)，*Saddharmapundarīkasutra Central Asian Manuscripts*，*Romanized Text*，Tokushima，Japan：Kyoiku Shuppan Center，1983.

蒋忠新编注《民族文化宫图书馆藏梵文〈妙法莲华经〉写本》，中国社会科学出版社，1988。

除民族文化宫藏品外，以上各梵文写本还经编辑缀合，全部收录于日本立正大学法华经文化研究所编《梵文法华经写本集成》(*Sanskrit Manuscripts of Saddharmapundarīka*，Collected from Nepal，Kashmir and Central Asia，京都：梵文法华经刊行会，1986—88)。

学者们多角度比较诸梵本，已基本确定该经大体以两个体系流传：尼泊尔本和吉尔吉特本同属于一个系统，多称作吉尔吉特-尼泊尔本，中亚写本则为另一个系统。就数量而言，中亚写本相当于尼泊尔写本的五分之二，也少于吉尔吉特写本；从时代上看，中亚写本属七、八世纪的遗物，比尼泊尔本为早，但晚于吉尔吉特本。最主要的是从写本使用的语言上看，中亚写本含有较多俗语化词汇和拼写不当的梵语化表示法，不如吉尔吉特-尼泊尔本固定，是现知最古老的梵文《法华经》原本。而现存的汉译本恰与中亚写本同源，这一结论得益于辛嶋静志(1991)的杰出工作。

辛嶋从语言特点上对现存《法华经》的梵本及汉译本进行了彻底比对，用大量无可辩驳的语言实例和统计数据证明：不仅竺法护和鸠摩罗什的译本都与中亚写本高度对应，而且鸠摩罗什译本与中亚写本的契合程度还高于竺法护译本。现将其对比所得的几组重要数据抄录如下：

	竺法护译本		鸠摩罗什译本	
	中亚系(O)	尼泊尔系(K')	中亚系(O)	尼泊尔系(K')
对应词例	698	365	490	229
不对应词例	321	789	182	510
比率	2.4∶1	1∶2.2	2.7∶1	1∶2.2

O = Petrovsky Manuscripts of the *Saddharmapundarīkasūtra* discovered in Kashgar

K' = MS held in the Tōyō bunko(东洋文库), Tokyo. A Romanized text was edited by Prof. Toda (1980—1985)

此外，译经史的研究也从侧面证明，东汉末年到西晋是佛经翻译的草创时期，由于来华传教的多为西域僧人，他们或以母语译本的佛经(史称胡本)为依据进行传译活动；从东晋到隋是佛经翻译的发展时期，梵本不断传入，亲赴天竺求经者日多，于是有条件依照梵本进行翻译，只有遇到疑难问题时才拿胡本来参照解决。其实，从鸠摩罗什开始，译经已具有一定的系统性了(见马祖毅 1998)。虽然《添品妙法莲华经》是根据梵本翻译的，但在语言上基本原封不动地照抄了《妙法莲华经》，两者的不同主要表现在章节编排和个别品次的内容上(见杨富学

1994)。由此可见,《添品》记载的鸠摩罗什译经所据的龟兹文本,与后来的梵语文本可能只是章节品次的不同,并无实质的语言差别。而且据汤山明(1994)的研究可知,鸠摩罗什学问精湛,通晓印度及中亚诸语,有着暗诵大量典籍的才能,完全了解《法华经》的传承过程。所以,译者完全有可能综合比较过当时多种语言的底本,包括龟兹文、梵文在内,译出《妙法莲华经》的。

前辈学者在佛教学、印度学乃至文献方面所做的深厚的语料甄别工作,已经为基于梵汉对勘的《法华经》语法研究提供了科学保证。我们可以放心利用他们的研究成果,进行语言对比分析,为汉语史研究服务。我们首先从中亚系梵文原典中选定荻本作为对勘本,因为该书做过两种传本间的对比、互校,并且全部为罗马字母转写,便于逐词切分解析。汉译本方面,选用目前做过较好校勘、学界使用率最高的日本《大正新修大藏经》(简称《大正藏》)本,对于其中繁多的异文现象,本文暂就研究中涉及的具体问题,具体分析,通过梵汉对勘和频率统计,初步判定异文所指。

1.2.2　适合汉语史研究的梵汉对勘语料

首先,对勘不是件简单的事,颇具难度且繁琐耗时。仅仅查词典,对照相应的单词远远不够。目前能做到的比较理想的研究是在一部佛经相对完整的体系内进行梵本及异译的彻底比较,逐字逐句地释义并标注语法信息,精密做到"一个助词也不忽略"(周达甫 1957),进而建构系统,对梵汉两种语言进行类型对比分析。唯有如此,才能揭示汉译佛典语言的特点,真正为汉语词汇史、语法史研究所用。

其次,对勘不仅要累积数量,更要提高质量。须谨慎为之,兼顾系统全面,避免窥豹一斑。就《法华经》而言,其原典的编制及流传过程十分复杂,即使可以确定较古的中亚写本和两个汉译本同源,但它毕竟不早于翻译当时的底本，比较科学的态度是把它作为目前梵汉对勘研究中最为接近的参照物。何况翻译并不仅仅是单纯的词语转换，更多的是一种类型转换。水平越高的翻译，越能明确传达出源头语和目的语的语言类型差异，呈现的对应也越成系统、有规律。单凭几个对应例子，不仅很难呈现对应形式在各自语言系统中的地位，更无法断定译文中某个独特的词汇语法现象是否受到原典影响。所以对勘只有建立在系统对应的基础上才真实可信，否则很容易流于肤浅，失之偏颇。这也是我们拿整部经或一部经的大部分来做对勘的意义所在，建立足量的对勘语料是实现系统研究的前提。

1.2.3 相对独立的佛教汉语语法研究

目前从语法史研究角度，对一部佛经进行系统梵汉对勘的论著只有王继红的博士论文《基于梵汉对勘的佛教汉语语法研究——以〈阿毗达磨俱舍论·分别界品〉为例》(2004)。《俱舍论》属于佛典三藏(经、律、论)的“论”藏部分，论文详细对勘了其中一品，探讨了汉语对梵文名词变格、动词变位的各种翻译模式，发现了“论”部佛经语法的一些特点，是一次不错的尝试。

有鉴于此，我们选择口语化程度较高，在汉地流传甚广、影响深远的“经”部佛典的代表《法华经》，进行更大规模的梵汉对勘，在占有更丰富对勘材料的基础上，系统挖掘佛教汉语的语法特点，理清它们与原文的对应关系与形成过程，归纳类型，总结规律，力图揭示佛经翻译导致的语言接触是如何作用于译经语法、进而影响汉语语法的发展的。

我们知道，各种语言逻辑结构相通、表达形式互异。人类语言的共性是翻译得以进行的理据，而翻译的基本目标则是实现源头语和目的语之间语义功能的对等转换。梵汉两种语言的结构类型存在巨大差异，佛经翻译者在忠实原典的前提下，可以推知他们的大部分精力不是制造"特殊",不加鉴别地引进原典语言的异质成分,这会背离佛教的传播理念,影响译经在汉地的接受,而是千方百计地在目的语汉语中寻找与源头语功能一致的或者最为接近的对应方式。也就是说,佛经翻译不可避免地要受到汉语和原典语言的双重制约,译者须以原文语法为指针,不断在汉语语法系统中寻找对应目标,表现出汉译对原文进行语法模仿(grammatical calque)和语法复制(grammatical replication)的显著倾向。我们通过《法华经》的对勘研究初步得知,佛经翻译建立梵汉对应的方式主要包括:

第一,选择汉语中与原文功能相同或相近的语法形式。例如:用古汉语既有的介词"于/於""以""在""从""为""与"等对译原文的名词格尾,起到基本相同的格标记功能;用副词"已""方""当""初""自"等、助词"所""见""唯"等、助动词"使""令""可""宜""敢""愿"等对译原文的动词语尾,表达相近的时、体、态、语气等语法范畴;用连词对译对应原文同样标示句法联接的不变词;等等。

第二,重新分析汉语固有成分,使其与原文语法形式功能趋同。例如:在上古汉语中,介词"于/於"基本不出现在动宾之间,引介动词的受事,但是由于译经频繁用它来翻译原典梵语表现受事的业格格尾,因而发生功能扩展,除了可以引介处所、时间、工具、原因、比较对象等非受事论元外,还被用作宾格标记,引介动作的受事,与原文业格功能趋同。又如:汉语固有的助动词"能"因频繁对应原文动词的主动态变化而发展为译经动词的主动态标记;汉语固有却不常见的完成义动词"已"被译经改造成专门对应原文动词独立式的完成体标记;古汉语中表示人数众多的形容词"诸"和表达同类、类属的名词"等"因频繁对应原文名词的复数变化而发展为译经常用的复数标记;古汉语中出现在句首话题位置的时间词"今""(是)时"、动词"有"因频繁对应原文表现话题转换的小品词或词形变化,而发展为译经常用的话题转移标记;等等。

第三，参照原文的构式、语序以及语义分工，重组汉语现有材料，构造与原文功能对等的新兴语法格式。例如：仿译原文等比结构创造形式相近的框式介词“如……等/许”；仿译原文关联词语成对使用的倾向创造新型选择连词“为……为……”式；仿译原文动宾同辞现象构造同源宾语结构。又如：仿照原文具格词序而移至句尾的框式介词“与……俱”；为准确表现原文名词复数范畴形成的框式词缀“诸……等”；依据原文表现起因和目的因的格尾分工形成的框式介词“以/由/用/因……故”和“为……故”；等等。

伴随以上几种方式，来自原典的异质语言成分逐步进入汉译佛经，与汉语固有的语言成分相互竞争、混杂、融合，首先导致译经语法发生变化。变化几乎波及名词格范畴、动词时体范畴、句法结构、复句及语篇等各个语法层面（详见本书二至六章），或激活、强化了汉语中原本存在、但又相对薄弱的语法功能，加深了语法化的进程，或在汉语固有形式和功能的基础上产生新的形式和功能，引导着语法化的方向。结果具体表现在：

第一，新兴语法格式和功能直接填补了汉语语法系统中的空位，丰富了汉译佛经语言的表达方式。如对译动词独立式使动词后“已”增添了表达完成的功能，对译原文名词业格使介词“于/於”增添了引进受事的功能，直译原文呼格导致译文语篇中出现大量人名插入语，还有许多仿译原文构式特征形成的特殊结构，等等。

第二，汉语固有成分，包括传统书面语不用或罕用的口语形式和方言形式，随着汉译佛经的高频使用，开始语法化或者语法化程度加深，即逐渐丧失原本实在的词义和词性，向功能单纯的语法标记虚化。如方位名词“中/上/下/前/后/内/外”、时间名词“时”、缘故义名词“故”等虚化为后置格标记，完成义动词“已”虚化为体标记，时间名词“今”、存在义动词“有”虚化为话题转移标记，汉语固有的介词、副词、助词、助动词等被成批改造成系统对应原文名词格及动词时体等语法范畴的语法标记，等等。

第三，大量语法标记的出现使得汉语句子扩容、句法格式日益复杂。由于译经倾向在原来汉语可用也可不用语法标记的地方添加语法标记，甚至使用功能羡余的双重标记，如用各类框式结构明确标识句中成分之间的语法关系，自然造成了句子长度增加。与此同时，在各类显性标记的帮助下，更多句子成分得以进入句中或者发生句法上的移位，形成复杂句式。

可见，变化造成了汉语固有语义单位的重新排列、句法关系的重新分析、语法功能的类推和扩展。尽管如此，它们并未从根本上改变汉语的结构类型，汉译佛经依然是用符合汉语类型特征的语法手段，即在汉语线序列中附加词汇、语法形式，对等转换原典语言的屈折变化。这说明，语法的稳固性主要体现在它的结构类型上，而表达名词格、动词时体、句法关系、复句连接和话题转换等语法意义的功能成分，则是语法系统中的易变元素，可能在语言接触等外部动因的影响下发生变化。

于是，包含大量语法变异的汉译佛经语言便以汉语变体的身份、通过扩散的方式作用于汉语。变异成分的生命力取决于它们与汉语结构系统的相宜性。有些变异形式因与汉语本质不相容而受到排斥或止步于译经，例如：早期译经常常原封不动地直译呼格，导致对应的人名称呼语插于句中，割裂句意，竺法护译《正法华经》中仍可见到此类译法，但在翻译更加成熟、本地化程度更高的鸠摩罗什译本中则被取缔，人名称呼语要么移至句首，要么采用符合汉语习惯的意译方式。又如：纯粹为了配合译经文体、凑足字数的多音节情态标记“唯愿哀”“唯愿垂”“愿唯垂”“唯愿加哀”等因违背汉语词汇双音化的趋势，没能进入中土汉语，等等。而更多变异形式则为汉语结构系统接纳包容，逐渐固定下来，随着经典在汉地的广泛传播，渗透到汉语全民语的表达系统中，推动了汉语语法的丰富与发展。

1.3 以《法华经》为代表的佛典专书研究

1.3.1 佛典专书研究的价值

佛典专书研究是系统揭开译经语言特点的基础。要科学有效地利用好汉译佛典这份珍贵的语料，真实全面地勾画出中古汉语的基本面貌，深入讨论语言接触对汉语发展的影响，必须先进行基础性的、相对独立的佛教汉语研究，尤其得从佛典专书研究入手。

许多前辈学者都强调过专书研究的重要性。如吕叔湘曾多次指出，汉语史研究应以专书研究作为基础。“要对古代汉语进行科学的研究，就要注意时代和地区的差别。……一方面在同一作品中找规律，一方面在作品与作品之间就一个个问题进行比较。”（见何乐士 1999）只有经过了这样的基础性研究，才有可能对汉语发展中的时代、地域差别有一个科学系统的认识，真正找出汉语在各个时期的特点，全面呈现汉语发展的历史。

佛教汉语作为汉语历史文献语言的一个非自然的独特变体，混杂了原典语言、汉语的文言、口语以及方言俗语等诸多语言成分，要比传统中土汉语具有更加复杂多元的性质。如果不从专书、基础性的研究做起，不仅难以廓清汉译佛典中由不同时代、不同译者、不同语言以及不同语体造成的差别，也无法有的放矢地探究佛教汉语中诸多特殊现象的来源。

因此现阶段，我们应当选取一部佛经为参照点作共时和历时的比较，包括与同期中土文献的比较，与不同时代不同译者的异译经典的比较，通过系统、穷尽的对比分析，充分发掘汉译佛典语言不同于地道中土汉语的独特之处，包括特殊的语法现象、佛典用语和句式的演变与定型过程、不同时代不同译者的风格差异及差异的构成因素，等等。这无论是对佛教汉语研究、还是对整个汉语史研究来说，都是最基础、最重要的工作。

1.3.2 《法华经》的研究优势

《法华经》属于初期大乘佛典，它久负盛誉，是所有佛教典籍中影响最大、传播最广的一部②。在尼泊尔，《法华经》是所谓的“大乘九宝”之一。在汉地，它更是屡次被译成中文，讲诵注疏甚多，仅南北朝时期，注疏此经的就达七十余家；敦煌写经中，该经的比重也独占鳌头，上世纪初发现的敦煌藏经洞保存了五六万号古代汉文写卷，较长有三万号左右，仅《法华经》的数量就超出五千号，占六分之一强，大部分写于南北朝及盛唐阶段，而且在敦煌遗书中还保存了三十余种未入藏的《法华经》注疏，充分说明了该经在汉地的重要地位（见方广锠 1997）。传入日本后，《法华经》被誉为“大乘之经王”及“镇护国家之经典”。在亚洲与佛教有关的其他各国中，也保存下来数量庞大的《法华经》写本、印本及出土断简残篇等。除前文介绍的梵文写本及汉译本外，还流传着吐蕃、于阗-塞、回鹘、龟兹、西夏、蒙古、满、朝鲜等多种语言的译本（见本田义英 1949；杨富学 1994），加上现代英、法、德、意、日、西班牙诸语译本，数量更为可观。拥有如此丰富的文献资料，对大多数印度佛典来说可谓望尘莫及，《法华经》因此也成为各领域研究者最关注的一部经典，并且已经在佛教学、印度学以及文献校勘等方面取得了丰硕成果，不仅有经过严格校勘的梵本及汉译问世，还有多种词典、索引类工具书可供利用，为我们进一步展开梵汉对勘的佛教汉语研究扫清了障碍。《法华经》现已具备以直接方式进行梵汉对勘的优越条件。

与此同时，汉译《法华经》语言本身也具有极高的研究价值。具体表现在:(I)3世纪竺法护译《正法华经》和5世纪鸠摩罗什译《妙法莲华经》都属于早期汉译佛经,口语化程度要高于晚期,此时翻译尚未定型,程序化③的东西不多,语言表达生动、富于变化,而且词章优美,拥有较高的文学价值,易于争取包括文人学士和普通百姓在内的大批受众群体,这为它在汉地的广泛流传创造了有利条件。(II)竺法护和鸠摩罗什都是中国译经史上举足轻重的翻译大师,代表了中国译经史两个重要阶段——"古译"和"旧译"时期的最高译经水平。竺法护是外籍侨民中的僧侣居士,鸠摩罗什为东来弘法的西域胡僧,他们"华梵兼通",又有训练有素的中国助译鼎力襄助。如释僧睿《法华经后序》所述,鸠摩罗什法师主持翻译《妙法莲华经》,"于时听受领悟之僧八百余人,皆是诸方英秀,一时之杰"。因此他们的译作极具普及性和影响力,至少可以如实反映经典译出时汉译佛经的语言面貌。(III)两个译本相隔一百余年,翻译技巧和翻译条件都发生了很大变化,译文也由初期的艰涩生硬走向流畅灵活,可以让我们比较直观地看清楚期间语言发展演变的轨迹,更全面地了解诸多特殊语法现象的来龙去脉,揭示它们从无到有、由简而丰、从杂乱到有序的演变过程和规律。这种有不同时代异译本的佛经实在是进行佛教汉语及汉语史研究的绝好材料,理应成为研究的首选对象。下表为两位译师翻译《法华经》时的基本情况对比:

译者 项目	竺法护	鸠摩罗什
译经耗时	3周(公元280年9月15日—10月6日)	10月余(公元406年3月8日—407年1月15日)
译场组织	私人组织	国家译场
助译人员	聂道真等几个人	慧观、僧叡、僧肇等八百余人
译经理论和技巧	尚无理论、逐语逐句式直译	已有道安"五失本三不易"、直译意译相结合

初步研究表明,从东汉到魏晋属于佛经翻译的"古译"阶段,译者多

采用硬译的方法，除了为忠实原文外，还因为很多概念在汉语或译者个人的言语系统中一时找不到合适的对应方式，于是音译和仿译大行其道，尤其依照原文逐字逐句的直译方式常常将原典的构词方式和句法结构搬进译文，导致译文中出现大量中土汉语罕见或未见的语言现象，这时的译文洋泾浜的味道很重（见朱庆之 2001）。而到了东晋南北朝的"旧译"阶段，佛教传入中国将近四百年，中国文化和汉地民众对佛教的接受程度、汉语对佛教义理的传达能力和译者对汉语驾驭能力都有所提高，译经理论和技巧也大为改进，翻译日臻完善，直译和硬译成分逐渐减少，取而代之的是既能有效反映原文句意文法、又符合汉语表达方式和表达习惯的翻译用语，译文更加通顺流畅，本土化程度不断加深。尤其是鸠摩罗什的译作极具文学性和感染力，一经问世，便于汉地盛传，超越此前所有译本，"时所宗尚，皆弘秦本"。（释道宣述《妙法莲华经弘传序》）大大加快了印度佛教的中国化进程，"凡佛法东渐以来，大化普润多是什公力也"。（《法华经传记》）

然而，目前对《法华经》的语言研究与它的语料价值不成正比，基本上限于零星的语词辨析和小范围的专题考察。如胡湘荣的《从鸠摩罗什的佛经重译本与原译本的对比看系词"是"的发展》(1993)，黄国清的《竺法护译〈正法华经〉"自然"译词析论》(2001)，朱冠明、段晴的《梵汉本〈法华经〉语词札记》(2005)等，尚未形成体系，仍然大有可为。

因此，在佛教学、印度学和中国学研究成果基础上，进行基于梵汉对勘的《法华经》语法研究，不仅可以在相对完整的系统内呈现早期汉译佛典的语法特点，也有助于揭示受佛经翻译影响的汉语语法演变的动因和机制，为汉语历史语法研究开拓一个新的视角。

附　注

① 有关此项研究的详细进展和重要成果见丹尼尔·布歇(Daniel Boucher)的

总结性论文《犍陀罗语与早期汉译佛经的再思考——以〈法华经〉为个案》。

② 见蒋忠新编注《民族文化宫图书馆藏梵文〈妙法莲华经〉写本》(1988)之季羡林序。

③ 伴随翻译理论的成熟,翻译模式逐渐形成,由此带来译经语言的僵化,与实际口语渐行渐远。

第二章　佛经翻译中格范畴的系统对应

2.1　概述

佛经翻译中格范畴的系统对应是指，译者为了实现梵汉两种语言结构类型的对等转换，全面参照原典梵语的名词格尾体系建构汉语格范畴的显性表达系统，使得汉译佛经中带有格标记性质的语法形式显著增加，无论是种类还是使用频率都远远超出同期中土汉语，并且这些格标记的语义分工与原文格尾成系统对应，呈现出汉译佛经的语言特点。

“格”是人类语言共有的重要语法范畴，指处于底层的句法-语义关系，不管是否体现在表层形式上。人类语言一定先有各种不同类型的句法-语义关系，然后才会产生各种格的形式表达这些关系，如通过词缀、异干法(suppletion)、附加助词或词序制约等办法(Fillmore 1968)。所以从这个意义上说，梵汉两种语言的类型差异主要反映在格范畴的表现形式上。

梵语的格范畴表现为名词(包括形容词、代词)的八种格尾变化，旧译“八啭声”：体、业、具、为、从、属、依、呼[①]。每一格都有特定的意义和用法，句中名词与动词之间的句法-语义关系皆可由格尾变化表现出来。汉语主要依靠语序和虚词来分辨句中名词的语义角色。当名词性成分是动词的直接题元，即施事或受事时，一般投射为句法上的主语或宾语，三价动词还允许宾语位置容纳另一个宾语，即接受者，或可称作与事，它们通常由语序来制约，相对于动词的位置固定，主语一般在谓语之前，宾语则紧跟动词之后，不须另附形式标记。当名词性成分是动词的间接题元时，一般投射为句法上的状语或补语，常常会带上形式标记，即附加介词（adposition），包括前置词和后置词（preposition 和 postposition）。例如普通话中，用前置词"以/用/通过"等引介工具类题元，用后置词"上/下/里/外/中"等引介方所类题元，前置词和后置词还可以临时组合成框式介词（circumposition），如用"跟……一起"引介伴随者题元，用"为了……起见"引介受益者题元，有时出于某种需要，主、宾语位置默认的直接题元也可临时降格（degrade）为间接题元，"被迫"靠介词引进，如用"把"引介受事，用"被"引介施事，等等（参见刘丹青 2003）。

但是在上古汉语里，利用形式手段标识名词语义角色的倾向并不突出。格范畴的表达手段是以语序-语义制约为主、形式标记为辅，例如许多名词性成分可以不带任何句法标记直接用在动词前作状语。而且一个介词身兼数职的现象司空见惯，例如"于/於"几乎可以引介与动词相关的各种语义角色：施动者、工具、原因、时间处所、相关对象、比较对象、服务对象等等，如此纷繁复杂的功能自然影响其表义的精确性，难以承担标示名词不同语义角色的职责。可见，至少在佛教传入中国之前，古汉语中尚未形成一套完整现成、可为佛经翻译直接利用的格的表层形式系统。

然而汉魏以降，受译经狂潮侵袭，汉译佛经中迅速涌现出大批形色各异、功能单纯的显性句法标记，专门标识句中名词的语义角色，十分接近于格标记（case marker），如前置词"于/於""以""在""从""为"等，后置词"中""上""下""内""外""故"等，尤其善用表义更加具体周密的框式介词，如"于/於/从……中/上/后""以/为……故""与……俱"等。它们在译经中的使用频率远远超出同期中土文献，参见下表抽样对比：

文献＼词项	于/於[②]—（～……—上/下）	从—（～……中）	以[③]—（～……故）	—上/下	—中	合计
《搜神记》（7.1万字）	268(12)	56(9)	308(0)	183	291	1106
《世说新语》（8.1万字）	283(8)	33(3)	279(0)	125	156	876
《正法华经》（9.2万字）	760(26)	169(1)	435(36)	135	186	1685
《妙法莲华经》（7.8万字）	769(10)	109(3)	512(51)	89	317	1796

而且从《法华经》的梵汉对勘中可以清楚看到，这些显性句法标记完全对应原文名词的格尾变化，系统再现了原文格范畴的形式体系及意义用法。如下表所示[④]：

汉＼梵	N.	Ac.	I.	D.	Ab.	G.	L.
于/於—	+	+			+	+	+
以—		+	+		+		
为—			+	+		+	+
从—			+		+	+	+
—故			+	+	+	+	+
—中/上/下/内/外/前/(已)后/(已)来/时		+	+		+	+	+
与……(俱)			+				
以/为……故			+	+	+	+	+
从/于/於……中/上/下/内/外/前/(已)后/(已)来		+	+		+	+	+

汉译佛经中格标记的大量出现以及格标记系统的建构成型，说明汉译佛经表达名词格范畴的精密程度明显高于同期中土汉语，这不仅

使得原来主要依靠语序-语义分辨的句法语义关系更加醒目清楚，也大大削弱了语序对名词性成分的位置制约，为汉语句子线性序列上的移位变换积蓄了能量。而汉魏六朝恰好是汉语介词短语发生语序变革的关键时期，汉译佛经语义格标记的全面兴起或可为探究其中动因提供重要线索。

下面就以《法华经》为例，分别讨论汉译佛经中与原典名词格尾成系统对应的语义格标记及其用法。

2.2　宾格标记

汉语中历史最悠久的两个介词——"于/於"和"以"经常被译经用作宾格标记，引进动词的受事。证据来自它们大量对译梵文原典中表现受事的业格及属格格尾，并且不受字数韵律的限制。

2.2.1　译经中，"于/於"介于动宾之间的用例不胜枚举。如：

定为诽谤於佛乘矣。(《正法华经》9/69c)|若人说此经，应入如来室，着於如来衣，而坐如来座。(《妙法莲华经》9/32a)|中有神龙，性急妬恶，有入室者，每便吐火，烧害於人。(后汉昙果共康孟详译《中本起经》4/150b)|志於诸法，不舍於欲。(西晋竺法护译《生经》3/79b)|希有世尊，愿我当来，得作於佛，十号具足。(隋阇那崛多译《佛本行集经》3/656b)

而据董秀芳(2006)的观察，上古汉语中，介词"于/於"基本不出现在动宾之间，引进动词的受事。从语义上看，它是古汉语非受事成分的标志，可以引进除典型受事以外的任何与动词有关的名词性成分，如处所、时间、工具、原因、比较对象等。从句法上看，是非宾语名词性成分的标记。"于/於"的存在表明古汉语中受事与非受事、宾语与非宾语的区分十分重要。并且从汉代以后，"于/於"的功能开始衰落，部分动名之间的“于/於”渐趋消亡(参见邵永海 1990)。但在同期的译经文献中,动名之间的“于/於”用例却一直不少,而且“于/於”还大量用在动宾之间,引进动作的受事。对此目前学者大都认为,这主要由于佛经文体构造四字格的需要,是一种特殊的文体现象,不能代表口语中的真实用法。换言之,即将译经中频繁出现在动名之间的“于/於”归结为韵律因素,主要起调节句子长短、补充音节的作用,是不带语法意义的衬音助词(参见周一良 1963、朱庆之 1992、俞理明 1993 等)。这虽然在一定程度上解释了“于/於”字隐现的原因,但是仍然存在下面的问题。

首先,汉译佛经构造四字格的方式多种多样,动名之间加入“于/於”字并非补充音节的唯一手段,有相应的复音词或其他语法格式可供替换。如下异译对比所示:

(1) D:供养世尊

K:供养於佛

bhagavantam ... abhicchādayāmāsus (3—66)[⑤]

m. sg. Ac　　caus. perf. 3. pl. P.

世尊　　覆护、供养

(2) D:被服如来衣

K:着於如来衣

prāvaritvā mi[⑥]　　cīvaram (10—71)

ger.　pers. 1. sg. G.　m. sg. Ac.

穿上了　我的　　衣服

对应原文名词业格表现的受事题元,竺法护译成复音名词,作动词宾语,鸠摩罗什则译成“於+名词”构成的介词短语,作动词补语。即使在鸠摩罗什译本中,除了“供养于佛”以外,还有“供养世尊”“供养彼佛”“供养无量百千诸佛”等多种替代译法。又如:

(3) **K**：出於火宅

tasmād ādīptāgārād nirdhāvitāḥ (3—136)

pron. Ab.　m. sg. Ab　ppp. m. pl. N.

从这　火宅　驰出

(4) **K**：得出火宅

tasmād ādīptāgārād nirdhāvitān (3—141)

pron. Ab.　m. sg. Ab　ppp. m. pl. Ac.

从这　火宅　驰出

对应原文名词从格表现的处所题元，鸠摩罗什一处译作“出於火宅”，一处译作“得出火宅”，都能满足四字一顿的文体要求。

其次，在对韵律字数要求更严的偈颂韵文中，动名之间的“于/於”也不一定是用来补充音节的。如《妙法莲华经·序品》中：

第88偈：供养诸佛**已**　随顺行大道

第93偈：供养**於**诸佛　随顺行大道

两偈除一处用“已”，一处用“於”以外，文字内容完全相同，且皆为五字一顿。我们一般不会认为这里表完成的“已”是专门用来补充音节的，为什么偏偏认定“於”是不带任何语法意义的衬音助词呢？

尤其在很多散文长行中，动名之间加入“于/於”字以后，反而不合四字格的韵律结构。如：

我不转於一切法，当云何学怛萨阿竭署？（后汉支娄迦谶译《文殊师利问菩萨署经》14/437c）|乐於喜不离佛，乐於谛闻法，乐常供养众，乐不倚三界，乐於三界不嫉。（三国吴支谦译《佛说维摩诘经》14/524c）|寻时皆来，住於虚空中，散花供佛。（西晋竺法护译《生经》3/95b）|是人以一切乐具，施於四百万亿阿僧祇世界六趣众生。（《妙法莲华经》9/46c）|不别善恶，受於地狱饿鬼畜生形。（姚秦竺佛念译《出曜经》4/633c）

可见，目前对动名之间“于/於”的句法功能还缺乏确切定位，四字格文体并非决定“于/於”字隐现的唯一因素。而要揭开所谓音节衬字的面纱、还原动名之间“于/於”的真实面目，最直接有效的办法就是与译经梵文原典进行对勘。

如果说汉译佛经中大量处在动名之间的“于/於”不负载任何语法意义，纯粹为了满足汉译佛经的文体需要，那么它在原文中应当没有可对应的成分。然而实际梵汉对勘的结果表明，动名之间的“于/於”并非汉译无故增补成分，而是严格对译原典梵语相应的名词格尾变化，格标记的性质明显，即使动宾之间的“于/於”也跟原文表现受事的业格或属格格尾相对应。如《妙法莲华经》1～10 品中，出现在动名之间的“于/於”有 130 例，除 19 例无原文外[⑦]，其他 111 例与原文的对应情况如下：

梵 / 汉	N.	Ac.	Ab.	G.	L.
于/於	3	52	8	9	39

“于/於＋名词性成分”构成的介词短语全部对应于原文中发生相应格尾变化的名词性成分，或者整个“动＋于/於＋名”结构对译原文的格限定复合词(tatpuruṣa 古译：依主释)，其内部也表现为格的变化关系。

第一，对译原文依格，引进方所、时间。如：

(5) **K**：不起于座

ek'āsane niṣaṇṇo (1－130)

n. sg. L. ppp. m. sg. N.

一坐具上 坐下

(6) **K**：到於空地

ākāśi tiṣṭhanti (3－183)

m. sg. L. pres. 3. pl. P.

虚空中 住立

(7) **K**:住於四衢

sthitu⑧ catvarasmin (3—184)

ppp. m. sg. N. m. sg. L.

住立 四衢中

(8) **K**:现於世

loki⑨ jātaḥ (3—214)

m. sg. L. ppp. m. sg. N.

世上 生起

第二,对译原文从格,引进时空起点及比较对象。如:

(9) **K**:出於三界

asmād traidhātukān nirdhāvitā (4—5)

pron. Ab. n. sg. Ab. ppp. m. pl. N.

从这 三界中 驰出

(10) **K**:失於如来无量知见

bhraṣṭo 'smy evaṃ-rūpāt tathāgata-jñāna-

ppp. m. sg. N. pres. 1. sg. P. adj. Ab. m. sg. Ab.

永失 是(助动词) 如是相 如来智慧行境

gocarāj jñāna-darśanāt (3—3)

n. sg. Ab.

智慧知见

(11) **K**:倍於寿命

tad-dvi-guṇaṃ (9—14)

n. sg. N. (依主释-从格关系)

于此 二 倍

以上原文格尾的语法意义基本可为古汉语介词"于/於"的功能所涵盖,如此翻译顺理成章,不会带来理解障碍,跟下面用"于/於"对译原文业格、属格及部分体格的情况略有不同。

第三，根据波你尼语法，梵语业格表达的语法意义主要有：(I)受事；(II)间接宾语；(III)比较对象；(IV)与不及物动词词根相联系的时、地等(参见金克木 1996:42；段晴 2001:398—399)。其中 II、III、IV 项用法译成"于/於"没有问题，而第 I 项"受事"如前文所述，在古汉语里很少用"于/於"引进，也就是说，古汉语"于/於"的语法功能与梵语业格部分对应。尽管如此，译经仍然大量用"于/於"翻译原文业格，如上表所示，其中引进受事的比例最高，多达 29 例，如：

(12) **K**：转於法轮

pravartayatu dharma-cakraṃ (7—55)

imv. 3. sg. P.　n. sg. Ac.

转　法轮

(13) **K**：度脱於我等

asmāṃś　ca　tārehi[⑩] (7—36)

pers. 1. pl. Ac.　conj.　caus. imv. 2. sg. P.

我们　又　请(你)度脱

(14) **K**：震动於一切

vimānāni prakampayantaḥ (7—169)

n. pl. Ac.　caus. ppt. m. pl. N.

诸天宫殿　震动着

(15) **K**：舍於清净土

upapattiṃ śubhāṃ tyaktvā (10—22)

f. sg. Ac.　adj. Ac.　ger.

往生处　清净　舍弃了

(16) **K**：庄校於诸塔

karonti　stūpān karketanā-mukta-mayān (2—152)

pres. 3. pl. P.　m. pl. Ac.　adj. Ac.

修造　诸塔　猫眼和真珠所成

(17) K:说於因缘

nidāna[11] bhāṣāmi (2—118)

n. sg. Ac. pres. 1. sg. P.

因缘 (我)说

(18) K:贪着於生死

saṃsāra-lagnāś (2—119)

m. pl. N.(依主释-业格关系)

生死 执著

引进间接宾语,1例:

(19) K:雨於一切卉木丛林及诸药草

samaṃ vāri pramuñcati sarvāṃś ca tṛṇa-

adj. Ac. n. sg. Ac. pres. 3. sg. P. adj. Ac. conj.

平等 雨水 普放 一切 又

gulmauṣadhi-vanaspatīn (5—17)

m. sg. Ac.

丛林药草

引进时、地,22例,如:

(20) K:过於百千劫

anūna[12] kalpāna[13] śata[14] hy atītā[15] (7—82)

ppp. Ac. m. pl. G. n. pl. Ac. indec. ppp. n. sg. I.

不少 劫波 百千 因为 过去

(21) K:坠於大坑

mahā-prapātaṃ prapatiṣyanti (2—59)

m. sg. Ac. fut. 3. sg. P.

大深坑 将坠堕

(22) K:处於山谷

giri-kandarāṃś[16] cāpy upasevamāno (3—13)

n. pl. Ac. conj. adv. ppt. A. m. sg. N.

众山谷中 又 也 亲近

(23) **K**:游於四方

diśaś ca vidiśāś ca vrajanti (3—194)

f. pl. Ac. conj. f. pl. Ac. conj. pres. 3. pl. P.

方所 和 四维 和 游行

可见,通过佛经翻译,译经中的"于/於"与原文业格的关系从部分对应变成了完全对应。译者用"于/於"翻译业格的 II、III、IV 项用法时,很可能在相因生义的作用下,又将业格表现受事的用法带入"于/於"中,赋予它引进受事、标记宾格的语法功能。汉译佛经也因此放弃了上古汉语中由"于/於"标志的受事与非受事、宾语与非宾语的区分,使二者间的对立发生中和。

第四,同时,在"于/於"大量对译原文业格、引进动词受事的类推作用下,梵文原典中一部分表现受事/客体的属格(Whitney 1924:297)也用"于/於"来标记。如:

(24) **K**:近於佛智慧

bhonti[17] saṃnikṛṣṭā vai buddha-jñānasya (10—70)

pres. 3. pl. P. ppp. m. pl. N. adv. n. sg. G.

是(助动词) 亲近 确实 佛慧

(25) **K**:供养於法师

tasya pūjāṃ kariṣyanti (10—76)

m. sg. G. f. sg. Ac. fut. 3. pl. P.

此(法师) 供养 将奉行

(26) **K**:属于一人

puruṣasya ekasya parigraham bhavet (3—165)

m. sg. G. m. sg. G. adj. n. sg. N. opt. 3. sg. P.

人 一 摄持 成为

第五，原文被动语态中表现受事/客体的体格，通过汉译转换成主动语态的动词宾语后，也用“于/於”来标记。如：

(27) **K**：照于东方万八千土

imāni ca aṣṭādaśa-buddha-kṣetra-sahasrāṇi vicitrāṇi

dem. N. conj. n. pl. N. adj. N.

这些 又 一万八千佛土 殊胜

darśanīyāni (1—45)

fpp. N.

应被照见

原文是一个被动语态的句子，必要分词“darśanīyāni”表达被动，义为“应当被照见”，与划线部分同格，整个句子可直译作“一万八千诸佛土应当被照见”。又如：

(28) **K**：亦见於汝

tvaṃ caiva bhaveta dṛṣṭo (3—218)

pers. 2. sg. N. conj. adv. opt. 3. sg. A. ppp. m. sg. N.

你 又 即 会成为 被见

原文也是一个被动语态的句子，过去被动分词“dṛṣṭo”表达被动，与划线部分同格，义为“被看见”，整个句子可直译作“你也会被看见”。

以上来自梵汉对勘的证据表明，汉译佛经中动宾之间“于/於”的真实身份依然是介词，并且被用作宾格标记，主要对应原文表现受事的业格和属格格尾。然而，这种译法并非毫无汉语基础的“无中生有”，其实在上古汉语里，出于某种语用需要，动宾之间是否加“于/於”具有选择性。如：

己所不欲,勿施於人。(《论语·卫灵公》)|施民所善,去民所恶。(《国语·吴语》)

君愎而虐,少待之,必毒於民(《左传·哀公二十六年》)|逞奸而携服,毒诸侯而惧吴、晋。(《左传·成公十八年》)

赏於无功,使谗谀以诈伪为贵。(《韩非子·安危》)|郑伯赏入陈之功。(《左传·襄公二十六年》)

王及郑伯入於郛。(《左传·庄公二十五年》)|子入大庙,每事问。(《论语·八佾》)

孟子自齐,葬于鲁;反於齐,止于嬴。(《孟子·公孙丑下》)|吾自卫反鲁,然后乐正。(《论语·子罕》)

何乐士(1992)认为用“于/於”是为了强调宾语,董秀芳(2006)则主张当动名组合中的名词性成分需要强调时可能临时处理为宾语,“于/於”不会出现。尽管两位学者的解释存在分歧,但至少说明在上古汉语的语用层面,“于/於”有介于动宾之间的可能,这无疑为汉译佛经用它来翻译原文表现受事的业格及属格格尾提供了必要的句法空位,于是“于/於”大量出现在动宾之间,成为译经常用的宾格标记。

而且随着译经的广泛流传,“于/於”作为宾格标记的用法还在一定程度上影响了后世汉语的口语表达。何乐士(1992)调查唐五代敦煌变文就发现,介词“于/於”出现在动宾之间、引进动词直接宾语的用例比起先秦的《左传》、中古的《世说新语》大量增加,如:

楚王捕逐於子。(《伍子胥变文》)|一入虏庭,二千余里,誓拟平於沙漠。(《李陵变文》)

父王闻太子入内,亲唤至於面前,遂乃出於善言,亲自劝勉。(《八相变》)|“昨日游观西门,见於何物?”太子奏大王曰:“昨日游玩,不见别物,见一病儿。”(同上)

2.2.2 汉译佛经中,介词“以”也经常被用来标记宾格,对译原文表现受事的业格格尾。跟“于/於”的不同之处在于，“以”主要为三价动词引进直接受事，并可携带其后宾语发生句法上的移位。如：

(29) D：佛故导示使至泥洹

K：示之**以**涅槃

sattvān nirvāṇa[18] upadarśayāmi (2—140)

m. pl. Ac.　n. sg. Ac.　caus. pres. 1. sg. P.

众生　涅槃　(我)显示

(30) D：本许诸子**以**三品乘

K：初**以**三车诱引诸子

yena trīṇi yānani upadarśayitvā teṣām kumārakāṇām

conj.　n. Ac.　n. pl. Ac.　caus. ger.　pron. G.　pron. m. pl. G.

因此　三　乘　显示了　这些　童子们

sarveṣām (3—145)

adj. G.

所有

(31) D：欲**以**是经为四部说

K：欲为四众说是法华经

imaṃ dharma-paryāyaṃ catasṛṇāṃ parṣadāṃ

pron. Ac.　m. sg. Ac.　f. G.　f. pl. G.

此　经法　四　部众

saṃprakāśayet (10—53)

opt. 3. sg. P.

欲宣说

(32) D：普**已**本土梵天宫殿奉进世尊

K：各**以**宫殿奉上彼佛

tāni brāhmāṇi vimānāni tasya bhagavato

pron. Ac. adj. Ac. n. pl. Ac. pron. G. m. sg. G.

这些 诸梵 宫殿 此 佛

niryātayāmāsuḥ (7—50)

caus. perf. 3. pl. P.

奉上、献与

(33) D:以明月珠置于结中

K:以无价宝珠系其衣里

anargha-maṇi-ratnaṃ vastrānte badhnīyād (8—68)

n. sg. Ac. n. sg. L. opt. 3. sg. P.

无价摩尼宝珠 在衣角中 系缚

这种译法跟上古汉语双宾结构的变式表现相同。古汉语中,三价动词可以同时带两个宾语,组成 VN_1N_2 双宾结构。一般情况下,离动词近的宾语是间接宾语,表示动作行为涉及或影响的对象,离动词远的宾语是直接宾语,表示动作行为支配或作用的对象。如:

静女其娈,贻我彤管。(《诗经·邶风·木瓜》)|客从远方来,遗我双鲤鱼。(《古诗·饮马长城窟行》)|后稷教民稼穑。(《孟子·滕文公上》)|还他马,赦女罪。(《后汉书·方术列传》)|夫人置儿绔中。(《史记·赵世家》)

双宾结构的两个宾语各自跟动词发生联系,它们之间没有结构上的关系,N_1 只是 N_2 在 V 的作用下发生转移的接收者,而非 N_2 的领有者,所以双宾结构的语义关系还可以由两个有形式标记的变式来表达,即"以 N_2VN_1"和"VN_1 以 N_2"。如:

天子不能以天下与人(《孟子·万章上》)|郑伯以璧假许田(《左传·桓公元年》)|因以文绣千匹、好女百人遗义渠君(《战国策·齐策》)

投我以木瓜(《诗经·卫风·木瓜》)|赠之以勺药(《诗经·王风·溱洧》)|分人以财(《孟子·公孙丑下》)|晋侯嘉焉,授之以策。(《左传·昭公三年》)

可见,直接宾语在"以"标记下,句法位置变得灵活,相对于动词可前可后,而这也恰好为译经模仿原文词序提供了便利。梵语里,受事名词一般位于动词之前,以上对勘诸例皆然。佛经翻译中模仿原文词序的倾向很可能导致直接宾语在介词"以"的帮助下大批前移,例如在《妙法莲华经》中,两个双宾结构的变式"以 N_2VN_1"和"VN_1 以 N_2"各有31例和5例,前者相当于后者的6倍。

此外,异译对比显示,当三价动词的间接宾语隐含时,后出的鸠摩罗什译本要比早期的竺法护译本更自觉地使用宾格标记"以",来引进动作的直接受事。如:

(34) **D:**示现真谛经法

K:示以三乘教

trīṇī ca yānāny upadarśayāmi (2—31)

n. Ac. conj. n. pl. Ac. caus. pres. 1. sg. P.

三 又 乘 (我)示现

(35) **D:**发大道意

K:渐教以佛道

imam eva bodhiṃ upanāmayanti (7—192)

dem. Ac. adv. f. sg. Ac. caus. pres. 3. pl. P.

此 即 菩提 教授

2.2.3 同理,译经中由"于/於"标记的动词受事也可移出常规宾语位置,但留下的空位通常须由其他成分填补。如:

(36) **K:**於空法得证

śūnyāṃś ca dharmān sparśayitvā (3—22)

adj. Ac. conj. m. pl. Ac. caus. ger.

空 又 法 使得

(37) K:於一切法,以智方便而演说之。

sarva-dharmān ... yuktyā upanikṣipati (5—5)

m. pl. Ac. f. sg. I. pres. 3. sg. P.

一切法 用方便 处置、安排

(38) K:於一佛乘分别说三

tad evaikaṃ buddha-yānaṃ tri-yāna-nirdeśena

pron. Ac. adv. adj. Ac. n. sg. Ac. n. sg. I.

这 即 一 佛乘 用三乘说

nirdiśanti (2—104)

pres. 3. pl. P.

分别、敷演

异译对比显示,"于/於"和"以"作为译经常用的宾格标记,还可以互相换用,共同对译原文表现受事的业格格尾。如:

(39) D:施以大慧

K:於佛智慧无所吝惜

smārayati tathāgata-jñāna-dāyādān (4—68)

caus. pres. 3. sg. P. m. pl. Ac.

令省、使念 如来智慧

2.3 具格标记

具格范畴所涵盖的内容比较丰富,除了表达工具、途径这一基本涵义外,还可延伸表达动作行为的方式、手段、原因及伴随者等,同时在被动态中能够指示降格(degrade)为间接题元的施事。梵文原典通常由具格及从格格尾表现具格范畴,对应的汉译佛经则利用符合汉语类型特征的前置词、后置词以及前置词和后置词搭配而成的框式介词,来标示具格,表达与原文格尾意义对等的具格标记功能。

第一,用前置词"以/用"对译原文的具格格尾,引进动作行为凭借的工具、方式、手段等。如:

(40) **K:**以偈问曰

ābhir gāthābhir adhyabhāṣata (1—46)

dem. I. f. pl. I. impf. 3. sg. A.

用这些 偈颂 宣说

(41) **K:**我以方便令子得出

upāya-kauśalyena aham imān kumārakāṃs ...

n. pl. I. pers. 1. sg. N. dem. Ac. m. pl. Ac.

用方便善巧 我 这些 童子们

parimocayiṣyāmi (3—114)

caus. fut. 1. sg. P.

(我)救济

(42) **K:**何用衣食使我至此

kiṃ mahya[19] codena tha bhojanena vā (4—93)

inter. n. sg. N. pers. 1. sg. G. m. sg. I. adv. m. sg. I. conj.

为何 我 衣服 然后 饮食 或者

有时出于行文需要或者满足某种语用目的,由"以"标记的具格名词被提前表述,"以"依然作具格标记留在句中,直接与动词相连。如:

(43) **K:**香华伎乐,常以供养。

puṣpaiś ca gandhaiś ca tathaiva vādyaiḥ saṃpūjitā(1-92)

n. pl. I. conj. m. pl. I. conj. adv. adv. m. pl. I. ppp. m. pl. N.

用花 和 用香 和 同样地即 用伎乐 供养

(44) K：身心寂不动，以求无上道。

dhyānena te prasthita[20] agra-bodhiṃ (1—162)

n. sg. I. pron. m. pl. N. ppp. N. f. sg. Ac.

用禅定 这些(人) 求 最胜道

这种用法也见于上古汉语，如：

君子义以为质，礼以行之，孙以出之，信以成之。(《论语·卫灵公》)|忠之属也，可以一战。(《左传·庄公十年》)|战士无不一以当十。(《史记·项羽本纪》)|老母在，政身未敢以许人也。(《史记·刺客列传》)

刘丹青(2003:125)称之为前置词“以”的后置用法，旨在填补间接题元与动词核心之间的联系项空位，从而保证句中成分的范域界限清楚，避免交叉。

第二，用前置词“以/由/因/用”、后置词“故”以及框式介词“以/由/因/用……故”对译原文的具格及从格格尾，引进动作行为的起因[21]。如：

I. 以/由/因/用……

(45) K：以苦欲舍苦

duḥkhātu[22] duḥkhaṃ prativedamānāḥ (2—185)

n. sg. Ab. n. sg. Ac. ppt. A. m. pl. N.

因为忧苦 忧苦 欲解脱

(46) K：以五浊恶世但乐着诸欲，如是等众生终不求佛道。

pañca-kaṣāya-kāle kāmair ... na teṣa bodhāya

m. sg. L. m. pl. I. adv. pron. m. pl. G. adj. m. sg. D.

五浊世中 因贪欲 无 这些人 佛道

kadā-ci[23] cittam (2—214)

adv. n. sg. Ac.

任何时候 心意

(47) **K：**由是之故[24]，於二十年中常令除粪。

anena paryāyeṇa　sa　gṛha-patiḥ　putra-kāma-tṛṣito

pron. I.　n. sg. I.　pron. N.　m. sg. N.　ppp. N.

因此　此　家主　渴望儿子的

viṃśati-varśāṇi　taṃ putraṃ　saṃkāra-dhānaṃ

n. pl. Ac.　pron. Ac.　m. sg. Ac.　m. sg. Ac.

二十年中　此　人　粪池

śodhāpayet (4—52)

caus. opt. 3. sg. P.

令严净、清理

(48) **K：**汝等自当**因**是得闻

tato　yūyaṃ　śroṣyatha (307.14)

n. sg. Ab.　pers. 2. pl. N.　fut. 2. pl. P.

因此　你们　将会听到

(49) **D：**且止且止！**用**问此谊。

alaṃ śāriputra　kim anenārthena　bhāṣitena (2—53)

indec.　m. sg. V.　inter. Ac.　pron. I.　n. sg. I.　ppp. I.

足　舍利弗啊　为何　这　意义　说

II. ……故

(50) **K：**善修如是安乐心**故**，诸有听者不逆其意。

yathāpīdaṃ sukha-sthāna-sthitatvāt　sa　āgatāgatānāṃ

adv.　n. sg. Ab.　pron. m. sg. N.　ppp. G.

如此　因住于安乐　此(人)　为纷纷前来

dhārmaśrāvaṇikānama... dhamaṃ　deśayati

m. pl. G.　m. sg. Ac.　caus. pres. 3. sg.

听法者　法　开示

avivadamānas (241. 16)

ppt. A. m. sg. N.

不诤讼、不谤斥

(51) **K:** 诸佛护念**故**，能令大众喜。

toṣeti㉕ so prāṇi-sahasra-koṭyas tathā hi

caus. pres. 3. sg. P. pron. m. sg. N. f. pl. Ac. adv. adv.

令欢喜 此(人) 千亿众生 同样 确实

buddhena adhiṣṭhitatvāt (10—82)

m. sg. I. n. sg. Ab.

佛 所护念

(52) **K:** 诸佛方便力**故**，於一佛乘分别说三。

upāya-kauśalya-jñāna-abhinirhārais tathāgatas ekam

m. pl. I. m. sg. N. adj. Ac.

用方便智慧之力 如来 一

eva mahā-yānam deśayati (3—147)

adv. n. sg. Ac. caus. pres. 3. pl. P.

即 大乘 开示

(53) **K:** 我等诸宫殿，蒙光**故**严饰。

vimāna㉖ asmākam imā vināyaka tavānubhāvena

m. pl. N. pers. 1. pl. G. dem. N. m. sg. V. pers. 2. sg. G. m. sg. I.

诸宫殿 我们的 这些 导师号子 因你的威力

viśobhitādya (7—88)

ppp. m. pl. N. adv.

严饰 如今

III. 以/由/因/用……故

(54) **D:** 以大道**故**，奉持正法。

saddharma[27] dhāremi[28] ca bodhi-kāraṇāt (9—31)

m. sg. Ac.　caus. pres. 3. sg. P.　conj.　n. sg. Ab.

善法　令护持　又　因求菩提

(55) **K：以**本愿**故**，说三乘法。

praṇidhāna-vaśena dharmaṃ deśayiṣyati (3—41)

m. sg. I.　m. sg. Ac.　fut. 3. sg. P.

因誓愿威力　法　将开示

(56) **K：**设入大火，火不能烧，**由**是菩萨威神力**故**。

sacet te mahaty agniskandhe prapateyuḥ sarve te

adv.　pers. 3. pl. N. adj. L.　m. sg. L.　opt. 3. pl. P.　adj. N. pron. N.

如果　他们　大　火蕴中　堕入　全部　这些人

'valokiteśvarasya bodhisattvasya mahāsattvasya tejasā

m. sg. G.　m. sg. G.　m. sg. G.　m. sg. I.

观世音　菩萨　大士　威力

tasmān mahato 'gniskandhāt parimucyeran (362. 11)

pron. Ab.　adj. Ab.　m. sg. Ab.　opt. 3. pl. A.

此　大　火蕴中　解脱

(57) **D：因**经典**故**，而发诣此。

dharmakṛtyasya kṛtena āgatāḥ (216. 1)

fpp. m. sg. G.　n. sg. I.　ppp. m. pl. N.

道法所行　因行　来至

(58) **D：**具足无限，**用**尊修受此经典**故**。

teṣāṃ pi[29] pūjā vipulā analpakā kṛtā bhavet

pers. 2. pl. G. adv.　f. sg. N.　adj. N.　adj. N.　ppp. N.　opt. 3. sg. P.

他们　也　供养　广大　无量　所行　有

sūtra-prakāśanena (217. 11)

n. sg. I.

因开示经典

比起单用前置词或后置词来标记具格，框式介词的表义优势显而易见，不仅能有效保证原因成分入句后范域界限清楚，而且可以对具格内部做更为细致的语义区分，避免单用前置词时发生“工具”与“原因”之争，以及单用后置词时出现“起因”与“目的因”的混淆。比如前置词“以/用”既可引进工具成分，也可引进原因成分，后置词“故”既能标记起因，又能标记目的性原因(见本书 2.4 节目的格标记)，两者都至少身兼二职，自然不如专门引进起因成分的框式介词“以/用……故”表义明确。

同形结构虽然也见于中土汉语，如：

> 晋士燮来聘，言伐郯也，**以**其事吴**故**。(《左传·成公八年》)|周幽王**用**宠姬褒姒**之故**，与申侯有郤。(《史记·匈奴列传》)|如善日，不当**以**雨**之故**，废而不用也。(《论衡·讥日》)|帝**以**太后**故**，贬爵安乡侯。(《三国志·魏书·陈思王植传》)|朗以为天下土崩之势，**由**秦灭五等之制而郡国无搜狩习战之备**故**也。(《三国志·魏书·司马朗传》)

但是一方面，它们在中土文献里的使用频率明显不如译经文献。就拿“以……故”来说，与《妙法莲华经》篇幅相当的《搜神记》和《世说新语》中未见用例，《三国志》(44.7 万字)中也不过出现 29 例，且有 6 例“故”前还插进了定语标记“之”，这说明在地道的中土汉语里，“故”的名词属性仍然十分突出，“之”的使用阻碍了“故”由缘故义名词向后置词的虚化。相反，在《妙法莲华经》中，“以……故”结构不仅多达 51 例，而且没有一例“故”前插入“之”字，这为名词“故”的虚化创造了条件。另一方面，在汉译佛经中，“故”通过与前置词“以”搭配共现，大量对译梵文原典中表原因的名词格尾，进一步表现出虚化为后置词的倾向，形成具有双重标记性质的“以……故”框式介词。

《妙法莲华经》1～10 品中，“故”共出现 129 例(包括与前置词“以”

等搭配使用之例),与原文的对应情况如下:

梵 / 汉	实义名词	名词格尾	绝对分词	现在分词	不定式	不变词	无原文
故	23	53	14	5	1	10	23

I. "故"用作名词已占少数,主要对译原文出现在格限定复合词后半部分的"缘故"义名词"artha、hetu、kāraṇa、nimitta、nidāna"等。如:

(59) **K:**导师何**故**眉间白毫大光普照?

kiṃ kāraṇaṃ iyaṃ hi raśmiḥ pramuktā

inter. N. n. sg. N. dem. N. adv. f. sg. N. ppp. f. sg. N.

什么 缘故 此 确实 光 普放

nara-nāyakena (1—47)

m. sg. I.

世人导师

(60) **K:**欲令众生开佛知见,使得清净**故**,出现于世。

tathāgata-jñāna-darśana-samādāpana-hetu-nimittaṃ

n. sg. Ac.

如来 智慧 知见 教化 缘故 理由

sattvānāṃ tathāgato 'rhan samyak-saṃbuddho

m. pl. G. m. sg. N. adj. N. adj. N.

众生 如来 应供 正等正觉

loka utpadyate (2—81)

m. sg. L. pres. 3. sg. pass.

世上 出现

(61) **K:**安隐众生**故**,亦说如是法。

sukhāpana-artham iha sarva-prāṇināṃ te cāpi

n. sg. Ac. adv. m. pl. G. pron. m. pl. N. conj. adv.

安隐 缘故 此中 一切群生 这些人 又 也

bhāṣant' imam agra-bodhim (2—177)

imv. 3. pl. A. dem. Ac. f. sg. Ac.

宣说 此 最胜菩提

(62) **K**：以五欲财利**故**，受种种苦。

paribhoga-nimittam ca kāma-hetu-nidānam cāneka-

n. sg. Ac. conj. n. sg. Ac. conj.

资具 理由 和 欲乐 缘故 因缘 和非一

vidhāni duḥkhāni pratyanubhavanti (3—120)

adj. N. n. pl. N. pres. 3. pl. P.

种种 忧苦 现受

这些"故"可视为古汉语原有的名词用法的延续，如：

子之歌诗，何**故**若是？（《庄子·大宗师》）|梁惠王以土地之**故**，糜烂其民而战之，大败。（《孟子·尽心下》）|淮夷病杞**故**，且谋王室也。（《左传·僖公十三年》）|惠公立**故**，且拜葬也。（《左传·文公十八年》）|昭公出**故**，季平子祷於炀公。（《左传·定公元年》）|县官有盐铁缗钱之**故**，用益饶矣。（《史记·平准书》）|此亦谓大罪恶耳，其微过细**故**，当掩覆之。（《三国志·魏书·中山恭王衮传》）

II. "故"对译原文表现原因的名词格尾，此类用例最多，除了前文所示对应原文表现起因的具格及从格外，还对应原文表现目的性原因的为格、属格及依格，例示见本书2.4节。此时"故"在原文中没有与之对应的"缘故"义名词，它被加在名词性成分之后，只起标示原因的作用，格标记的性质日趋明显，已开始向后置词虚化，并可与"以"等前置词搭配组成框式介词，引进更加具体的原因。

佛经翻译还在此基础上进一步类推，用已经虚化为后置词的"故"以及框式介词"以……故"等对译原文由非定式动词(infinite verb)表达的原因涵义，或者对译原文句中提示、强调原因的不变词(indeclinable)。

III. “故”对译独立式(gerund)表达的原因涵义。如：

(63) **K：**破法不信**故**，坠于三恶道。

te	mahya[30]	dharmaṃ	kṣipi	bāla[31]	bhāṣitaṃ	kṣipitva
pron. N.	pers. 1. sg. I.	m. sg. Ac.	ger.	m. pl. N.	ppp. Ac.	ger.
这些	由我	法	掷散了	愚人们	所说	掷散了

gaccheyur	apāya-bhūmim	(2—190)
opt. 3. pl. P.	f. sg. Ac.	
趣至	恶道	

(64) **K：**斯人未得无上道**故**，我意不欲令至灭度。

kiṃ	kāraṇaṃ	na	asya	vadāmi	mokṣam
inter. N.	inter. n. sg. N.	adv.	dem. m. sg. G.	pres. 1. sg. P.	m. sg. Ac.
何	原因	不	此人	(我)说	解脱

aprāpy’	imām	uttamam	agra-bodhiṃ	(3—214)
ger.	dem. Ac.	superl. Ac.	f. sg. Ac.	
未得	此	无上	最胜菩提	

同时，梵文原典中一些经常表达原因涵义的绝对分词，如ārabhya、āgamya等，会在所支配的名词性成分后语法化为后置词，引入原因成分，相当于英语的“referring to, on account of, because of”[32]，这也为译经中同样附于名词性成分之后的“故”向后置词虚化提供了可资效仿的语法化路径。如：

(65) **K：**如来但**以一佛乘故**，为众生说法。

ekam	eva	yānam	ārabhya	sattvānām	dharmaṃ
adj. Ac.	adv.	n. sg. Ac.	ger.	m. pl. G.	m. sg. Ac.
一	即	乘	因为	为众生	法

deśayāmi (2—88)
caus. pres. 1. sg. P.
(我)开示

(66) **K**：由提婆达多善知识故，令我具足六波罗蜜。

mama kalyāṇamitraṃ devadattam eva ca āgamya
pers. 1. sg. G. m. sg. Ac. m. sg. Ac. adv. conj. ger.
我的 善知识 提婆达多 即 又 由于

mayā ṣaṭ-pāramitāḥ paripūritā (222. 13)
pers. 1. sg. I. f. pl. N. ppp. N.
我 六波罗蜜 具足

IV. “故”对译现在分词(Present Participle)表达的原因涵义。如：

(67) **K**：观我心故，初不劝进。

taṃ ca asma[33] lok'ācariyaḥ svayaṃ-bhūr
pron. Ac. conj. pers. 1. pl. G. m. sg. N. m. sg. N.
此 又 我们的 导师 自在

upekṣate avekṣamāṇaḥ (4—121)
pres. 3. sg. A. ppt. A. m. sg. N.
舍弃 因观见

(68) **K**：为佛道故，供养恭敬於诸佛所。

bauddhaṃ imaṃ jñānaṃ gaveṣamāṇaḥ satkāru teṣāṃ
adj. Ac. dem. Ac. n. sg. Ac. ppt. A. m. sg. N. m. sg. N. pron. G.
佛 此 智慧 因志求 供养 这些

dvi-padottamānāṃ (6—65)
m. pl. G.
两足尊

V. “故”对译不定式(Infinitive)表达的原因涵义。如：

(69) **K**：如来所以出，为说佛慧**故**。

bhāṣitum agra-dharmam aham iha loki[34] jātaḥ(2—203)

inf. m. pl. Ac. pers. 1. sg. N. adv. m. sg. L. ppp. m. sg. N.

为了宣说 无上法教 我 于此 世上 生起

VI. "故"对译原文句中提示、强调原因的不变词"hi""yaḥ"等，这些不变词的功能相当于句法关联词。如：

(70) **K**：我等无智**故**，不觉亦不知，得少涅槃分，自足不求余。

vayam ca bhagavann iha bāla-buddhayo ajānakā

pers. 1. pl. N. conj. m. sg. V. adv. adj. N. adj. N.

我们 又 世尊啊 此中 愚痴无知 无明

smo[35] sugatasya śāsane nirvāṇa-mātreṇa vayaṃ

indec. m. sg. G. n. sg. L. n. sg. I. pers. 1. pl. N.

(表过去) 善逝的 教化中 因少许涅槃 我们

hi tuṣṭā na uttarī prārthayi (8—89)

adv. ppp. N. adv. adv. aor. 1. pl. P.

因为 欢喜自足 不 更 希求

(71) **K**：以愍众生**故**，正法倍寿命。

yaḥ sthāsyate loka-hitānukampakaḥ parinirvṛtasyāpi

rel. m. sg. N. fut. 3. sg. A. adj. N. ppp. G. adv.

由于 将住立 利益悲愍世人 灭度后 也

jinasya tāyino dvi-guṇaṃ ca saddharmu[36] sa tasya

m. sg. G. m. sg. G. adj. m. sg. Ac. conj. m. sg. N. pron. N. pron. m. sg. G.

胜者 救世主 二倍 又 善法 此 其

sthāsyati (9—21)

fut. 3. sg. P.

将住

这四种类推译法扩大了后置词"故"以及框式介词"以……故"等的

使用范围，使之得以引进更加复杂的谓词性成分或者小句，具备重新切分、进一步虚化为因果关系连词的句法条件（详见本书第五章复句与句法关联词）。

第三，用前置词"与"及框式介词"与……俱"对译原文的具格格尾，引介施事实行某一动作行为的伴随者。如：

I. 与……

(72) **D：**尔时世尊，**与四部众眷属**围绕。

tena khalu punaḥ samayena bhagavāṃś catasṛbhiḥ

pron. I. adv. adv. m. sg. I. m. sg. N. f. I.

此 然而 又 时 世尊 被四

parṣadbhiḥ parivṛtaḥ (1—24)

f. pl. I. ppp. N.

部众、集会 所围绕

II. 与……俱

(73) **D：**一时佛游王舍城灵鹫山，**与大比丘众俱**。

ekasmin samaye bhagavān rājagṛhe viharati sma

m. L. m. sg. L. m. sg. N. n. sg. L. pres. 3. sg. P. indec.

一 时 世尊 王城中 游行 （表过去）

gṛdhakūṭe parvate mahatā bhikṣu-saṃghena sārdhaṃ

m. sg. L. m. sg. L. adj. I. m. sg. I. adv.

灵鹫 山 大 比丘众 一起

dvādaśabhir bhikṣu-śataiḥ (1—1)

n. I. n. pl. I.

十二 数百比丘

"与"是古汉语中固有的虚词，兼有介词和连词两种功能。作介词时，"与"可支配名词性成分组成介宾短语，在谓语动词前作状语，表示伴随，如：

执子之手，**与**子偕老。（《诗经·邶风·击鼓》）｜愿车马衣轻裘，**与**朋友共，敝之而无憾。（《论语·公冶长》）｜虽**与**之俱学，弗若之矣。（《孟子·告子上》）｜夫以千人**与**父俱。（《史记·魏其武安侯列传》）

作连词时，“与”可连接两个或两个以上名词性成分，作句子的主语，表示并列，如：

吾**与**项羽俱北面受命怀王。（《史记·项羽本纪》）｜简公**与**父阳生俱在鲁也。（《史记·齐太公世家》）｜凡有爵者**与**七十者**与**未龀者，皆不为奴。（《汉书·刑法志》）

两类句子中都会偶尔出现“俱”“共”等词，配合表达“一同、一起”的意思，或用为副词作状语，或用为动词作谓语，但是都跟“与”处在不同的语法层次上，两者没有结构上的关系。

汉译佛经套用汉语固有的虚词“与”翻译原文的并列成分和伴随成分。即用连词“与”对译原文同样表并列连接的连词“ca”。如：

(74) **K**：释提桓因、梵天王等**与**无数天子，亦以天妙衣……供养于佛。

Śakraś **ca** devānām indro brahmā **ca** Sahāṃpatir anyāś

m. sg. N. conj. m. pl. G. m. sg. N. m. sg. N. conj. m. sg. N. adj. f. N.

天帝释 和 天神的 帝王 梵天 和 娑婆世界主 其他

ca devaputra-śata-sahasra-koṭyo bhagavantaṃ divyair

conj. f. pl. N. m. sg. Ac. adj. I.

和 百千亿天子 世尊 天

vastrair abhicchādayāmāsuḥ (3—66)

n. pl. I. caus. perf. 3. pl. P.

衣服 覆护、普盖

(75) **K**：我等**与**众生，皆共成佛道。

vayaṃ **ca** sarva-sattvāś **ca** agrāś bodhiṃ spṛśemahi (7—133)

pers. 1. pl. N.	conj.	m. pl. N.	conj.	adj. Ac.	f. sg. Ac.	imv. 1. pl. P.
我们	和	一切众生	和	最胜	菩提	当触得

用介词"与"对译原文表伴随的具格格尾,并用"俱"对译原文中表示"一同、一起"意义的不变词"sākam、sārdham、saratham"等或复合词的词头"sa-、sam-、saha-"等。同时出于对原文词序的模仿,"与……俱"常被作为一个结构整体移至句末,"俱"后没有可修饰的动词成分,具备向后置词虚化的句法条件。而且从上面的对勘实例可见,有时原文中并无与"俱"对应的不变词或复合词词头,"俱"仅仅作为后置词,和"与"组成框式介词,专门标示表伴随的具格名词。更多的译经用例如:

佛在罗阅祇竹园精舍,**与**大比丘僧千人**俱**。(后汉昙果共康孟详译《中本起经》4/153b)|一时佛在舍卫国祇树给孤独园,**与**千二百五十比丘**俱**。(三国吴康僧会译《六度集经》3/44b)|一时佛在王舍城灵鹫山,**与**大比丘众五百人**俱**。(西晋竺法护译《生经》3/75b)|一时佛住王舍城,在鹊封竹园,**与**诸大比丘菩萨摩诃萨及诸八部三万六千人**俱**。(南朝齐求那毘地译《百喻经》4/546a)

其实,古汉语里早有位于句末、表示伴随的"与……俱"格式,如:

数年,威王薨,宣王立,静郭君之交,大不善于宣王,辞而之薛,**与**剂貌辨**俱**。(《吕氏春秋·季秋纪》)|是故大丈夫恬然无思……乘云凌霄,**与**造化者**俱**。(《淮南子·原道》)|始皇为微行咸阳,**与**武士四人**俱**。(《史记·秦始皇本纪》)|信之入匈奴,**与**太子**俱**。(《史记·韩信卢绾列传》)

不过由于用例有限,处于句尾的"俱"一般被看作动词,受"与"字短语的修饰,"与 NP 俱"作为独立的接续子句,跟在主句之后,体现了汉语依靠语序表达不同语法意义的类型特征。佛经翻译进一步强化了汉语的类型特征，频繁利用后置的"与……俱"结构再现原文具格的语序和语义，促进了"俱"的重新分析，与"与"组成框式介词，引进伴随成分。

第四，用前置词"为"（偶尔用"由"）对译原文具格，引进被动式中的施事。如：

(76) K：**为**诸佛护念

buddhair bhagavadbhir adhiṣṭhito bhaviṣyaty (473.12)

m. pl. I. m. pl. I. ppp. m. sg. N. fut. 3. sg. P.

诸佛 诸世尊 所护、加持 将是(助动词)

(77) K：**为**如来手摩其头

tathāgata-pāṇi-parimārjita-mūrdhānas (10—37)

m. sg. N.（依主释-具格关系）

被如来 用手 所摩 头

(78) K：斯**由**佛光照

dṛśyanti[37] citrā atidarśanīyā raśmi-prabhāsena

pres. 3. pl. pass. adj. m. pl. N. fpp. m. pl. N. m. sg. I.

被照见 种种 应现（相） 光明

vināyakasya (1—156)

m. sg. G.

导师的

(79) K：此舍已**为**大火所烧

idaṃ niveśanaṃ mahatā 'gniskandhena saṃpradīptaṃ(3-98)

dem. N. n. sg. N. adj. I. m. sg. I. ppp. N.

此 舍宅 大 火蕴 被遍烧

(80) K：**为**诸童子之所打掷

grāma-kumārakehi[38] loṣṭa-prahārābhihatāś (3—229)

m. pl. I. ppp. m. pl. N.

被村中童子们 用土块打掷

(81) D：为诸品类所见贱秽

K：又复为人之所恶贱

jugupsitā prāṇiṣu[39] (3—227)

ppp. m. pl. N. m. pl. L.

被厌恶 在众生中

与引介工具的具格标记"以"相似，"为"的宾语有时也会因为某种需要被提前表述，剩下"为"作为引介施事的具格标记，直接跟动词相连。如：

(82) K：若贪著生爱，则为所烧。

pañca-kāma-guṇa-sahagatayā tṛṣṇayā dahyatha

ppp. I. f. sg. I. pres. 2. pl. pass.

五欲俱生 贪爱 被烧

tapyatha paritapyatha (3—131)

pres. 2. pl. pass. pres. 2. pl. pass.

被折磨 被遍烧

(83) K：如来则为以衣覆之

tathāgata-cīvara-cchannās (10—36)

ppp. m. pl. N.（依主释-具格关系）

被如来 用衣服 覆盖

但当联系项空位由被动标记"所""见"及双音形式"之所""所见"填补时，语义关系易明，标记施事的前置词"为"也可省去不用，形成译经特有的被动表达式(详见本书第 3.4.3 节被动语态)。如：

(84) K：诸佛所叹

sugatehi[40] varṇitam (1—62)

m. pl. I. ppp. n. sg. Ac.

被诸佛 所赞叹

(85) **K:** 众苦所逼迫

duḥkhena saṃpīḍita[41] (2—137)

n. sg. I. ppp. m. pl. N.

被苦患 所迫

(86) **K:** 如甘露见灌

amṛtena yathā siktāḥ (9—53)

n. sg. I. adv. ppp. m. pl. N.

被甘露 如同 所浇灌

(87) **K:** 一切之所敬

puras-kṛtaḥ prāṇi-sahasra-koṭibhir (8—55)

ppp. m. pl. N. f. pl. I.

所尊敬 被百千亿众生

(88) **D:** 诸佛世尊所见谘嗟

K: 为诸佛之所称叹

buddha-śata-sahasra-saṃstutair (1—8)

依主释(具格关系)

被百千佛 所称赞

2.4 目的格标记

目的格范畴表达动作行为的目的及目的性的原因,有生命的目的格可视为动作行为的受益对象。梵文原典主要通过为格、属格及依格(含独立依格,Absolute Locative)格尾表现目的格范畴,汉译佛经中对应的目的格标记有前置词"为/向"、后置词"故"以及框式介词"为/以……故"等。

第一,用前置词"为/向"对译原文属格[42],引进动作行为的受益对象。如：

(89) K：为五比丘说

pañcakānāṃ bhikṣuṇām pravadāmi (2—198)

m. G. m. pl. G. pres. 1. sg. P.

对五位 比丘 宣说

(90) K：未曾向人说如此事

na kasya-cid ācakṣed (4—12)

adv. m. sg. G. opt. 3. sg. P.

不 向任何人 讲

同样，"为"的宾语也会因为某种需要被提前表述，"为"作为目的格标记，直接与动词相连，以填补联系项位置上的空缺。如：

(91) K：取相凡夫，随宜为说

nimitta-cāriṇa[43] bravīti dharmam (4—134)

m. pl. G. pres. 3. sg. P. m. sg. Ac.

为取相凡夫 开演 法教

(92) K：於三界火宅拔济众生，为说三乘。

ādīpta-jīrṇa-paṭala-śaraṇa-niveśana-sadṛśāt

adj. m. sg. Ab.

从形同炽燃衰老翳障的舍宅中

traidhātukāt sattvānāṃ niṣkāsana-hetos trīṇi yānāny

adj. m. sg. Ab. m. pl. G. m. sg. Ab. n. Ac. n. pl. Ac.

从三界中 为众生 为了救脱 三 乘

upadarśayati (3—128)

caus. pres. 3. sg. P.

示现

第二，用前置词"为"、后置词"故"以及框式介词"为/以……故"对译原文为格、属格、依格，引进动作行为的目的及目的性原因。如：

I. 为……

(93) **K**：如来所演经典，皆**为**度脱众生。

sarve ca te kulaputrā dharmaparyāyās tathāgatena

adj. N. conj. pron. N. m. pl. V. m. pl. N. m. sg. I.

所有 又 这些 善男子啊 经典 由如来

sattvānāṃ vinayārthāya bhāṣitāḥ (270.20)

m. pl. G. n. sg. D. ppp. N.

众生 为了教化 所说

(94) **K**：而生三界朽故火宅，**为**度众生生老病死忧悲苦恼愚痴闇蔽三毒之火。

sa traidhātuke ādīpta-jīrṇa-paṭala-śaraṇa-niveśana-

pers. 3. sg. N. adj. sg. L. adj. m. sg. L.

他 三界中 形同炽燃衰老翳障的宅舍中

sadṛśa utpadyate ... sattvānāṃ jāti-jarā-vyādhi-maraṇa-

pres. 3. sg. pass. m. pl. G.

生起 众生

śoka-parideva-duḥkha-daurmanasyopāyāsāvidyā'

m. sg. G.

因生老病死忧恼

ndhakāratamas-timira-paṭala-paryavanāha-pratiṣṭhānāṃ

adj. m. pl. G.

依止热恼无明翳障的

rāga-dveṣa-moha-parimocana-hetor (3—119)

m. sg. G.

为了脱离贪瞋痴

II. ……故

(95) **K:** 信佛语**故**，随顺此经。

śraddhāya mamaiva yānti (3—220)

m. sg. D. pers. 1. sg. G. adv. pres. 3. pl. P.

因信解 我的 即 趣诣

(96) **K:** 其身净**故**，三千大千世界众生 …… 悉於中现。

sa tasminn ātmabhāve pariśuddhe sarvaṃ

pers. 3. sg. N. pron. L. m. sg. L. adj. L. adv.

他 此 自身 清净 全都

trisāhasramahāsāhasralokadhātuṃ drakśyati (313. 23)

m. sg. Ac. pres. 3. sg. P.

三千大千世界 将会看见

III. 为/以……故

(97) **K:** **为**无上道**故**，常教化汝。

mayā tvam paripācito 'nuttarāyāṃ

pers. 1. sg. I. pers. 2. N. caus. ppp. N. adj. L.

我 你 教化 无上

samyaksaṃbodhau (3—34)

f. sg. L.

正等正觉

(98) **K:** **为**是等**故**，说于涅槃。

eṣāṃ bhikṣavas tathāgatas tan nirvāṇaṃ bhāṣate (7—147)

pron. m. pl. G. m. pl. V. m. sg. N. pron. Ac. n. sg. Ac. pres. 3. sg. A.

为了这些 比丘们啊 如来 此 涅槃 宣说

(99) **K:** **为**净佛土**故**，常勤精进。

satata-samitaṃ cābhiyukto bhaviṣyaty ātmano

adv. conj. ppp. m. sg. N. fut. 3. sg. P. m. sg. G.

恒常 又 勤修精进 将是(助动词) 自己

buddha-kṣetra-pariśuddhaye (8—17)

m. sg. L.

为了清净佛土

(100) **K**：我记如是人，来世成佛道，**以**深心念佛、修持净戒**故**。

tathā hi te āśaya-saṃpadāya viśuddha-rūpāya

adv. adv. pron. m. pl. N. n. sg. D. n. sg. D.

同样 因为 这些(人) 心意圆满 清净色相

samanvitā 'bhūt vadāmi tān buddha[44]

ppp. N. aor. 3. sg. P. pres. 1. sg. P. pron. m. pl. Ac. m. pl. N.

具足 是(助动词) (我)说 这些人 佛

bhaviṣyatheti anāgate 'dhvāni (2—124)

fut. 2. pl. P. adv. ppp. L. m. sg. L.

(你们)将成 如此 未来 世

《妙法莲华经》中，引进目的性原因的框式介词“为……故”从不用来翻译原文表现起因的具格及从格格尾，同样，引进起因的框式介词“以/由/因/用……故”等基本也不用来翻译原文表现目的性原因的为格、属格及依格格尾，前十品中只有上面1例，且用在先果后因句中，尚可体现“目的”涵义。由此可见，汉译佛经不仅善用框式介词来明确标示句中名词的语义角色，而且还仿照原文格尾的语义分工，利用不同的格标记形式，重新划分汉语原有的语义格。

2.5　方位格标记

方位格范畴主要表达动作或状态所处的时空方位，可以是一个

"点",如起点、终点或所在位置,也可以是一"段",如时间跨度或空间距离。汉译佛经同样利用前置词、后置词以及前、后置词搭配而成的框式介词来标记方位格,以有效对应梵文原典表现相同格范畴的业格、具格、从格、属格(含独立属格,Absolute Genitive)及依格(含独立依格)格尾[45]。

第一,用前置词"从/於/于/从於"、后置词"(以/已)后/来"以及框式介词"从/自/於/自从……中/前/(已)后/(已)来"等引进动作的起点、来源。如:

I. 从/于/於/从於……

(101) K:诸佛子等从我闻法

śrutvā ca asmāku[46] jinasya putrā (4—113)

ger. conj. pers. 1. pl. G. m. sg. G. m. pl. N.

听闻 又 我们 佛的 诸子

(102) K:不起于座

ek'āsane niṣaṇṇo (1—130)

n. sg. L. ppp. m. sg. N.

一座上 坐下

(103) K:从於大海娑竭罗龙宫自然踊出

samudra-madhyāt sāgara-nāga-rāja-bhavanād

n. sg. Ab. n. sg. Ab.

从大海中 从龙王的宫殿中

abhyudgamya (224.09)

ger.

踊出

(104) D:长者遥从天窓详观察之

K:长者於牖常见其子

so　cā[47]　dhanī　taṃ puruṣaṃ nirīkṣed

pron. N. conj.　m. sg. N.　pron. Ac. m. sg. Ac. opt. 3. sg. P.

此　又　大富长者　此　男子　观察

gavākṣa-olokanake　'pi nityam (4—98)

m. sg. L.　adv.　adv.

在窗牖中　也　经常

II. ……(已/以)后/来

(105) K:佛灭度**后**,妙光菩萨持妙法莲华经。

taṃ　ca saddharmapuṇḍarīkaṃ dharma-paryāyaṃ sa

pron. Ac.　conj.　m. sg. Ac.　m. sg. Ac.　pron. N.

此　又　妙法莲华　经典　此

varaprabho bodhisattvo　mahāsattvo dhāritavān tasya

m. sg. N.　m. sg. N.　m. sg. N.　caus. app. N.　pron. G.

妙光　菩萨　大士　受持　此

bhagavataḥ　parinirvṛttasya (1—139)

m. sg. G.　ppp. G.

佛　已灭度

(106) D:其佛灭度**以来**,劫数长久。

yāvantaḥ　kalpās tasya bhagavato mahāhbijñānābhibhuvas

adj. N.　m. pl. N.　pron. G.　m. sg. G.　m. sg. G.

若干　劫数　此　佛　大通智胜

tathāgatasya parinirvṛtasya (7—6)

m. sg. G.　ppp. G.

如来　已灭度

(107) K:过是**已后**,心相体信。

vimśater varṣāṇām atyayena sa daridra-puruṣas ...

n. G.　n. pl. G.　m. sg. I.　pron. N.　m. sg. N.

二十　年　过去了　此　穷子

viśrabdho bhavet (4—53)

ppp. N.　opt. 3. sg. P.

信赖　是(助动词)

(108) K：我成佛**已来**，复过於此百千万亿那由他阿僧祇劫。

yāvanti　mama　kalpa-koṭī-nayuta-śata-sahasrāṇy

pres. 3. pl. P.　pers. 1. sg. G.　n. pl. Ac.

获得　我　百千亿那由他劫

anuttarāṃ　samyaksaṃbodhim　abhisaṃbuddhasya (270. 02)

adj. Ac.　f. sg. Ac.　m. sg. G.

无上　正等正觉　证得

III. 从/自/于/於/自从……中/前/(已)后/(已)来

(109) K：**於**世尊**前**闻所未闻

bhagavato　'ntikād　imam evaṃ-rūpam aśruta-pūrvaṃ

m. sg. G.　n. sg. Ab.　dem. Ac.　adj. Ac.　adj. Ac.

世尊　面前　这个　如是相　昔未曾闻

dharmaṃ śrutvā (3—82)

m. sg. Ac.　ger.

法　听了

(110) K：**自**今**已后**，如所生子。

yādṛśo me　putras　aurasas tādṛśas tvaṃ

adj. N.　pers. 1. sg. G. m. sg. N.　adj. N.　adj. N.　pers. 2. sg. N.

如同　我的　儿子　真实　这样　你

mama adyāgeṇa bhavasi (4—50)

pers. 1. sg. G. adv. n. sg. I. pres. 2. sg. P.

我的 今日开始 变成

(111) K:於我灭度后,愍众生故,生於恶世。

mayi parinirvṛte sattvānāṃ hitārtham anukampā-

pers. 1. sg. L. m. sg. L. m. pl. G. m. sg. Ac. m. sg. Ac.

在我 已灭度 众生 为了利益 为了悲愍

rthaṃ cehopapanno (10—12)

conj. adv. ppp. m. sg. N.

和 此中 受生

(112) K:从久远劫来,赞示涅槃法。

varṣāṇi analpakāni nirvāṇa-bhūmiṃ c' upadarśayāmi (2—200)

n. pl. Ac. adj. Ac. f. sg. Ac. conj. caus. pres. 1. sg. P.

年 众多 涅槃地 又 示现

(113) K:自从是来,我常在此娑婆世界说法教化。

yataḥ prabhṛty ahaṃ ... asyāṃ sahāyāṃ lokadhātau

adv. =Ab. adv. pers. 1. sg. N. dem. L. f. sg. L. m. sg. L.

从此 开始 我 于此 娑婆 世界上

sattvānāṃ dharmaṃ deśayāmy (270. 04)

m. pl. G. m. sg. Ac. pres. 1. sg. P.

为众生 法 (我)说

(114) D:假令得出於地狱中,便当堕于禽兽畜生。

K:从地狱出,当堕畜生。

yadā ca narakeṣu cyutās bhavanti tatas ca tiryakṣu

conj. conj. m. pl. L. ppp. m. pl. N. pres. 3. pl. P. adv. conj. m. pl. L.

某时 又 地狱中 终了 是(助动词) 然后 又 畜生中

vrajanti bhūyas (3—225)

pres. 3. pl. P. adv.

游行 更

第二，用前置词“于/於/在”、后置词“上/下/中/内/外/前/时”以及框式介词“于/於/在……中/上/下/内/外/前”等引进动作行为之所在或位移的方向、终点等。如：

I. 于/於/在……

(115) K：於彼高原穿凿求之

ujjaṅgale pṛthivī-pradeśa udapānaṃ khānayet(10—45)

m. sg. L. m. sg. L. m. n. sg. Ac. caus. opt. 3. sg.

高原 地方 井泉 挖掘

(116) K：今佛世尊入于三昧

bhagavān ca samādhiṃ samāpannaḥ (1—40)

m. sg. N. conj. m. sg. Ac. ppp. m. sg. N.

世尊 又 禅定 已入

(117) K：世尊於少时间教化如是无量无边阿僧祇诸大菩萨

bhagavatā 'nena kṣaṇa-vihāreṇālpena kālāntareṇa

m. sg. I. pron. I. m. sg. I. adj. I. n. sg. I.

由世尊 在这 刹那顷 少分 时间

āmī etāvanto bodhisattvā mahāsattvā asaṃkhyeyāḥ

pron. N. adj. N. m. pl. N. m. pl. N. fpp. N.

这些 尔所 菩萨 大士 不可限量

samādāpitāḥ paripācitāś ca (263. 23)

caus. ppp. N. caus. ppp. N. conj.

劝发 教化 又

(118) K：世尊在大众敷演深法义

parṣāya[48] madhye pravadanti dharmaṃ (1—158)

f. sg. G. m. sg. L. pres. 3. pl. P. m. sg. Ac.

集会 中间 宣说 法

II. ……上/下/中/内/外/前/时

(119) **K:** 顶**上**肉髻光明显照

mūrdhny uṣṇīṣo vibhāti (381.11)

m. sg. L. m. sg. N. pres. 3. sg. N.

头上 螺髻 放光

(120) **K:** 以天华而散佛**上**

taiś ca Sumeru-mātraiḥ puṣpa-puṣais taṃ

pron. I. conj. adj. I. m. pl. I. pron. Ac.

用这些 又 如须弥山 花堆 此

bhagavantam abhyavakiranti sma (7—49)

m. sg. Ac. impf. 3. sg. P. indec.

佛 奉散 (表过去)

(121) **K:** 长者诸子……在此宅**中**

tasya ca puruṣasya bahavaḥ kumārakāḥ syuḥ ...

pron. G. conj. m. sg. G. adj. N. m. pl. N. opt. 3. pl. P.

此 又 人 众多 童子们 会有

tasmān niveśanād (3—91)

pron. Ab. n. sg. Ab.

此 舍宅中

(122) **K:** 八十小劫**中**广宣法华经

aśīti[49] so antara-kalpa-pūrṇāṃ ... bhāṣati

n. Ac. pers. 3. sg. N. n. pl. Ac. pres. 3. sg. P.

八十 他 满小劫中 宣说

agra-dharmān (1—177)

m. pl. Ac.

最胜法

(123) **K**：阎浮提**内**广令流布

asmiñ jambu-dvīpe pracariṣyati (388. 22)

pron. L. m. sg. L. fut. 3. sg. P.

于此 瞻部洲中 将广行流布

(124) **K**：令百由旬**内**无诸衰患

yojana-śatāc ... rakṣā kṛtā bhaviṣyati (336. 07)

n. sg. Ab. f. sg. N. ppp. N. fut. 3. sg. P.

数百由旬中 守护 施行 将是(助动词)

(125) **D**：遥见门**前**，梵志、君子、大众聚会，眷属围遶。

svake niveśana-dvāre mahatyā brāhmaṇa-kṣatriya-

adj. L. n. sg. L. adj. I. f. sg. I.

自己 家门 大 婆罗门、刹帝利、

viṭ-chūdra-pariṣadā parivṛtaḥ puras-kṛto (4—17)

ppp. m. sg. N. ppp. m. sg. N.

吠舍、首陀罗四姓众生 围绕 恭敬

(126) **D**：佛最后**时**……即出家去，便得成就上尊佛道。

K：**於**最末后身，出家成佛道。

so ca jjinaḥ paścimake samucchraye abhiniṣkramitvā

pron. N. conj. m. sg. N. adj. L. m. sg. L. caus. ger.

此 又 佛 在最后 身位 出家

spṛśiṣyate uttamam agra-bodhim (3—60)

fut. 3. sg. A. superl. Ac. f. sg. Ac.

将获得 无上 最胜菩提

(127) K:<u>汝常作**时**</u>,无有欺怠瞋恨怨言。

na ca <u>tvayā</u> bhos puruṣa atra karma <u>kurvatā</u> śāṭhyam

adv. conj. m. sg. I. m. sg. V. m. sg. V. adv. n. sg. Ac. ppt. m. sg. I. n. sg. N.

不 又 你 先生啊 男子啊 此中 事 做 谄曲

vā vakratā vā kauṭilyam vā mānas vā mrakṣas

conj. f. sg. N. conj. n. sg. N. conj. n. sg. N. conj. m. sg. N.

或 歪曲 或 虚伪 或 心意 或 覆藏

vā kṛta-pūrvas karoṣi vā (4—48)

conj. adj. m. sg. N. pres. 2. sg. P. conj.

或 昔所行 (你)做 或

(128) K:<u>其佛未出家**时**</u>,有十六子。

<u>tasya bhagavataḥ kumāra-bhūtasya</u> ṣoḍaśa putrā

pron. G. m. sg. G. adj. G. m. N. m. pl. N.

此 佛 为王子 十六 儿子

abhūvann (7—21)

aor. 3. sg. P.

有

III. 於/于/在……中/上/下/内/外

(129) K:入<u>於塔庙**中**</u>

<u>dhātu-dhareṣu teṣu</u> (2—169)

m. pl. L. pron. L.

安放舍利处 这些

(130) K:<u>**於**诸大众**中**</u>而为广分别

prakāśayī[50] <u>prāṇi-sahasra-koṭinām</u> (1—151)

caus. aor. 3. sg. P. f. pl. G.

宣畅 千亿众生中

(131) K:於二十年中常令除粪

viṃśati-varṣāṇi taṃ putraṃ saṃkāra-dhānaṃ

n. pl. Ac. pron. Ac. m. sg. Ac. m. sg. Ac.

二十年中 此 子 粪池

śodhāpayet (4—52)

caus. opt. 3. sg. P.

令清理

(132) K:即於法座上加趺坐三昧

samādhiṃ dharm'āsana-stho (1—152)

m. sg. Ac. adj. m. sg. N. (依主释-依格关系)

三昧 法座上 处、住

(133) K:在七宝菩提树下法座上坐

ratna-maye bodhi-vṛkṣa-mūle dharmāsanopaviṣṭaḥ

(377.18)

n. sg. L. n. sg. L. ppp. m. sg. N.

(七)宝所成 菩提树下 法座上 处、登

(134) K:於火宅内乐着嬉戏

asminn eva niveśana ādīpte tais-taiḥ krīḍanakaiḥ

dem. L. adv. n. sg. L. ppp. L. pron. I. m. pl. I.

于此 即 宅舍中 炽然 种种 玩具

krīḍanti ramanti paricārayanti (3—93)

pres. 3. pl. P. pres. 3. pl. P. caus. pres. 3. pl. P.

嬉戏 亲近 作乐

(135) K:在门外立

dvārasmi[51] asthāsi (3—172)

n. sg. L. aor. 3. sg. P.

门外 住立

在翻译原文格尾的过程中，后附于名词的方位词逐渐失去具体词汇意义，彼此之间意义差别缩小，可以发生语义中和与词汇互换，如“宅中＝宅内”“门前＝门外”“X(已)后＝X(已)来”等，向专门标记方位格的后置词虚化。时间名词“时”的词汇意义也开始减弱，并不表示特定的时间，而是用为后置词，引介时间状语，侧重标明事物在时空坐标中的位置，起定位作用，甚至还可以用于时间小句甚至假设偏句末尾，作后置连词[52]，引进条件命题(详见本书第 5.1 节框式结构)。

综上所述，佛经翻译者在全面参照、系统归纳原文名词格尾变化的过程中，逐渐建立起汉译佛经的格标记系统，使得梵汉两种语言格范畴的表达形式成系统对应[53]。见下表所示：

格范畴＼表现形式	梵语格尾	汉语介词
宾格	Ac. G.	于/於一、以一
具格	I. Ab.	以/用/由/因/为一、一故、以/由/因/用……故、与……(俱)
目的格	D. G. L.	为/向一、一故、为……故
方位格	Ac. I. Ab. G. L.	从/于/於/在/从 於 一、一 上/下/中/内/外/前/时/(已)后/(已)来、从/自/於/自从……中/前/(已)后/(已)来、於/于/在……中/上/下/内/外/前

佛经翻译不仅强化了汉语原有介词标示名词语义格的功能，而且吸纳了诸多名源后置词如“故”“时”“中”“上”“前”等、动源及副源后置词“俱”以及前置词和后置词搭配而成的框式介词“以……故”“於……中”“与……俱”等，壮大了汉译佛经的介词阵容。有些格标记还在原文词序特征的驱动下，携带被标记的名词性成分发生句法上的移位，参与并推动了中古时期汉语介词短语的语序变革。

附 注

① 如何称呼这八种格尾，学界看法不一。鉴于目前汉译普遍采用“体格”等名称，比传统梵语文法称之为第一格、第二格、第三格等序数命名法更直观，故从之。对应的现代英译分别为：体＝nominative（N.）；业＝accusative（Ac.）；具＝instrumental（I.）；为＝dative（D.）；从＝ablative（Ab.）；属＝genitive（G.）；依＝locative（L.）；呼＝vocative(V.)。

② 固定词组“於是”未计入。

③ “所以”“是以”“以故”等固定词组中的“以”和连词、助词“以”未计入。

④ 从体格派生出来的呼格(vocative)，表达呼唤某人以引起注意。除了直译为人名称呼语外，译经还采取特殊的转换方式，译成祈愿类动词的主语或言告类动词的宾语，体现了汉译佛经的语篇特点。详见本书第六章篇章衔接策略。

⑤ 括号内数字标注梵文原本中的出处。前十品的标注方式如 3－66，表示该句出自梵本的第三品第 66 节；十品之后的标注方式如 241.16，表示该句起于梵本的第 241 页第 16 行。

⑥ 见 BHSG § 20.63。

⑦ 无原文还包括与原文对应不整或转换译法等情况。以这里的“于/於”为例，(I)与原文对应不整，如：救护於一切<trāṇam(n. sg. Ac. 救护、拔济)，原文中只有“救护”一词的对应，“於一切”部分没有原文；(II)转换译法，如：倍於常明<atīva(adv. 深、最上)，原文是一个表最高程度的副词，鸠摩罗什未译成“最亮、极明”等词，而是转换说法，译成当时汉语中表达比较的结构。对勘中出现这种不能严整对应的情况，原因非常复杂，其中有《法华经》现存各梵文写本的编写年代均晚于汉译本的因素。

⑧ 见 BHSG § 8.20。

⑨ 见 BHSG § 8.59。

⑩ 见 BHSG § 30.3。

⑪ 见 BHSG § 8.31。

⑫ 见 BHSG § 8.101。

⑬ 见 BHSG § 8.117。

⑭ 见 BHSG § 8.101。

⑮ 见 BHSG § 8.42。

⑯ 见 BHSG § 8.102。

⑰ 见 BHSG § 1.29 & BHSD. P412。

⑱ 见 BHSG § 8.31。

⑲ 见 BHSG § 20.63。

⑳ 见 BHSG § 8.79。

㉑ 从格表达比具格更为直接的起因。见辻直四郎(1977:279)。

㉒ 见 BHSG § 8.50。

㉓ 见 BHSG § 12.9。

㉔ "故"是原文"缘故"义名词 paryāyeṇa 的汉译。

㉕ 见 BHSG § 35.50。

㉖ 见 BHSG § 8.101。

㉗ 见 BHSG § 8.31。

㉘ 见 BHSG § 38.25。

㉙ 见 BHSD,P344。

㉚ 见 BHSG § 20.63。

㉛ 见 BHSG § 8.101。

㉜ 见 BHSD *ārabhya*, *āgamya* 词条。

㉝ 见 BHSG § 20.63。

㉞ 见 BHSG § 8.59。

㉟ 见 BHSG § 3.79。

㊱ 见 BHSG § 8.20。

㊲ 见 BHSG § 37.12。

㊳ 见 BHSG § 8.108。

㊴ 见 BHSG § 7.81"Loc. for instr."。

㊵ 见 BHSG § 8.108。

㊶ 见 BHSG § 8.101。

㊷ 见 BHSG § 7.63 "Genitive for dative"。

㊸ 见 BHSG § 10.202。

㊹ 见 BHSG § 8.94。

㊺ 业格的方位义表达位移的方向、目的地及持续不中断的时间段,具格的方位义表达动作行为完成的期限,从格的方位义表达动作行为发生的起点及时间或空间的距离,属格的方位义表达相关的时间,如某时以来/以后,依格的方位义表达动作行为发生的场所、时点、时期。参见辻直四郎(1977)附录 A"格的用法"。

㊻ 见 BHSG § 20.63。

㊼ 见 BHSG § 3.6。

㊽ 见 BHSG § 9.55。

㊾ 见 BHSG § 10.189。

㊿ 见 BHSG § 32.16。

51 见 BHSG § 21.85。

52 刘丹青(2003:148)认为:连词和介词具有共时和谐性和历时相关性。在表达从属方面,连词和介词的区别只在于介引小句还是介引 NP。

53 无论在一种语言内部还是跨语言之间,通常与格形态(综合性形态手段)相比,介词(分析性句法手段)的意义更加具体,因而数量较多。参见刘丹青(2008:290—291)。

第三章　梵文原典动词变化之汉译

3.1　概述

梵语中，动词的变化最为丰富，时、体、态、语气等语法范畴皆可通过动词形态变化表现出来。定式动词[①]的时态(tense)包括现在时、未完成时、完成时、不定过去时、将来时和假定时，其中未完成时、不定过去时和完成时没有区别，都表示过去，假定时只用于非真实条件句中，佛教文献里十分罕见，因此在梵文佛经中，动词的时态基本上可以归结为过去、现在、未来三时系统；语态(voice)有主动语态、中间语态和被动语态；语气(mood)分陈述语气、祈愿语气和命令语气，现在时有三种语气，其余的时态只有陈述语气[②]。除此之外，梵文佛经中各类非定式动词的变化，如现在分词、过去分词、将来分词、必要分词、独立式等，也能表现相应的时体范畴[③]。相对而言，汉语动词入句后很少表现出形式的差异，即使带有一定形态因素的音变构词法，从东汉开始也走向衰落，到6世纪已趋于灭亡(参见周祖谟 1966；梅祖麟 1991；孙玉文 2000)，汉语正逐渐告别由光杆动词综合表达时体范畴的时代，向意义明晰的可分析动词短语转变。

在这种情况下，佛经翻译者要将原文由动词形态变化表现的语法范畴转换成功能对等的汉译表达式，唯一的选择就是根据汉语的类型特征，在汉语原有零形式动词前/后添加描写性标记，即能明确显示动词时体范畴的副词、助词、助动词等词汇、语法形式，于是形成大量“动词＋附加成分”的可分析动词短语。研究表明，这些建立在汉语基础上、又带有某种原典语言特点的新兴动词短语，不仅能有效对应原文动词的形态变化，实现梵汉两种语言结构类型的对等转换，而且在客观上也符合汉语复音化的发展趋势，对汉语动词由综合到分析的转型起到了积极的推动作用。

下面就以《法华经》为例，逐一解析原文动词各类变化的汉译表达式，重点讨论有显性标记的动词形式，揭示汉译佛经表现动词时、体、态等语法范畴的特点及其与汉语动词发展的关系。

3.2 时态表达式

如概述所言，梵语动词的时态变化体现为过去、现在和未来的三时系统，所以从《法华经》的梵汉对勘中可见，对应原文动词的三时变化，汉译佛经也倾向于在汉语零形式动词前添加不同功能的时态副词加以区分，明确标识句中动词的时态范畴。如：

(1) **K**：我所说经典无量千万亿，已说、今说、当说。

bahavo hi mayā bhaiṣajyarāja dharma-paryāyā

adj. N. adv. pers. 1. sg. I. m. sg. V. m. pl. N. 依主释

无量 确实 由我 药王啊 法句

bhāṣitā bhāṣāmi bhāṣiṣye ca (10—34)

ppp. m. pl. N. pres. 1. sg. P. fut. 1. sg. A. conj.

已说 现说 将说 和

原文由同一动词词根√bhāṣ变化而来的过去、现在、将来时形式，被分别译成三个标有不同时态副词的动词短语“已说”“今说”“当说”，恰如其分地对应原文动词的三时变化，基本实现了翻译前后动词时态的对等转换。此外，第一，译经中常用来标识动词过去时的副词还有“常$_1$（＝尝）④、以（＝已）、曾、已曾（以曾）、既、既已”等。

(2) K：是诸千二百心自在者，昔住学地，佛常教化言：……

yāni ca-imāni bhagavan dvādaśa-vaśī-bhūta-śatāni

rel. N. conj. dem. N. m. sg. V. n. pl. N. 持业释

凡是 又 这些 世尊啊 一千二百自在者

bhagavatā pūrvaṃ śaikṣa-bhūmau sthāpitāny evam

m. sg. I. adv. f. sg. L. 依主释 caus. ppp. N. adv.

由世尊 往昔 在学地 已安住 这样

avavaditāny evam anuśiṣṭāny abhūvan (3—80)

ppp. N. adv. ppp. N. aor. 3. sg. P.

被教授 这样 习学 是(助动词)

此处汉译的“常”借作“尝”，加于动词前，表示行为、事态发生在过去，对译原文动词的不定过去时。由“常（＝尝）”修饰的动词还用来对译原文同样表现过去时态的动词完成时（perf.）和过去被动分词（ppp.），如：

(3) K：常雨于天华

puṣpāṇa⑤ varṣaṃ pramumoca (7—164)

m. pl. G. n. sg. Ac. perf. 3. sg. P.

众花的 雨 已释放

(4) K：佛常在耆阇崛山，共大菩萨……围绕说法。

gṛdhakūṭa-parvata-gataḥ māṃ dharmaṃ nirdeśayantaṃ

ppp. m. sg. N. 依主释 pers. 1. sg. Ac. m. sg. Ac. ppt. sg. Ac.

于灵鹫 山 已至 我的 法 宣说着

drakṣyati bodhisattva-gaṇa-parivṛtaṃ (286. 22)

fut. 3. sg. P. ppp. m. sg. N. 依主释

将看见 被菩萨众 所围绕

“以”在译经中也经常借作时态副词“已”，加于动词前，表示行为、事态发生在过去。如：

(5) D：则**以**睹见亿百千佛。

K：若人**曾**见亿百千佛。

dṛṣṭāś ca yehī⑥ bahu-buddha-koṭyaḥ (3—248)

ppp. N. conj. rel. m. pl. I. f. pl. N. 持业释

已见 又 凡有(人) 无量亿佛

两处汉译分别用时态副词“以”和“曾”标示动词，对译原文的过去被动分词。

(6) D：**以曾**供养亿百千佛。

K：**已曾**供养百千万亿诸佛。

bahu-buddha-śata-sahasra-caritāvino (7—124)

app. m. pl. N. 依主释

无数百千佛 已奉行

两处汉译都用双音形式的时态副词“以曾”“已曾”标示动词，对译原文表现过去时态的过去完成分词(app.)。

“既”和双音形式“既已”也是译经常用的时态副词，表示行为、事态发生在过去，对译原文的过去被动分词。如：

(7) K：尔时导师知此人众**既**得止息，无复疲惓。

tatas tān sa deśiko viśrāntān viditvā (7—155)

adv. pron. m. pl. Ac. pron. N. m. sg. N. ppp. Ac. ger.

于是 这些(人) 这 导师 已得休息 知道后

(8) K：如来**既已**灭度。

tasya bhagavataḥ parinirvṛtasya (319.22)

pron. G. m. sg. G. ppp. G.

此 世尊 已灭度

第二，译经中常用来标示动词现在时的副词还有“方、时、常$_2$”等，对译原文动词的现在时变化(pres.)以及现在分词(ppt.)表达的时态涵义。

(9) K：今我等方知世尊于佛智慧无所吝惜。

bhagavāṃś ca-asmākaṃ smārayati tathāgata-jñāna-

m. sg. N. conj. pers. 1. pl. G. caus. pres. 3. sg. P. m. pl. Ac. 依主释

世尊 又 我们 令忆念 如来智慧之分

dāyādān (4—68)

(10) K：愿出微妙音，时为如实说。

pramuñca ghoṣaṃ vara-dundubhi-svarā udāharasva

imv. 2. sg. P. m. sg. Ac. f. sg. Ac. 持业释 imv. 2. sg. P.

请放出 声音 最胜鼓音 请宣说

yatha⑦ eṣa dharmaḥ (2—50)

adv. pron. N. m. sg. N.

正如 此 法

(11) K：复有诸鬼……常住其中。

nānāś ca ... vasanti pretāḥ ... tatra tatra (3—162)

adj. N. conj. pres. 3. pl. P. m. pl. N. adv. adv.

种种 又 住 鬼 此处 此处

(12) K：汝常作时，无有欺怠瞋恨怨言。

na ca tvayā bhos puruṣa atra karma kurvatā

adv. conj. pers. 2. sg. I. m. sg. V. m. sg. V. adv. n. sg. Ac. ppt. I.

不 又 你 先生啊 男子啊 此处 工作 做着

śāṭhyam vā vakratā vā kauṭilyam vā mānas vā mrakṣas

n. sg. N. conj. f. sg. N. conj. n. sg. N. conj. n. sg. N. conj. m. sg. N.

谄曲 或 歪曲 或 虚伪 或 心 或 藏匿

vā kṛta-pūrvas karoṣi vā (4—48)

conj. adj. m. sg. N. pres. 2. sg. P. conj.

或 往昔所做 今做 或

第三，译经中常用来标示动词将来时的副词还有“将、欲、必、应、必应、必当、方当、常₃（=当）”等，对译原文动词的将来时变化（fut.）以及将来分词（fpt.）表达的时态涵义。

(13) **K**：增上慢比丘**将**坠於大坑。

abhimāna-prāptāś ca bhikṣavo mahā-prapātaṃ

ppp. N. 依主释 conj. m. pl. N. m. sg. Ac. 持业释

增上慢 又 比丘 大深坑

prapatiṣyanti (2—59)

fut. 3. sg. P.

将堕入

(14) **K**：若有人问：“何等众生，於未来世**当**得作佛？”应示：“是诸人等，於未来世**必**得作佛。”

yaḥ kaś-cid anyataraḥ puruṣo vā strī vā-evaṃ

rel. N. inter. N. compar. N. m. sg. N. conj. f. sg. N. conj. adv.

凡是 任何 随一 男子 或 女人 或 如是

vadet kīdṛśaḥ khalv api te sattvā bhaviṣyanty

opt. 3. sg. P. adj. N. adv. adv. pron. N. m. pl. N. fut. 3. pl. P.

会说 何等 的确 也 这些 众生 将成为

anāgate 'dhvani tathāgatā arhantaḥ samyak-

ppp. L. m. sg. L. m. pl. N. adj. N. m. pl. N.

于未来 世上 如来 应供 正等正觉

saṃbuddhā iti ... sa kula-putro vā kula-duhitā vā

adv. pron. N. m. sg. N. conj. f. sg. N. conj.

如是 这 善男子 或 善女人 或

yo hy anāgate 'dhvani tathāgato 'rhan

rel. N. adv. ppp. L. m. sg. L. m. pl. N. adj. N.

凡是 确实 于未来 世 如来 应供

samyak-saṃbuddho bhaviṣyati evaṃ paśya (10—10)

m. pl. N. fut. 3. sg. P. adv. imv. 2. sg. P.

正等正觉 将成为 如是 (你)应见

此处汉译的"当得作"和"必得作"都对应原文 be 动词的将来时变化，说明其中"当"和"必"的功能相当，同为时态副词，标示句中动词的将来时态。

(15) **K：应**以如来供养而供养之。

śāstṛ-gauraveṇa sat-kariṣyanti guru-kariṣyanti

adj. m. sg. I. 依主释 caus. fut. 3. pl. P. caus. fut. 3. pl. P.

以恭敬尊者的方式 将供养 将恭敬

mānayiṣyanti pūjayiṣyanti (10—8)

caus. fut. 3. pl. P. caus. fut. 3. pl. P.

将尊重 将敬爱

(16) **K：必应**见此希有之相。

dṛṣṭa-pūrvāṇi ca ... evaṃ-rūpāṇi nimittāni

adj. n. pl. N. 持业释 conj. adj. n. pl. N. 持业释 n. pl. N.

往昔所见 又 如是等类 瑞相

bhaviṣyanti (1—42)

fut. 3. pl. P.

将是(助动词)

(17) **D：必当**钦乐于斯法谊。

K：欲听受佛语。

śraddadhāsyanti tava-eta[8] dharmam (2—66)

fut. 3. pl. P. pers. 2. sg. G. pron. Ac. m. sg. Ac.

将信受 你的 这 法

(18) D：方当供养如此前数。

K：当得奉觐三百万亿诸佛世尊。

triṃśato buddha-koṭī-sahasrāṇām antike sat-kāraṃ

num. G. n. pl. G. 依主释 n. sg. L. m. sg. Ac.

三十 千亿佛的 近前 供养

kariṣyat (6—2)

fut. 3. sg. P.

将奉行

(19) D：是时人民常有二食。

K：其国众生常以二食。

tena ... samayena tasmin buddha-kṣetre teṣāṃ

pron. I. m. sg. I. pron. L. n. sg. L. 依主释 pron. G.

在此 时 在此 佛土上 这些

sattvānāṃ dvāv āhārau bhaviṣyataḥ (8—20)

m. pl. G. num. N. m. du. N. fut. 3. du. P.

众生 二 食 将有

(20) D：千二百诸漏尽者，皆当於世成为佛道。

K：千二百罗汉，悉亦当作佛。

śatā⑨ dvādaś'⑩ ime anāsravā buddhā bhaviṣyant'

adj. N. m. N. dem. N. m. pl. N. m. pl. N. fpt. N.

百 十二 这些 诸漏尽者 佛 将成为

imi⑪ loki⑫ sarve (2—206)

dem. N. m. sg. L. adj. N.

这些 世界上 全部

据此统计《妙法莲华经》前十品中出现的时态副词，它们与原文动词三时变化的对应情况如下表所示：

汉 梵	已	曾	已曾	既	常$_1$	今	方	时	常$_2$	当	将	欲	必	应	必应	常$_3$	合计
过去时	46	16	7	4	12												85
现在时	3	3[13]				44	1	4	13	7							75
未来时										54	1	6	5	2	1	5	74

三类时态副词的使用频率大致相当，说明译者有意识依照原文动词的三时变化表现汉译佛经的时态范畴，赋予汉语固有的时态副词以时态标记的功能。至少在汉译佛经中，动词表现出区分过去、现在、未来三种时态的显著倾向。

其中，表示过去及未来的时态副词偶尔还会用来对译原文动词的现在时变化，如：

(21) **K**：汝已殷懃三请，岂得不说？

tvaṃ　śāriputra　yāvat　traitīyakam　api　tathāgatam

pers. 2. sg. N.　m. sg. V.　prep.　adv.　adv.　m. sg. Ac.

你　舍利弗啊　乃至　三　再　如来

adhyeṣase　evam　adhyeṣamāṇaṃ　tvāṃ　śāriputra

pres. 2. sg. A.　adv.　ppt. A. sg. m. Ac.　pers. 2. sg. Ac.　m. sg. V.

(你)劝请　这样　因劝请　你　舍利弗啊

kiṃ　vakṣyāmi (2—69)

inter. n. sg. Ac.　fut. 1. sg. P.

什么　(我)将说

(22) **K**：未曾说汝等，当得成佛道。

na　ca-api　teṣāṃ　pravade　kadā-cid　yuṣme[14]

adv.　conj. adv.　pers. 3. pl. G.　pres. 1. sg. A.　adv.　pers. 2. pl. N.

不　又　也　为他们　(我)说　任何时　你们

pi[15] buddhā iha loki[16] bheṣyatha (2—120)
adv. m. pl. N. adv. m. sg. L. fut. 2. pl. P.
也 诸佛 此处 世界上 (你们)将成为

(23) **K**:从地狱出,当堕畜生。
yadā ca narakeṣu cyutā bhavanti tataś ca
adv. conj. m. pl. L. ppp. m. pl. N. pres. 3. pl. P. adv. conj.
某时 又 地狱中 已死 是(助动词) 于是 又
tiryakṣu vrajanti bhūyaḥ (3—225)
m. pl. L. pres. 3. pl. P. compar. adv.
畜生中 游行 更、复

这种对译方式也是原文动词现在时变化的反映。梵语动词的现在时可以表示:(I)现在的动作、状态或一般的事实、真理;(II)较近的过去;(III)较近的未来等三层涵义(参见辻直四郎 1977:291),只不过以第一种语法意义为主。

3.3 体貌表达式

与时态表示事件发生的时间位置不同,体范畴则表现事件本身的状况和进程(杨永龙 2001:33),如 Comrie(1976:3)给"体"下的定义是"观察情状内部时间结构的不同方式"。梵语里,可以超越三时约束、表现比较典型体貌涵义的动词形式当属独立式(gerund;或叫绝对分词 absolutive)。它主要表达由同一施事主体发出的两个(或多个)连续动作中的先行动作,意味着下一个动作开始时,前面的动作已经完成或完结。与之对应的汉译形式呈现出以下特点:

3.3.1 三时共现性

由于梵语的动词独立式不受时态约束,因此,它的汉译形式可以出现在汉语的过去、现在、未来三种时态的句子中，与三类时态副词共现。如：

(24) K：既出于世，为诸众生分别演说诸法之实。

utpadya /so bhāṣati loka-nātho bhūtāṃ cariṃ

ger. pron. N. pres. 3. sg. P. m. sg. N. ppp. Ac. f. sg. Ac.

生起后 这 宣说 世尊 真实 行

darśayate ca prāṇinām (5—40)

caus. pres. 3. sg. A. conj. m. pl. G.

示现 和 为众生

(25) K：今闻佛音声，随宜而说法。

śrutvā ca so 'haṃ imu[17] buddha-dharmaṃ/

ger. conj. pron. N. pers. 1. sg. N. dem. Ac. m. sg. Ac. 依主释

听见后 又 此 我 此 佛法

saṃdhāya etat kila[18] bhāṣitaṃ (3—20)

f. sg. D. pron. N. n. sg. N. ppp. N.

按照约定 此 法说 说了

(26) K：当供养十世界微尘等数诸佛如来，常为诸佛而作长子。

daśa-loka-dhātu-paramāṇu-rajaḥ-samāṃs tathāgatān

adj. Ac. 依主释 m. pl. Ac.

与十世界微尘相等的 如来

arhataḥ samyak-saṃbuddhān satkṛtya guru-kṛtya

m. pl. Ac. m. pl. Ac. ger. ger.

应供 正等正觉 恭敬、赞叹、

mānayitvā pūjayitvā 'rcayitvā / sadā teṣāṃ buddānāṃ

caus. ger. ger. ger. adv. pron. G. m. pl. G.

尊重、供养后 恒常 这些 诸佛的

bhagavatāṃ jyeṣṭha-putro bhaviṣyasi (9—33)

m. pl. G.　m. sg. N. 持业释　fut. 2. sg. P.

诸世尊的　长子　(你)将成为

3.3.2 句法黏着性

由于梵语的动词独立式表达连续动作中的先行动作，即一个动作结束后，马上开始下一个动作，因此，它的汉译形式通常作为连动结构中前现的谓词性成分，代表发生在前的动作，在句法上是黏着的，需有后续成分，才能完句。如：

(27) **D：**比丘比丘尼清信士清信女五千人等至怀甚慢，即从坐起①，稽首②佛足，舍众而退。

K：会中有比丘比丘尼优婆塞优婆夷五千人等，即从座起①，礼②佛而退。

tataḥ parṣada ābhimānikānāṃ bhikṣūṇāṃ

adv.　f. sg. Ab.　adj. G.　m. pl. G.

从此　集会中　憎上慢的　比丘

bhikṣuṇīnām upāsakānām upāsikānāṃ pañca-mātrāṇi

f. pl. G.　m. pl. G.　m. pl. G.　n. pl. N.

比丘尼　清信士　清信女　五

sahasrāṇy utthāy'①/ āsanebhyo bhagavataḥ pādau

n. pl. N.　ger.　n. pl. Ab.　m. sg. G.　m. du. Ac.

千　起身后　从床座　世尊的　双足

śirasā 'bhivanditvā②/ tataḥ parṣado 'pakrāmanti sma (2—70)

n. sg. I.　ger.　adv.　f. sg. Ab.　pres. 3. pl. P.　indec.

用头　顶礼后　从此　集会中　退散　(表过去)

(28) D：适闻[1]得佛，寻皆离[2]俗，不顾重位，诣世尊所，悉为沙门。

K：是诸王子闻[1]父出家，得阿耨多罗三藐三菩提，悉舍[2]王位，亦随出家。

te	taṃ	bhagavantam	abhiniṣkrānta-gṛhā-vāsaṃ
pron. 3. pl. N.	pron. Ac.	m. sg. Ac.	adj. Ac. 持业释
这些(王子)	这	世尊	出家

viditvā	’nuttarāṃ	ca	samyak-saṃbodhim
ger.	adj. f. sg. Ac.	conj.	m. sg. Ac.
知道	无上	又	正等正觉

abhisaṃbuddhaṃ	śrutvā[1]/	sarva-rājya-paribhogān
ppp. m. sg. Ac.	ger.	m. pl. Ac. 持业释
得最正觉	听到后	全部国土和资粮

utsṛjya[2]/	taṃ	bhagavantam	anupravrajitāḥ (1—120)
ger.	pron. Ac.	m. sg. Ac.	ppp. m. pl. N.
舍弃后	这	世尊	跟随出家

此外，异译对比的证据也表明，原文独立式的汉译具有句法黏着性。早期的竺法护译本由于逐字逐句翻译原文，经常会受到原文词序的干扰，将原文出现在后半句的动词独立式也最后译出，掩盖了动词独立式表示先行动作的体貌涵义，因此鸠摩罗什在重译时予以匡正，变更了词序，用句法上黏着的谓词性成分真实再现原文独立式的语法意义，有效避免了翻译过程中的语义流失。如：

(29) D：偏蒙圣恩，得离恶趣，今乃逮闻时。

K：而今从佛闻所未闻未曾有法，断诸疑悔。

apagata-paridāho	’smy	adya	bhagavann/	imam evaṃ-
m. sg. N. 持业释	pres. 1. sg. P.	adv.	m. sg. V.	dem. Ac.
已远离热恼	(我)是	今天	世尊啊	这

rūpam adbhuta-dharmam aśruta-pūrvaṃ bhagavato

m. sg. Ac. adj. Ac. m. sg. Ac. 持业释 adj. Ac. m. sg. G.

如是等类 奇特法 昔未曾闻 从世尊的

'ntikād ghoṣaṃ śrutvā (3—9)

n. sg. Ab. m. sg. Ac. ger.

近前 声音 听到后

(30) D：於当来世成为最胜，供养诸佛六十二亿。

K：当供养诸佛，然后成正觉。

anāgate 'dhvāni jino bhaviṣyati / pūjitva[19] ṣaṣṭiṃ

ppp. L. m. sg. L. m. sg. N. fut. 3. sg. P. ger. num. Ac.

在未来 世 佛 将成为 供养后 六十

sugatāna[20] koṭyaḥ (9—18)

m. pl. G. f. pl. Ac.

诸善逝 亿

3.3.3　专用标记

汉译佛经除了将原文动词独立式译成汉语连动结构的前现谓词外，还会在连动结构中添加一些显性标记，提示动作发生的先后顺序。

第一，使用具有句法关联作用的时间副词“本、初、先、适、然后、寻、即、更”等，连接连动结构，标明动作发生的先后顺序。如：

(31) D：(如彼长者)本许诸子以三品乘，……各赐一类平等大乘。

K：(如彼长者) **初**以三车诱引诸子，**然后**但与大车，宝物庄严，安隐第一。

trīṇi yānany upadarśayitvā /teṣāṃ kumārakāṇām ekam

num. Ac. n. pl. Ac. caus. ger. pron. G. m. pl. G. num. N.

三 乘 示现后 为这些 童子们 一

eva mahā-yānaṃ sarveṣāṃ dattaṃ sapta-ratna-mayaṃ
adv. n. sg. N. 持业释 adj. G. ppp. N. adj. N. 多财释
即 大乘 全部 给予 七宝合成的

sarvālaṃkāra-vibhūṣitam eka-varṇam eva-udāra-yānam
ppp. N. 多财释 adj. N. 多财释 adv. n. sg. N. 持业释
全部严饰的 一样的 即 高贵之乘

eva sarveṣām agra-yānam eva dattaṇ bhavet (3—145)
adv. m. pl. G. n. sg. N. 持业释 adv. ppp. N. opt. 3. sg. P.
即 为所有 第一乘 即 给予 会是(助动词)

(32) D:时子於庛调习车马,缮治珍宝。

K:穷子先取其价,寻与除粪。

sa ca daridra-puruṣo vetanaṃ gṛhītvā/tasya mahā-
pron. N. conj. m. sg. N. 持业释 n. sg. Ac. ger. pron. G.
这 又 穷男子 报酬 持取后 从这

dhanasya puruṣasya-antikāt tasminn eva niveśane
adj. G. 多财释 m. sg. G. n. sg. Ab. pron. L. adv. n. sg. L.
大富 男子 近前 在这 即 宅舍中

saṃskāra-dhānaṃ śodhayeyuḥ (4—40)
n. sg. Ac. 依主释 caus. opt. 3. pl. P.
粪池 严净、清理

(33) D:(父於窓牖遥见其子所为超绝),脱故所著,沐浴其身,右手洗之,……而告之曰。

K:(於窓牖中遥见子身……),即脱瓔珞,更著麁弊垢腻之衣,尘土坌身,右手执持除粪之器,……语诸作人。

apanayitvā mālyʼābharaṇāny / ... malināni vastrāṇi
ger. n. pl. Ac. 相违释 adj. Ac. n. pl. Ac.
除去后 瓔珞杂饰 破弊 衣服

prāvṛtya /dakṣiṇena pāṇinā piṭakaṃ parigṛhya /

ger. m. sg. I. m. sg. I. n. sg. Ac. ger.

覆盖后 用右 手 除粪器 执持后

pāṃsunā sva-gātraṃ dūṣayitvā/... evaṃ vadet (4—42)

m. sg. I. n. sg. Ac. 持业释 ger. adv. opt. 3. sg. P.

用尘土 己身 诋毁后 这样 会说

从以上异译对比中可见，后出的鸠摩罗什译本比早期的竺法护译本更倾向于使用此类时间副词，标示句中连续发生的动作行为，在有效译出原文独立式涵义的同时，也使汉译行文更显紧凑流畅。

第二，利用汉语固有的完成义动词“已”，附于另一个动词性成分后，构成“VP 已”格式，充当连动结构的前项，直接对译原文的动词独立式。如：

(34) D：说斯经已，升于自然师子之床加趺而坐，三昧正受定意。

K：佛说此经已，结加趺坐，入於无量义处三昧。

bhāṣitvā / tasminn eva mahā-dharm'āsane paryaṅkam

ger. pron. L. adv. n. sg. L. 持业释 Ac. →adv.

宣说后 在这 即 大法座上 端坐地

ābhujya-anantā-nirdeśa-pratiṣṭhānaṃ nāma samādhiṃ

ger. adj. Ac. 多财释 adv. m. sg. Ac.

结曲后 住于无量义 名为 三昧

samāpanno 'bhūd (1—25)

ppp. m. sg. N. aor. 3. sg. P.

已入 是(助动词)

(35) D：五百百千亿大梵天众赞叹佛已，启劝令佛转大法轮。

K：五百万亿诸梵天王偈赞佛已，各白佛言：“唯愿世尊，转於法轮。”

te mahā-brahmāṇas taṃ bhagavantaṃ Mahābhijñā-

pron. N. m. pl. N. 持业释 pron. Ac. m. sg. Ac.

这些 诸大梵天 此 世尊

jñānābhibhuvaṃ tathāgatam arhantaṃ samyak-

m. sg. Ac. m. sg. Ac. adj. Ac.

大通智胜 如来 应供

saṃbuddhaṃ saṃmukham ābhiḥ sārūpyābhir gāthābhir

m. sg. Ac. adv. dem. I. adj. I. f. pl. I.

正等正觉 面前 用这些 随顺 偈颂

abhiṣṭutya / taṃ bhagavantam etad ūcuḥ

ger. pron. Ac. m. sg. Ac. pron. n. sg. Ac. perf. 3. pl. P.

赞叹后 此 世尊 此(言) 说了

pravartayatu bhagavān dharma-cakraṃ pravartayatu

imv. 3. sg. P. m. sg. N. n. sg. Ac. 依主释 imv. 3. sg. P.

请转 世尊 法轮 请转

sugato dharma-cakraṃ (7—114)

m. sg. N. n. sg. Ac. 依主释

善逝 法轮

作为原文独立式的汉译标记,时间副词和完成义动词还可以同时并用,如:

(36) D:适见佛已,寻时即往。

dṛṣṭvā / ca punar yena sa bhagavān Mahābhijñā-

ger. conj. adv. prep. pron. N. m. sg. N.

看见后 又 再 向着 这 世尊

jñānābhibhūs tathāgato　'rhan samyak-saṃbuddhas

m. sg. N.　m. sg. N.　adj. N.　m. sg. N.

大通智胜　如来　应供　正等正觉

tena-upasaṃkrāntā (7—68)

prep.　ppp. N.

向着　已趣至

(37) **K:**我先供养佛已,得解一切众生语言陀罗尼。

mayā　bhagavataś candrasūryavimalaprabhāsaśriyas

pers. 1. sg. I.　m. sg. G.　m. sg. G.

由我　对世尊　日月净明德

tathāgatasya pūjāṃ kṛtvā / sarvarutakauśalyadhāraṇī

m. sg. G.　f. sg. Ac.　ger.　f. sg. N. 依主释

如来　供养　奉行后　解一切众生语言陀罗尼

pratilabdhāyaṃ (342. 24)

ppp. m. sg. D.

已得

完成义动词"已"虽为汉语固有,却不经见,且仅限于之前的动词性成分具有[+持续]的语义特征,表示动作的完结(参见蒋绍愚 2001)。帅志嵩(2006)详细调查了中古时期的[+完成]语义标记,发现在汉地文献中,与同类的完成义动词"讫、毕、竟"相比,"已"的出现频率最低,仅占 4%。也许正是"已"的这种特质适合译经移花接木,将之改造成专门对译原文动词独立式的句法标记,从同类完成义动词中脱颖而出,盛行于汉译佛经。并且与"VP 已"对应的动词独立式不受动作持续与否的限制,因而扩展了"已"的固有功能,可以进一步加在非持续动词后,表示动作的完成。如:

(38) **D:**长者听察,寻入馆内。

K：长者闻已，惊入火宅。

śrutvā /ca so tatra praviṣṭu[21] kṣipraṃ (3—174)

ger. conj. pers. 3. sg. N. adv. ppp. N. adv.

听到后 又 他 此处 往至 迅速地

(39) D：降魔官属，当成正觉。

K：破魔军已，垂得阿耨多罗三藐三菩提。

sarvāṃ māra-senāṃ ... prabhañjayitvā parājayitvā /

adj. Ac. f. sg. Ac. 依主释 caus. ger. caus. ger.

全部 魔军 令溃败后 令屈伏后

'nuttarāṃ samyak-saṃbodhim abhisaṃbhotsyāmi (7—16)

adj. Ac. m. sg. Ac. fut. 1. sg. P.

于无上 正等正觉 (我)将证得

汉译佛经中，"一已"的迅速兴起与其他完成义动词形成了强烈反差。仅《妙法莲华经》前十品中，对应原文独立式的"VP 已"就高达 40 例，而同为[+完成]语义标记，"一讫""一竟"一例未见，"一毕"也只有 1 例，还是出现在"一毕已"并用的组合中：

(40) K：绕佛毕已，一心合掌，瞻仰世尊。

taṃ bhagavantaṃ triṣ-pradakṣiṇī-kṛtya /añjaliṃ

pron. Ac. m. sg. Ac. ger. m. sg. Ac.

这 世尊 右绕三匝后 合掌

pragṛhya taṃ bhagavantaṃ saṃmukham (7—24)

ger. pron. Ac. m. sg. Ac. adv.

摄持后 这 世尊 面前

所以，汉译佛经中"VP 已"的大量出现当为原典影响的产物。与此同时，"一已"作为原文动词独立式的专用标记，还体现在以下两方面：

I. 汉译佛经中，“VP 已”格式主要对译原文的动词独立式，个别时候对应其他原文，也多为比附独立式体貌涵义的类推译法。

此前，朱庆之(1993)已经指出，译经中用在“V 已”式状语末尾表示“……以后”的“……已”来自原典，是原典过去分词状语的对译。这一看法后来受到日本学者辛嶋静志(1998)的质疑，他认为过去分词只是少数，大量是原典绝对分词或叫独立式的对译。这在《法华经》的对勘材料中得到了证明，虽然两种对译同时存在，但是明显有主次之分。

以《妙法莲华经》1～10 品为例，“VP 已”共出现 68 例，除 8 例无原文外，其他用例与原文的对应情况如下：

梵 汉	独立式	过去被动分词	其他动词变形
VP 已	40	8	12

由表中所示，绝大多数“VP 已”对译原文的动词独立式，“一已”主要用来突显原文独立式变化的体貌涵义，标示句中动词的体范畴。相比之下，梵语的过去被动分词并不表达典型的体貌涵义，除非用在独立依格或独立属格中时，过去被动分词可以表现由另一个施事主体发出的前提动作。如：

(41) **K：**正法灭尽已，像法三十二。

saddharmi[22] kṣīṇe pratirūpako 'sya dvātriṃśatī-

m. sg. L. ppp. L. adj. m. sg. N. dem. m. sg. G.

正法 已灭尽 像(法) 它的

antara-kalpa[23] sthāsyati (3—63)

m. pl. Ac. fut. 3. sg. P.

三十二中劫 将住立

(42) **K：**诸佛灭度已，供养舍利者，起万亿种塔。

ye	ca-api	dhātūna[24]	karonti	pūjāṃ	jināna[25]
rel. m. pl. N.	conj. adv.	m. pl. G.	pres. 3. pl. P.	f. sg. Ac.	m. pl. G.
凡是	又 也	舍利	奉行	供养	诸胜者

teṣāṃ	parinirvṛtānāṃ	ratnā-mayān
pron. G.	ppp. G.	adj. m. pl. Ac.
这些	已灭度	(七)宝所成

stūpa-sahasr'anekān (2—151)

m. pl. Ac. 持业释

无数千塔

梵语里,独立依格、独立属格表示动作发生的前提条件,过去被动分词又可表示动作行为发生在过去,二者结合,语法意义与独立式十分接近,表达一个动作结束的前提下,开始下一个动作,只是前后动作的主体不同,因此稍作类推,便可译作句法上黏着的"VP 已"结构,其中的"一已"依然标示动词的体范畴。正是由于过去被动分词不表达典型的体貌涵义,只有出现在特定组合中时才接近动词独立式的语法涵义,所以译成"VP 已"的用例不多,仅 8 例而已。

剩余 12 例分别对应原文的动词现在时、将来时、不定过去时,现在分词,甚至还有名词变格,都可以看作仿照独立式用法、意译原文的结果。如:

(43) **K**:佛见此已,便作是念。

tathāgatas	evam	paśyati (3—124)
m. sg. N.	adv.	pres. 3. sg. P.
如来	如此	看见

此处汉译中的"便作是念"并无原文对应,但是因为译者将现在时动词"paśyati"译成了句法上黏着、语义上不能独立的"VP 已"格式,所以增入译文,以保证句子完整、语义自足。

(44) **K：**闻已谛思惟。

sūtra-rājaṃ śruṇiṣyanti cintayiṣyanti vā sakṛt (10—69)

m. sg. Ac. 依主释 fut. 3. pl. P. fut. 3. pl. P. conj. adv.

众经之王 将听见 将思量 或 一念顷

(45) **K：**放斯光已，即说大法。

raśmi-pramuñcanāvabhāso 'bhūt … mahā-dharma-

m. sg. N. 依主释 aor. 3. sg. P.

普放光明 成为(助动词)

śravaṇa-sākathyaṃ (1—105)

n. sg. Ac. 依主释

宣说乐闻大法

(46) **K：**思惟是已，驰走而去。

anucintayantaḥ sa palāyate naro (4—91)

caus. ppt. N. pron. N. pres. 3. sg. A. m. sg. N.

思维着 此 逃走 男

(47) **K：**过十小劫已，乃得成佛道。

daśāna[26] co[27] antara-kalpa atyayāt spṛśe

n. G. conj. m. pl. Ac. 依主释 m. sg. Ab. pres. 3. sg. A.

十 又 中间劫 过后 成就

sa bodhiṃ bhagavān anābhibhūḥ (7—166)

pron. N. f. sg. Ac. m. sg. N. m. sg. N.

这 菩提 世尊 大通众慧

II. "一已"作为译经专用的体标记，与时态标记分工明确。虽然原文动词独立式的汉译形式具有三时共现性，可受表现过去的时态副词修饰，如例(24)和下面两例所示：

(48) **K：**既闻法已，离诸障碍。

śrutvā ca taṃ dharmaṃ vigata-nīvaraṇā bhavanty (5—16)

ger. conj. pron. Ac. m. sg. Ac. adj. m. pl. N. 持业释 pres. 3. pl. P.

听后 又 此 法 远离障碍 成为(助动词)

(49) **K:**是人**既已**起,游行诣他国。

bālo utthāya so 'nyaṃ nagaraṃ vrajeta (8—84)

m. sg. N. ger. pron. N. adj. Ac. n. sg. Ac. opt. 3. sg. A.

愚人 起身后 这 其他 城郭 会游行

但是汉译中的副词"既—"和"既已—"依然是时态标记,并不表达动词的体。根据我们的对勘材料,除了"既—"和"既已—"之外,其他表示过去的时态副词"已—""曾—""已曾—"等几乎不跟原文独立式的汉译共现,《妙法莲华经》前十品中未见一例,相反,用它们对译原文过去被动分词的例子却不胜枚举,仅前十品就多达57例。其中原因与古汉语时态副词的分工有关:"已—""曾—""已曾—"这几个时态副词主要用于前景事件句,语意自足,无须后续成分,跟独立式的体貌特征相互抵牾,不可共现;而"既—"和"既已—"则主要用于背景事件句,须有后续成分,才能足意,因而可与独立式的汉译形式和平共处,分别表达动词的时、体意义。

由此可见,至少在《妙法莲华经》中,动词的时、体标记区别明显,两者可以同现,却不能共享,基本上呈互补分布,说明佛经翻译为了有效反映原文动词的时、体变化,倾向于在汉译动词前/后添加不同性质的句法标记,以分别突显句中动词的时、体范畴。

3.4 语态表达式

梵语里,动词有为他(parasmaipadam)和为己(ātmanepadam)两种

语尾,分别表现主动语态和中间语态,被动语态使用中间语态的语尾。此外,动词词根加ṇic 符号[28]可形成致使动词,表达致使涵义,一般语言类型学研究也把它归入语态范畴。汉译佛经为了将原文动词的语态变化译成功能对等的汉语表达式,赋予汉语中许多副词、助词、助动词等以语态标记的功能,来明确标识句中动词的语态范畴,如用助动词"能"对译原文动词的主动语态,用副词"自"对译原文动词的中间语态,用助词"所/见"对译原文动词的被动语态,用使役动词"使/令"[29]对译原文动词的致使语态。而同样用于命令句的助动词"应/宜"和"可",因分别对应原文动词命令语气的主动语态和中间语态,兼具语态标记的功能,等等。下面就结合《法华经》的对勘实例具体加以说明。

3.4.1 主动语态

动词的主动语态表示句子的语法主语是动作行为的施事。王继红(2004)在对《阿毗达磨俱舍论·分别界品》进行梵汉对勘时发现,译者常用汉语固有的助动词"能"对译原文动词的主动语态,表示施事具有实行某种行为的主观可能性。同样的倾向在时代更早的《法华经》中就已展露出来,主要表现在:

I. 助动词"能"在译经中的使用频率明显超出同期篇幅相当的中土文献,略见下表对比:

文献 数目	译经文献		中土文献	
	《正法华经》	《妙法莲华经》	《搜神记》	《世说新语》
能 VP	179	275	119	130

II. 助动词"能"大都对应原文的主动语态。以《妙法莲华经》1～10品为例,有原文对应的"能 VP"共计 85 例。其中只有 17 例,助动词"能"与原文带不定式宾语的谓词成分(相当于英语的"be able to")相

对应。如：

(50) **K**：尽思共度量，不**能**测佛智。

eki-bhavitvāna[30]	vicintayeyuḥ	sugatasya	jñānaṃ	na	hi
ger. →adv.	caus. opt. 3. pl. P.	m. sg. G.	n. sg. N.	adv.	adv.
共、一致	应思考	善逝的	智慧	不	确实

śakya	jānituṃ (2—19)
fpp. N.	inf.
能够	了知

“能”对应原文支配不定式宾语“jānituṃ”的必要分词“śakya”。

(51) **K**：我虽**能**于此所烧之门安稳得出。

pratibalo	’ham ...	svastinā	’smād	gṛhād	ādīptād
adj. N.	pers. 1. sg. N.	f. I. →adv.	dem. Ab.	n. sg. Ab.	ppp. Ab.
堪能	我	安稳地	从这	宅舍	炽然的

dūreṇa	nirgantuṃ	nirdhāvituṃ (3—93)
adj. I. →adv.	inf.	inf.
远远地	出来	驰出

“能”对应原文支配不定式宾语“nirgantuṃ nirdhāvituṃ”的形容词“pratibalo”。

其余占绝对多数的68例，助动词“能”均无原文直接对应词，“能”被用作语态标记，主要对译原文的主动语态。具体对应情况如下：

第一，“能VP”对译原文主动态的动词或分词，有33例。如：

(52) **K**：佛音甚希有，**能**除众生恼。

āścarya-bhūtaḥ	sugatāna	ghoṣaḥ	kāṅkṣāṃ	ca	śokaṃ
adj. N.	m. pl. G.	m. sg. N.	f. sg. Ac.	conj.	m. sg. Ac.
甚希有	诸善逝的	声音	疑惑	和	忧恼

ca　jahāti　prāṇinām（3－12）

conj.　pres. 3. sg. P.　m. pl. G.

和　舍弃　众生的

相应的护译为"假使有人，能造行者，闻安住音，以为奇雅"，没有翻译原文的主动态动词。

（53）K：能於此恶世，广说无上法。

paścime kāli[31]　bhāṣanto　idaṃ sūtraṃ niruttaram（10－23）

adj. L.　m. sg. L.　ppt. m. pl. N.　dem. Ac.　n. sg. Ac.　adj. Ac.

在最后　世　宣说着　这　经典　无上

相应的护译为"斯经为尊上"，没有翻译原文主动语态的现在分词。

（54）K：我灭度后，能窃为一人说法华经。

ya　imaṃ dharma-paryāyaṃ tathāgatasya

rel. m. sg. N.　pron. Ac.　m. sg. Ac. 依主释　m. sg. G.

凡是　这　法句　当如来

parinirvṛtasya saṃprakāśayed antaśo rahasi cauryeṇa-

ppp. G.　opt. 3. sg. P.　adv.　n. sg. L.　m. I. →adv.

已经灭度　会开示　乃至　于静处　窃

api kasya-cid eka-sattvasya-api（10－13）

adv.　inter. G.　m. sg. G. 持业释　adv.

即使　为任何　一个有情　即使

相应的护译为"其有讲说如来所宣斯法训者"，尚未用"能"来标记动词"讲说"。

（55）K：汝等若能信受是语，一切皆当成得佛道。

parigṛhṇathā[32]　sarvi[33]　jinā　bhaviṣyatha（3－201）

imv. 2. pl. P.　adj. N.　m. pl. N.　fut. 2. pl. P.

（你们）当受持　一切　诸佛　（你们）将成为

相应的护译为“受斯一切，得为最胜”，尚未用“能”来标记动词“受”。

(56) **K：**欲思佛实智，莫**能**知少分。

vicintayeyur mama-agra-dharmāṇa pradeśa-mātram …

caus. opt. pl. P.　pers. 1. sg. G.　m. pl. G. 持业释　n. sg. Ac.

欲思考　我的　最胜法　少分

na　tasya　bhūtaṃ parijāni　artham (2—23)

adv.　pron. m. sg. G.　ppp. Ac.　aor. 3. pl. P.　n. sg. Ac.

不　它的　真实　遍知　意义

相应的护译为“未曾能知及法利谊”，这里竺法护也使用了“能”来标记动词“知”，对译原文动词的主动语态。

第二，“能 VP”对译原文带主动态词缀[34]的动名词，有 17 例。如：

(57) **K：能**度无数百千众生。

bahu-prāṇi-koṭī-nayuta-śata-sahasra-saṃtārakaiḥ (1—9)

n. pl. I. 依主释

无数 众生 亿 那由他 百 千 度脱

“能度”对译原文带主动态词缀 aka 的动名词“saṃtāraka”。相应的护译为“救护无量百千众生”，尚未用“能”来标记动词动词“救护”。

(58) **K：**我法**能**离生老病死。

me …　dharma-vinayo yad idaṃ jāti-jarā-vyādhi-

pers. 1. sg. G.　m. sg. N. 相违释　adv.

我的　法律　即　生　老　病

maraṇa-śoka-samatikramo (3—81)

m. sg. N. 依主释

死　忧恼　远离

“能离”对译原文带主动态词缀 a 的动名词“samatikrama”。相应的护译为“遵尚法律，度老病死”，尚未用“能”来标记动词“度”。

第三，将原文被动句译成汉语主动句时，用“能”标识句中动词的主动语态，有 12 例。如：

(59) **K：**其不习学者，不**能**晓了此。

durbodhyam etaṃ hi aśikṣitehi (2—217)

原文是一个被动句，由必要分词“durbodhyam”表达被动涵义，意思是“不可知晓、难解”，具格名词“aśikṣitehi”表施事，意思是“无学之人”，体格代词“etaṃ”表受事，指代前文提到的“方便说法”，“hi”为强调事实或原因的副词，原文直译过来就是“此(法)的确不被无学之人知晓”。按照汉语的造句习惯，施事和受事一般投射为句法上的主语和宾语，这时句中的谓语动词自然是主动的。所以译者常常会按照汉语的习惯，将原文的被动句转换成汉语主动句，同时在动词前添加助动词“能”，来突显动词的主动意味。相应的护译为“其不学者，不能晓了”，也用“能”来标记主动态动词“晓了”。

第四，相比之下，“能 VP”很少对译原文动词的中间语态，在我们的对勘语料中只有 6 例。如：

(60) **K：**唯佛世尊**能**知我等深心本愿。

tathāgata	eva-asmākaṃ		jānīta	āśayaṃ (8—4)
m. sg. N.	adv.	pers. 1. pl. G.	pres. 3. sg. A.	m. sg. Ac.
如来	即	我们的	了知	深心本愿

(61) **K：**若**能**于后世受持是经者。

yaḥ	sūtram	etac	carimasmi[35]	kāle ...	dhāreya (10—27)
rel. m. sg. N.	n. sg. Ac.	pron. Ac.	adj. L.	m. sg. L.	opt. 1. sg. A.
凡是	经典	这	在最后	世	会受持

这为数不多的用例很可能是原典梵语混合特点的反映。据 Edgerton (1953;BHDG:182)的研究，包括《法华经》在内的梵文原典是由混合梵

语写成的，其中用中间态语尾表现主动态意义的情况时有发生。因此从这一点上来看，很多与"能"对应的中间语态仍可视为主动语态，并不影响汉译佛经用"能"对译原文主动语态的主流倾向。相应的护译依然分别译成无标记的光杆动词"知"和"执持"。

以上异译对比显示，比起早期的竺法护译本，后出的鸠摩罗什译本更善于用助动词"能"翻译原文的主动语态，而且使用频繁，这说明至少在《妙法莲华经》中，汉语固有的助动词"能"已基本成为原文主动语态的汉译标记。

3.4.2　中间语态

根据《波你尼经》1.3.12 规定，梵语中，除了以非高音或ṅ为符号的动词词根只能使用中间态语尾外，动词的中间语态还负载特定的语法意义，主要包括：

I. 表达一种状态行为或无施事的被动行为。

II. 当有施事出现时，施事的主观目的决定动词语态的选择。主动语态表达为别人做的行为；中间语态则表达为自己做的行为，即动作行为是施事自愿(intended)发出的，且行为的结果符合施事的主观意愿。

III. 表达行为的交换，即施事之间相互(reciprocal)的行为。

显然，在汉语的动词系统[36]中，没有哪一类动词的概念结构能完全对应梵文动词的中间语态，所以针对原文中间语态的种种涵义，汉译佛经采取了不同的对应方式。

首先，原文表现状态行为或无施事被动行为的中间语态可以勉强译作汉语的状态动词，区别于译自同一词根主动语态的动作动词。略见《妙法莲华经》中的词例对比：

动词词根	主动语态(P)	中间语态(A)
√jñā"知道"	jānāti (pres. 3. sg. P.) **K:**父知其子志意下劣 (4—32)	ajānamānais (ppt. A. m. pl. I.) **K:**我等不解方便随宜所说 (3—8)
√vṛt"转、起"	pravartesi (pres. 2. sg. P.) **K:**转四谛法轮(3—72)	parivartamānā (ppt. A. m. pl. N.) **K:**众生没在其中 (3—123)
√muc"放出、发出"	mucanti (pres. 3. pl. P.) **K:**诸鬼神等扬声大叫 (3—167)	muñceta (opt. 3. sg. A.) **K:**其雨普等,四方俱下 (5—32)
√vac"说、讲"	uvāca (perf. 3. sg. P.) **K:**说是法华经 (1—167)	pravuccate (pres. 3. sg. A.) **K:**如是菩萨名为大树 (5—57)
√dhṛ"执、持"	dhāritavān (caus. app. P. m. sg. N.) **K:**妙光菩萨持妙法莲华经(1—139)	dhārayeta (caus. opt. 3. sg. A.) **K:**如人至心求佛舍利,……得已顶受 (3—257)

如表中所示,译者倾向于利用汉语中不同性质的动词,来翻译原文由同一动词词根变化而来的主动语态和中间语态。其中对译中间语态的汉语动词具有状态动词的性质,或属于古汉语常见的行为动词的受动用法。据张猛(2003)的研究,汉语的状态动词有两个特点:其一,主语不是施事或受事,而是动作的当事;其二,一般不带宾语,如果带了宾语,则宾语为使动宾语,是动作的当事。而行为动词受动用法的特点是:不直接带宾语;能赋予动词本身以[被动]的语义特征,可以在不改换主语的条件下解释为现代汉语的"被+动词"格式。这两类动词的概念结构基本对应原文中表达无施事状态行为或被动行为的中间语态,可与译自同一词根主动语态的动作动词区别开来。

与此同时,译经还经常利用古汉语中表示客观条件或事理上许可的助动词"得"(段业辉 2002),来标记动词,对译原文表达状态行为或无施事被动行为的中间语态。并且从异译对比中可以看到,用"得"对译中间语态的倾向在后出的鸠摩罗什译本中更加明显。如:

(62) D：尊须菩提是吾弟子，当来之世得成为佛。

K：我大弟子须菩提者，当得作佛。

sthaviraḥ subhūtir mama śrāvako 'yaṃ bhaviṣyate

m. sg. N. m. sg. N. pers. 1. sg. G. m. sg. N. dem. N. fut. 3. sg. A.

尊者 须菩提 我的 弟子 这 将成为

buddha anāgate 'dhvani (6—35)

m. sg. N. ppp. L. m. sg. L.

佛 在未来 世

(63) D：於十中劫，乃成正觉。

K：过十小劫已，乃得成佛道。

daśāna[37] co[38] antara-kalpa[39] atyayāt spṛśe sa

n. G. conj. m. pl. Ac. 依主释 m. sg. Ab. pres. 3. sg. A. pron. N.

数十 又 中间劫 过后 成就 这

bodhiṃ bhagavān (7—166).

f. sg. Ac. m. sg. N.

菩提 世尊

(64) D：灭三界火。

K：汝等莫得乐住三界火宅。

mā bhavanto 'sminn ādīptāgāra-sadṛśe traidhātuke

adv. m. pl. V. pron. L. adj. L. 多财释 adj. m. sg. L.

不要 你们 在这 火宅般的 三界中

'bhiramadhvaṃ (3—130)

imv. 2. pl. A.

亲近

其次，当原文的中间语态表达动作行为"为己而做"时，汉译佛经通常借助三种形式标记，为汉语动词补充必要的语义信息。

I. 用副词"自/独"凸显其后动词的利己性。如：

(65) D：自谓灭度。

K：自谓已得灭度。

nirvṛto 'smi iti manyase (3—36)

ppp. m. sg. N. pres. 1. sg. P. adv. pres. 2. sg. A.

已灭度 (我)是 如是 (你)以为

(66) D：穷士心自念言。

K：自念贫事。

daridra-cintām anucintayeta (4—104)

f. sg. Ac. 持业释 caus. opt. 3. sg. A.

贫穷心 会思维

(67) D：不自见瑕秽。

K：不自见其过。

apaśyanta imaṃ doṣaṃ (2—112)

impf. 3. pl. A. dem. Ac. m. sg. Ac.

不见 这 过失

(68) D：独处闲居

K：独处闲静。

śūnyāṇy araṇyāni niṣevamāṇān (1—68)

adj. Ac. n. pl. Ac. ppt. A. m. pl. N.

空闲 旷野 正安住

II. 用助动词"欲"凸显其后动词的主观性。如：

(69) D：寻欲迸逝。

K：欲往佣作。

sa palāyate naro (4—91)

pron. N. pres. 3. sg. A. m. sg. N.

这 逃亡 男子

尤其在原文为现在分词时,助动词"欲"只用来对译中间语态,突显动作行为是施事主体自愿发出的,以《法华经》前十品为例,竺法护译本中有6例,鸠摩罗什译本中有5例。如:

(70) **D:** 世尊**欲**重解谊,说斯颂曰。

K: 世尊**欲**重宣此义,而说偈言。

bhagavān imam eva-arthaṃ bhūyasyā mātrayā

m. sg. N. dem. Ac. adv. n. sg. Ac. I→adv. I→adv.

世尊 这 即 道理 更多 分量

upadarśayamānas tasyāṃ velāyām imā gāthā

caus. ppt. A. N. pron. L. f. sg. L. dem. Ac. f. sg. Ac.

正要示现 在这个 时候 此 偈

abhāṣata (7—162)

impf. 3. sg. A.

宣说了

(71) **D:** 假使比丘**欲**求善说。

K: 若有比丘……四方求法。

diśo daśo yo 'pi ca caṅkrameta subhāṣitaṃ bhikṣu

f. pl. N. num. N. rel. N. adv. conj. opt. 3. sg. A. adj. m. sg. Ac. m. sg. N.

方所 十 凡有 也 又 会游行 微妙所说 比丘

gaveṣamāṇaḥ (3—255)

ppt. A. N.

推求着

相反,在我们的对勘材料中,未见助动词"欲"对译现在分词主动语态的用例。

III. 译经在翻译原文动词的命令语气时,还倾向于使用不同的道义类助动词"应/宜"和"可",分别对应命令语气的主动语态和中间语态，表现利他与利己之别(参见李明 2001)。

“利他”指施事发出的动作行为符合命令者或他人的意愿。如：

(72) **K**：汝等天、人、阿修罗众，皆应到此，为听法故。

upasaṃkrāmantu māṃ bhavanto deva-manuṣyā

imv. 3. pl. P. pers. 1. sg. Ac. m. pl. N. m. pl. N. 相违释

应当趣至 我 您们 诸位天人

dharma-śravaṇāya (5—14)

n. sg. D. 依主释

为了听闻正法

(73) **K**：汝等於此火宅宜速出来。

āgacchantu bhavanto nirdhāvantv asmān niveśanād (3—101)

imv. 3. pl. P. m. pl. N. imv. 3. pl. P. dem. Ab. n. sg. Ab.

应来到 您们 应驰出 从这 宅舍

“利己”则指施事接到命令后自愿做出某种动作行为。如：

(74) **K**：汝今可以此宝贸易所须。

tvaṃ bhoḥ puruṣa-etan maṇi-ratnaṃ grahāya ...

pers. 2. sg. N. m. sg. V. m. sg. V. pron. Ac. n. sg. Ac. 持业释 m. sg. D.

你 先生 丈夫 这 摩尼宝 持

parivartayasva (8—74)

caus. imv. 2. sg. A.

可贸易

相反的情况极少发生，除非受到其他强硬条件的制约。如：

(75) **K**：彼即是汝身，宜应自欣庆。

prahṛṣṭa[40] tvaṃ śārisutā bhavasva tvam eva

ppp. N. pers. 2. sg. N. m. sg. V. imv. 2. sg. A. pers. 2. sg. N. adv.

欢喜 你 舍利弗啊 应变得 你 即

so　tādṛśako　bhaviṣyasi (3—64)

pron. N. m. sg. N.　fut. 2. sg. P.

这　如是相　将是

汉译佛经中，副词“自”是适用于任何时态、人称和语气的中间态标记，显然比助动词“宜应”功能强大。换句话说，尽管助动词“宜应”在对应原文命令语气的同时，兼具主动态标记的功能，但是不能越过中间语态标记“自”的势力范围，因此两者结合，依然用来标示原文动词命令语气的中间语态，表达施事自愿做出某一动作行为。

最后，当原文的中间语态表达施事间的交互行为时，汉译佛经也会使用相应的显性手段，突出这层涵义。如：

(76) D：假使此等饥饿之时，……鬪**相**齮啮。

te　durbalā　nitya kṣudhābhibhūtā vikhādamānāḥ

pron. N. adj. m. pl. N.　adv.　ppp. N. 依主释　ppt. A. m. pl. N.

这些　下劣众　常　饥饿所逼　相互啖食着

kalahaṃ karontāś (3—156)

m. sg. Ac.　ppt. m. pl. N.

争斗　做着

(77) K：蜈蚣、蚰蜒、毒蛇之类，……**争**走出穴。

śatā-padīyo prapalāyamānaḥ (3—171)

f. pl. N.　ppt. A. f. sg. N.

众百足　正争相驰散

(78) K：由是群狗**竞**来搏撮。

niryāṇu[40] pratīkṣamāṇās śvātās (3—155)

m. pl. N.　ppt. A. N.　m. pl. N.

出游　相视　众狗

汉译中的副词“相”“争”“竞”等均无原文直接对应词，而是用来突显原文由中间语态表现的交互行为。

3.4.3　被动语态

被动语态表示句子的语法主语是动作行为的受事。梵语里，被动语态比主动语态更为普遍，除了添加被动态语尾的动词变形外，过去被动分词和必要分词也可以表示被动。受之影响，汉译佛经中的被动表达式也使用频繁，并且呈现出不同于中土汉语的特点。

第一，“所 VP”被动式。

汉译佛经中，“所 VP”被动式的使用频率非常高，甚至超过中古时期占主导地位的“为(NP)所 VP”被动式，《妙法莲华经》里两者的用例分别为 58 例和 38 例，而同期篇幅相当的《世说新语》中，“所 VP”被动式不过 3 例。朱庆之(1995)曾详文讨论过这类译经特有的被动表达式，认为：汉译佛典中大量存在而在中土献中少见的“所 V”式被动句，并非上古汉语中“为……所 V”式被动句的缩略形式，而是一种汉外混合产物。“所 V”是原文被动态谓语动词“完整”的汉译，其中“所”这个字就是原文被动记号的汉译。《法华经》的对勘实例也支持这个说法。略举数例如下：

(79) **K：**虽复读诵众经，而不通利，多所忘失。

tasya-uddiṣṭoddiṣṭāni pada-vyañjanāni antardhīyante

pers. 3. sg. G.　ppp. N.　n. pl. N. 相违释　pres. 3. pl. pass.

对他而言　每每所说　辞句　被掩盖

na saṃtiṣṭhante sma (1—142)

adv.　pres. 3. pl. A.　indec.

不　留　(表过去)

(80) **K：**薄德少福人，众苦所逼迫。

te duḥkhena saṃpīḍita[42] alpa-puṇyāḥ (2—137)

pers. 3. pl. N. n. sg. I. ppp. N. adj. N.

他们 被忧苦 所逼迫 福薄

(81) K:如是等大士,华光佛**所**化。

te tatra kṣetre upapadya santi (3—59)

pron. m. pl. N. adv. n. sg. L. fpp. N. pres. 3. pl. P.

这些(人) 此中 国土上 当被化生 是(助动词)

同时,"所"和"见"、"之"和"所"还可结合成双音形式的被动标记。如:

(82) D:诸佛世尊**所见**谘嗟。

buddha-śata-sahasra-saṃstutair (1—8)

adj. n. pl. I.

被百千佛 普遍称赞

(83) K:此是我子,我**之所**生。

ayam mama putra aurasas mayā eva janitas (4—59)

dem. N. pers. 1. sg. G. m. sg. N. adj. N. pron. sg. I. adv. ppp. N.

这 我的 儿子 真的 由我 即 所生

第二,"见/被 VP"被动式。

"见/被 VP"作为汉语固有的被动表达式,也被译经用来翻译原文的被动语态,只是不如"所 VP"被动式常见,《妙法莲华经》中分别出现 7 例和 4 例。如:

(84) K:何况周匝普**见**炽然。

samantataś ca-agnir ayaṃ pradīptaḥ (3—177)

adj. N. conj. m. sg. N. dem. N. ppp. N.

周匝 又 火 这 被点燃

(85) **K**：于时穷子，自念无罪，而**被**囚执，此必定死。

atha khalu sa daridra-puruṣas … evaṃ ca cintayet

adv. adv. pron. N. m. sg. N. 持业释 adv. conj. caus. opt. 3. sg. P.

于是 这 穷男子 如是 又 想

mā tāvad ahaṃ vadhyo daṇḍyo bhaveyaṃ

adv. adv. pers. 1. sg. N. fpp. N. fpp. N. opt. 1. sg. P.

不要 如此 我 被害 受罚 应是(助动词)

naśyāmi-iti (4—30)

pres. 1. sg. P. adv.

死 如是

此外，译经中的"见 VP"被动式受原文干扰，还有一些异常表现。如：

(86) **K**：我闻授记音，心欢喜充满，如甘露**见**灌。

śrutvā vyākaraṇaṃ idam amṛtena yathā siktāḥ

ger. n. sg. Ac. dem. Ac. n. sg. I. adv. ppp. m. pl. N.

听见后 受记 这 被甘露 如同 所浇灌

sukhitā sma (9—52)

ppp. m. pl. N. indec.

安乐 (表过去)

由对勘可见，"见灌"的主语"甘露"并非我们一般所见的动作的受事，而是动作的施事，与原文表现施动者的具格名词"amṛtena"相对应。原文的干扰导致汉译佛经中出现这种被动式词序的特殊排列。

第三，"可 VP"被动式。

不同于助动词"能"从施事的角度表述客观条件的可能，汉语固有的助动词"可"是从受事的角度叙述客观条件的许可，其后的动词多有被动意义(参见李明 2001)。所以译经在用"能"标记主动语态的同时，也赋予"可"标记被动语态的功能。如：

(87) **D**：若灵瑞华，时时<u>可见</u>。

audumbaraṃ puṣpa yathā-eva durlabhaṃ kadā-ci[43]

adj. n. sg. N.　n. sg. N.　adv.　adv.　adj. N.　adv.

优昙　花　如同　即　甚难值遇　任何时

kaś-cic ca kathaṃ-ci[44] <u>dṛśyate</u> (2—210)

inter. N.　conj.　adv.　pres. 3. sg. pass.

任何人　和　任何方式　被看见

(88) **K**：深着虚妄法，坚受<u>不可舍</u>。

asanta-bhāvaṃ parigṛhya te <u>sthitāḥ</u> (2—138)

m. sg. Ac. 持业释　ger.　pers. 3. pl. N.　ppp. N.

虚妄所在　执持后　他们　住立

(89) **K**：佛道长远，久受懃苦，乃<u>可得成</u>。

bahu-parikleśam idaṃ buddha-jñānaṃ

adj. N. 持业释　dem. N.　n. sg. N. 依主释

无量艰辛　这　佛道

<u>samudānayitavyam</u> (7—158)

fpp. n. sg. N.

当被集成

3.4.4 致使语态

致使语态表示某人或某物致使某种行为或过程的实施（何元建2004）。跨语言的研究表明，人类语言倾向于用稳定的语法形式标识这个重要的语法范畴（Spencer 1991）。梵语通过在动词词根上加ṇic符号构成致使动词来表示，而汉语历史上表达致使涵义的方式则经历了由屈折使成式为主到分析型使成式为主的转变。

上古汉语通常利用声调的变化或辅音的清浊构造一个普通动词的使成形式。如：

	基式	使成式
饮：	上声"喝"	去声"使……喝"
见：	清声母"看"	浊声母"使……显现"

但是东汉以降，随着汉语语音系统的变化，清浊别义消失，变调构词也不再能产，原来的屈折使成式开始削弱并消亡，结果导致普通动词与相应的使成动词完全同形，只能依靠前后文义加以分辨，于是利用分析形式表达使成观念便成为大势所趋。尤其对于活跃的佛经翻译而言，中古汉语里日趋衰亡的屈折使成式难以负载大量对译原文致使动词的繁重任务，因而表义明确、又相对能产的分析型使成式，主要包括使役结构和动补结构两种形式，日益受到译者青睐，被频繁用于译经，同时也在客观上抑制了屈折使成式的再生，促进了分析型使成式的繁荣。

第一，借助使役动词"使/令/使令"形成使役结构，对译原文的致使动词。如：

(90) **K**：穷子若许，将来<u>使</u>作。

yo 'sau puruṣa ih' āgato 'bhūt ... karma

rel. N. dem. N. m. sg. N. adv. ppp. N. aor. 3. sg. P. n. sg. Ac.

凡 那 男子 此中 来至 是(助动词) 工作

<u>kārāpayethām</u> (4—37)

caus. imv. 2. duel. P.

(你俩)使作

(91) **K**：我久<u>令</u>汝等<u>种</u>佛善根。

yuṣmākam saṃtāne kuśala-mūlāni yāni mayā pūrvam

pers. 2. pl. G. m. sg. L. n. sg. N. 持业释 rel. N. dpers. 1. sg. I. adv.

你们 相续 善根 凡是 由我 往昔

paripācitāni (8—78)

caus. ppp. n. pl. N.

令被种植

(92) K：诸物出入，皆使令知。

sarvaṃ ca saṃgaṇanāṃ karoti arthaṃ ca sarvaṃ

adj. Ac. conj. f. sg. Ac. pres. 3. sg. P. m. sg. Ac. conj. adj. Ac.

全部 又 计算 做 利益 又 全部

anucintayeta (4—103)

caus. opt. 3. sg. A.

当令思维

从下面的异译对比可见，动词的使动用法可被分析性使役结构替换。

(93) D：发诸通惠。

K：令发一切智心。

sarvajñatā-cittāny utpāditāny abhūvan (8—75)

n. pl. N. 依主释 caus. ppp. n. pl. N. aor. 3. pl. P.

一切智心 令生起 是(助动词)

竺法护译本中，动词"发"用为使动，义为"使……生起"，对应原文的致使动词。鸠摩罗什则用分析性使役结构"令发"替换了动词"发"，借助外在的语法标记"令"，将动词隐含的致使意义清楚呈现出来。

(94) D：未度者度，未脱者脱，未安者安。

K：未度者令度，未解者令解，未安者令安。

tīrṇās tārayāmi muktas mocayāmi āśvastas

ppp. f. sg. N. caus. pres. 1. sg. P. ppp. m. sg. N. caus. pres. 1. sg. P. ppp. m. sg. N.

得度 (我)令度 得解脱 (我)令解 得安稳

āśvāsayāmi (5—12)

caus. pres. 1. sg. P.

(我)令安

竺法护译本中,动词"度""脱""安"均用为使动,分别义为"使……度过""使……解脱""使……安稳",与后文"度诸度,脱诸脱,安诸安"中的动词性质相同,对应原文致使动词。后出的鸠摩罗什译本则在相应的动词前添加使役动词"令",作为形式标记,致使意义一目了然。

同样在鸠摩罗什译本中,也有动词的使动用法和分析性使役结构相互换用的例子。如:

(95a) **K:**自<u>净</u>佛土。

svakaṃ ca kṣetraṃ <u>pariśodhayanti</u> (8—31)

adj. Ac. conj. n. sg. Ac. caus. pres. 3. pl. P.

自己的 又 国土 令清净

(95b) **K:**八方各更变二百万亿那由他国,皆<u>令清净</u>。

viṃśati-loka-dhātu-koṭī-nayuta-śata-sahasrāṇy

n. pl. Ac. 依主释

二百万亿那由他国土

ekaikasyāṃ diśi śākyamunis tathāgataḥ <u>pariśodhayati</u>

adj. L. f. sg. L. m. sg. N. m. sg. N. caus. pres. 3. pl. P.

在每一 方所 释迦牟尼 如来 令清净

sma (212.19)

indec.

(表过去)

对应原文由同一动词词根变化而来的致使动词,鸠摩罗什一处译作带有使动用法的光杆动词"净",义为"使……清净",一处用使役动词"令"标记动词,译成分析性使役结构。

使役动词"使/令"在频繁用来凸显或"唤回"[45]动词使动原义的同时,也发挥着"去使役化"的作用,即离析出动词原有的使动用法,只留下非使役的不及物用法,这无疑又为动补结构的大批成型奠定了基础。

第二，利用动补结构对译原文的致使动词。如：

(96a) **K：**充足世间。

saṃtarpayāmī[46] imu[47] sarva-lokaṃ (5—48)

caus. pres. 1. sg. P. dem. N. m. sg. Ac. 持业释

(我)令遍饱满 这 一切世界

在鸠摩罗什译本中，“足”已经是表达“具足、饱满”意义的自动词，无使动用法，不可接使动宾语，所以这里的“足”只能用作动词“充”的补语，组成动补结构，对译原文致使动词。同样的致使意义还可由使役结构来表达，如：

(96b) **K：**令我具足六波罗蜜。

mayā ṣaṭpāramitāḥ paripūritā (222.13)

pres. 1. sg. I. m. pl. N. caus. ppp. N.

由我 六波罗蜜 令被满足

动词“具足”在使役动词“令”的离析作用下，容易丧失使动用法，成为纯粹的自动词。

(97a) **K：**唯愿世尊转于法轮，度脱众生。

pravartayatu bhagavān dharma-cakraṃ ... tārayatu

imv. 3. sg. P. m. sg. N. n. sg. Ac. 依主释 caus. imv. 3. sg. P.

请转动 世尊 法轮 令解脱

bhagavān sattvān (7—55)

m. sg. N. m. pl. Ac.

世尊 众生

在鸠摩罗什译本中，“脱”也已经是表达“解脱”意义的自动词，不能再带使动宾语，所以这里的“脱”只能用作动词“度”的补语，组成动补结构，对译原文致使动词。同样的致使意义还可由使役结构表达，如：

(97b) **K：**告诸声闻众及求缘觉乘，我令脱苦缚，逮得涅槃者。

āmantrayāmī[48] imi[49] sarva-śrāvakān pratyekabodhāya

caus. pres. 1. sg. P. dem. Ac. m. pl. Ac. 持业释 m. sg. D.

普告 这些 所有声闻 缘觉

ca ye 'bhiprasthitāḥ saṃsthāpitā ye maya[50]

conj. rel. m. pl. N. ppp. N. ppp. N. rel. m. pl. N. pers. 1. sg. I.

和 凡是 趣入 居止 凡是 由我

nirvṛtīya[51] saṃmokṣitā duḥkha-paramparātaḥ (2—30)

f. sg. L. caus. ppp. N. f. sg. Ab. 依主释

于灭度 令解脱 从相续不断的忧苦中

动词"脱"也在使役动词"令"的离析作用下，开始向无使动用法的纯粹的自动词转变。

(98a) **K：**拔出众生。

sattvān ... pramocayanti (8—3)

m. pl. Ac. m. pl. Ac.

诸众生 令出

在鸠摩罗什译本中，"出"也不能直接带使动宾语，所以这里只能用作动词"拔"的补语，组成动补结构，对译原文致使动词。同样的致使意义还可由使役结构表达，如：

(98b) **K：**令子得出。

imān kumārakāṃs ... parimocayiṣyāmi (3—114)

dem. Ac. m. pl. Ac. caus. fut. 1. sg. P.

这些 童子们 将令出

动词"出"也在使役动词"令"的离析作用下，向纯粹的自动词转变。

(99) **K：**吹去萎华。

taṃ jīrṇa-puṣpam avakarṣayanti (7—18)

pron. Ac. n. sg. Ac. 持业释 caus. pres. 3. sg. P.

这 枯花 吹去

虽然鸠摩罗什译本中没有出现使役动词加“去”组成的使役结构，但“去”作为“去除”义动词，不能单独带使动宾语，所以这里的“去”也只能看作动词“吹”的补语，组成动补结构，对译原文致使动词。

3.5　语气表达式

梵语里，动词的语气分陈述语气、祈愿语气和命令语气，现在时有三种语气变化，其余的时态只有陈述语气。陈述语气表示对一般事实的陈述，为各时态所共有，可以看作梵语动词默认的语义特征；相比之下，祈愿语气和命令语气则为动词附加特殊的语义特征，祈愿语气表示愿望、打算、推测、要求、命令、规定或者假设，命令语气表示命令、规定、许可，个别时候也可以表示愿望、祈请。此外，非定式动词中的必要分词可以从“应该被做”的基本涵义派生出义务、命令、许可、预期等情态意义。而汉语句子的情态意义主要通过在动词前添加不同的情态助词、助动词或副词来表达。在这种情况下，汉译佛经为了准确译出原文动词的语气变化，除了频繁利用汉语固有的情态成分外，还顺应汉语词汇复音化的潮流，通过“同义连文”的方式炮制大批新鲜的情态标记，作为补充音节的手段，满足译经的文体需要，体现了汉译佛经语言的特点。其中与原文陈述语气相对应的汉译动词一般不加标记，与祈愿语气、命令语气以及必要分词相对应的动词则使用特殊的情态标记。

3.5.1　祈愿语气(opt.)

第一，用情态助动词“欲(请)”“愿”“肯”“敢”等对译原文表达愿望、打算涵义的祈愿语气，其中“肯”和“敢”多用于否定句。如：

(100) **K**：将导众人，**欲**<u>过</u>此难。

sa ca taṃ sārtham aṭavīm avakrāmayet (7—148)

pers. 3. sg. N. conj. pron. Ac. m. sg. Ac. f. sg. Ac. caus. opt. 3. sg. P.

他 又 这 商众 稠林 要令出

(101) D：欲请问之。

etam arthaṃ paripṛccheyaṃ (1—42)

pron. Ac. n. sg. Ac. opt. 1. sg. P.

这 意义 (我)要问

(102) K：愿得是乘。

yānasya bhavema lābhinaḥ (1—61)

n. sg. G. opt. 1. pl. P. adj. G.

车乘 (我)要成为 获得

(103) D：不肯启受善言至诚。

na ... gṛhṇīyu subhāṣitaṃ me (2—135)

adv. opt. 3. pl. P. ppp. m. sg. Ac. pers. 1. sg. G.

不 要受 微妙说 我的

(104) K：未敢便食。

na tad bhuñjīta bhojanam (6—23)

adv. pron. N. opt. 3. sg. A. n. sg. N.

不 这 当受用 饮食

第二，用情态副词"将"对译原文表达推测涵义的祈愿语气。如：

(105) K：不受我教，将为火害。

dahyeyur iha-agninā ime (3—179)

opt. 3. pl. pass. adv. m. sg. I. dem. m. pl. N.

会被烧 此中 火 这些(人)

第三，用情态助动词"当/常$_3$""可""应(当)""必(当)""须"等对译原文表达要求、命令、规定涵义的祈愿语气。如：

(106) K：为佛一切智，当发大精进。

janetha　vīryaṃ paramaṃ udāram sarvajña-jñānasya

(7—210)

opt. 2. pl. P.　n. sg. Ac.　adj. Ac.　adj. Ac.　n. sg. G. 持业释

(你们)当生起　精进　最胜　高贵　为了一切智

(107) K：於二十年中常令除粪。

viṃśati-varṣāṇi taṃ　putraṃ saṃkāra-dhānaṃ

n. pl. Ac.　pron. Ac.　m. sg. Ac.　m. sg. Ac. 依主释

二十年中　此　儿子　粪池

śodhāpayet (4—52)

caus. opt. 3. sg. P.

当令清理

(108) D：我宁可蒙受决例乎？

apy eva nāma　vayam　evaṃ-rūpaṃ vyākaraṇaṃ

adv.　adv.　adv.　pers. 1. pl. N.　adj. Ac.　n. sg. Ac.

或许　我们　如是等类　受记

pratilabhemahi (9—1)

opt. 1. pl. A.

当逮得

(109) K：念佛故应忍。

smaranto　mama　tāṃ　sahet (10—73)

ppt. m. sg. N.　pers. 1. sg. G.　pron. f. sg. Ac.　opt. 3. sg. P.

因忆念　我　此　当堪忍

(110) K：应当听此经。

śṛṇuyāt　sūtram　īdṛśam (10—64)

opt. 3. sg. P.　n. sg. Ac.　adj. Ac.

当听　经典　若斯

(111) K：必以大乘而得度脱。

ārabhya teṣv eva vayaṃ bhagavan dharmeṣu

ger. pron. L. adv. pers. 1. pl. N. m. sg. V. m. pl. L.

以 于这些 即 我们 世尊啊 诸法中

niryātāḥ syāma (3—7)

ppp. N. opt. 1. pl. P.

已度、修成 当是(助动词)

(112) K：我等亦如是，必当得作佛。

vayam apy edṛśāḥ syāmo buddhā (3—76)

pers. 1. pl. N. adv. adj. N. opt. 1. pl. P. m. pl. N.

我们 也 如此 当成为 佛

(113) K：如饥须教食。

dāridrya-cittānāṃ bhaved anto (6—25)

adj. n. pl. G. 依主释 opt. 3. sg. P. m. sg. N.

贪乏意 当有 终极

至于原文表达假设涵义的祈愿语气，译经一般利用汉语的假设分句来表达，如例(108)，鸠摩罗什译作"设得受记，不亦快乎？"说明译者将原文的祈愿语气理解成一种假设条件，所以添加假设连词"设"，译成假设分句。由于祈愿语气表达的情态意义甚广，所以不同的译者会有不同理解，又如例(101)，鸠摩罗什译作"我今当问"，说明译者将原文的祈愿语气理解成一种命令、要求。

3.5.2 命令语气(imv.)

第一，用情态助动词"当/常$_3$""可""应(当)""宜(应)""必""须"等对译原文表达命令、规定、许可涵义的命令语气。如：

(114) K：当生大信力。

adhimukti-saṃpanna bhavāhi[52] (2—29)

ppp. m. sg. N. 依主释 imv. 2. sg. P.

信解具足 (你)应成为(助动词)

(115) K:汝常此作,勿复余去。

tvaṃ bhoḥ puruṣa karma kuruṣva mā bhūyo

pers. 2. sg. N. m. sg. V. m. sg. V. n. sg. Ac. imv. 2. sg. A. adv. adv.

你 先生啊 男子啊 工作 当做 不要 更

'nyatra gamiṣyasi (4—44)

adv. fut. 2. sg. P.

余处 将往至

(116) D:大国已至,可住休息。

asau mahā-janapado 'tra ... viharadhvam atra

dem. N. m. sg. N. 持业释 adv. imv. 2. pl. A. adv.

那 大城 于此 (你们)可住 于此

viśrāntāḥ (7—152)

ppp. m. pl. N.

休息

(117) K:我等于此亦应有分。

asmākam api tāvad bhagavann avasaro bhavatu (9—3)

pers. 1. pl. G. adv. adv. m. sg. V. m. sg. N. imv. 3. sg. P.

我们 也 这么多 世尊啊 分 应有

(118) K:如是众过患,汝等应当知。

imi[53] sarva-doṣā ... im'[54] eva jānatha[55] (7—177)

dem. N. m. pl. N. 持业释 m. sg. Ac. adv. imv. 2. pl. P.

这些 一切罪过 此 即 (你们)应知

(119) K:宜各共求之。

gaveṣāmatha[56] etam arthaṃ (7—46)

imv. 1. pl. P. pron. Ac. n. sg. Ac.

(我们)当求 这 意义

(120) K:彼即是汝身,**宜应**自欣庆。

prahṛṣṭa[57] tvaṃ śārisutā bhavasva tvam eva

ppp. N. pers. 2. sg. N. m. sg. V. imv. 2. sg. A. pers. 2. sg. N. adv.

欢喜 你 舍利弗啊 应变得 你 即

so tādṛśako bhaviṣyasi (3—64)

pron. N. m. sg. N. fut. 2. sg. P.

这 如是相 将是

(121) K:汝若不取,后**必**忧悔。

yeṣām alābhāt saṃtapyatha[58] (3—101)

rel. n. pl. G. m. sg. Ab. imv. 2. pl. P.

如果 失去 (你们)当忧悔

(122) K:止,舍利弗!不**须**复说。

alaṃ śāriputra etāvad eva bhāṣituṃ bhavatu (2—7)

indec. m. sg. V. adj. n. sg. N. adv. inf. imv. 3. sg. P.

止 舍利弗啊 像这样的 即 说 当为

第二,用情态助词、助动词或两者叠加组成的情态标记"愿""请""唯(惟)""愿垂""唯垂""唯(惟)愿""幸愿""加哀""愿哀""唯愿哀""唯垂哀""唯愿垂""愿唯垂""唯愿加哀"等,对译原文表达愿望、祈请涵义的命令语气。如:

(123) D:**愿**说经典。

K:**请**转法轮。

dharma[59] prakāśayasva (7—168)

m. sg. Ac. caus. imv. 2. sg. P.

法典 请你开示

(124) D:愿人中王哀恣意说。

K:法王无上尊,唯说愿勿虑。

bhāṣasva jinānā[60] uttamā (2—58)

imv. 2. sg. A. m. pl. G. superl. N.

请你宣说 诸胜者的 至尊

(125) D:惟转法轮。

K:唯愿世尊转於法轮。

pravartayatu bhagavān dharma-cakraṃ (7—89)

caus. imv. 3. sg. P. m. sg. N. n. sg. Ac. 依主释

请转 世尊 法轮

(126) D:今正是时,愿垂给与。

K:今正是时,唯垂给与。

dadasva kālo 'yam iha-adya teṣāṃ (3—188)

imv. 2. sg. A. m. sg. N. dem. N. adv. adv. pers. 3. pl. G.

请你给与 时 此 此处 今 他们

(127) D:幸愿世尊广演经典。

deśehi[61] dharmaṃ bhagavan (7—91)

caus. imv. 2. sg. P. m. sg. Ac. m. sg. V.

请你开示 法典 世尊啊

(128) D:加哀示现无为大道。

nirvāṇa-mārgaṃ ca pradarśayasva (7—116)

m. sg. Ac. 依主释 conj. caus. imv. 2. pl. P.

涅槃道 又 请你开示

(129) D:唯愿大圣以时哀说。

bhāṣatāṃ bhagavān (2—62)

imv. 3. sg. A. m. sg. N.

请宣说 世尊

（130）K：今以奉世尊，**唯垂哀**纳受。

dadāma te mahā-vīra pratigṛhṇa mahāmune (7—112)

imv. 1. pl. P. pers. 2. sg. G. m. sg. V. imv. 2. sg. P. m. sg. V.

我们当给 你 大勇猛者啊 请你取用 大圣啊

（131）K：世尊大慈悲，**唯愿垂**纳受。

paribhuñja ca-asmākam anugrahārtham (7—88)

imv. 2. sg. P. conj. pers. 1. pl. G. m. sg. Ac. 依主释

请你受用 又 我们 哀愍的缘故

（132）K：**愿**为此众故，**唯垂**分别说。

sugataḥ prabhāṣatāṃ teṣāṃ (2—67)

m. sg. N. imv. 3. sg. A. pers. 3. pl. G.

善逝 请宣说 为他们

（133）D：**唯愿**大圣，如是谊者，**加哀**说之。

bhāṣatāṃ sugata etam eva-artham (2—55)

imv. 3. sg. A. m. sg. N. pron. Ac. adv. m. sg. Ac.

请宣说 善逝 这个 即 意义

如此丰富的复音形式在以往及同期的中土文献中很难见到，它们主要是为了适应译经的文体需要，通过“同义连文”的方式叠加形成的。

3.5.3 必要分词(fpp.)

梵语的必要分词兼表语态和语气两个语法范畴。《法华经》中，与原文表现语气范畴的必要分词相对应的情态标记主要有“欲”“可”“当”“应(当)”等。如：

（134）K：若言：“**欲**何所作？”便**可**语之：……

sacet sa evaṃ vadet kiṃ karma kartavyam

adv. pers. 3. sg. N. adv. opt. 3. sg. P. inter. N. n. sg. N. fpp. N.

如果 他 这样 说 什么 工作 当被做

iti sa yuvābhyām evaṃ vaktavyaḥ (4—38)

adv. pers. 3. sg. N. pers. 2. duel. I. adv. fpp. N.

如是 我 你们 这样 应被告知

“欲……作”对应必要分词 kartavyam,“可语”对应必要分词vaktavyaḥ,助动词“欲”“可”分别用作表达预期和许可涵义的情态标记。

(135) K:药王!当知是诸人等,已曾供养十万亿佛……

pari-pūrṇa-buddha-koṭī-nayuta-śata-sahasra-

app. m. pl. N. 依主释

已供养满百千亿那由他佛

paryupāsitāvinas te bhaiṣajyarāja kula-putrā vā kula-

pron. N. m. sg. V. m. pl. N. conj.

这些 药王啊 善男子 或

duhitaro vā ... veditavyāḥ (10—6)

f. pl. N. conj. fpp. m. pl. N.

善女人 或 应知

(136) K:应起七宝塔。

tathāgata-caityaṃ kārayitavyaṃ (10—41)

n. sg. N. 依主释 caus. fpp. N.

如来塔 应被建造

(137) K:应当等心,各各与之。

samaṃ ca mayā - ete kumārakāḥ sarve

adv. conj. pers. 1. sg. I. pron. N. m. pl. N. adj. N.

同一 又 我 这些 童子们 全部

cintayitavyāḥ(3－108)

fpp. N.

应考虑

助动词“当”“应(当)”用作表达义务、命令、当然涵义的情态标记。

《妙法莲华经》1～10品中,各类情态标记与原文动词语气变化的对应情况为:

汉 梵	当	常$_3$	应	宜	可	必	须	敢	应当	必当	宜应	欲	愿	请	唯	唯愿垂哀等[62]	将	合计
祈愿语气	15	1	4	-	10	1	1	1	1	1	-	11	2	-	-	-	4	52
命令语气	17	1	4	3	4	1	1	-	1	-	1	-	11	3	1	22	-	70
必要分词	12	-	14	-	1	-	-	-	1	-	-	-	-	-	-	-	-	28

以上译经常用的情态标记大多来自汉语本身,一些双音形式的情态标记如“必当”“应当”“宜应”“愿垂”“唯愿”等也是随着汉语词汇双音化的趋势同步产生的,可在同期的中土文献里找到用例。如:

往恐不听,**必当**杀之。(《史记·魏公子列传》)|痓、湿、暍三种,**宜应**别论。(《伤寒论》卷二)|岂臣受命,**应当**知经。(《三国志裴注·吴书·虞翻传》)|**愿垂**告悟,以去其惑。(《抱朴子·微旨》)|自今**唯愿**专意奉法。(《古小说钩沉》上)

但是仍然有些情态标记不见于中土汉语,如译者过分运用汉语双音化机制,人为创造出“欲请”“幸愿”“加哀”“愿哀”“唯愿哀”“唯愿垂”“愿唯垂”“唯愿加哀”等复音形式的情态标记,旨在满足译经的文体需要。这些复音词很难为汉语词汇系统所接受,尤其对于专门表达语法意义的虚词而言,因此未能进入中土汉语,使用范围限于译经,体现了汉译佛经的语言特点。

综上所述，受原文动词拥有丰富形态变化的影响，汉译佛经中各类表现动词语法范畴的标记成分全面兴起、空前繁荣，有力推动了汉语固有词汇、语法形式的语法化进程，尤其在汉语类型特征的基础上创造大量新鲜的语法标记，不仅表现出汉译佛经的语言特点，也促进了汉语动词由综合到分析的转变。

附　注

① 根据《语言学和语音学基础词典》，定式(finite)和非定式(infinite)动词是对动词和小句作语法分类的术语。定式动词(短语)"可以在一个独立句子(或主句)中独立出现的形式，可以有时(tense)和语气(mood)方面的形式制约"。非定式动词则"用于从属小句"。

② 参见《梵文基础读本》第129、130、215条。

③ 参见《梵文基础读本》第267—281、283条。

④ 佛经中，"常""尝""当"三字往往混用。

⑤ 见BHSG § 8.117。

⑥ 见BHSG § 21.46。

⑦ 见BHSG § 3.27。

⑧ 见BHSG § 21.46。

⑨ 见BHSG § 8.100。

⑩ 见BHSG § 8.79。

⑪ 见BHSG § 21.85

⑫ 见BHSG § 8.59。

⑬ 全都出现在"未曾"组合中。而"未曾有"作为译经表达"奇特、希有"意思的形容词，直接对译原文意义相当的"āścarya""adbhuta"等词，故未计入。

⑭ 见BHSG § 20.63。

⑮ 见BHSG § 3.14 & BHSD，P344。

⑯ 见BHSG § 8.59。

⑰ 见BHSG § 1.85。

⑱ 见BHSG § 8.31。

⑲ 见BHSG § 35.10。

⑳ 见BHSG § 8.117。

㉑ 见 BHSG § 8.20。

㉒ 见 BHSG § 8.59。

㉓ 见 BHSG § 8.94。

㉔ 见 BHSG § 12.70。

㉕ 见 BHSG § 8.117。

㉖ 见 BHSG § 8.117。

㉗ 见 BHSD,P234。

㉘ ṇic 是《波你尼经》中术语(1.3.74),字面多表现为 aya。

㉙ 蒲立本(1995:45)认为"动词'使'(用、派)和'令'(命令)可以在比较抽象的意义上用作助动词以形成使成结构"。

㉚ 见 BHSG § 35.29。

㉛ 见 BHSG § 8.59。

㉜ 见 BHSG § 26.14。

㉝ 见 BHSG § 21.46。

㉞ 主动态词缀指的是,梵文中有一类 kṛt 词缀,可直接加在动词之后,构成具有主动意义的名词,表现施事者的行为。由动词生成的名词,依然保留动词的某些特征,例如还可以支配宾语(不过宾语以属格形式出现),或者构成复合词。汉译佛经用"能"表现此类主动态词缀的特征十分鲜明。详见段晴于东京大学演讲稿:In the Pursuit of Vyākaraṇa-elements in Chinese Translations(《探索汉译佛经中的梵文隐性现象》),2007 年 2 月 20 日。

㉟ 见 BHSG § 8.63 & BHSD,P226。

㊱ 汉语动词缺乏形态变化,很难依据形态进行分类。马庆株(1992)按照动词语义上的自主与非自主的对立将汉语动词分为自主动词与非自主动词两类,郭锐(1993)则按照动词的过程结构将汉语动词分为动作动词、变化动词、状态动词三个典型类别,等等。

㊲ 见 BHSG § 8.117。

㊳ 见 BHSD,P234。

㊴ 见 BHSG § 8.94。

㊵ 见 BHSG § 8.22。

㊶ 见 BHSG § 8.84。

㊷ 见 BHSG § 8.101。

㊸ 见 BHSG § 2.90。

㊹ 见 BHSG § 2.90。

㊺ 见胡敕瑞(2005b)。

㊻ 见 BHSG § 26.2。

㊼ 见 BHSG § 21.85。

㊽ 见 BHSG § 26.2。

㊾ 见 BHSG § 21.85。

㊿ 见 BHSG § 20.63。

51 见 BHSG § 10.106。

52 见 BHSG § 30.6。

53 见 BHSG § 21.85。

54 见 BHSG § 21.85。

55 见 BHSG § 26.12。

56 见 BHSG § 26.10。

57 见 BHSG § 8.22。

58 见 BHSG § 26.12。

59 见 BHSG § 8.31。

60 见 BHSG § 8.98。

61 见 BHSG § 30.3。

62 代表"愿垂""唯垂""唯愿""倖愿""加哀""愿哀""唯愿哀""唯垂哀""唯愿垂""愿唯垂""唯愿加哀"等一系列复音形式。

第四章　汉译佛经中的特殊构式

本章着重讨论汉译佛经中几类特殊的句法格式，藉此阐示佛经翻译如何利用汉语既有手段反映原典的文法规则，同时又反作用于汉语，不知不觉中改变着汉语既有用法，形成许多不见或罕见于以往汉语的特殊句法结构，并在与中土汉语的长期共存和广泛接触中潜移默化地影响、推动着汉语语法的发展。

4.1　框式结构

善用框式结构是汉译佛经语言的一个重要特点。除本书第二章中提到的各种标记名词语义格的框式介词外，汉译佛经中还有很多带有框式特征的句法结构，如用为名词（包括代词）复数标记的框式词缀"诸……等/众/辈"，用为等比标记的框式介词"如……等/许"，用为假设标记的框式连词"若……者/时"等。组成框式结构的前置词和后置词均由汉语固有的名词、动词、形容词等虚化而来，它们在句法组合中可以搭配同现，也可以用一舍一，从这个意义上讲，框式结构主要是一种句法现象，并非固定词项（参见刘丹青 2002）。

现结合《法华经》中的对勘实例具体加以说明。

4.1.1　名词复数标记"诸……等/众/辈/类"

受原典梵语名词（包括代词）有单、双、复数形态变化的影响，汉译佛经明显表现出使用形式手段标记名词复数的强烈倾向，常见的复数表达式主要有三类，分别为："诸……""……等""诸……等/众/辈/类"。这三类形式标记作为名词词内成分，都直接对应于原文名词的复数变化，基本不受名词性成分[±生命]的限制，只表达复数的语法意义，具有复数词缀的性质。

第一，"诸……"式。

中土汉语里，"诸"本来是形容词，只表示人的多数。但是在汉译佛经中，译者用它对应原文名词的复数变化，扩大了"诸"的使用范围，可以加在任何可数名词前，成为复数标记。如：

D：**诸**佛 | K：**诸**佛 ＜buddhā bhagavantas (m. pl. N.) (1—32)

D：无数之命 | K：**诸**小虫 ＜bahu-prāṇi-koṭibhiḥ (f. pl. I.) (3—231)

D：善权方便 | K：**诸**方便 ＜upāya-kauśalya-śatais (n. pl. I.) (3—28)

D：**诸**天华 | K：**诸**天华 ＜divyāṃś ca puṣpa-puṭān (m. pl. Ac.) (7—67)

它如《妙法莲华经》中：诸法、诸根、诸大车、诸世界、诸苦恼、诸天人民、诸善男子、诸陀罗尼、诸聚落城邑，等等。

第二，"……等"式。

中土汉语里，"等"加在有生名词或代词后，表示"一类人/物/情况"或"类属"，其前可以插入定语标记"之"，如"贵贱之等(《礼记·祭统》)""江充、杨可之等(《盐铁论·轻重》)"，说明"等"仍然是一个实义名词。相比之下，汉译佛经中的"等"虽然也附于有生命的名词或代词后，但因大量对应原文名词的复数变化，功能趋于单纯，仅仅用作复数标记，其前不能再插进定语标记"之"。如：

D：斯众生**等** | K：是**诸**众生 ＜yais sattvais (m. pl. I.) (2—92)

D:彼如来**等**|K:(无) <teṣām … tathāgatānām arhatāṃ samyak-sambuddhānām (m. pl. G.)(1—105)

D:吾**等**|K:我**等** <vayam (pers. 1. pl. N.)(2—194)

D:是**等**|K:是**等** <teṣām (m. pl. G.)(3—211)

它如《妙法莲华经》中:汝等、此等、彼等、佛子等、沙弥等、饿鬼等、善男子等、大阿罗汉等,等等。

第三,"诸……等/众/辈/类"式。

由前缀"诸"、后缀"等"搭配组成的框式词缀"诸……等/众/辈/类"是汉译佛经特有的名词复数标记。比起单用前缀"诸"或后缀"等"标识名词复数,框式词缀的功能更加明确,虚化程度更高。具体表现在:

I. "等"进入框式结构后不再受名词性成分[±生命]的限制,与"诸"共现,可以标记任何可数名词,对应原文名词的复数变化。如:

D:**诸**子|K:**诸**子**等** <te kumārakās (m. pl. N.)(3—97)

D:**诸**沙弥|K:是**诸**沙弥**等** <te śrāmaṇerās (m. pl. N.)(7—187)

D:**诸**华|K:**诸**华**等** <puṣpā (m. pl. N.)(308.25)

D:药草丛林|K:彼卉木丛林**诸**药草**等** <tṛṇa-gulma-oṣadhi-vanaspatīnām (m. pl. G.)(5—21)

它如《妙法莲华经》中:诸人等、诸比丘等、诸鬼神等、诸菩萨等、诸大海水等、诸善男子等,等等。

II. 古汉语中其他表达"类属"意义的名词"众""辈""类"等,也在"诸……等"格式的类推作用下,语义变得抽象,功能趋于单纯,与"诸"共现,组成框式词缀,对应原文名词的复数变化,成为译经特有的复数标记。如:

D:**诸**声闻**众**|K:**诸**声闻**众** <imi sarva-śrāvakān (m. pl. Ac.)

(2—30)

D:诸恶虫|**K:诸**恶虫**辈**　<etāna suduṣṭa-prāṇinām (m. pl. G.) (3—153)

D:诸群萌|**K:诸**众生**类**　<imāṃś ca sattvān (m. pl. Ac.) (7—36)

它如《妙法莲华经》中:诸菩萨众、诸佛弟子众、诸余众生类,等等。

III. 表示名词复数的词缀一般是加在词上而不是整个短语上的,所以当一个名词短语包含多个词时,框式词缀"诸……等/众/辈/类"总能明确框定所要标示的名词,不管这个名词位于NP的什么位置,从而有效避免了单用前缀"诸"或后缀"等"时范域界限的模棱两可。如下对比所示:

i. 单用前缀"诸"或后缀"等"

诸声闻、辟支佛、菩萨(《妙法莲华经》9/49c)|**诸**菩萨、比丘、比丘尼、优婆塞、优婆夷(《菩萨睒子经》3/438b)|是菩萨**等**(北凉昙无谶译《悲华经》3/168a)|上根善男子**等**(宋法贤译《信佛功德经》1/257c)|无数亿那由他百千声闻**众**(秦失译《大乘悲分陀利经》3/242b)

ii. 框式词缀"诸……等"

二十千万亿恒河沙**诸**菩萨**等**(《妙法莲华经》9/262c)|此**诸**子**等**(《妙法莲华经》9/14b)|彼卉木、丛林、**诸**药草**等**(唐玄奘译《大宝积经》3/307b)|共大菩萨、**诸**声闻**众**围绕说法(《妙法莲华经》9/45b)|无量阿僧祇**诸**声闻**众**(《方广大庄严经》3/187c)

以上三类译经常见的复数标记不仅在使用频率上远远超出同期中土文献。略见下表对比所示:

文献＼项目	"诸……"式	"等……"式	"诸……等/众/辈/类"式	合计
《世说新语》	150	12	0	162
《妙法莲华经》	1062	247	106	1315

而且从线性组合上看，它们都能与数词同现。如：

八万四千**诸**婇女(《长阿含经》1/24a)|无数亿那由他百千声闻**众**(秦失译《大乘悲分陀利经》3/242b)|三十六亿**诸**天子**等**(《普曜经》3/487c)|无量无边百千万亿**诸**众生**类**(《佛本行集经》3/898b)

并且在NP包含多个词时，译经还表现出在每个词上附加复数标记的倾向。如：

此**等诸**菩萨(《生经》3/154a)|斯**等诸**见(《杂阿含经》2/151a)|彼**等诸**疑惑(《大宝积经》11/374c)|**诸**善男子、善女人**等**(隋阇那崛多译《佛本行集经》3/871b)|此**等诸**人**辈**(《佛所行赞》4/192b)|彼**等诸**比丘尼**众**(隋阇那崛多译《佛本行集经》3/871b)

可见，汉译佛经中加在名词上表示复数的"诸-""-等"以及"诸……等"已经成为单纯语法标记，具备复数词缀的性质。

4.1.2　等比标记"如……等/许"

不同于上古汉语加在形容词或副词之上、表达样态的"如/若……然"结构，中古新兴的框式介词"如……等/许"引进名词作为平比基准，表示等同。大量用例来自汉译佛经，如：

复有万婆罗门，皆**如**编发**等**。(三国吴支谦译《佛说维摩诘经》14/519b)|**如**六十亿江河沙**等**菩萨大士。(《正法华经》9/110b)|无有**如**芥子**许**非是菩萨舍身命处。(《妙法莲华经》9/35b)|见向一虫，大**如**狗**许**。(姚秦鸠摩罗什等译《禅秘要法经》15/247a)|有一宝柱，**如**毫毛**许**。(姚秦弗若多罗共罗什译《十诵律》23/442a)

此类等比结构在同期的中土文献里尚不多见，只有《齐民要术》中出现6例，并且都是“如＋NP＋许”格式。如[①]：

浥浥时作团，**大如**梨**许**。|各**如**鸡子黄**许**大。|栽后二年，慎勿采、沐，**大如**臂**许**，正月中移之。

以往的研究曾经讨论过其中“许”的来源。吴福祥（1996）认为它从指示代词“许”虚化而来；冯春田（2000）认为也有可能直接来源于处所名词；龙国富（2004）取折中观点，认为“许”先从处所名词发展为指示词，再语法化为等同助词，指出触发“许”由指示代词虚化为等同助词的句法环境是，唐代以后，“许”与“如”组合形成大量“如许”指示词，造成了“许”的意义转化，当“如许”中间插入名词后，“许”便完全脱离与指示代词的关系，表示等同。

我们赞成“许”由处所名词到指示词、再到等同助词的语法化过程，但对“许”由指示词“如许”中间插入名词后虚化成等同助词的说法则难以认同。原因在于：(I)既然指示词“如许”唐代以后才大量出现，为什么魏晋时期就有中间插入名词的“如＋NP＋许”结构了呢？(II)既然“如许”已经成为表达“如此、这么”意义的指示词，怎么还能中间再插进名词，离合成“如＋NP＋许”结构呢？显然这样一条从词到短语的语法化路径尚缺少可信的机制和动因，时代先后也有问题，恐难成立。况且大量用例都出自中古译经，所以我们有必要结合汉译佛经中的丰富实例，利用现有的对勘材料，重新考虑“如……等/许”等比结构的来源。

首先，汉译佛经除了用框式介词“如……等/许”表示等同外，还有前置词“如”或后置词“等/许”单独用作等比标记的例子。如：

见佛**如**恒沙（隋阇那崛多译《佛本行集经》3/718c）|其所散华**如**须弥山（《妙法莲华经》9/23b）|坐千叶莲华大**如**车轮（《妙法莲华经》9/35a）

十世界微尘**等**数诸佛如来（《妙法莲华经》9/30a）|处处安置臂

许灯明(隋阇那崛多译《佛本行集经》3/817a)|一切大地,无有针**许**非我身骨(元魏吉迦夜共昙曜译《杂宝藏经》4/481b)

框式介词"如……等/许"可以看作前置词"如"和后置词"等/许"临时搭配形成的句法现象,并且具有形式完整、表义更加具体周密的优势,"如……等"侧重表示数量相等,"如……许"侧重表示大小相同。

其次,梵汉对勘的证据显示,由前置词"如"或后置词"等/许"单独标记的等比结构明显带有仿译原文同型格式的倾向。如《法华经》中:

(1) D:诸天人民**如**江河沙。

K:诸天人民数**如**恒沙。

devā manuṣyā yatha[②] gaṅga-vālikā (6—41)

前置词"如"刚好对应原文中表达"相似、如同"意义的不变词"yathā"。

(2) D:江河沙**等**三千大千世界。

K:恒河沙**等**三千大千世界。

gaṅgā-nadī-vāluka-upamās tri-sāhasra-mahā-sāhasra-loka-dhātavas (8—18)

后置词"等"对应原文复合词尾部的"-upama",它的词义为"相等、如量"。梵文中,与"-upama"意思相近的词还有"-sama"和"-mātra",同样可以出现在复合词的尾部,整个复合词表达"跟……一样"的意思。

有时,佛经翻译中还会出现交叉对应的情况,即用前置词"如"对译原文复合词尾部的"-sama/-upama/-mātra"等,用后置词"等"对译原文的不变词"yathā"。如:

(3) D:**如**十世界尘数如来。

K:十世界微尘**等**数诸佛如来。

daśa-loka-dhātu-parama-aṇu-rajaḥ-samān tathāgatān arhatas samyak-saṃbuddhān (9—33)

竺法护用前置词“如”对应复合词尾部的“-sama”，呈现交叉对应。鸠摩罗什则直接模仿原文，译成后置词“等”。

(4) D：於江河沙，不可称限，亿百千数。

K：有六百万亿，恒河沙等众。

gaṅgā yathā vāluka aprameyā sahasra-ṣaṣṭiṃ (7—132)

竺法护直接仿译原文，用介词短语对应原文由不变词“yathā”引介的等比结构。鸠摩罗什则用后置词“等”翻译原文的不变词“yathā”，呈现交叉对应。

(5) D：手执大华如须弥山。

K：所散之华如须弥山。

taiḥ Sumeru-mātraiḥ puṣpa-puṭais (7—84)

两位译者都用前置词“如”翻译原文复合词尾部的“-mātra”，呈现交叉对应。

在交叉对应的基础上，形式完整、表义周密的框式介词“如……等/许”自然更能得到译者青睐，作为译经常用的等比标记，翻译原文的等比结构。《法华经》异译对比显示，比起早出的竺法护译本，鸠摩罗什更善于使用框式等比标记，翻译原文的等比结构。如：

(6) D：又此众生如江河沙。

K：如恒河沙等无数诸众生。

sattvās yatha gaṅga-vālikās (9—21)

鸠摩罗什用框式介词“如……等”对译原文中表示等同的不变词“yathā”。

(7) D：(无)。

K：无有如芥子许非是菩萨舍身命处。

nāsti kaścid antaśaḥ sarṣapa-mātro 'pi pṛthivī-pradeśo

yatrānena śarīraṃ na nikṣiptaṃ sattvahita-hetoḥ（226.07）

鸠摩罗什用框式介词"如……许"对译原文中位于复合词尾部表示等同的"-mātra"。

由此基本可以断定，译经中表示等同的"等/许"基本上是在仿译原文同型等比结构的过程中发展为后置等比标记的，进而与前置词"如"相搭配，形成框式等比标记"如……等/许"。

汉译佛经不仅模仿原文构式，还模仿原文构词，促使等比标记进一步向词内成分虚化，成为构词语素，这也符合由短语词汇化成词的一般规律。

首先，前置词"如"向词内成分虚化，形成大批专门作状语的"如-"类复合词，直接对应原文 yathā 加中性单数名词构成的不变状复合词（也叫作副词性复合词，Avyayībhāva）。如：

(8) **K：**如实知之 <yathā-bhūtaṃ prajānāmi (5—13)

(9) **K：**如其种性具足蒙润 <vāriṇā saṃtarpayati yathā-balaṃ yathā-viṣayam yathā-sthāmaṃ (5—16)

《波你尼经》曾特别说明：虽然梵语的不变词 yathā 可以表达恰如其分、重复、于词义无逾越及相似等四层涵义，但在复合词中却不能表达"相似"的意义（段晴 2001：427—428）。因而与之对应的汉译"如"也只有"依据、按照"的意思，相当于介词，整个"如＋名词"组合表达行事或变化的依据。荻原云来编《梵和大辞典》中收录了更多实例，如：

如理 <yathārtham"按照道理地、适当地"|如法 <yathā-dharmam"依据法则地、适当地"|如应 <yathā-yogam "相应地、适当地" |如数 <yathā-saṃkhyam "按照数目地"|如次 <yathā-kramam "按照顺序地"|如力 <yathā-balam"依据能力地"|如言 <yathā-śabdam "按照所说地" |如声 <yathā-ruta "依据所说

地”|如见 ＜yathā-dṛṣṭam“依据所见地”|如旧 ＜yathā-sthāna“按照原有地、照旧地”|如本 ＜yathā-pūrvam“按照本来地、照旧地”

译经中的“如＋名词”组合多为双音节形式，符合汉语词汇双音化的趋势，因此很容易取得副词资格，专门充当状语。并且作为一种能产的词法模式[3]——介宾式复合词，已经融入后世汉语的词汇系统，如现代汉语中常见的“如实（反映）、如法（炮制）、如数（退还）、如期（完成）、如约（前往）……”

然而在佛经翻译之前，古汉语中“如＋名词”构成的介宾短语并不具备成词能力，主要表现在：(I)介词“如”的结合能力有限，构成的双音组合屈指可数，只有“如约”“如志”“如期”“如法”“如数”“如实”“如律”“如令”“如礼”“如仪”等几个形式；(II)“如＋名词”组合的句法位置自由，可以充当谓语、补语、状语等多种句法成分，如：

唯所纳之，无不**如**志。（《左传·僖公十五年》）

项王使人致命怀王，怀王曰：“**如**约。”乃尊怀王为义帝。（《史记·项羽本纪》）

以上用作谓语。

因是而知之，故生间可使**如**期。（《孙子兵法·用间》）

长当弃市，臣请论**如**法。（《史记·淮南衡山列传》）

以上用作补语。

大射、燕射，共弓矢**如**数并夹。（《周礼·夏官·司弓矢》）

如实论之，虚妄言也。（《论衡·奇怪》）

以上用作状语。

可见，汉语本有的“如＋名词”组合短语性质明显，缺少词汇化为副词的有效机制和强大动力。然而作为后世汉语中现实存在的词法模式，“如＋名词”能够成功转型为介宾式复合词，汉译佛经对原文不变状复合词的大量仿译可能起到至关重要的作用。

其次，与前置词"如"类似，后置词"等"也表现出向前黏附、成为构词语素的倾向。如：

(10) **护**：大君主 | **什**：王等 <rāja-mātras (《信解品第四》)

(11) **护**：王太子 | **什**：王等 <rāja-mātras (《信解品第四》)

《法华经》原文中，以-mātra 收尾的格限定复合词(依主释) rāja-mātras 出现两次，字面直译是"与国王相等之人"，实际上指一种称谓，竺法护意译作"大君主"和"王太子"，鸠摩罗什则仿译原文构词，将一贯对译-mātra 的后置等比标记"等"直接代入"王等"双音组合，词汇化为构词语素，与"王"凝固成专表称谓的不可数名词。其他译经中也有用例，如：

诸王、**王等**、群臣、宰相。(元魏般若流支译《金色王经》3/388a) | 自於大臣**王等**众中。(唐菩提流志译《大宝积经》11/11c) | 自恣时，王若**王等**，诸比丘边坐欲听法。(姚秦弗若多罗共罗什译《十诵律》23/171a) | 若不与物取故，若王若**王等**，若捉若杀，若偷金罪。(宋佛陀什等译《五分戒本》22/200 c)

但是"王等"一词的使用基本仅限于汉译佛经，可视为译经语言的特色词汇。

综上所述，汉译佛经从仿译原文同型等比结构到仿译构词，原文的影响步步渗透、层层深入，在一定程度上推动甚至引导了汉语语法化的进程。

4.1.3 假设标记"若……者/时"

中古时期，引介假设分句的框式连词"若……者/时"也主要来自汉译佛经，如《法华经》中：

正法华经，**若**见赐**者**，吾当为仆。(《正法华经》9/105b) | **若**父

在**者**，慈愍我等，能见救护。（《妙法莲华经》9/43ab）|**若**佛见授阿耨多罗三藐三菩提记**者**，我愿既满，众望亦足。（《妙法莲华经》9/29bc）|**若**世尊告勅我等持说此经**者**，当如佛教，广宣斯法。（《妙法莲华经》9/36b）

若说经**时**，无有犹豫。（《正法华经》9/95c）|**若**生长大**时**，不识胎中事，五事表里彻，尔乃为悉达。（《正法华经》9/6a）|不独入他家，**若**有因缘须独入**时**，但一心念佛。（《妙法莲华经》9/37b）|**若**欲行**时**，宝华承足。（《妙法莲华经》9/11b）

中土文献里也有零星用例，如：

若孙权至**者**，张、李将军出战。（《三国志·魏书·张辽传》）|卿**若**能令此马生**者**，卿真为见鬼也。（《搜神记》卷二）|汝**若**不与吾家作亲亲**者**，吾亦不惜余年！（《世说新语·贤媛》）|**若**其爱养神明，调护气息，慎节起卧，均适寒暄，禁忌食饮，将饵药物，遂其所禀，不为夭折**者**，吾无间然。（《颜氏家训·养生》）|**若**水盛**时**，贼易为寇，不可安屯。（《三国志·魏书·蒋济传》）

但是中土文献里框式连词"若……者"的使用频率远远不及同期译经文献，"若……时"则更为罕见。略如下表对比所示：

项目 文献	若……者	若……时
《妙法莲华经》	44	8
《三国志》	7	1
《搜神记》	6	0
《世说新语》	6	0
《颜氏家训》	4	0

如此悬殊之别体现了汉译佛经的语言特点，而通过梵汉对勘可知，

原来译经大量使用框式连词主要是为了有效转译原文的关系从句。

第一,若……者。

梵文原典中,由关系代词 yad 或关系副词 yāvat、yatra、yadā 等引导的关系从句十分常见,可与其从属的主句形成各种限定关系。显然,古汉语里没有同类句法格式,译者只好利用汉语既有的句法结构转译原文。由关系代词 yad 引导的关系从句先被译成了指称性的"者"字结构。如:

(12) K:其有读诵持是法华经**者**,须臾加恶言,其罪复过彼。

yaś	ca-api	sūtrānta-dharāṇa	teṣāṃ
rel. m. sg. N.	conj. adv.	adj. G. 依主释	pron. m. pl. G.
凡是	又 也	受持经典	这些(人)

prakāśayantān'	iha	sūtram	etat /	avarṇam	ākrośa
caus. ppt. G.	adv.	n. sg. Ac.	pron. Ac.	m. sg. Ac.	m. sg. Ac.
宣畅	此中	经典	这	诽谤	詈骂

vadeya	teṣāṃ	bahūtaraṃ	tasya	vadāmi
opt. 1. sg. A.	pron. m. pl. G.	compar. Ac.	pron. m. sg. G.	pres. 1. sg. P.
我当说	对这些(人)	更多	其	我说

pāpam (10—29)

m. sg. Ac.

罪恶

原文中,关系代词 yaś 引导的从句用为定语,限定主句中表领有的对应代词 tasya。译者用"者"字结构对译原文的关系从句,将定语移出作主语,留下的空位由属格代词"其"填充,回指主语。

(13) K:是诸众生脱三界**者**,悉与诸佛禅定、解脱等娱乐之具。

ye	ca-api	te	śāriputra	sattvās	traidhātukāt
rel. m. pl. N.	conj. adv.	pron. N.	m. sg. V.	m. pl. N.	adj. n. sg. Ab.
凡是	又 也	这些	舍利弗啊	众生	从三界

parimuktā bhavanti / teṣāṃ tathāgato dhyāna-

ppp. N. pres. 1. sg. P. pron. m. pl. G. m. sg. N.

解脱　成为　这些(人)　如来

vimokṣa-samādhi-samāpattīr āryāṇi parama-sukhāni

f. pl. Ac. 相违释　adj. Ac.　n. sg. Ac. 持业释

禅定、解脱、三昧、正受　神圣的　第一安稳

krīḍanakāni ramaṇīyakāni dadāti (3—144)

n. sg. Ac.　adj. Ac.　pres. 1. sg. P.

玩具　可爱的　给与

原文中,关系代词 ye 引导的从句用作宾语,限定主句中表受事对象的对应代词 teṣāṃ。译者用"者"字结构转译原文的关系从句,将动词"与"的宾语移出作主语,由指示代词"是"加以限定,宾语位置则采用零回指形式。

但是因为古汉语中,指称谓词性成分的"者"字结构本身具有歧义性,其中的"者"可以表达转指和自指两种语义功能(参见朱德熙 1983),尤其当"NP+VP+者"处在句首话题位置时,"者"既可提取 VP 的主语,与 NP 组成同位结构,充当句子主语,也可以不提取任何成分,只指称谓词性成分本身,用为条件小句。如:

(14)潘岳妙有姿容,好神情。少时挟弹出洛阳道,妇人遇**者**,莫不连手共萦之。(《世说新语·容止》)

(15)人或交天下之士,皆有欢爱,而失敬于兄**者**,何其能多而不能少也!人或将数万之师,得其死力,而失恩于弟**者**,何其能疏而不能亲也!(《颜氏家训·兄弟》)

例(13)的汉译同样可有两种理解。加上原文中还有一部分关系从句是由关系副词 yāvat、yatra、yadā 等引导的,它们分别从方式、处所、时间等方面限定主句,用为条件状语。所以为了避免歧义,明确表达句

中各成分间的逻辑关联，译者进一步在“者”字结构前添加连词“若”，转变为假设分句，句法地位相当于状语，基本满足翻译原文状语从句的需要。而介于前后分句之间的指称性代词“者”也因与“若”共现，语法化为后置假设标记，与“若”搭配组成“若……者”框式连词，引介假设分句。如：

(16) **K**：菩萨亦复如是，**若**未闻、未解、未能修习是法华经**者**，当知是人去阿耨多罗三藐三菩提尚远。

evam eva bhaiṣajyarāja dūre te bodhisattvā
adv. adv. m. sg. V. adj. m. sg. L. pron. N. m. pl. N.
这样 即 药王啊 在远处 这些 菩萨

mahāsattvā bhavanty anuttarāyāṃ samyak-saṃbodhau
m. pl. N. pres. 3. pl. P. adj. L f. sg. L.
大士 是 于无上 正等正觉

/yāvan na-imaṃ dharma-paryāyaṃ śṛṇvanti
rel. adv. adv. pron. Ac. m. sg. Ac. 依主释 pres. 3. pl. P.
只要 不 这 法句 听

na-udgṛhṇanti na-avataranti na-avagāhante na
adv. pres. 3. pl. P. adv. pres. 3. pl. P. adv. pres. 3. pl. A. adv.
不 持 不 入 不 知 不

cintayanti (10—48)
pres. 3. pl. P.
思

框式连词“若……者”引介的假设分句对应原文由关系副词 yāvat 引导的方式状语从句。

如此翻译的优点还表现在，假设复句不受前后分句主语是否一致的限制，可以自由转换原文由关系代词引导的从句。如：

(17) **K：若**声闻、辟支佛及诸菩萨，能信是十六菩萨所说经法，受持不毁**者**，是人皆当得阿耨多罗三藐三菩提。

ye ke-cid bhikṣavaḥ śrāvaka-yānikā vā

rel. m. pl. N. inter. m. pl. N. m. sg. V. adj. m. pl. N. 依主释 conj.

凡是 任何 比丘们啊 诸声闻乘 或

pratyekabuddha-yānikā vā bodhisattva-yānikā vā-eṣāṃ

adj. m. pl. N. 依主释 conj. adj. m. pl. N. 依主释 conj. pron. G.

诸缘觉乘 或 诸菩萨乘 或 这些

kula-putrāṇāṃ dharma-deśanāṃ na pratikṣepsyanti na

m. pl. G. f. sg. Ac. adv. caus. fut. 3. pl. P. adv.

善男子们 法教 不 将令诽谤 不

pratibādhiṣyante/sarve te kṣipram anuttarāyāḥ

fut. 3. pl. A. adj. N. pron. m. pl. N. adv. adj. G.

将违背 所有 这些(人) 极速地 无上

samyak-saṃbodher lābhino bhaviṣyanti (7—135)

f. sg. G. adj. m. pl. N. fut. 3. pl. P.

正等正觉 获得 将会

框式连词"若……者"引介的假设分句对译原文由关系代词 ye 引导的主语从句，前后分句的主语相同。

(18) **K：若**佛见授阿耨多罗三藐三菩提记**者**，我愿既满，众望亦足。

tan nāma bhagavan kṣipram eva pratirūpaṃ bhaved/

pron. N. adv. m. sg. V. adv. adv. n. sg. N. opt. 3. sg. P.

这 名为 世尊啊 药王啊 应、相似 成为

yad bhagavān asmākaṃ vyākuryād anuttarāyāṃ

rel. n. sg. Ac. m. sg. N. pers. 1. pl. G. opt. 3. sg. P. f. sg. L.

凡是 世尊 为我们 受记 于无上

samyak-saṃbodhau (9—4)

f. sg. L.

正等正觉

框式连词"若……者"引介的假设分句对译原文由关系代词 yad 引导的宾语从句,前后分句主语不同。

《妙法莲华经》1～10 品中,框式连词"若……者"引介的假设分句共有 11 例,其中 7 例对应原文的关系从句,剩余 4 例则由类推所致,即用翻译原文关系从句过程中形成的框式连词"若……者"进一步对译原文中表达假设涵义的其他结构形式。如:

(19) K:**若**我但以神力及智慧力,舍於方便,为诸众生赞如来知见、力无所畏**者**,众生不能以是得度。

saced ahaṃ jñāna-balo 'smi - iti kṛtvā-

adv. pers. 1. sg. N. m. sg. N. 依主释 pers. 1. sg. P. adv ger.

如果 我 智慧力 有 如是 已做

ṛddhi-balo 'smi - iti kṛtvā 'nupāyena-eṣāṃ

m. sg. N. 依主释 pers. 1. sg. P. adv. ger. m. sg. I. pron. G.

神通力 有 如是 已做 不用方便 为这些

sattvānāṃ tathāgata-jñāna-bala-vaiśāradyāni

m. pl. G. n. pl. Ac. 依主释

众生 如来的智慧、力量、无所畏惧

saṃśrāvayeyaṃ / na-ete sattvā ebhir dharmair

caus. opt. 1. sg. P. adv. pron. N. m. pl. N. pron. I. m. pl. I.

会宣说 不 这些 众生 凭这些 法道

niryāyeyuḥ (3—125)

opt. 3. pl. P.

会得度

框式连词"若……者"对译原文中同样引介假设分句的不变词 saced，"者"因处在前后分句的中介位置，能够填补联系项空位，保证分句之间范域界限清楚。又如：

(20) K：**若**众生但闻一佛乘**者**，则不欲见佛，不欲亲近。

mā khalv ima ekam eva buddha-jñānaṃ śrutvā/

adv. adv. dem. m. pl. N. adj. Ac. adv. n. sg. Ac. 依主释 ger.

不要 然而 这些(人) 一 即 佛慧 听见后

draveṇa-eva pratinivartayeyur na-eva-upasaṃkrameyuḥ (7—158)

adv. adv. caus. opt. 3. pl. P. adv. adv. opt. 3. pl. P.

迅速地 即 要舍弃 不 即 要行至

原文中，与定式动词搭配使用的动词独立式可以表达假设涵义(详见本书第五章复句与句法关联词)，汉译作框式连词"若……者"引介的假设分句。此时后置假设标记"者"与结果分句中出现的照应词"则"同处在中介位置，功能重合。所以一般情况下，如有配套连词分别标识假设复句的前后分句，"者"往往省去不用。如：

(21) K：是人**若**闻，**则便**信受。

tad nirvāṇam bhāṣate yad adhimucyante (7—147)

pron. Ac. n. sg. Ac. pres. 3. sg. A. rel. n. sg. Ac. pres. 3. sg. A.

此 涅槃 宣说 某 信解

译者将原文由关系代词 yad 引导的宾语从句译成连词"若"引介的假设分句，句末未用"者"来收尾，原因就是结果分句中已有与"若"呼应的关联词"则便"，所以排斥了同样起中介作用的后置连词"者"。《妙法莲华经》中，框式连词"若……者"有 44 例，与"若"前后呼应构成的配套连词有 100 例，而二者重叠共现只有 9 例。

第二，若……时。

汉译佛经中常见的框式连词"若……时"同样来自原文中表达时间限定关系的主从复合句。如前文第 2.5 节所述，汉译佛经中，"时"因频繁对译原文中相应的名词格尾，而语法化为后置词，引介时间小句作状语。在此基础上，汉译佛经又倾向于将原文的关系从句转译成汉语的假设分句，"时"得以进一步与假设连词"若"搭配共现，组成框式连词，主要对应原文中引导时间状语从句的关系副词 yadā，处在假设分句末的"时"也因此语法化为后置的假设连词。如：

(22) **K：若**得作佛**时**，具三十二相，天人夜叉众，龙神等恭敬。

yadā tu buddho bhavate /'gra-sattvaḥ puras-kṛto

rel. adv. adv. m. sg. N. pres. 3. sg. A. m. sg. N. ppp. N.

某时而 佛 变成 人中胜 所尊重

nara-maru-yakṣa-rākṣasaiḥ dvātriṃśatī-lakṣaṇa-rūpa-dhārī (3—23)

m. pl. I. 相违释 adj. N. 多财释

被人、天、夜叉、恶鬼 具足三十二相

(23) **K：若**说法**时**，无得戏笑。

yadā ca dharmaṃ deśeyā④ /... tatra na-api

rel. adv. conj. m. sg. Ac. opt. 3. sg. A. adv. adv. adv.

某时 又 法道 当开示 此中 不 又

hāsya-sthito bhavet (239.06)

ppp. m. sg. N. 依主释 opt. 3. sg. P.

住于戏笑 当变成

框式连词"若……时"引介的假设分句对译原文由关系副词 yadā 引导的时间状语从句。

同样由类推所致，原文中其他表达假设涵义的结构形式也可用框式连词"若……时"来翻译。如：

(24) K：**若**说此经**时**，有人恶口骂，加刀杖瓦石，念佛故应忍。

loṣṭaṃ	daṇḍaṃ	vā	'tha	śaktī	ākrośa-tarjanā	'tha
n. sg. N.	n. sg. N.	conj.	adv.	f. sg. N.	f. sg. N. 相违释	adv.
土块	刀杖	或	此时	枪	詈骂	此时

vā	bhāṣantasya[⑤]	bhavet	tatra	smaranto	mama
conj.	ppt. m. sg. G.	opt. 3. sg. P.	adv.	ppt. m. sg. N.	pers. 1. sg. G.
或	宣说	会发生	此中	忆念着	我的(法)

tāṃ	sahet (10—73)
pron. f. sg. Ac.	opt. 2. sg. P.
此(事)	应堪忍

原文中，与定式动词搭配使用的现在分词可以表达假设涵义(详见本书第五章复句与句法关联词)，汉译作框式连词"若……时"引介的假设分句。又如：

(25) K：我**若**灭度**时**，汝等勿忧怖。

mā	bhāyathā[⑥]	bhikṣava	nirvṛte	mayi[⑦] (1—173)
adv.	imv. 2. pl. P.	m. pl. V.	ppp. m. sg. L.	pers. 1sg. I.
不要	(你们)恐惧	比丘们啊	已灭度	我

原文中，独立依格可以表达"在……情况之下"的假设意味(详见本书第五章复句与句法关联词)，汉译作框式连词"若……时"引介的假设分句。

跟框式连词"若……者"的使用情况类似，当后面的分句中出现照应性句法关联词时，处于中介位置的"时"一般省去不用。如：

(26) K：**若**蒙佛授记，尔**乃**快安乐。

vyākṛtā	yada[⑧]	bheṣyāmas /	tadā	bheṣyāma
ppp. m. pl. N.	rel. adv.	fut. 1. pl. P.	adv.	fut. 1. pl. A.
被受记	某时	(我们)将是	此时	(我们)将是

nirvṛtāḥ (6—24)

ppp. m. pl. N.

寂灭

因为结果分句中有照应词“乃”，已经填补了联系项位置上的空缺，所以原文由关系副词 yadā 引导的时间状语从句只译作连词“若”引介的假设分句，不再需要后置词“时”来收尾。《妙法莲华经》中，后置连词“时”与照应性句法关联词共现的假设复句只见 1 例，即“诸天**若**听法，或受五欲**时**，来往行坐卧，闻香**悉**能知”。(49/a24—25)

综上所述，为准确传达梵文原典的句法语义信息，同时保证译文句子成分之间范域界限清楚，汉译佛经表现出善用框式结构的语法特点，一定程度上为汉语框式语法现象的形成、进而成为汉语的一个重要类型特征积蓄了力量，即为汉语提供了众多备选格式和使用频率上的支持。有些组合至今可见，如框式介词“在……上”“从……中”等；有些则改头换面，沿用至今，如“与……俱”“如……等/许”“若……者/时”即可视为现代汉语框式介词“跟……一起”“像……似的”及框式连词“假如……的话”的前身。而框式词缀“诸……等”也因译经的频繁使用，多少影响到后世汉语的口语表达，以“诸/众……们”等同类替换形式流传下来，如“某而今一自与**诸**公**们**说不辩(《朱子语类》卷 121)”“俺随那**众**老小**每**出的中都城子来(《拜月亭》二折)”。甚至在现代汉语中也能见到类似用语，如“**诸位**同志**们**”(见曹广顺 2004)。

4.2　同源宾语结构

汉译佛经中有一种特殊构式，动词与它的宾语(或宾语中心语)之间存在特定联系，具有同源关系，明显从仿译原典梵语的同源宾语结构而来。如《法华经》中：

(27) D：雨法雨 |K：雨法雨 <varṣiṣyate (fut. 3. sg. P.) dharmam ananta-varṣam (n. sg. N.) (1—190)

(28) D：行布施 |K：行施 <dadanti (pres. 3. pl. P.) dānāni (n. pl. Ac.) (1—60)

(29) K：修种种行 <vividhāṃ kriyāṃ (f. sg. Ac.) kurviṣu (aor. 3. pl. A.) (1—57)

(30) K：行菩萨道 <bodhisattva-caryām (f. sg. Ac.) caranti (pres. 3. pl. P.) (10—43)

(31) K：作是供养 <sat-kāraḥ (m. sg. N.) kṛtas (ppp. m. sg. N.) bhavati (287. 16)

(32) K：作师子吼 <siṃha-nādaṃ (m. sg. N.) nadnte (ppp. m. sg. N.) sma (232. 02)

原文中，动词性成分与其支配的受事名词由同一动词词根变化而来，两者搭配组成一种动宾同辞的同源宾语结构。汉译佛经也如法炮制，用语义上存在特定联系的动词和名词组成动宾结构，尤其如例(27)"雨法雨"，动词和它的宾语使用同一字形，跟原文的同源宾语结构基本上如出一辙。

跨语言的研究表明，某些语言中 V+N 组成的动宾结构可以完全相当于另一种语言中单独一个 V，如墨西哥语的动词本身就常伴有宾语存在(洪堡特 1826［2001］)。汉语史的研究也发现，早期汉语不少名物对象与动作行为具有特定的联系，这些对象往往隐含在动作之中而不需用独立的形式表现出来(徐通锵 1997)。但是到了汉魏六朝时期，汉语词汇发生了"从隐含到呈现"的本质变化，其中有一类"呈现"就是"对象从动作(或动作从对象)中呈现"，即原来隐含于动作中的名物对象纷纷呈现出来，动词也因此不再表示特殊意义，可以支配更多对象，词义泛化。胡敕瑞(2005a)深入了剖析过诱发这一变化的汉语内部原因，即与两汉时期汉语形、音、义的剧变以及汉语追求明晰化的自组织原则有关；同时由于这一时期产生的大量动宾复合词来自汉译佛经，如“生怒/发誓/加害/作念/行礼/着衣/击鼓/降雨”等[9]，所以不能排除受佛典原文影响的可能，比如胡文提到汉译佛典中多见的“作念、作想、作行、作是言、作是说、作是化、作是思维、作是供养”等，其中“作”对应的梵文是“kṛ”，是一个意义虚泛的动词(V_0)，功能和汉语的虚化动词“作”类似。原文中有功能相当的泛义动词“kṛ”固然可为佛经翻译提供一个仿译的模型[10]，但是我们从《法华经》的梵汉对勘中看到，很多时候，原文中并不存在一个与“作”对应的泛义动词“kṛ”，而是单独的一个实义动词，被译成此类动宾结构。如：

(33) **K**：作是言 <evam vadet (opt. 3. sg. P.) (8—70)

(34) **K**：作是说 <evam uktās (ppp. m. pl. N.) (393. 02)

(35) **K**：作是意 <evam anuvicintam (ppp. n. sg. N.) (3—114)

(36) **D**：作礼 <nipātya (caus. ger.) (8—66)

(37) **D**：呵教 |**K**：作卫护 <vāreṣyante (fut. 3. pl. A.) (10—77)

(38) **D**：念曰 |**K**：作是念 <evam ca anuvicintayet (caus. opt. 3. sg. P.) (3—98)

“言、说、礼、念”等都是汉语里的动名兼类词，可以独自充当谓语。上古汉语里，很少见到此类动名兼类词作动词“作”的宾语，“作”等动词具有很强的动作意义，支配的宾语多是清一色的典型名词，如“作洛、作坛、作甬”中的“洛、坛、甬”等(胡敕瑞 2005a)。然而到了中古汉语尤其在汉译佛经中，“作”等动词被频繁加在动名兼类词前，组成动宾结构，“作”等动词也因此进一步向无实在意义的谓词性标记虚化。所以现在的问题是，什么原因促使译经要在本来可以独立作谓语的动名兼类词前添加“作”等动词、形成双音步的动宾组合？仿译原文而来的同源宾语结构为此提供了宝贵线索。

先以最典型的动宾同辞结构“雨$_{[V]}$……雨$_{[N]}$”为例。《妙法莲华经》中，“雨”的功能与上古汉语相同，是一个名动兼类词，既可用作名词，如“大雨/法雨/一味雨”等，也可用作动词，隐含对象于动作之中，如“一云所雨/雨於一切卉木丛林及诸药草”等。动词“雨”和名词“雨”显然具有同源关系，因此可被译经直接调用，模仿原文源自同一动词词根的动名组合，构造“雨法雨”等动宾同辞结构，《妙法莲华经》中出现了6例。这类带有鲜明译经特色的动宾同辞结构具有两方面重要价值：一是仿译原文的构式特点，为动词及其同源宾语创造了两个现实存在的句法空位，方便更多彼此之间有特定联系的动宾组合进入其中，迈出了“对象从动作（或动作从对象）中呈现”的关键一步；二是动宾同辞虽然贴近原文，但不符合汉语行文表达避免重复的一般规则，所以性质并不稳固，相当于“对象从动作（或动作从对象）中呈现”的过渡结构，具备进一步分化变异的可能。

变化的路线表现为两种：一是按照汉语的表达习惯，用其他名词替换宾语位置的“雨”。如：

(39) **D**：普雨天华|**K**：雨众天华 <mahantaṃ ca puṣpa-varṣam abhipravarṣayitvā (3—69)

“天华”如“雨”，依然对应原文中与动词同源的受事名词。它如《正法华经》中的“雨药草/雨七宝/雨法教”等，《妙法莲华经》中的“雨曼陀罗/雨宝莲华/雨千种天衣”等。因为早在上古汉语中，就有动词“雨”直接支配受事宾语的用例，如：

今我来思，雨雪霏霏。（《诗经·鹿鸣之什·采薇》）|春，王正月，雨木冰。（《公羊传·成公十六年》）|秋，大雨雹，为灾也。（《左

传·僖公二十九年》)|大雨雪,深二尺五寸。(《史记·秦始皇本纪》)

译经在分化动宾同辞的组合时,借鉴了汉语固有结构,进一步扩大了动词“雨”的结合范围,更多名词得以通过隐喻的方式充当“雨”的宾语,促进了“雨”的词义泛化,只表动作的语义特征愈加鲜明,可被其他同功能动词替换的条件逐渐成熟。于是呈现出第二类变化倾向,即动词位置的“雨”被换用,如:

(40) **D:**散大法雨 |**K:**雨大法雨<mahā-dharma-vṛṣṭy-abhipravarṣaṇam(依主释-业格关系)(1—104)

竺法护已经用表达同类动作的动词“散”替换了动词位置的“雨”,支配同源宾语,对应原文由同一动词词根变化而来的名动词,其他替换形式还有“降雨/放雨/澍甘雨”等;鸠摩罗什则有意保留了原文同源宾语结构的形式特征,依然用动词“雨”,构造动宾同辞结构。

上述证据表明,“雨”在成为“降雨”等形式之前应当经历了一个动宾同辞“雨$_{[V]}$……雨$_{[N]}$”的中间阶段,它的呈现过程至少包含三步,即:雨(VN)→雨雨(V+N)→降雨(V_0+N)。

另外,《妙法莲华经·分别功德品》中还有一例“若能行是行,功德不可量”。虽然梵本中没有出现“行是行”的对应,但与例(29)(30)比较后可知,它们所对应的原文当属同一类型,即同源宾语结构,而汉译的动宾同辞结构“行是行”作为动宾异辞结构“修种种行”“行菩萨道”的前身,在佛经翻译与汉语固有表达习惯的调和过程中被后者替换。所以,“行”的呈现过程也当经历三个阶段,即:动名兼类“行”→动宾同辞“行行”→动宾异辞“修行/行道”,进而推动了“行”由实义动词向虚义动词的转化,构词能力增强,得以支配更多对象,形成动宾组合,如“行问/行礼/行害/行哭/行计”等[11]。

由此可见,汉译佛经中大量“对象从动作(或动作从对象)中呈现”

的动宾复合词很可能都经历过一个同源宾语结构的中间阶段，从中发展出一批专门填充动词空位、支配同源宾语的功能动词，为构造同类格式提供了便利。"作礼、作念、作是言、作是思维"等则可视为在同源宾语结构"作是供养"的基础上通过格式类推形成的。

4.3 "自然为＋V"非宾格结构

利用 CBETA 检索《大藏经》后得知，在竺法护及其助手聂承远的译经作品中有一类特殊的非宾格结构——"自然为＋V"，只带客体内论元，不带施事外论元，表达动作行为没有外部施动者、能自行进入某种状态，与作格动词（ergative verbs，或叫非宾格动词 unaccusative verbs）有着相同的句法语义特征。如：

恐惧厄者自然为断。（西晋竺法护译《光赞经》8/147c）｜所建宝庙自然为现。（西晋竺法护译《正法华经》9/64a）｜六十二见自然为除。（西晋竺法护译《正法华经》9/100b）｜魔诸官属，虽抱恶意，自然为降。（西晋竺法护译《大宝积经》11/78c）｜诸天伎乐自然为鸣。（西晋竺法护译《阿差末菩萨经》13/591c）｜五阴六衰十二牵连自然为消。（西晋竺法护译《贤劫经》14/8b）｜众闇自然为明。（西晋竺法护译《贤劫经》14/8b）｜一切狐疑自然为断。（西晋竺法护译《文殊支利普超三昧经》15/421c）｜众魔邪恶自然为伏。（西晋聂承远译《佛说超日明三昧经》15/546c）

其中也有《正法华经》的用例，我们可以通过对勘原文和同经异译的比较，解析这类非宾格结构的性质、特点以及产生的根源。

（41）D：所建宝庙自然为现。

K：复见诸佛般涅槃后，以佛舍利起七宝塔。

ye ca teṣu buddha-kṣetreṣu parinirvṛtānāṃ
rel. m. pl. N. adv. pron. L. n. pl. L. 依主释 ppp. G.
某 又 于这些 佛土中 已涅槃的

buddhānāṃ bhagavatāṃ dhātu-stūpā ratna-mayās
m. pl. G. m. pl. G. m. pl. N. 依主释 adj. N.
诸佛 诸世尊 舍利塔 七宝合成的

te 'pi sarve saṃdṛśyante sma (1—37)
pron. N. adv. adj. N. pres. 3. pl. pass. indec.
这些 也 所有 被看见 (表过去)

竺法护用"自然为现"翻译原文的被动动词,但是显然没有被动涵义,句中并不存在一个隐含的施事,只表达状态自行发生,无需外力介入。"自然"一词用以凸显这种自动自发的状态事件,"为"也不是引介施事的具格标记(详见本书第 2.3.4 节),而是用作助动词,直接出现在动词之前,标记此时动词"现"的不及物用法,即只带客体内论元,不带施事外论元,"自然为现"具有非宾格结构的句法语义特征,其表层主语"所建宝庙"实际上是深层结构中的宾语⑫。虽然鸠摩罗什使用普通及物动词"见"将原文的被动态转译成汉语的主动态,但这并不意味着及物结构与非宾格结构之间可以互相转换,两者分属不同的动词结构系统,具有完全不同的语义特征和句法表现。

根据沈阳、司马翎(2010)的最新研究,汉语的动词系统分为两个大类:动词"见"属于单动词系统(DO 类动词),也就是不及物动词和及物动词系统,其特点是结构中的动词有施事外论元和支配性内论元。一般情况下,及物动词结构与被动结构之间可以互相转换。如:

(42) D:譬灵瑞华,时时可见。

tad-yathā 'pi nāma śāriputra-udumbara-puṣpaṃ
adv. adv. adv. m. sg. V. m. sg. Ac. 依主释
譬如 也 名为 舍利弗啊 优昙钵花

kadā-cit karhi-cit saṃdṛśyate (2—75)

adv.　adv.　pres. 3. pl. pass.

任何时　被看见

竺法护用助动词"可"标记的被动结构"可见",对译原文同一个被动动词"saṃdṛśyate",表层主语"灵瑞华"是动词"见"的支配性内论元,而且被动结构中蕴涵施动者,即动词"见"还带一个施事外论元"某人"(看见)。

而非宾格结构"自然为现"属于双动词系统(CAUSE 类动词),其特点是结构中的动词只带结果性内论元,不带施事外论元,即使出现外论元,也只能是致使者论元。所以一般情况下,非宾格结构与使役结构之间可以互相转换。如:

(43) **D:**世雄导师现真雅训。

bhūtāṃ cariṃ　darśayi[13]　loka-nāthaḥ (3—30)

ppp. Ac.　f. sg. Ac.　caus. ger.　m. sg. N. 依主释

真实　所行　令见　世间导师

此例中,动词"现"对译原文由同一动词词根√dṛś(看见)变化而来的致使动词,带结果性内论元"真雅训"作宾语,其表层主语"世雄导师"并非施事外论元,而是造成这一动作结果的致使者。

可见,"现"和"见"是性质不同的两类动词。也许由于在西晋竺法护译经时代,动词"现"和"见"的形、音、义尚未完全分离,常常混淆,促使译者倾向使用形式手段加以分辨,"自然"和"为"因此成为动词"现"由致使结构转换成非宾格结构的形式标记。这样即使译经中出现"诸如来身自然为**见**(竺法护译《光赞经》8/147c)"的句子,由于句法层面上有"自然"和"为"作为标记,其中的"见"也不会被误解为带施事外论元的 DO 类动词,而是作格动词"现"的代表。

古汉语中是否存在作格动词,至今仍然是一个悬而未决的问题[14]。

尽管"自然为＋V"非宾格结构主要见于竺法护译经，带有比较鲜明的译者个人语言风格，但是至少可以证明，在西晋竺法护时代，汉译佛经中已有作格现象和作格动词存在。能够进入"自然为＋V"非宾格结构的动词在"自然"和"为"的凸显与强化作用下，日益具备作格动词的性质，表达"自动自发"的动作行为，如上文所举"（自然为）**断**""（自然为）**除**""（自然为）**伏**"等等。

有时助动词"为"可以隐去，只用"自然"一词标记作格动词，构成"自然＋V"非宾格结构，对译原文无施事的被动动词。如：

（44）D：彼诸世界皆自然现。

dṛśyanti[15] ... loka-dhātuṣu (1—157)

pres. 3. pl. pass.　m. pl. L. 相违释

被看见　诸国土上

（45）D：五百国土自然震动。

sahasra-koṭyaḥ kṣetrāṇa pañcāśad abhūṣi kampitāḥ (7—170)

f. pl. N.　n. pl. G.　num. N.　aor. 3. pl. P.　ppp. m. f. N.

千亿　国土　五十　是（助动词）震动

黄国清（2001）曾经指出《正法华经》中多数副词用法的"自然"找不到原文对应词，怀疑是译者为满足四字一顿的文体风格而采取的添译。但是我们知道，汉译佛经用以补充音节的手段五花八门，每种手段都有其各自不同的句法语义功能，如动名之间的"于/於"就是名词语义格的标记（详见本书第 2.2 节宾格标记），所以副词用法的"自然"很多时候并非单纯为了补充音节，而是具有专门的句法语义作用，即凸显作格动词的"自动自发"特性。

有时副词"自然"可以隐去，单用助动词"为"标记作格，构成"为＋V"非宾格结构，如[16]：我惊，衣毛为起。（《佛般泥洹经》1/165a）|尔时檀

越闻是语已，身毛为竖。(《大庄严论经》4/262a)

直到结构中的动词真正成为词汇层面的作格动词，可以独立构造非宾格结构，表达无施事参与的自发状态时，作格标记才功成身退。如：

(46) **D：**有安住子，普悉来现。

dṛśyanti putrāḥ sugatasya aurasā (1—162)

pres. 3. pl. pass. m. pl. N. m. sg. G. adj. N.

被看见 儿子们 安住的 真的

(47) **K：**菩萨闻是法，疑网皆已除。

kāṅkṣā vyapanīta bheṣyati (2—206)

f. sg. N. ppp. f. sg. N. fut. 3. sg. P.

疑惑 消除 将是(助动词)

(48) **K：**如来……出现於世，如大云起。

tathāgato 'rhan samyak-saṃbuddho loka utpadyate

m. sg. N. m. sg. N. m. sg. N. m. sg. L. pres. 3. sg. pass.

如来 应供 正等正觉 世上 出现

yathā mahā-megha unnamate (5—10)

adv. m. sg. N. pres. 3. sg. A.

如同 大云雨 涌起

从句法层面的"自然为＋V"非宾格结构到词汇层面的作格动词，汉译佛经为我们判断汉语作格动词的形成提供了十分宝贵的线索和确凿的形式依据。

4.4 特殊"是"字句——"S，N是"句式

4.4.1 学者一般认为汉译佛典中"S，N是"句式是一种特殊判断

句。如：

无所生无所灭，即般若波罗蜜**是**。（后汉支娄迦谶译《道行般若经》8/440b）|尔时忍辱道人者，我身**是**也；恶生王者，拘怜**是**也。（后汉昙果共康孟详译《中本起经》4/149a）|童子者，吾身**是**也；妻者，俱夷**是**。（三国吴康僧会译《六度集经》3/26c）|尔时导师，即我身**是**；五百贾客，诸弟子者**是**。（西晋竺法护译《生经》3/76a）

关于它的来历众说纷纭。香坂顺一(1983/1997)认为与先秦汉语固有的"是"后置的用法有关；张华文(2000)通过与藏缅语比较，认为这种句式是原始汉藏语 SOV 结构的遗留⑰。江蓝生(2003)、陈秀兰(2003)、朱冠明(2005)等认为它很可能是语言接触的产物，受梵文影响产生的句式；张美兰(2003)则认为既与佛经原文判断句的表达方式有关，同时汉语自身固有的类似表达方式也为它的存在提供了基础。

由于汉译佛典的"翻译"性质，"S,N 是"句式的产生和频繁使用是否受到了原典梵语的影响，最直观的方法就是对照原文。

江蓝生(2003)曾从梵汉两种语言判断句的类型特点入手，指出梵语里有一种强调式判断句，句尾要有表判断的 be 动词，而汉译佛典中"S,N 是"句式都是在强调事实真相时的解释说明，不是一般的陈述介绍，正是强调式，很可能是受了梵文影响而产生的句式。此后，朱冠明(2005)、龙国富(2005)等人还提供了梵汉对勘的例证支持这一说法。如：

时国王，则吾身也；梵志者，调达是。（《正法华经》9/105b）

尔时王者，则我身是；时仙人者，今提婆达多是。（《妙法莲华经》9/34c）

ahaṃ我 sa tena kālena tena samayena rāja国王-abhūvam是 / ayam eva sa devadatto提婆达多 bhiksus tena kālena tena samayena rsir 仙人 abhūt 是

若梵汉对应果真如此，原文中表判断的 be 动词√bhū 的确处在两个具有等同、一致关系的名词性成分之后，汉译好像是直接模仿了原典梵语判断句的句法结构，龙国富还称之为“硬译”。

但是实际的对应情况并非如此简单。一是两位学者给出的对勘原文多不完整，“S，N 是”句式跟原典梵语是不是句末出现 be 动词的强调式判断句没有直接关系；二是无论从汉译的句法表现，还是从所对应的原文来看，“S，N 是”句式都跟汉语常规的“S 是 N”判断句存在诸多差异，虽然也表判断，但句尾的“是”并非系词。

4.4.2　下面就以《法华经》为例，通过系统的梵汉对勘和异译比较，揭示“S，N 是”句式的真实由来。《法华经》作为中古影响最大的汉译佛经，两个译本中都出现了相当数量的“S，N 是”句：竺法护译本有 14 例，鸠摩罗什译本有 19 例。

我们逐一对照原文，便会发现，绝大多数情况下，“S，N 是”句对应的原文都是一组成对使用的繁琐句型。如：

(49) **护**：其名闻菩萨大士而懈怠者，则莫能胜**是**。

什：求名菩萨，汝身**是**也。

yaś ca-asau yaśaskāmo nāma bodhisattvo ’bhūt /

rel. N. conj. pron. N. m. sg. N. adv. m. sg. N. aor. 3. sg. P.

某位 又 那个 名闻 名为 菩萨 是

kausīdya-prāptaḥ tvam eva-Ajita sa tena kālena

ppp. m. sg. N. pers. 2. sg. N. adv. m. sg. V. pron. N. pron. I. m. sg. I.

懈怠 你 即 莫能胜啊 这个 此 时

tena samayena yaśaskāmo nāma bodhisattvo ’bhūt

pron. I. m. sg. I. m. sg. N. adv. m. sg. N. aor. 3. sg. P.

此 时 名闻 名为 菩萨 是

kausīdya-prāptaḥ（1—145）

ppp. m. sg. N.

懈怠

今语可译作：此时有一个名叫求名菩萨的懈怠之人，莫能胜啊！名为求名菩萨的懈怠者就是你。

原文是一个“yad ... tad ...”型主从复合句，主从二句都是主语、表语和系词齐备的判断句。主语和系词部分完全重复，只有负载新信息的表语部分由从句的关系代词 yaś 换成了主句的第二人称代词 tvam。汉译将 yaś 引导的主语从句译成主语 S，tvam 所在的主句部分译成判断谓语“N 是”，“是”与原文重复出现的系词 abhūt 并无直接对应关系。

又如例(50)，只有负载新信息的表语有所变更，其他部分也是重复的。

(50) **护**：欲知尔时比丘法师号超光者，则吾**是**也。

什：尔时妙光菩萨岂异人乎？我身**是**也。

anyaḥ sa tena kālena tena samayena varaprabho

adj. N. pron. N. pron. I. m. sg. I. pron. I. m. sg. I. m. sg. N.

其他 那 此 时 此 时 妙光

nāma bodhisattvo mahāsattvo 'bhūd dharma-

adv. m. sg. N. m. sg. N. aor. 3. sg. P. m. sg. N.

名为 菩萨 大士 是 法师

bhāṇakaḥ /na khalu punar evaṃ draṣṭavyaṃ / tat

adv. adv. adv. adv. fpp. n. sg. N. pron. n. sg. N.

不 然而 如此 所应见 这

kasya hetoḥ / ahaṃ sa tena kālena tena

interj. G. m. sg. G. pers. 1. sg. N. pron. N. pron. I. m. sg. I. pron. I.

何 故 我 那 此 时 此

samayena varaprabho nāma bodhisattvo mahāsattvo

m. sg. I.　m. sg. N.　adv.　m. sg. N.　m. sg. N.

时　妙光　名为　菩萨　大士

'bhūd　dharma-bhāṇakaḥ (1—144)

aor. 3. sg. P.　m. sg. N.

是　法师

今语可译作：此时那个名为妙光菩萨大士的法师是其他人。然而所见不应如此，为什么呢？此时那个名为妙光菩萨大士的法师是我。

而之前朱、龙两位所举的对勘例证，其完整的原文也是这种成对使用的繁琐句型。

(51) **护**：时国王，则吾身也。

什：尔时王者，则我身**是**。

anyaḥ sa　tena kālena tena samayena rāja-abhūt /

adj. N.　pron. N.　pron. I.　m. sg. I.　pron. I.　m. sg. I.　m. sg. N.　aor. 3. sg. P.

其他　那　此　时　此　时　国王　是

na khalu punar evaṃ draṣṭavyaṃ / tat　kasya

adv.　adv.　adv.　adv.　fpp. n. sg. N.　pron. n. sg. N.　interj. G.

不　然而　如此　所应见　这　何

hetoḥ / ahaṃ　sa　tena kālena tena samayena

m. sg. G.　pers. 1. sg. N.　pron. N.　pron. I.　m. sg. I.　pron. I.　m. sg. I.

故　我　那　此　时　此　时

rājā　'bhūvaṃ

m. sg. N.　aor. 1. sg. P.

国王　是

今语可译作：此时那位国王是其他人。然而所见不应如此，为什么呢？我是此时那位国王。

以上各例的划线部分均为重复内容，汉译明显作了简化处理，用“是”来替代重复出现的旧信息，即主语部分。

其他译经中，“S，N 是”句式所对应的原文也是这种成对使用的繁琐句型。如《维摩诘经》[18]中：

(52) **支：(无)。**

什：月盖比丘，即我身**是**。

玄：彼时护法月盖王子，岂异人乎？即我身**是**。

anyaḥ sa tena kālena tena samayena śomacchatro

adj. N. pron. N. pron. I. m. sg. I. pron. I. m. sg. I. m. sg. N.

其他 那 此 时 此 时 月盖

nāma rājakumāro bhūd … na khalu punar te

adv. m. sg. N. aor. 3. sg. P. adv. adv. adv. pers. 2. sg. G.

名为 王子 是 不 然而 你的

devānām indra evaṃ draṣṭavyaṃ / tat kasmād

m. pl. . G. m. sg. V. adv. fpp. n. sg. N. pron. n. sg. N. interj. Ab.

众神的 主人 如此 所应见 这 何

dhetoḥ / ahaṃ sa tena kālena tena samayena

m. sg. Ab. pers. 1. sg. N. pron. N. pron. I. m. sg. I. pron. I. m. sg. I.

故 我 那 此 时 此 时

śomacchatro nāma rājakumāro bhūvaṃ(《法供养品第十三》)

m. sg. N. adv. m. sg. N. aor. 1. sg. P.

月盖 名为 王子 是

今语直译：此时那位名叫月盖的王子是其他人。众神之主啊！然而所见不应如此，为什么呢？我是此时的那位名叫月盖的王子。

遍查鸠摩罗什译本中 19 例“S，N 是”句式，16 例的原文都是这种成对使用的复杂句式，1 例无原文对应，剩余 2 例的原文虽是简单判断句，但都出现在偈颂中，显然与梵文偈颂有音节数量的限制有关。如：

(53) **护**：我身尔时则**为**法师。

什：妙光法师者，今则我身**是**。

ahaṃ　ca　āsīt　tada[19]　dharma-bhāṇakaḥ　(1—186)

pers. 1. sg. N.　conj.　impf. 3. sg. P.　adv.　m. sg. N. 依主释

我　又　是　当时　法师

今语译作：当时的法师就是我。

原文中，be 动词 āsīt 不合常规地跑到了主、表语之间，这也是由梵文诗歌的韵律结构要求所致。若在不受音节数量限制的散文中，此句可还原成正常的主从复合句，即主从二句部分重复的繁琐句型：

yaś　ca　tada　dharma-bhāṇakaḥ　āsīt　|　ahaṃ

rel. N.　conj.　adv.　m. sg. N. 依主释　impf. 3. sg. P.　pers. 1. sg. N.

某位　又　当时　法师　是　我

tada　dharma-bhāṇakaḥ　āsīt

adv.　m. sg. N.　impf. 3. sg. P.

当时　法师　是

有时，原文中根本不出现表判断的 be 动词，就更谈不上句尾的"是"从仿译甚至"硬译"原文而来。如：

(54) **护**：何谓着衣於如来被服？谓人忍辱柔和安雅，**是则名为**如来被服；何谓世尊师子之座？解一切法皆悉空寂，处无想愿，**是为**世尊师子之座。

什：如来衣者，柔和忍辱心**是**；如来座者，一切法空**是**。

katamac ca bhaiṣajyarāja tathāgatacīvaraṃ /

n. sg. N.　conj.　m. sg. V.　n. sg. N. 依主释

什么　又　药王啊　如来的衣服

mahākṣāntisauratyaṃ khalu punar bhaiṣajyarāja

n. sg. N. 持业释 adv. adv. m. sg. V.

大安忍 复次 药王啊

tathāgatacīvaraṃ/katamac ca bhaiṣajyarāja

n. sg. N. n. sg. N. conj. m. sg. V.

如来的衣服 什么 又 药王啊

tathāgatasya dharmāsanaṃ/sarvadharmaśūnyatāpraveśaḥ

m. sg. G. n. sg. N. m. sg. N. 依主释

如来的 法座 了解诸法空性

khalu punar bhaiṣajyarāja tathāgatasya dharmāsanaṃ

(10—55, 56)

adv. adv. m. sg. V. m. sg. G. n. sg. N.

复次 药王啊 如来的 法座

今语可译作:药王啊!如来衣是什么样呢?药王啊!如来衣就是大安忍。药王啊!如来法座又是什么样呢?药王啊!如来法座就是了解诸法空性。

如果要说仿译或者硬译,反倒是竺法护逐字逐句地直译原文,使得译文也呈现出重复冗赘的特点,与原文如出一辙;而鸠摩罗什译本中的"S,N是"句式跟原文的句型特征毫无相似之处,明显经过简化处理。

而且在(53)(54)两例中,竺法护都译成由准系词"为"标识的判断句,已经符合汉语SVO型语言的表达习惯,为何在本土化程度更高的鸠摩罗什译本中,译者反而要改成违背常规的"S,N是"句呢?

此外,以上对勘各例显示,虽然梵文的语序比较灵活,但也有一定倾向,大都将负载新信息的表语置于句首,而代表旧信息的主语居于其后,判断动词和主语之间表现为性、数、格的一致。汉语的判断句恰好相反，主语在前，表语在后。如果说，译者不了解梵汉两种语言判断句的类型差异，怎么会在翻译时将原文“表语＋主语”的语序调整为汉译“主语＋表语”的语序呢？(53)(54)两例的异译对比尤能说明，竺法护误判了原文主语和表语的语义角色，把主语译成了表语，表语译成了主语，所以鸠摩罗什在重译时才会调整过来。可问题是，既然做了修改，为何又不彻底，独独把系词“是”留在句尾，导致译文中出现众多不规则的“S，N 是”式判断句呢？可见，对“S，N 是”句式的性质仍需斟酌，将“是”当作后置的系词也许并不妥当。

4.4.3 接下来，再将“S，N 是”句式和汉语常规的“S 是 N”式判断句做一比较，两者无论从汉译的句法表现，还是从所对应的原文来看，都存在诸多差异，属于性质不同的两类结构。

汉语“S 是 N”型判断句东汉时便已走向成熟(唐钰明 1992)，在口语性较强的中古译经文献中更为常见，《法华经》的竺法护译本和鸠摩罗什译本中各有 48 例和 74 例，明显多于“S，N 是”句的用例。

首先，两者的句法表现不同。一般说来，如果汉语的系词判断句中出现副词状语尤其否定副词时，它的句法位置是紧挨判断动词的，而“S，N 是”句的副词多与“是”分开[20]。如下表所示：

句型 / 副词状语	S是N	S，N是
即—	向一乌者，即**是**彼时孙儿也。(《杂宝藏经》4/483b)	彼猎师者，即小军**是**。(《根本说一切有部毗奈耶》23/658a)
乃—	我衣乃**是**祖父之物。(《百喻经》4/544a)	尔时比丘阿梨蜜者，岂异人乎？乃往过去定光佛**是**。(《贤愚经》4/371c)
正—	今所论者，正**是**我也。(《出曜经》4/739c)	所求大夫人者，正此人**是**也。(《经律异相》53/127a)

皆—	此诸菩萨，皆是文殊师利之所化度。(《妙法莲华经》9/35b)	尔时四众常不轻菩萨者岂异人乎？……皆於阿耨多罗三藐三菩提不退转者是。(《妙法莲华经》9/35b)
非—	女身垢秽，非是法器。(《妙法莲华经》9/35c)	称伽拔吒，非我身是。(《大庄严论经》4/348a)

其次，两者的原文对应不同。汉译佛经中，“S是N”型判断句主要对应原文中形式简单的同格判断句，即主语和表语性、数、格一致，表判断的be动词可以省略。如：

(55) **护**：今此幼童，皆是吾子。

什：今此幼童，皆是吾子。

sarva eva-ete kumārakā mama-eva putrāḥ (3—108)

pron. pl. N. adv. pron. N. m. pl. N. pers. 1. sg. G. adv. m. pl. N.

全部 即 这些 幼童 我的 即 儿子们

也可以出现，如：

(56) **护**：(无)。

什：彼即是汝身。

tvam eva so tādṛśako bhaviṣyasi (3—64)

pers. 2. sg. N. adv. pron. N. adj. m. sg. N. fut. 2. sg. P.

你 即 那 如是相 将是

be动词按照梵语SOV型语言的词序原则，依然位于句末。但鸠摩罗什并未仿效原文，译成“S，N是”句式。

由此可见，译经特有的“S，N是”句式与原文是不是句末出现be动词的强调式判断句并无直接关系，译者主要用它来对译原文结构复杂的繁琐句型。而且在梵文原典中，“S，N是”句式所对应的繁琐句型并非总以主从二句部分重复的繁琐形式出现，有时也会将主句中与从句相重复的主语和系词部分省去，单留一个指代词，来替代主语。在梵文化程度不高的早期译经原典中，这种通俗简单的省略表达也许更为流行。如《撰集百缘经·报应受供养品》[21]中：

(57) **支**：欲知彼时商主者，则我身**是**。

yo 'sau <u>tena samayena sārthavāho babhūva</u> |

rel. N. pron. N. pron. I. m. sg. I. m. sg. N. aor. 3. sg. P.

某 那位 那 时 商主 是

ahaṃ ***saḥ*** [……]

pers. 1. sg. N. pron. m. sg. N.

我 这位

今语直译：那时有位商主，这人就是我。

(58) **支**：彼时观顶王者，则我身**是**。

yo 'sau <u>tena kālena tena samayena rājā kṣatriyo</u>

rel. N. pron. N. pron. I. m. sg. I. pron. I. m. sg. I. m. sg. N. m. sg. N.

某 那位 那 时 那 时 国王 刹帝利

<u>mūrdhna-abhiṣikto babhūva</u> | ahaṃ ***saḥ*** [……]

ppp. m. sg. N. aor. 3. sg. P. pers. 1. sg. N. pron. m. sg. N.

灌顶 是 我 这位

今语直译：那时有位灌顶刹帝利王，这人就是我。

两例的原文依然是一个"yad ... tad ..."型主从复合句，但与例(49)中形式完整的繁琐句型相比，明显省去了主句中与从句相重复的主语和系词部分，只保留指代词"saḥ"(阳性、单数、主格)来代替主语，主句中省略的内容正是从句的划线部分。汉译将 yaś 引导的主语从句译成主语S，ahaṃ所在的主句译成判断谓语"N 是"，"是"直接对应原文指代词"saḥ"，代词来历尽现。

因此，无论从语法功能，还是从所对应的原文来看，句末"是"都表现出较为鲜明的代词属性，回指主语，表达“如此、这样”的意思，延续先秦汉语固有的“是”字后置用法。如先秦汉语中：

水由地中行，江、淮、河、汉**是**也。（《孟子·滕文公下》）|古之人有行之者，文王**是**也。（《孟子·梁惠王下》）|濡需者，豕虱**是**也。（《庄子·徐无鬼》）|道也者，何也？礼义、辞让、忠信**是**也。（《荀子·强国》）|夫成天地之大功者，其子孙未尝不章，虞、夏、商、周**是**也。（《国语·郑语》）

“是”为指示代词，复指上文，“其用途在乎‘是认’某一些例证”（王力1937）。尽管汉译佛典中出现大量句尾不带语气词“也”的“S，N 是”型判断句，但也不能证明句末的“是”不是代词。因为在中古时期，判断句中既无系词，也不加语气词“也”的情况比比皆是，如《世说新语》中，不带任何语法标志的判断句有 178 例，约占判断句总量的 40%（见张振德、宋子然 1995：423）。中古译经的情况亦然，如：

水牛之犊及诸梵志仙人者，则清信士居家学者。（《生经》3/94a）|魔怨及诸外道，皆吾侍者。（《说无垢称经》14/568a）|所说法者，即此十二部经。（《大智度论》25/306c）

既然如此，汉译佛经的“S，N 是”未尝不可视为无语法标志的判断句。尤其如下例所示：

(59) **护**：欲知尔时净复净王发道意者岂是异人？莫造此观，所以者何？则**是**今现莲华首菩萨**是**。

什：妙庄严王岂异人乎？今华德菩萨**是**。

anyaḥ	sa	tena	kālena	tena	samayena	śubhavyūho
adj. N.	pron. N.	pron. I. m. sg. I.		pron. I.	m. sg. I.	m. sg. N.
其他	那	此	时	此	时	妙庄严

nāma	rāja	- abhūt	/ na	khalu	punaḥ	kulaputrā
adv.	m. sg. N.	aor. 3. sg. P.	adv.	adv.	adv.	m. pl. V.

名为　国王　是　不　然而　善男子们啊

yuṣmābhir eva draṣṭavyaṃ / tat kasya hetoḥ /

pers. 2. pl. I. adv. fpp. n. sg. N. pron. n. sg. N. interj. G. m. sg. G.

你们　即　所应见　这　何　故

ayam eva sa padma-śrīr bodhisattvo mahāsattvas

pron. N. adv. pron. N. m. sg. N. m. sg. N m. sg. N

这个　即　那　莲华首　菩萨　大士

tena kālena tena samayena śubhavyūho

pron. I. m. sg. I. pron. I. m. sg. I. m. sg. N.

此　时　此　时　妙庄严

nāma rāja abhūt (383.03)

adv. m. sg. N. aor. 3. sg. P.

名为　国王　是

原文依旧是一个成对使用的繁琐句型。竺法护译本中出现了两个“是”,这样的句子一直到隋唐五代的汉译佛经和佛教文献里都在沿用。如:

又彼过去伽罗尸弃辟支佛边,手执伞盖,作荫人者,还**是**即今此耶输陀比丘身**是**。(隋阇那崛多译《佛本行集经》3/823b)|白牛是能证之人故,即**是**文殊**是**也。(《祖堂集》卷二十)

很多学者都把它看作原文 SOV 型判断句与汉语 SVO 型判断句杂糅组合,产生的 SVOV 型重叠式判断句,是一种重复冗赘,翻译不成熟的表现(曹广顺 2004;龙国富 2006 等)。如果句中两个“是”都是系词,那的确是冗赘的,但事实并非如此。句中受副词修饰的“是”当为判断动词,句末的“是”则为回指主语的指示代词。虽然在后出的鸠摩罗什译本中,译者删去了一个“是”,但这样删改并不是为了避免系词“是”的重出,果真如此的话,译者为何不删去出现在句末非常规位置的“是”,反而删去常规位置的“是”呢? 况且后置用法的“是”又跟原典梵语 SOV

的词序规则无关，相反却有与原文指代词直接对应的例证。所以从现有的梵汉对勘证据来看，句末的“是”并非系词，仍为指示代词。

很可能在鸠摩罗什的译经时代，形式简捷的“S，N是”句式已逐渐成为翻译这种原文繁琐句型的惯用模式。

附 注

① 引例取自龙国富(2004)。

② 见 BHSG § 3.27 “a for ā”。

③ 董秀芳(2004)把汉语中具有一定规则性的产生词的格式统称为词法模式。它具备以下特征：(I)其中一个成分具有固定性，另一个成分具有语法类别和语义类别的确定性；或者虽然其中没有一个固定性成分，但两个成分具有语法和语义类别的确定性。(II)构成成分之间的语义关系固定。(III)整体的意义基本可以预测。

④ 见 BHSG § 29.23。

⑤ 见 BHSG § 18.14。

⑥ 见 BHSG § 26.12。

⑦ 见 BHSG § 20.63。

⑧ 见 BHSG § 3.27 “a for ā”。

⑨ 各例引文详见胡敕瑞(2005a)，此不重录。

⑩ 段晴(2006)指出，梵文原典中存在大量“动名词＋功能性动词”组成的结构，表达一种行为。其中的功能性动词就是泛义动词“kṛ”，仅起辅助作用，没有实在意义。

⑪ 各例引文详见胡敕瑞(2005a)，此不重录。

⑫ Perlmutter (1978)提出“非宾格假说”，核心思想是，非宾格动词的主语是派生的，在深层结构中是宾语。

⑬ 见 BHSG：§ 35.50 “Gerunds in *i*, *ī*”。

⑭ 大西克也(2004)曾经指出《史记》中已有作格动词，如“斩”“诛”“伐”“用”等，宋亚云(2005)在此基础上，进一步论证了上古汉语里既有作格动词，如“败”“折”“存”“亡”等50个典型词例都具有作格动词的句法语义特征。但是吕叔湘(1987)早就指出这些动词在古汉语里很多都有两个读音，是两个不同的词。所以帅志嵩(2006)在检讨以往汉语界对作格动词的研究时认为，讨论汉语史中的作格

动词和作格现象不能突破词语同一性的界限，不具有同一性的动词不能看成作格动词，即使到了中古时期，这些动词变成同音，但从实际的句法表现来看，它们也不是作格动词。

⑮ 见 BHSG：§ 37.12。

⑯ 暂无梵文对应实例。

⑰ 张华文(2000)的说法暂不足取。因为他混淆了类型学与发生学的区别。在发生学上有亲属关系的诸语言不一定具有相同的结构类型，汉藏语系中大多语言是 SOV 型结构，并不能推导出原始汉语也是如此。

⑱ 引例取自《梵藏汉对照〈维摩经〉》(*Vimalakīrtinirdeśa*, *Transliterated Sanskrit Text Collated with Tibetan and Chinese Translations*)，大正大学综合佛教研究所梵语佛典研究会编订，2005 年。"支"表支谦译《佛说维摩诘经》，T14，No. 474。"什"表鸠摩罗什译《维摩译所说经》，T14，No. 475。"玄"表玄奘译《说无垢称经》，T14，No. 476。

⑲ 见 BHSG § 3.27 "a for ā"。

⑳ "即"和"则"个别时候出现在"是"前，如：彼仁王者，我则是也。(《六度集经》3/6b)|一切施者，我身即是。(《大庄严论经》4/339c)。但其他副词"乃""正""皆"等，尤其是否定副词"非"则都不能紧挨"是"前使用。

㉑《撰集百缘经》对勘材料由北京大学东语系萨尔吉老师提供。梵本选用 *Avadānaśataka* Bibliotheca Buddhica III, edited by Dr. J. S. Speyer, Motilal Banarsidass Publishers Private Pimited. Delhi, 1992. "支"表支谦译《撰集百缘经》，T14，No. 474。

第五章　复句与句法关联词

与中土文献相比，汉译佛经的复句比较发达，显示、强化分句之间逻辑语义关系的句法关联词比较丰富，无论单个使用还是搭配使用的频率都明显超出同期中土文献。通过对《法华经》进行梵汉对勘可知，汉译佛经中丰富的句法关联词，除了一部分直接对应原文中同样起句法联接作用的不变词外，更多时候则是作为一种有效的转换手段，翻译原文由动词形态交替（即定式动词与非定式动词相互配合）及关系代词（或关系副词）表现的句法语义关系，尤其在原文句型特征的影响下，译经句法关联词还表现出配对使用的显著倾向，充分体现了佛经翻译者顺应汉语自身类型需要、力图在梵汉两种差异巨大的语言之间寻找最佳对应模式的追求。

5.1　让步转折关系

汉译佛经大都利用汉语中已有的句法关联词及其搭配形式标识让步转折关系复句。让步分句多由连词“虽”或“虽复”“虽然”等复音形式引导，转折分句中则可使用一系列照应性关联词“亦”“犹”“尚”“然”“而”等与之搭配。如：

是无量净王成佛时寿命无量，**虽**於无量无边劫中，**亦**能成就如是佛事等无差别。（北凉昙无谶译《悲华经》3/218c）|马**虽**差猛，**犹**不知水之深浅也。（西晋竺法护译《普曜经》3/488b）|**虽**作如是事，**尚**不称我意。（姚秦鸠摩罗什译《大庄严论经》3/259b）|形体

虽美，**而**心不端。（南朝宋求那跋陀罗译《过去现在因果经》3/640a）|如彼长者，**虽复**身手有力**而**不用之。（《妙法莲华经》9/13b）|向尔**虽**得须陀洹果，**然**其故有七生七死。（元魏吉迦夜共昙曜译《杂宝藏经》3/494b）

也可不用照应词。如：

王与夫人**虽**得相见，不说勤苦，各无怨心。（三国吴康僧会译《六度集经》3/7c）|其五百童**虽**有善心，宿命福薄。（西晋竺法护译《生经》3/95a）|我**虽**以神力供养於佛，不如以身供养。（《妙法莲华经》9/53b）|**虽然**自持，不能禁制。（元魏吉迦夜共昙曜译《杂宝藏经》3/480b）

但与同期中土文献相比，汉译佛经更倾向于使用搭配型让步转折关联词。下面是佛经与中土文献用例情况的一个统计：

项目/文献	虽		合计
	一照应词（百分比）	＋照应词（百分比）	
《正法华经》	21(71%)	6(29%)	27
《妙法莲华经》	23(**44%**)	29(**56%**)	52
《三国志》	334(61%)	132(39%)	466
《世说新语》	41(61%)	26(39%)	67
《颜氏家训》	25(58%)	18(42%)	43
《大唐西域记》	64(57%)	48(43%)	112
《朱子语类》(1—20卷)	111(**36%**)	197(**64%**)	308

表中显示，《正法华经》和《妙法莲华经》这两部中古成书的异译佛经前后相去仅一百余年，搭配型让步转折关联词的使用比例就大幅攀升，迅速由弱势变为强势；相比之下，中土汉语虽自魏晋以降不断增加此类关联词搭配使用的比例，但是直到宋代成书的《朱子语类》中才勉强超过一半，达到《妙法莲华经》的水平。可见，汉译佛经要比中土文献

更早表现出使用搭配型让步转折关联词的优势。

梵文原典中，语言成分间的让步转折关系主要通过两种手段表达：一是句中加入起句法联接作用的不变词“api”“tu”等，二是由句中定式动词与非定式动词的相互配合加以体现，两种手段还可同时并用，起强调功能。而汉语的动词缺乏形态变化，相应的逻辑语义关系通常由线性序列上彼此关联的多个分句来表达，关联词语则为显示这种关联的句法标记。于是为了实现翻译佛经的对等转换，译者主动利用符合汉语类型特征的句法关联词，对译原文由不变词或动词形态交替表达的让步转折关系。如：

(1) **K：我虽能於此所烧之门安隐得出，而诸子等，於火宅内乐著嬉戏。**

pratibalas	aham	anena	mahatā	agni-skandhena	asaṃspṛṣṭas
adj. N.	pers. 1. N.	pron. I.	adj. I.	m. sg. I. 依主释	ppp. N.
有力	我	这	大	火蕴	到达

aparidagdhas	kṣipram	eva	svastinā	asmāt	gṛhāt
ppp. N.	adv.	adv.	I.→adv.	dem. Ab.	n. sg. Ab.
不为所烧	极速地	即	安稳地	这	房屋

ādīptāt	dūreṇa	nirgantum	nirdhāvitum	/	api	tu	yas
ppp. Ab.	I.→adv.	inf.			adv.	conj.	conj.
炽燃的	远远地	出来	驰出		即使	而	故

ime	mama	eva	putrās	bālakās	kumārakās	asmin	eva
dem. N.	pers. 1. G.	adv.	m. pl. N.	adj. N.	m. pl. N.	dem. L.	adv.
这些	我的	即	儿子	幼稚无知	儿童	这	即

niveśana	ādīpte	tais-tais	krīḍanakais	krīḍanti ramanti
n. sg. L.	ppp. L.	pron. I.	m. pl. I.	pres. 3. pl. P.
屋宅	炽燃的	各种	玩具	嬉戏享乐

paricārayanti (3—93)

原文通过句中定式动词和动词不定式的相互配合表现让步转折关系，其中动词不定式部分"... nirgantum nirdhāvitum"表达让步涵义，定式动词部分"... krīḍanti ramanti paricārayanti"则表达转折涵义，同时加入不变词"api tu"(but, but yet)帮助强调。对应的汉译用搭配型句法关联词"虽……，而……"标记让步转折关系复句，其中转折连词"而"可与原文不变词"api tu"直接对应，让步连词"虽"则为译者有意添加，以有效对译原文由动词不定式表达的让步涵义。

(2) **K**：如彼长者，**虽复**身手有力，**而**不用之。

tad-yathā	api	nāma	sa	puruṣas	bāhu-balikas /
indec.	adv.	adv.	pron. N.	m. sg. N.	adj. N. 依主释
如	即使	名为	那	人	有臂力

sthāpayitvā	bāhu-balam (3—127)
caus. ger.	n. sg. Ac. 依主释
舍去	臂力

原文通过句中定式动词和动词独立式的相互配合表现让步转折关系，其中定式动词部分(省略了 be 动词)"... bāhu-balikas"表达让步涵义，并有不变词"api"(even though)帮助强调，独立式结构"sthāpayitvā ..."则表达转折涵义。对应的汉译用搭配型关联词"虽复……，而……"标记让步转折关系复句，其中"虽复"是中古汉语新兴的双音让步连词，可与原文不变词"api"直接对应，转折连词"而"则为译者有意添加，以有效对译原文由动词独立式表达的转折涵义。

下面的对勘实例中，原文中均未出现起句法联接作用的不变词，语言成分间的逻辑关联完全由句中定式动词与非定式动词的相互配合加以体现。异译对比显示，竺法护基本上逐词逐句地翻译原文，很少利用句法关联词，突显原文由动词形态交替表现的逻辑关联，难免造成翻译转换中的语义流失，所以鸠摩罗什在重译时有意进行修正，在汉语句子线性序列中适当添加句法关联词，以有效对译原文中表达等价句法语义功能的屈折形式。如：

(3) D：无量法门亿千姟数，当来最胜之所讲说，……得见诸佛正教。

K：未来世诸佛**虽**说百千亿无数诸法门，其实为一乘。

dharmā-mukhā koṭi-sahasra-aneke prakāśayiṣyanti

n. pl. N. 依主释　adj. N. 依主释　caus. fut. 3. pl. P.

法门　无数千亿　将会开示

anāgate adhve /upadarśayantas imam eka-yānam（2－174）

ppp. L.　m. sg. L.　caus. ppt. . N.　dem. N.　n. sg. N. 持业释

未来　世　显现　这　一乘

原文通过句中定式动词和动词现在分词的相互配合表现让步转折关系。竺法护译成多个独立分散的小句，鸠摩罗什则适当添加让步连词“虽”，译成关系清楚、结构紧凑的让步转换关系复句。

(4) D：各各生长，地等无二。

K：**虽**一地所生，一雨所润，**而**诸草木各有差别。

te　ca pṛthak-pṛthak nānā-nāmadheyāni pratilabhante

pron. N.　conj.　adv.　adj. n. pl. N. 多财释　pres. 3. pl. A.

这些　又　各自　有各种名字　获得

/eka-dharaṇī-pratiṣṭhitās ca　te　sarve oṣadhi-grāmās

ppp. N. 依主释　conj.　pron. N.　adj. N.　m. pl. N. 依主释

一地生长　又　这些　全部　药集

eka-rasa-toya-abhiṣyanditās（5－9）

ppp. N. 依主释

一味之水滋润

原文通过定式动词和动词过去被动分词的相互配合表达让步转折关系。竺法护译成两个小句，关系不明，结构松散，鸠摩罗什则适当添加搭配型让步转折关联词"虽……，而……"，译成让步转折关系复句，使得前后分句联系紧密，逻辑关系也赫然分明。

(5) D：分别句谊，中**而**忽忘。

K：**虽复**读诵众经，**而**不通利，多所忘失。

tasya　uddiṣṭoddiṣṭāni pada-vyañjanāni /antardhīyante

pers. 3. sg. G.　ppp. N.　n. pl. N.　pres. 3. pl. pass.

对于他　屡诵　章句　被掩盖

na saṃtiṣṭhante sma (1—142)

adv.　pres. 3. pl. A.　indec.

不　留住　(表过去)

原文通过句中定式动词和动词过去被动分词的相互配合表现让步转折关系。竺法护只用连词"而"标记转折分句，鸠摩罗什还在让步分句加入连词"虽复"，与"而"搭配使用，进一步强化了前后分句之间的让步转折关系。

由此可见，在翻译原文成分丰富的复杂句时，鸠摩罗什有意修正早期竺法护译本的直译风格，针对梵汉两种语言巨大的类型差异，寻求合理有效的对应方式。在汉语句子线性序列中适当添加显性句法关联词及其搭配形式，即可有效补偿原文由动词形态交替表达的逻辑语义关系，避免翻译转换中的语义流失。

5.2　假设关系

类似于让步转折关系关联词，汉译佛经大都利用汉语中现有的关联词及其搭配形式表达假设关系。假设分句多由连词"若(使)""假

(使、令)”“设(使、令)”等引导,结果分句可以使用一系列照应词“则”“便”“即”“乃”“亦”“犹”“尚”“皆”等与之搭配。如:

今**若**不与,**则**违本。(三国吴支谦译《菩萨本缘经》3/58a)|**若使**能保此诸事者,我**乃**息意。(元魏慧觉等译《贤愚经》3/439a)|**若**能解此者,**即**得真实道。(南朝宋求那跋陀罗译《过去现在因果经》3/652c)|**若**人行筹数,过于恒沙劫,**犹**不能尽知。(《妙法莲华经》9/40c)|**若**有恶人,以不善心,于一劫中现于佛前,常毁骂佛,其罪**尚**轻。(《妙法莲华经》9/31a)|**设**欲求女,**便**生端正有相之女。(《妙法莲华经》9/57a)|太子出家,必不可回,**设使**更作诸余方便,**亦**不能留。(南朝宋求那跋陀罗译《过去现在因果经》3/636a)|**假令**远方有诸使吏,东西南北,**皆**足廪价谷粮饮食。(西晋竺法护译《生经》3/91c)

也可不用照应词。如:

子**若**得无上正真觉道者,吾愿为弟子有最明之智。(三国吴康僧会译《六度集经》3/4c)|**设**众恶来加,其心不倾动。(《妙法莲华经》9/45a)|**假令**太子不乐本国,愿以鄙邦贡上处焉。(西晋竺法护译《普曜经》3/509c)

汉译佛经的特点依然表现在,假设关联词及其搭配形式的使用频率同样超出同期中土文献。请看下面的统计资料。

词项 文献	若(使)		假(使、令)		设(使、令)		合计
	一照应词	+照应词	一照应词	+照应词	一照应词	+照应词	
《妙法莲华经》	186	100	1	1	3	4	295
《世说新语》	46	14	0	0	0	0	60

通过梵汉对勘可知,汉译佛经频繁运用假设关联词标识假设复句,同样为了有效对译原文功能对等的同义句式,大致包括以下五种类型:

第一，由不变词"yadi"或"sacet"引导的假设复句。如：

（6）D：愿得见子，恣所服食，**则**获无为，不复忧戚。

K：我**若**得子，委付财物，坦然快乐，无复忧虑。

aho nāma aham nirvṛti-prāptas bhaveyam /

interj. adv. pers. 1. sg. N. ppp. N. 依主释 opt. 1. sg. P.

啊 名为 我 已得灭度 会是(助动词)

yadi me sa putras imam dhana-skandham

conj. pers. 1. G. pron. N. m. sg. N. dem. Ac. m. sg. Ac. 依主释

如果 我的 这 儿子 这 财物

paribhuñjītas (4—15)

ppp. N.

已受用

（7）D：**假**有问者，答**亦**如之：……

K：**若**言："欲何所作？"**便**可语之：……

sacet sa evam vadet kim karma

adv. pers. 3. sg. N. adv. opt. 3. sg. P. inter. N. n. sg. N.

如果 他 这样 说 什么 业

kartavyam iti / sa yuvābhyām evam vaktavyas (4—38)

fpp. N. adv. pron. N. pers. 2. du. I. adv. fpp. m. sg. N.

当被做 如是 这 你俩 这样 应说

梵语中，"yadi"和"sacet"都是表达假设涵义的不变词，相当于句法关联词，引导假设复句。所以例(6)中，鸠摩罗什用假设连词"若"对译"yadi"，竺法护虽未直接翻译"yadi"，但在结果分句添加了关联副词"则"，同样显示出分句之间的假设关系；例(7)中，两位译者分别用假设连词"假"和"若"翻译不变词"sacet"，同时还在结果分句中加入关联副词"亦"和"便"与之呼应，不仅使得分句之间联系紧密、关系清楚，而且明确划分出前后分句的界限。

第二，表达推断式因果关系的名词变格句或动词变式句。如：

(8) **D**：随其所乐许而赐之，适出之后各与大乘。

K：**若**全身命，**便**为已得玩好之具。

ātmabhāva-pratilambhena eva / bhagavan sarva-krīḍanakāni

m. sg. I. 依主释 adv. m. sg. V. m. pl. N. 持业释

因保全自身 即 世尊啊 所有玩具

labdhāni bhavanti (3－112)

ppp. N. pres. 3. pl. P.

已得 是(助动词)

(9) **D**：三处五欲，五欲烧人。

K：**若**贪著生爱，**则**为所烧。

atra hi yūyam traidhātuke abhiratās

adv. adv. pers. 2. pl. N. adj. m. sg. L. ppp. N.

今 因为 你们 三界中 贪著

/pañca-kāma-guṇa-sahagatayā tṛṣṇayā

ppp. I. 依主释 f. sg. I.

被五欲 被贪爱

dahyatha tapyatha paritapyatha (3－131)

pres. 2. pl. pass.

遍烧折磨

例(8)中，原文由名词具格表现原因，例(9)中原文由动词的过去被动分词表现原因，并有表达原因涵义的不变词“hi”帮助强调，结果部分都由定式动词表达，整句话先提出一个既成事实或既定前提，然后据此推出结论，都是一种待实现的因果关系。这种待实现的因果关系实质是一种假设关系（邢福义 2001：83），所以鸠摩罗什译成由搭配型假设关联词“若……，便/则……”标记的假设复句，而竺法护只是逐字逐句地直译原文，未能完整呈现原文由词语形态交替表现的逻辑语义关系。

第三，表达假设关系的动词变式句。如：

(10) D：得闻此法，未有一人，群萌品类，岂弘了觉。

K：**若**有闻法者，无一不成佛。

eko 'pi sattvo no kadā-ci[①] teṣāṃ śrutvāna

num. N. adv. m. sg. N. adv. adv. pers. 3. pl. G. ger.

一个 即使 有情 无 任何时 对于他们 听见后

dharmaṃ /na bhaveta buddhaḥ (2—173)

m. sg. Ac. adv. opt. 3. sg. A. m. sg. N.

法 不 当成为 佛

(11) D：爱欲已断，常无所著，已得灭度，于斯三品。

K：**若**灭贪欲，无所依止，灭尽诸苦，名第三谛。

tṛṣṇā-nirodho 'tha sadā aniśritā / nirodha-satyaṃ

m. sg. N. 依主释 adv. adv. ppp. N. n. sg. Ac. 依主释

灭尽贪爱 于是 永远 无所依 灭谛

tṛtiyaṃ idaṃ me (3—212)

adj. N. dem. N. pers. 1. sg. G.

第三 这 我的

例(10)中，原文通过句中定式动词与动词独立式的相互配合表现假设关系，例(11)中，原文通过句中定式动词(be 动词省略)与过去被动分词的相互配合表现假设关系。异译对比再次显示，竺法护逐字逐句地直译原文，导致译文由多个独立分散的小句组成，未能完整呈现原文由动词形态交替表现的逻辑语义关系，鸠摩罗什则适当添加了假设连词"若"，译成关系清楚、结构紧凑的假设复句。

第四，表达假设关系的独立依格句。如：

(12) D：诸天世人闻斯说**者**，悉当恐怖。

K：**若**说是事，一切世间诸天及人**皆**当惊疑。

uttrasiṣyati śāriputra-ayaṃ sadevako loko/

fut. 3. sg. P. m. sg. V. dem. N. adj. N. m. sg. N.

将生惊怖 舍利弗啊 这 有天 世人

'sminn arthe vyākriyamāṇe (2—54)

dem. L. m. sg. L. ppt. A. L.

此 意义 解说

(13) D：比丘莫惧，吾当泥曰。

K：我**若**灭度时，汝等勿忧怖。

mā bhāyathā bhikṣava / nirvṛte mayi② (1—173)

adv. imv. 2. pl. P. m. pl. V. ppp. m. sg. L. pers. 1. sg. I.

不要 怖畏 比丘们啊 灭度时 我

梵语中，独立依格的句法功能在某种程度上与非定式动词相当，与定式动词相互配合，指示作为前提的动作（或事件），前后动作（或事件）的主体不同，表达"在……情况下，当……时"的意义，相当于一种假设条件。于是鸠摩罗什用汉语的假设关联词及其搭配形式，将原文含有独立依格的复杂句式译成功能对等的假设复句。相比之下，竺法护的译文则未形成一个行之有效的对应模式，虽然译者也意识到梵语独立依格的特殊功能，如例(12)用古汉语固有的"VP者"结构转译独立依格，充当主语"诸天世人"的同位修饰语，在与下文主语一致的情况下，勉强表达一种前提条件，但当前后分句主语不同时，这种转换就会失灵，如例(13)所示，译者要译出原文独立依格的主体，与句中另一动作的主体不同，"者"字结构明显受到局限，译者不得以又退回到字面直译原文的状态，译成表层关系松散的独立小句。

第五，"yad ... tad ..."型主从复合句。如：

(14) D:石打杖挝骂,怀结而恶口,**若**有设此凶,化人**悉**呵教。

K:若人欲加恶,刀杖及瓦石,**则**遣变化人,为之作卫护。

loṣṭam daṇḍān tatha ākrośān tarjanām paribhāṣaṇam

n. sg. Ac. n. pl. Ac. adv. n. pl. Ac. f. sg. Ac. n. sg. Ac.

砖 杖 同样 詈骂 轻蔑 非难

ye ca api tasya dāsyanti/ vāreṣyante

rel. m. pl. N. conj. adv. pron. sg. G. fut. 3. pl. P. fut. 3. pl. A.

某 又 也 对他 将施加 将遮护

sya③ nirmitās (10—77)

pron. sg. G. m. pl. N.

为他 诸化人

(15) D:唯垂见授决,**尔**能获大安。

K:若蒙佛授记,**尔乃**快安乐。

vyākṛtā yada④ bheṣyāmas / tadā bheṣyāma

ppp. m. pl. N. rel. adv. fut. 1. pl. P. adv. fut. 1. pl. P.

受记 某时 将是(助动词) 当时 将是(助动词)

nirvṛtāḥ (6—24)

ppp. m. pl. N.

安稳

梵文佛经中存在大量"yad ... tad ... "型主从复合句及其衍生句型"yadā ... tadā ... ""yāvat ... tāvat ... ""yatra ... tatra ... "等,由关系代词 yad 或关系副词 yāvat、yatra、yadā 等引导的关系从句可与其从属的主句形成各种限定关系,主、从句二句的主体可以相同,也可以不同。汉语里虽然没有类似的主从复合句,但有句法语义功能基本等价的假设关系复句,因而经常被译经用来翻译原文的主从复合句,并且受原文主从复合句中关系代词或关系副词配对使用的形式特征的影响,汉译佛经也倾向于使用搭配型假设关联词标记相应的假设复句，如例(14)(15)所示，两位都用汉语的假设复句翻译原文的主从复合句，而且鸠摩罗什比竺法护更自觉地模仿原文主从复合句的构式特点，使用搭配型假设关联词，标记假设复句。尤其在子句繁多、结构复杂的假设句中，仿译原文而来的搭配型假设关联词还起到标明分句界限的重要作用。如：

(16) **K：若**见无量亿千众生，以佛教门出三界苦，怖畏险道，得涅槃乐，如来尔时**便**作是念：……

yadā paśyaty anekāḥ sattva-koṭīs traidhātukāt

adv. pres. 3. sg. P. adj. N. f. pl. N. 依主释 adj. m. sg. Ab.

某时 看见 非一 数亿众生 从三界中

parimuktā duḥkha-bhaya-bhairavopadrava-parimuktās

ppp. N. ppp. N. 依主释

解脱 已脱于忧苦、恐怖、烦恼

tathāgata-śāsana-dvāreṇa nirdhāvitāḥ parimuktāḥ

n. pl. N. 依主释 ppp. N ppp. N.

以如来佛法之门 驰出 解脱

sarva-bhayopadrava-kāntārebhyo nirvṛti-sukha-prāptāḥ /

m. sg. Ab. 持业释 ppp. N. 依主释

从一切恐怖、忧恼、险道中 得安稳快乐

tān etāñ śāriputra tasmin samaye

pron. m. pl. Ac. pron. m. pl. Ac. m. sg. V. pron. L. m. sg. L.

这些 这些(念) 舍利弗啊 在这个 时候

tathāgato 'rhan samyak-saṃbuddhaḥ ... iti viditvā (3—142)

m. sg. N. m. sg. N. m. sg. N. adv. ger.

如来 应供 正等正觉 如是 知道后

搭配使用的假设关联词"若……,便……"对应原文主从复合句中成对出现的"yadā ... tasmin ... ",尽管由"若"统辖的假设分句很长,但因结果分句中出现了与之呼应的句法关联词"便",使得前后分句之间的界限判然分明。

《妙法莲华经》前三品中,由连词"若"标记的假设复句一共 60 例,它们与原文五种句型的对应数据如下:

梵 汉	一	二	三	四	五
若+照应词	1	2	0	1	11
若一照应词	3	0	5	3	29
合计	4	2	5	4	40

除了 5 例没有原文对应外,如表中所示,绝大多数假设复句对应原文的"yad ... tad ... "型主从复合句,而且使用配套连词的数量也居五类之首。可见,佛经翻译对原文构式特征的模仿进一步加深了汉语假设关联词搭配使用的倾向,表现出使用搭配型假设关联词的显著优势。

5.3 因果关系

由于汉译佛经拥有大量可裂变发展为搭配型因果关联词的框式介词"以/为/用/因/由……故"等,所以在汉译佛经中,因果关联词搭配使用的倾向要比同期中土汉语更加突出。

虽然类似的结构形式早已见于中土汉语,如:

晋士燮来聘,言伐郑也,**以**其事吴**故**。(《左传·成公八年》)|齐侯**为**楚伐郑**之故**,请会于诸侯。(《左传·庄公三十二年》)|周幽王**用**宠姬褒姒**之故**,与申侯有郤。(《史记·匈奴列传》)|**因**秦**之故**,资甚美膏腴之地,此所谓天府者也。(《史记·刘敬列传》)|朗

以为天下土崩之势，**由**秦灭五等之制，而郡国无搜狩习战之备**故**也。（《三国志·魏书·司马朗传》）｜君子不博，**为**其兼行恶道**故**也。（《颜氏家训·杂艺》）

但从结构的性质来看，它们都是典型的介宾短语，"以/为/用/因/由"和"故"分别用作介词和名词，并不具备语法化为因果关联词的条件。用于先果后因句的"以/为/用/因/由……故"结构无疑是介宾短语，介词"以"等支配着由"故"充当中心语的名词性偏正结构。即使在最易诱发重新分析的先因后果句中，"以/为/用/因/由……故"结构依然受到诸多因素制约，难以摆脱固有属性。具体表现在：

第一，"故"前经常可以插进定语标记"之"，标识"故"的名词属性。如《左传》中有25例用于先因后果句的"以……故"结构，"故"前加入"之"的就有11例，《三国志》中有14例用于先因后果句的"以……故"结构，"故"前加入"之"的也有6例之多。在这种情况下，名词"故"不可能向后置介词甚至表果连词虚化，进而也牵制了"以"的虚化脚步，仍然用为介词，支配以"故"为中心语的名词性偏正结构。

第二，连词"而""故"等经常紧接"以/为/用/因/由……故"结构出现，引出表果成分，如：

为难**故**，**故**欲立长君。（《左传·文公六年》）

无乃**以**国**故**，**而**行强於君。（《国语·晋语》）

此时即使"故"前没有插进定语标记"之"，但在其后连词的阻隔下，"故"仍很难发生语法化，尤其在"……故，故……"并排共现时，更不可能看成两个表果连词，前现的"故"依然是名词，充当定中结构的中心语。

第三，用于先因后果句的"以/为/用/因/由……故"结构大都比较简短，中间成分文字不长，结构也不复杂，多为名词或名词短语（何乐士2004:383），而且经常夹在主谓之间，充当原因状语，尚未突破句法位置的局限，向独立的原因分句发展。

此外，就使用频率而言，中土文献里的"以/为/用/因/由……故"结构一直数量不高，很难为结构变异提供必要的频率支持。

相比之下，汉译佛经的表现则大不相同，"以/为/用/因/由……故"结构的使用频率远远超出同期中土文献。请看下面的统计资料：

项目 \ 文献	以……故(以故)	为……故	由……故(所以)	因……故	用……故	合计
《正法华经》	25	10	6	1	7	49
《妙法莲华经》	45	53	4	1	—	107
《三国志》	29	3	7	4	—	43
《世说新语》	—	—	2	—	—	3

结构本身也带有明显的变异倾向。首先，汉译佛经大量用"以/为/用/因/由……故"对译原文表原因的名词格尾，导致"故"前加"之"的用例锐减，"以/为/用/因/由……故"开始向标记名词语义格的框式介词虚化。以《妙法莲华经》1～10 品为例，"故"共出现 129 例(包括与前置词"以"等搭配使用之例)，大部分对应原文名词的格尾变化(详见第2.3节具格标记)。同时异译对比显示，《正法华经》中用于先因后果句的"以……故"结构共计 23 例，尚有 5 例"故"前加入了"之"字，如"**以**彼大士教化**之故**，令发无上正真道意"等，但在后出的《妙法莲华经》中，不仅用于先因后果句的"以……故"框式结构增至 39 例，而且无一用例"故"前出现"之"字，说明译者不再突出"故"的名词身份，甚至有意淡化"故"的名词属性，仅仅作为后置的原因格标记，与前置原因格标记"以"搭配组成框式介词，对译原文表原因的名词格尾。

其次，对译原文名词格尾的框式介词开始引进谓词性成分。如：

(17) **D：为**此之党本德浅薄悭贪多垢**故**，以善权现三乘教。

evaṃ-rūpeṣu śāriputra kalpa-saṃkṣobha-kaṣāyeṣu

adj. L.	m. sg. V.	m. pl. L. 依主释
在如此这般	舍利弗啊	劫乱浊时

bahu-sattveṣu lubdheṣv alpa-kuśala-mūleṣu tadā

m. pl. L. 持业释 ppp. L. adj. L. 多财释 adv.

由于众生 贪著 缺少善根 此时

śāriputra tathāgatā arhantaḥ samyak-saṃbuddhā

m. sg. V. m. pl. N. m. pl. N. m. pl. N.

舍利弗啊 如来 应供 正等正觉

upāya-kauśalyena tad eva ekaṃ buddha-yānaṃ

n. sg. I. 相违释 pron. Ac. adv. num. Ac. n. sg. Ac. 依主释

用方便善巧 这个 即 一 佛乘

tri-yāna-nirdeśena nirdiśanti (2—104)

n. sg. I. 依主释 pres. 3. sg. P.

用三乘法说 开示

(18) **K**:我**以**方便引导汝**故**,生我法中。

sa tvaṃ śāriputra bodhisattva-saṃmantritena

pron. N. pers. 2. sg. N. m. sg. V. n. sg. I. 依主释

这个 你 舍利弗啊 由于菩萨秘密法教

bodhisattva-rahasyena iha mama pravacana upapannaḥ (3—35)

n. sg. I. 依主释 adv. pers. 1. sg. G. n. sg. L. ppp. m. sg. N.

于此 我的 言教中 受生

框式介词"为……故"和"以……故"分别对译原文中表现原因的名词依格和名词具格,但引介的成分却是谓词性的,这为译经扩展框式介词的对译范围创造了条件,得以进一步对译原文中表现原因涵义的非定式动词,以及标记原因的不变词。如:

(19) **K**:六百万亿那由他人**以**不受一切法**故**,……皆得深妙禅定,三明、六通,具八解脱。

ṣaṣṭeḥ prāṇi-koṭī-nayuta-śata-sahasrāṇām anupādāya …/

num. G.　n. pl. G. 依主释　ger.

六十　十万亿那由他众生　不受、已尽

sarve ca te traividyāḥ ṣaḍ-abhijñā aṣṭa-vimokṣa-

adj. N.　conj.　pron. m. pl. N.　adj. N.　adj. N.　adj. N.

所有　又　这些　三明　六通　八解脱

dhyāyinaḥ saṃvṛttāḥ (7—121)

ppp. N.　(省略 be 动词)

成就

原文通过句中定式动词和动词独立式的相互配合表现因果关系，框式介词"以……故"对应原文表达原因涵义的动词独立式。

(20) **K：以**愍众生**故**，正法倍寿命。

yaḥ sthāsyate loka-hitānukampakaḥ … dvi-guṇaṃ ca

conj.　fut. 3. sg. A.　adj. m. sg. N. 依主释　adj. m. sg. Ac.　conj.

因为　将住　利益悲愍世间　二倍　又

saddharmu⑤ sa tasya sthāsyati (9—20)

m. sg. N.　pron. N.　pron. m. sg. G.　fut. 3. sg. P.

正法　这　它的　将住

框式介词"以……故"对应原文中标记原因的不变词"yaḥ"。

对译范围的扩展导致更多谓词性成分甚至小句进入框式介词之中，这样势必会动摇其原有的介词属性。加上主谓之间相对局促的状语位置也难以容纳不断膨胀的框式结构，于是译经中大量谓词性的框式结构纷纷移出状语位置，居于全句之首、主语之前，有时甚至另有主语。如：

由汝为彼国王治病差**故**，王报汝恩。(姚秦鸠摩罗什译《大庄严论经》4/347a)｜斯等皆**为**本造悭贪积财不施**故**，令今者受斯罪报。

(南朝宋求那跋陀罗译《过去现在因果经》3/641c)|**以**其常作是语**故**，增上慢比丘比丘尼优婆塞优婆夷号之为常不轻。(《妙法莲华经》9/51a)|(求佛道者)**以**佛灭度后能持是经**故**，诸佛皆欢喜，现无量神力。(《妙法莲华经》9/52b)

此时，因果成分呈线性排列，后置原因格标记"故"恰好处在中介位置，后无其他连词阻隔，具备了重新切分的可能。如果按照中土汉语的断句习惯，以上各例中的后置词"故"皆可被重新切分，脱离框式结构，向后黏附，用作表果连词。如：

用无子，**故**废耳。(《史记·外戚世家》)|鲂乃诣部郡门下，**因**下发谢，**故**休闻之，不复疑虑。(《三国志·吴书·周鲂传》)|诚**由**时有朴文，**故**化有薄厚也。(《三国志·魏书·高贵乡公纪》)|且大王**以**能容贤畜众，**故**海内望风。(《三国志·吴书·虞翻传》)|**为**畜生有非常之情，**故**厚加刍养。(《搜神记》卷十四)|**以**袁无恒，**故**以此激之。(《世说新语·排调》)|此人直**以**晓算术、解阴阳，**故**著太玄经，数子为所惑耳。(《颜氏家训·文章》)

可想而知，一旦汉译佛经中大量用于先因后果句的复杂框式结构进入汉语全民语的听读视野，裂变反应随时可能一触即发：中介位置的后置词"故"率先脱前属后，重新分析为引进结果分句的表果连词，进而同化前置词"以"等，由引进名词性成分的介词语法化为引进谓词性成分或小句的连词，框式介词最终裂变成为标记因果关系复句的搭配型句法关联词。

5.4　并列及选择关系

汉译佛经中，并列及选择关系连词也表现出配对使用的特点，如句内连词"若……若……"式和句际连词"为……为……"式。它们在形式上明显带有模仿原文同义句式的倾向。

第一，"若……若……"式。

《妙法莲华经》中，连词"若"经常成对出现或重复出现，连接并列或选择成分，如：

无有余乘，**若**二**若**三。(7/b3)|我常独处山林树下，**若**坐**若**行，每作是念。(10/c4—5)|**若**香**若**臭物，种种悉闻知。(48/c14)|是诸国土，**若**算师，**若**算师弟子，能得边际，知其数不？(22/a27—28)|**若**於房中，**若**经行处，**若**在讲堂中，不共住止。(37/a29—b1)|如来灭后，受持是经，**若**读、**若**诵、**若**解说、**若**书写，得千二百亿功德。(50/a18—20)

太田辰夫(1988/1991)指出，"若"分别置于各体词前表并列连接的用法最早见于中古译经。朱冠明(2005)进一步推测"若"的这种用法很可能受到梵文原典的影响：梵文中表示平等的并列关系即用两个小词 ca 构成"A ca B ca"式。而在《妙法莲华经》中，"若 A 若 B"式更多对应原文中表选择关系的"A vā B vā"式，其中"vā"为成对使用的选择连词。如：

(21) **K：**药王！在在处处，**若**说、**若**读、**若**诵、**若**书，若经卷所住处，皆应起七宝塔。

yasmin	khalu punar	bhaiṣajyarāja	pṛthivī-pradeśe	'yaṃ
rel. L.	adv.	m. sg. V.	m. sg. L. 相违释	dem. N.
某	复次	药王啊	地方	这

dharma-paryāyo	bhāṣyeta	vā	deśyeta	vā
m. sg. N. 依主释	opt. 3. sg. pass.	conj.	opt. 3. sg. pass.	conj.
法句	被宣说	或	被开示	或

likhyeta	vā	svādhyāyeta	vā	saṃgāyeta	vā
opt. 3. sg. pass.	conj.	opt. 3. sg. pass.	conj.	opt. 3. sg. pass.	conj.
被书写	或	被读诵	或	被赞颂	或

tasmin bhaiṣajyarāja pṛthivī-pradeśe tathāgata-caityaṃ

pron. L. m. sg. V. m. sg. L. 相违释 n. sg. N. 依主释

于此 药王啊 地方 如来塔庙

kārayitavyaṃ (10—39)

caus. fpp. N.

当被建造

(22) **K**:舍利弗!……无有余乘,**若**二**若**三。

na kiṃ-cic chāriputra dvitīyaṃ vā tṛtīyaṃ vā yānaṃ

adv. inter. N. m. sg. V. adj. N. conj. adj. N. conj. n. sg. N.

无 任何 舍利弗啊 第二个 或 第三个 或 乘

saṃvidyate (2—88)

pres. 3. pl. pass.

显现

有时,"若"可被同义的并列连词"及"或选择连词"或"替换。如:

(23) **K**:即时三转十二行法轮——**若**沙门、婆罗门,**若**天、魔、梵**及**余世间所不能转。

tasyām velāyām dharma-cakram pravartayāmāsa

pron. L. f. sg. L. n. sg. N. 依主释 caus. perf. 3. sg. P.

此 时 法轮 已转动

tri-parivartam dvādaśa-ākāram apravartitam śramaṇena

adj. Ac. m. sg. Ac. 持业释 ppp. m. sg. Ac. m. sg. I.

三转 十二行相 未曾转 沙门

vā brāhmaṇena vā devena vā māreṇa vā brahmaṇā vā

conj. m. sg. I. conj. m. sg. I. conj. m. sg. I. conj. m. sg. I. conj.

或 婆罗门 或 天神 或 魔 或 梵天 或

anyena vā kena-cit punar loke saha-dharmeṇa (7—118)

adj. I. conj. inter. m. sg. I. adv. m. sg. L. m. sg. I. 持业释

其他 或 任何 又 世上 共诸法教

(24) **K**:长者诸子,**若**十、二十,**或**至三十,在此宅中。

tasya ca puruṣasya bahavaḥ kumārakāḥ syuḥ

pron. G. conj. m. sg. G. adj. N. m. pl. N. opt. 3. pl. P.

这 又 人的 众多 童子们 当有

pañca vā daśa vā viṃśatir vā sa ca puruṣas

N. conj. N. conj. N. conj. pron. N. conj. m. sg. N.

五 或 十 或 二十 或 这 又 人

tasmān niveśanād bahir nirgataḥ syāt (3—91)

pron. Ab. n. sg. Ab. adv. ppp. N. opt. 3. sg. P.

从这 屋宅中 外 走出 当是(助动词)

实际上,“若”的这种用法并非译经首创,上古以降的中土文献里一直有零星用例。如:

至子桑之门,则**若**歌**若**哭。(《庄子·大宗师》)|**若**从践土**若**从宋,亦唯命。(《左传·定公十三年》)|前列直斗口三星,随北专锐,**若**见**若**不见,曰阴德,或曰天一。(《汉书·天文志》)|病者之见也,**若**卧**若**否,与梦相似。(《论衡·订鬼》)|超当其梦也,精爽感悟,嘉其美异,非常人之容,觉寤钦想,**若**存**若**亡,如此三四夕。(《搜神记》卷一)

但是在使用频率上与汉译佛经相差悬殊,如《妙法莲华经》中有 43 例,而同期篇幅相当的《世说新语》中未见用例,《搜神记》中不过 2 例。因此,确切而言,原先在汉语中并不多见的句法格式因适合翻译原典中形式相近的同义句式而重获新生,成为汉译佛经常用的并列及选择句式。

第二，“为……为……”式。

汉译佛经中，“为”也经常成对出现，用作选择连词，《妙法莲华经》中有 7 例，形式上明显取法原文。如：

(25) **K：为**欲说此？**为**当授记？

kiṃ te 'ha nirdekṣyati loka-nātho atha

adv. pers. 2. sg. G. interj. fut. 3. sg. P. m. sg. N. adv.

为你 噢 将分别 诸世间导师

vyākariṣyaty ayu bodhisattvān (1—100)

fut. 3. sg. P. dem. Ac. m. pl. Ac.

将授记 这些 菩萨们

原文中，“kim ... atha ...”搭配使用，引导选择问句，意义相当于英语的“whether ... or ...”，对应的汉译也表现出选择连词“为……为……”成对使用的形式特点。

(26) **K：为**大德天生？**为**佛出世间？

yadi vā nu kaś-cid bhavi deva-putraḥ śubhena

conj. adv. inter. N. opt. 3. sg. P. m. sg. N. 依主释 adj. I.

今 某 当为 天子 因清净

kareṇa samanvito iha upapannu tasyo[6] ayam

m. sg. I. ppp. N. adv. ppp. N. pers. 3. sg. G. m. sg. N.

业 具足 此中 生起 他的 这

ānubhāvo yadi vā bhaved buddha kadā-ci loke (7—99)

dem. N. conj. opt. 3. sg. A. m. sg. N. adv. m. sg. L.

神通 当为 佛 有时 世上

原文中，成对使用的选择连词“yadi vā ... yadi vā ...”及其变式“yadi vā ... yadi ...”“yadi vā ... vā ...”“yad vā ... yadi vā ...”等，也表达“whether ... or ...”的语法意义，引导选择问句，对应的汉译使用成对出

现的选择连词"为……为……",与原文选择问句的形式特点表现相同。

然而,在同期中土文献里,选择连词"为"通常只用一个,并且介于前后选项之间,以填补联系项位置的空缺,未见成对出现的用例。如:

何化之微贱乎?**为**见於爻象出君意乎?(《搜神记》卷三)

王敬仁闻一年少怀问鼎,不知桓公德衰?**为复**后生可畏?(《世说新语·排调》)

虽然在《世说新语·纰漏》中有两处"为……为……"成对出现的用例:

此**为**茶?**为**茗?|向问饮**为**热**为**冷耳。

但因句中的"为"分别加在名词和形容词之前,判断谓词的性质明显。或许这种重复出现的判断词有语法化为选择连词的可能,但从现存的文献材料中找不到支持这一语法化路径的有效证据。

相反,"为"作为选择连词成对出现的最早用例均来自汉译佛经,如何亚南(2001)所举,东汉安世高译《人本欲生经》中"名字亦色身无有,**为**有更不?**为**从有更不?"|东汉支娄迦谶译《道行般若经》中"如我所说,**为**随佛法教耶?**为**有增减乎?"等等。而且从梵汉对勘中清楚可见,汉译佛经中成对使用的选择连词"为……为……"与原文选择问句的形式特点关系密切,明显从仿译原文而来。

后世汉语中频繁出现的"是……还是……"等选择问句很可能在汉译佛经"为……为……"式选择问句的影响下成为一种常见句型。如:

为尘务经心,**为**天分有限邪?(《晋书·王凝之妻谢氏传》)|请问道士后世之经,**为是**老子别陈,**为是**天尊更说?(《全唐文·辨道经真伪表》)|师问曰:"**为**心出家耶,**为**身出家耶?"(《祖堂集》卷一)|**为复**诸天相恼乱,**为复**宫中有不安,**为复**忧其国境事,**为复**忧念诸女身?(《敦煌变文集·破魔变文》)|将军**为当**要贫道身,**为当**要贫道业?(《敦煌变文集·庐山远公话》)|此**是**礼乐之实,**还是**礼

乐之文？（《朱子语类》卷二十五）|怎么供献？**还是**捆了去，**是**绑了去？蒸熟了去，**是**剁碎了去？（《西游记》第47回）|客官，**还是**请人，**还是**独自酌杯？（《水浒传》第61回）|我**还是**应"应二哥"，**还是**应"应大哥"呢？（《金瓶梅》第100回）

综上所述，梵汉两类差别迥异的语言经由佛经翻译频繁接触、激烈碰撞，为汉语的变异发展提供了多种机遇和选择。佛经翻译者为了有效译出原文由形态句法手段表现的逻辑语义关系，频繁调用汉语固有的形式手段——句法关联词，标识各类复句关系，尤其善用搭配型句法关联词，模仿原文的构式特点，这在实现梵汉两种语言结构类型对等转换的同时，也促进了汉译佛经句法关联词的丰富和繁荣，并且符合汉语复句的发展趋势，有力推动了汉语复句由隐性意合连接为主向显性形合连接为主的类型转变。

附　注

① 见 BHSG § 2.90。
② 见 BHSG § 20.63。
③ 见 BHSD,P614。
④ 见 BHSG § 3.27"a for ā"。
⑤ 见 BHSG § 8.20。
⑥ 见 BHSG § 3.79。

第六章　篇章衔接策略

篇章作为最高层次的语言单位，由前后衔接的句子或段落组成，它们之间具有语义和结构的连贯性。本章通过对《法华经》进行梵汉对勘和异译比较，初步揭示梵汉两种语言各自不同的篇章组织原则，以及佛经翻译为缩小两者之间的差距而采取的篇章衔接策略。译者积极调用汉语现有的词汇、语法手段反映原文中标示篇章衔接的小品词或词形变化，在实现对等翻译的同时，也使得汉译佛经中具有篇章衔接功能的显性标记显著增加，呈现出汉译佛经的语篇特点。

6.1　增译话题转移标记

6.1.1　我们知道，梵汉两种语言的结构类型存在巨大差异。梵语的形态变化极其丰富，不仅在一个句子内，主谓之间通过性、数、格的一致变化来实现主语对谓语的管辖，而且句子或子句间的话题转换也能够凭借词语性、数、格方面的屈折变化表现得显而易见。而中古汉语缺乏形态变化，句法标记也不够发达，其结果就是句子或子句经常可以不带有任何明晰的界限就组织在一起，话题和述题之间主要依靠语义上的“有关性”(abountness)相互关联。于是作为典型的翻译产品，汉语史上大量留存的汉译佛经文献常常表现出与同期中土文献不尽相同的语言特点，句首频繁使用话题转移标记就是其一。现以《法华经》的梵汉对勘和异译比较为基础，展示这一倾向所蕴涵的深层类型对应。

首先，无论在较早的竺法护译本还是后出的鸠摩罗什译本中，于句首话题转换处使用显性标记的情况都相当频繁。有时原文中有标示话题转换的小品词，如“atha khalu”“punar api”“tatra”等，或时间词，相应被译成“尔时”“于是”“复次”等位于句首的时间词、连词、副词等。如：

(1) **D**：又念往故无央数劫，不可思议，无能度量，时有如来，号日月灯明、至真、等正觉、明行，成为善逝、世间解、无上士、道法御、天人师，为佛、世尊。

K：诸善男子！如过去无量无边不可思议阿僧祇劫，尔时有佛，号日月灯明如来、应供、正遍知、明行足、善逝、世间解、无上士、调御丈夫、天人师、佛、世尊。

anusmarāmy	ahaṃ	kula-putrā	atīte	’dhvany
pres. 1. sg. P.	pers. 1. sg. N.	m. pl. V.	ppp. L.	m. sg. L.
想起	我	善男子们啊	在过去世	

asaṃkhyeyaiḥ	kalpair	asaṃkhyeyatarair	vipulair
fpp. I.	m. pl. I.	compar. I.	adj. I.
无数	劫中	无量	无数

aprameyair	acintyair	aparimitair	apramāṇais	tataḥ
fpp. I.	fpp. I.	ppp. I.	m. pl. I.	adv.
无边	不可思议	无量	无量	

pareṇa	paratarāṃ	yad’	āsīt /	tena	kālena	tena
adv.	adv.	rel. adv.	impf. 3. sg. P.	pron. I.	m. sg. I.	pron. I.
此后		当……时	有			此时

samayena	candrasūryapradīpo	nāma	tathāgato	’rhan
m. sg. I.	m. sg. N.	adv.	m. sg. N.	adj. m. sg. N.
	日月灯	名为	如来	应供

samyak-saṃbuddho loka udapādi vidyā-caraṇa-saṃpannaḥ

m. sg. N. m. sg. L. aor. 3. sg. P. adj. m. sg. N.

正等正觉 世界上 出现了 明行足

sugato loka-vid anuttaraḥ puruṣa-damyasārathiḥ śāstā

m. sg. N. m. sg. N. adj. m. sg. N. m. sg. N. m. sg. N.

善逝 世间解 无上士 调御丈夫 师

devānāṃ ca manuṣyāṇāṃ ca buddho bhagavān（1—108）

m. pl. G. conj. m. pl. G. conj. m. sg. N. m. sg. N.

诸天神的 和 人们的 和 佛 世尊

竺法护译本的句首时间词“时”和鸠摩罗什译本的句首时间词“尔时”直接对应原文中标示话题转换的时间词 tena kālena tena samayena。

（2）D：时诸天子赞颂曰：……

K：尔时诸天子欲重宣此义，而说偈言：……

te ca deva-putrās tasyāṃ velāyām imā gāthā

pron. N. conj. m. pl. N. 依主释 pron. L. f. sg. L. dem. Ac. f. sg. Ac.

这些 又 天子们 于此 时 这 偈颂

abhāṣanta（3—71）

impf. 3. sg. A.

宣说了

竺法护译本的句首时间词“时”和鸠摩罗什译本的句首时间词“尔时”直接对应原文标示话题转换的时间词 tasyāṃ velāyām。

（3）D：於是舍利弗白世尊曰：……

K：尔时舍利弗白佛言：……

atha khalv āyuṣmāñ śāriputro bhagavantam etad

adv. adv. adj. N. m. sg. N. m. sg. Ac. pron. n. sg. Ac.

于是 长者 舍利弗 对世尊 这(话)

avocat (3—78)

aor. 3. sg. P.

说了

竺法护译本的句首连词“於是”和鸠摩罗什译本的句首时间词“尔时”直接对应原文中有话题转换功能的小品词 atha khalu。

(4) D:又族姓子！其日月灯明如来灭度之后，次复有佛，亦号日月灯明。

K:次复有佛，亦名日月灯明。次复有佛，亦名日月灯明。

tasya khalu punaḥ kula-putrāś candrasūryapradīpasya

pron. G. adv. adv. m. pl. V. m. sg. G.

这 复次 善男子们啊 日月灯

tathāgatasya arhataḥ samyak-saṃbuddhasya pareṇa

m. sg. G. adj. m. sg. G. m. sg. N. adv.

如来 应供 正等正觉 此后

paratarаṃ candrasūryapradīpa eva nāmnā tathāgato

adv. m. sg. N. adv. m. sg. I. m. sg. N.

日月灯 即 名号 如来

'rhan samyaksaṃbuddho loka udapādi (1—111)

adj. N. m. sg. N. m. sg. L. aor. 3. sg. P.

应供 正等正觉 世界上 出现了

竺法护译本的句首副词“又/次复”和鸠摩罗什译本的句首副词“次复”直接对应原文中有话题转换功能的小品词 khalu punaḥ 和pareṇa pa-rataraṃ。

但很多时候原文中并无直接对应词，而是通过词语性、数、格中某一范畴的形态变化表现出话题的转移。这种情况译成汉语，虽然依赖可靠的篇章语义信息也能分辨句子或子句间的界限，但是对于佛经翻译者来说，他们直接接触原文，最易受到原文话题转换处必有显性标志（时间词、小品词或词语自身屈折变化）的影响和启发，势必会将这些标记性成分用显性的方式表达出来。于是译者基于对篇章语义的整体把握，依照汉语中那些有话题标记的句子合理类推，在可用也可不用显性话题标记的语境中，多选择使用标记词，从而达到两种语言更为深层的类型对应。如：

（5）D：於是弥勒菩萨心自念言。｜**今者**世尊如来至真等正觉，……现大感变。

K：尔时弥勒菩萨作是念。｜**今者**世尊现神变相。

atha khalu maitreyasya bodhisattvasya mahāsattvasya

adv. adv. m. sg. G. m. sg. G. m. sg. G.

于是 弥勒 菩萨 大士

etad abhūt｜ mahā-nimittaṃ prātihāryaṃ bata

pron. n. sg. Ac. aor. 3. sg. P. m. sg. N. 持业释 n. sg. N. interj.

此（念） 有了 大瑞相 神通 呜呼

idaṃ tathāgatena kṛtaṃ（1—38，39）

dem. N. m. sg. I. ppp. N.

这 由如来 所作

时间词"今者"在原文中无直接对应词。原文中，前现句的主题是 maitreyasya bodhisattvasya mahāsattvasya，后现句的主题是 tathāgatena，二者"格"不相同，以此表现话题的转换，于是汉译添加时间词"今者"作为话题标记，起到标示话题转换的作用。

（6）D：欲请问之。｜**时**四部众比丘、比丘尼、清信士、清信女、诸天、龙、神、揵沓惒、阿须伦、迦留罗、真陀罗、摩休勒，志怀犹豫，得未曾有，见斯大圣无极威曜神足变化，各各发意，欲问世尊，决散疑网。

K：我今当问。｜尔时比丘、比丘尼、优婆塞、优婆夷，及诸天、龙、鬼神等，咸作此念："是佛光明神通之相，今当问谁？"

yan nv ahaṃ mañjuśriyaṃ kumāra-bhūtam etam

conj. adv. pers. 1. sg. N. m. sg. Ac. adj. Ac. 多财释 pron. Ac.

因此 今 我 文殊师利 童子 此

arthaṃ paripṛccheyaṃ | tāsāṃ catasṛṇāṃ parṣadāṃ

n. sg. Ac. opt. 1. sg. P. pron. G. num. G. f. pl. G.

意义 要问 这些 四 部众

bhikṣu-bhikṣuṇy-upāsaka-upāsikānāṃ bahūnāṃ ca

f. pl. G. 相违释 adj. G. conj.

比丘 比丘尼 清信士 清信女们 众多 和

deva-nāga-yakṣa-gandharva-asura-garuḍa-kiṃkara-

f. pl. G. 相违释

天 龙 夜叉 揵闼婆 阿须伦 迦楼罗 真陀罗

mahoraga-manuṣya-amanuṣyāṇām imam evaṃ-rūpaṃ

dem. Ac. adj. Ac.

摩休罗 人 非人 此 如是等类

bhagavato mahā-nimittaṃ prātihāryāvabhāsaṃ dṛṣṭv'

m. sg. G. m. sg. Ac. 持业释 m. sg. Ac. 相违释 ger.

世尊的 大瑞相 神通光明 看见后

āścarya-prāptānām adbhuta-prāptānāṃ

ppp. G. 多财释 ppp. G. 多财释

得未曾有 得未曾有

kautūhala-prāptānām etad abhavat（1—42，43）

ppp. G. 多财释 pron. n. sg. Ac. impf. 3. sg. P.

心存犹豫 此(念) 有了

时间词"时""尔时"同样没有原文直接对应词，是译者根据原文前后两句主题“人称”“数”“格”的不同而有意增入的，起到标示话题转换的作用。

异译对比还清楚呈现，后出的鸠摩罗什译本比早期的竺法护译本更自觉地使用话题转移标记，来标示新话题。如《序品第一》开篇处的大段铺叙：

(7) **D**：一时｜佛游王舍城灵鹫山。‖与大比丘众俱。‖比丘千二百一切无著。……‖(缺译)‖菩萨八万皆不退转，坚住无上正真之道。……‖**尔时**天帝释与二万天子俱。‖日天子与无数眷属俱；月天子以宝光明普有所照；宝光天子光耀天子俱。‖四大天王与万天子俱。‖焰明大梵自在天子与三万天子俱。‖梵忍迹天子与三万二千天子俱。‖饰干大梵与无数天子。又梵名焰光与无数大众俱。来诣佛所，稽首毕，退坐一面。‖**有**八龙王与无央数千诸龙眷属俱。‖四真陀罗王(名号略)，各与营从来诣佛所，稽首毕，退住一面。‖净身四天子(名号略)，俱来诣佛所，前稽首毕，退坐一面。‖四阿须伦王(名号略)，与无央数百千阿须伦人民俱，来诣佛所，前稽首毕，退坐一面。‖四金翅鸟王(名号略)，俱来诣佛所，稽首毕，退住一面。‖摩竭国王阿阇世与十子并诸营从，来诣佛所，稽首毕，退坐一面。诸天龙神世人莫不归命奉敬侍坐。

K：一时｜佛住王舍城耆阇崛山中。‖与大比丘众万二千人俱，皆是阿罗汉。……‖**复有**学无学二千人。‖摩诃波阇波提比丘尼与眷属六千人俱。‖罗睺罗母耶输陀罗比丘尼亦与眷属俱。‖菩萨摩诃萨八万人皆于阿耨多罗三藐三菩提不退转。……‖**尔时**释提桓因与其眷属二万天子俱。‖**复有**名月天子、普香天子、宝光天子。‖四大天王与其眷属万天子俱。‖自在天子、大自在天子与其眷属三万天子俱。‖娑婆世界主梵天王(名号略),与其眷属万二千天子俱。‖尸弃大梵光明大梵等。‖**有**八龙王(名号略),各与若干百千眷属俱。‖**有**四紧那罗王(名号略),各与若干百千眷属俱。‖**有**四阿修罗王(名号略),各与若干百千眷属俱。‖**有**四迦楼罗王(名号略),各与若干百千眷属俱。‖韦提希子、阿阇世王与若干百千眷属俱,各礼佛足,退坐一面。

evaṃ mayā śrutaṃ ekasmin samaye | bhagavān rājagṛhe

adv. pers. 1. sg. I. ppp. n. sg. N. num. L. m. sg. L. m. sg. N. n. sg. L.

如是 由我 所闻 一 时 世尊 王舍城中

viharati sma gṛdhakūṭe parvate mahatā bhikṣu-saṃghena

pers. 3. sg. P. indec. m. sg. L. m. sg. L. adj. m. sg. I. m. sg. I. 依主释

游行 (表过去) 灵鹫 山中 大 比丘僧众

sārdhaṃ ‖ dvādaśabhir bhikṣu-śataiḥ sarvair arhadbhiḥ ... ‖

adv. num. I. n. pl. I. 依主释 adj. n. pl. I. adj. n. pl. I.

一起 十二 比丘 百 全部 应供的

anyābhyām ca dvābhyām bhikṣu-sahasrābhyām

adj. n. du. I. conj. num. n. du. I. n. du. I. 依主释

其他 又 二 比丘 千

śaikṣāśaikṣābhyām ‖ mahāprajāpatī-pramukhais ca

adj. n. du. I. 相违释 adj. n. pl. I. 多财释 conj.

学和无学 以摩诃波阇波提为首的 又

ṣaḍbhis bhikṣuṇī-sahasrais ‖ yaśodharayā ca bhikṣuṇyā

num. n. pl. I. n. pl. I. 依主释 f. sg. I. conj. f. sg. I.

六 比丘尼 千 耶输陀罗 又 比丘尼

rāhula-mātrā saparivārayā ‖ aśītyā ca bodhisattva-sahasraiḥ

f. sg. I. adj. f. sg. I. num. I. conj. n. pl. I. 依主释

罗睺罗的母亲 与眷属 八 又 菩萨 千

sārdhaṃ sarvair avaivartikair eka-jāti-pratibaddhair

adv. adj. n. pl. I. adj. n. pl. I. adj. n. pl. I. 依主释

一起 全部 不退转 一生相续

yad uta-anuttarāyāṃ samyak-saṃbodhau ... ‖ śakreṇa ca

conj. indec. f. sg. L. m. sg. L. m. sg. I. conj.

所谓 于无上 正等正觉 释 又

devānām indreṇa sārdhaṃ viṃśati-devaputra-sahasra-

m. pl. G. m. sg. I. adv. m. sg. I. 依主释

诸天神的 帝王 一起 二十 天子 千

parivāreṇa ‖ tadyathā candreṇa ca devaputreṇa sūryeṇa

indec. m. sg. I. conj. m. sg. I. 依主释 m. sg. I.

随行 譬如 月 又 天子 日

ca devaputreṇa samatagandhena ca devaputreṇa

conj. m. sg. I. 依主释 m. sg. I. conj. m. sg. I. 依主释

和 天子 普香 和 天子

ratnaprabheṇa ca devaputreṇa-avabhāsaprabheṇa ca

m. sg. I. conj. m. sg. I. 依主释 m. sg. I. conj.

宝光 和 天子 光耀 和

devaputreṇa evaṃ pramukhair viṃśatyā ca devaputra-

m. sg. I. 依主释 adv. m. pl. I. num. I. conj. m. pl. I. 依主释

天子 如是 诸上首 二十 和 天子

sahasraiḥ ‖ caturbhiś ca mahā-rājaiḥ sārdhaṃ

num. I. conj. m. sg. I. 持业释 adv.

千 四 又 大王 一起

triṃśad-devaputra-sahasra-parivāraiḥ ... ‖ īśvareṇa ca

m. pl. I. 依主释 m. sg. I. conj.

三 天子 千 随行 自在 又

devaputreṇa maheśvareṇa ca devaputreṇa triṃśad-

m. sg. I. 依主释 m. sg. I. conj. m. sg. I. 依主释

天子 大自在 和 天子 三

devaputra-sahasra-parivārābhyāṃ ‖ brahmaṇā ca sahāṃ-

m. du. I. 依主释 m. sg. I. conj. m. sg. I.

天子 千 随行 梵天 又 娑婆界主

patinā sārdhaṃ dvādaśa-brahmakāyika-devaputra-sahasra-

adv. m. sg. I. 依主释

一起 十二 梵众 天子 千

parivāreṇa ‖ tadyathā śikhinā ca brahmaṇā jyotiṣprabheṇa

indec. m. sg. I. conj. m. sg. I. m. sg. I.

随行 譬如 尸弃 和 梵天 光明

ca brahmaṇā evaṃ pramukhair dvādaśabhiś ca

conj. m. sg. I. adv. m. pl. I. num. I. conj.

和 梵天 如是 诸上首 十二 又

brahmakāyika-devaputra-sahasraiḥ ‖ aṣṭābhiś ca nāga-rājaiḥ

m. pl. I. 依主释 num. I. conj. m. pl. I. 依主释

梵众 天子 千 八 又 龙王

sārdhaṃ bahu-nāga-koṭī-śata-sahasra-parivāraiḥ ... ‖

adv. m. pl. I. 依主释

一起 无量 龙 亿 百 千 随行

caturbhiś ca kiṃnara-rājaiḥ sārdhaṃ bahu-kiṃnara-

num. I. conj. m. pl. I. 依主释 adv. m. pl. I. 依主释

四 又 真陀罗王 一起 无量 真陀罗

koṭī-śata-sahasra-parivāraiḥ ... ‖ caturbhiś ca gandharva-

num. I. conj.

亿 百 千 随行 四 又

kāyika-devaputraiḥ sārdhaṃ bahu-gandharva-śata-

m. pl. I. 依主释 adv. m. pl. I. 依主释

香身天子 一起 无量 乾闼婆 百

sahasra-parivāraiḥ ... ‖ caturbhiś ca-asurendraiḥ sārdhaṃ

num. I. conj. m. pl. I. adv.

千 随行 四 又 阿须伦 一起

bahv-asura-koṭī-śata-sahasra-parivāraiḥ ... ‖ caturbhiś

m. pl. I. 依主释 num. I.

无量 阿须伦 亿 百 千 随行 四

ca garuḍendraiḥ sārdhaṃ bahu-garuḍa-koṭī-śata-

conj. m. pl. I. adv. m. pl. I. 依主释

又 迦楼罗 一起 无量 阿须伦 亿 百

sahasra-parivāraiḥ … ‖ rājñā ca-ajātaśatruṇā māgadhena

m. sg. I. conj. m. sg. I. m. sg. I.

千 随行 王 又 阿阇世 摩陀

vaidehī-putreṇa sārdhaṃ

m. sg. I. adv.

韦提希子 一起

原文是一个带有很长具格修饰语的主谓句，具格修饰语内部数次变更主题：比丘众 ＞学无学 ＞ 摩诃波阇波提比丘尼 ＞ ……，但每次变换主题都伴有“数”(单、双、复数)的形态变化,一目了然。同理,汉译中的“尔时”“(复)有”等是译者有意加在话题转换处的标记词。可以看到,翻译同样一段内容,鸠摩罗什使用话题标记的次数明显高于竺法护。又如:

(8) D:侍者十八人。|佛三昧正受,从三昧起。

K:有八百弟子。|**是时**日月灯明佛从三昧起。

tasya - aṣṭau śatāny ante-vāsinām abhūvan | sa

pers. 3. sg. G. num. N. n. pl. N. m. pl. G. 依主释 aor. 3. pl. P. pron. N.

他 八 百 近住弟子 有 此

ca bhagavāṃs tataḥ samādher vyutthāya (1—129, 130)

conj. m. sg. N. adv. m. sg. Ab. ger.

又 世尊 从此 三昧中 起来以后

原文前后两句的话题转换表现为“性”和“数”的不同,鸠摩罗什主动在新话题前添加“是时”作为标记。

(9) D:乃从过去诸佛世尊见斯像瑞……。|诸如来至真等正觉欲令众生听无极典,故现斯应。

K:我於过去诸佛曾见此瑞……。|**今**佛现光亦复如是,欲令众生咸得闻知一切世间难信之法,故现斯瑞。

mayā pūrvakāṇām tathāgatānām arhatām samyak-

pers. 1. sg. I. adj. G. m. pl. G. m. pl. G. m. pl. G.

被我 过去 如来 应供 正等正觉

saṃbuddhānām idam evaṃ-rūpam pūrva-nimittam

dem. N. adj. N. n. pl. N. 持业释

这 如是等类 宿世之相

dṛṣṭam abhūt | tathāgataḥ kartu-kāmo mahā-

ppp. N. aor. 3. sg. P. m. sg. N. adj. N. 依主释

被看见 是(助动词) 如来 欲行

dharma-śravaṇaṃ śrāvayitu-kāmo yathā-idam evaṃ-rūpaṃ

n. sg. Ac. 依主释 adj. N. 依主释 indec. dem. N. adj. N.

乐闻大法 欲令闻 如同 这 如是等类

pūrva-nimittaṃ prāduṣkṛtavān (1—105, 106)

n. pl. N. 持业释. app. N.

宿世之相 曾现

原文前后两句的话题转换表现为"人称"和"格"的不同,鸠摩罗什主动在新话题前添加"今"作为标记。

以上诸例在某种程度上也说明,越是高水平的翻译,越能明确注意到源头语和目的语的语言类型差异,并设法在译文中体现出来,使得译文与原文之间的对应越成系统、有规律,呈现出更为深层的类型对应,即梵语等原典语言的屈折形态往往对应于汉语线性序列上的词汇形式或语法成分。

同样为叙述文体的《维摩诘经》也表现出类似的倾向。略举两例如下:

(10) **支**:闻如是,一时佛游於维耶离奈氏树园 …… | 彼天帝万二千释从四方来。

什:如是我闻,一时佛在毘耶离庵罗树园 …… | **复有**万二千天帝,亦从余四天下来在会坐。

玄:如是我闻,一时薄伽梵住广严城庵卫林 …… | **复有**万二千天帝,各从余方四大洲界亦为瞻礼供养世尊及听法故,来在会坐。

evaṃ mayā śrutam ekasmin samaye bhagavān

adv. pers. 1. sg. I. ppp. n. sg. N. num. L. m. sg. L. m. sg. N.

如是 被我 所闻 在一 时 世尊

vaiśālyāṃ viharati sma … | dvādaśa ca śakra-

f. sg. L pers. 3. sg. P. indec. num. n. N. conj.

维耶离中 游行 (表过去) 十二 又 帝释

sahasrāṇy anyānyobhyaś catumahādvīpakebhyo

n. pl. N. 依主释 adj. Ab. m. pl. Ab. 持业释

千 从各各 四大洲

abhyāgatāni tatra-eva parṣadi sannipatitāny abhūvan (《佛国品第一》)

ppp. N. adv. adv. f. sg. L. ppp. N. aor. 3. sg. P.

来 在此 即 会中 安坐 是(助动词)

原文前后两句的话题转换表现为"性"和"数"的不同,鸠摩罗什和玄奘的译本都在新话题前添加"复有"作为标记。

(11) **支**:吾与官属共诣其所……。| 佛言:善哉善哉。

什:我亦与诸眷属,听受法故共到其所……。| 佛言:善哉善哉。

玄:我亦与一切眷属,为闻法故共诣其所……。| **尔时**世尊告天帝释:善哉善哉。

tatra-ahaṃ saparivāro dharmaśravaṇāya-

adv. pers. 1. sg. N. adj. N. n. sg. D. 依主释

此处 我 和诸眷属 为了听法

upasaṃkrāmiṣyāmi ... | evaṁ ukte bhagavāṃc

fut. 1. sg. P. adv. ppp. n. sg. L. m. sg. N.

来到 如是 所言 世尊

chakraṃ devānām indram etad avocat

n. sg. Ac. m. pl. G. m. sg. Ac. pron. n. sg. Ac. aor. 3. sg. P.

释 诸天神的 帝王 这(话) 说了

sādhu sādhu (《法供养品第十三》)

interj. interj.

好啊 好啊

原文前后两句的话题转换表现为“人称”的不同，玄奘的译本在新话题前添加“尔时”作为标记。

6.1.2 周一良（1963/1998）曾经指出，“复次”频繁用于句首是汉译佛经的特色，“自来士大夫作古文”不用。的确，“复次”“尔时”是伴随佛经翻译产生的新词，但在篇章衔接方面，它们跟其他居于句首的话题标记一样，都用来开启新话题，同时兼有标示话题转移的语篇功能，这在佛经翻译之前的中土文献中已经初露端倪。

从上古开始，时间词“时”“是时”“今”等就常常用于句首。如：

> **是时**孔子当厄，主司城贞子，为陈侯周臣。（《孟子·万章上》）|**时**吴政峻急，莫敢宣也。（《搜神记》卷八）|**尔时**吴兴沈充为县令，当送客过浙江。（《世说新语·雅量》）|**今**商王受，弗敬上天，降灾下民。（《尚书·泰誓》）|**今**王与百姓同乐，则王矣。（《孟子·梁惠王上》）|**今**夫性恶之人，使与性善者同类乎？（《论衡·命义篇》）

蒲立本（1995）认为居于句首的“今”常常是一个引介性的小品词，并不涉及特定的时间因素。本文赞同他的观点，并且认为其他居于句首的时间词“时”“是时”“尔时”等，同样兼有话题标记的功能。

“有”字起首的无主句同样也是汉语历代沿用的固有句式，如：

> **有**女怀春，起士诱之。（《诗经·召南·野有死麇》）|**有**鳏在下，曰虞舜。（《尚书·尧典》）|子贡曰：**有**美玉於斯，韫椟而藏诸，求善贾而沽诸？（《论语·子罕》）|我明告子：**有**楚大夫于此，欲其子之齐语也。（《孟子·滕文公下》）|**有**鸟止於南方之阜，三年不动不飞不鸣，是何鸟也？（《吕氏春秋·重言》）|**有**人从长安来，元帝问洛下消息，潸然流涕。（《世说新语·夙惠》）|须臾，**复有**一婢来，问曰：……（《世说新语·文学》）|**有**痴婿，妇翁死，妇教以行吊礼。（《古小说钩沉》上）|**有**一类人家儿子，不行。（《敦煌变文·父母恩重经讲经文》）|**有**个胡须将军，匹马单鞭，要见元帅。（《水浒传》第

64 回）|**有**一个没理的村牛打我来。（《朴通事》）

罗杰瑞（1995）称之为“无主语型”存在句，曹逢甫（1990）称之为引介句，李佐丰（1994）从上古文献的分布情况看，此类句以置于篇章或段落之首为常，认定“有”具有介绍作用。

不过，由于话题通常由已知信息和有定成分充当，那么比起中土汉语多用“有”引介未知信息和无定成分，汉译佛经中“有”则越来越多地用在已知信息和有定成分前，标示新话题。《妙法莲华经》中，“有”字引介有定成分的无主句达 32 例，如例（7）中所示。而同期篇幅相当的《搜神记》和《世说新语》中只有 9 例和 2 例。如：

是岁，**有**黄巾贼起，汉遂微弱。（《搜神记》卷六）

有徐氏者，右北平著姓女，甚有行，时人求，多不许。（《搜神记》卷十一）

有济尼者，并游张、谢二家，人问其优劣，答曰：……（《世说新语·贤媛》）

可见，汉译佛经中无主句句首的“有”更接近于话题标记。

此外，汉语里还有很多用以凸显话题的标记手段。常见的如冠于话题前的引介性小品词“夫”“若夫”“且夫”“唯（惟、维、佳）”等，如：

夫战，勇气也。（《左传·庄公十年》）|**若夫**豪杰之士，虽无文王犹兴。（《孟子·尽心上》）|**且夫**暴国之君，将谁与至哉？（《荀子·宥坐》）|夫八万人奔散，非八千人所能缚。（《三国志裴注·魏书·武帝纪》）|**夫**陵者，高大之象也。（《搜神记》卷六）|**夫**无者，诚万物之所资。（《世说新语·文学》）|**维**予小子，未堪家多难。（《诗经·周颂·访落》）

还有后附于话题的小品词“者”“也”等，如：

信**者**，言之瑞也，善之主也。（《左传·襄公九年》）|此二君**者**，异於子干。（《左传·昭公十三年》）|寡人之于国**也**，尽心焉耳矣。

(《孟子·梁惠王上》)|是鸟**也**,海运则将徙於南冥。(《庄子·逍遥游》)|是月**也**,雷将发声。(《论衡·命义》)

由此可见,汉语作为话题优先语言,在遣词造句、布局谋篇时有使话题突出的内在要求。而在汉译佛经这一特定文体中,由于词汇的新旧更替,译者弃用了一些古老的标记形式,中意于在话题前加标记词的方式,最终目的还是为了对译原文中标记新话题的小品词或经由词形变化表现出的话题转换,由此导致译经文献中显性话题标记大幅增加,使用频繁,明显超出同时期的中土文献。如下表所示:

项目 文献	夫-	-也	今(也/者)-	(是)时-	尔时-	(复)有-	复次-	合计
《搜神记》	10	2	13	29	0	86	0	**140**
《世说新语》	3	4	14	37	4	53	0	**115**
《妙法莲华经》	0	0	42	103	149	162	8	**464**

但这并未违反汉语自身的组织原则,反而突出了汉语作为话题优先语言的类型特征,加快了汉语句子话题化的进程,即向话题概念结构化语言迈进。至于这些前加成分是否已经像现代汉语里后附于话题的"吧、呢、啊、的话"等表停顿的语气词一样,语法化为话题的句法标记,还有待讨论。总之,译者有意添加话题标记的倾向对此类带有明显翻译色彩的话题结构起着至关重要的作用,他们的主观自觉直接作用于译文,并凭借译文的广宣弘传深刻影响着汉语全民语的表达习惯和表达方式。

汉译佛经频繁使用甚至增译话题转移标记的特点再一次说明,各种语言逻辑结构相通、表达形式互异。而对汉译佛经进行梵本及异译的比较则有助于发现梵汉两种语言各自的组织原则,可为进一步探索受译经影响的汉语语法演变提供一个崭新的视角。

6.2 呼格的凸显与转移

梵语中，名词还有第八种格尾变化——呼格（vocative），表达呼唤某人以引起注意。包括《法华经》在内的梵文原典中，配合对话式语篇的布局特点，呼格的使用非常频繁，它不参与句法组合，而是以独立的身份出现在句中，通过自身的形态变化清楚标明谈话双方的角色交替，具有重要的篇章衔接功能。因此在转梵为汉的佛经翻译中，译者要如实反映原文的语篇特征，必然带入大量与呼格相应的汉译成分。

第一，采取直译方式，将原文的呼格名词直接译成汉语的人名称呼语。如：

(12) D：比丘！尔等勿以此谊谓泥洹也。

K：诸比丘！汝等所得非究竟灭。

mā yūyaṃ bhikṣava etan nirvāṇaṃ manyadhvaṃ (8—77)

adv. pers. 2. pl. N. m. pl. V. n. Ac. n. sg. Ac. imv. 2. pl. A.

不要 你们 比丘们啊 这 涅槃 以为

(13) D：舍利弗白佛："不也，安住！不也，世尊！"

K：舍利弗言："不也，世尊！"

śāriputra āha / na hy etad bhagavan na

m. sg. N. perf. . 3. sg. P. adv. adv. n. sg. N. m. sg. V. adv.

舍利弗 说了 非 确实 这 世尊啊 非

hy etat sugata (3—112)

adv. n. sg. N. m. sg. V.

确实 这 安住啊

早期的译经还经常照搬原文词序，将原文出现在句子中间的呼格名词也译成插于句中的人名称呼语，竺法护译《正法华经》中即可见到此类用例。如：

(14) D：佛法平等，族姓子！这[①]发无上正真道意，前於超空如来至真等正觉所。

K：诸善男子！我与阿难等，於空王佛所，同时发阿耨多罗三藐三菩提心。

samam	asmābhiḥ	kula-putrā	eka-kṣaṇa	eka-muhūrte
adj. N.	pers. 1. pl. I.	m. pl. V.	n. sg. L.	m. sg. L.
平等	由我们	善男子们啊	一刹那	一须臾

mayā	c'	ānandena	ca	anuttarāyāṃ
pers. 1. sg. I.	conj.	m. sg. I.	conj.	adj. f. sg. L.
由我	和	由阿难	又	于无上

samyak-saṃbodhau	cittam	utpāditaṃ
f. sg. L.	n. sg. N.	caus. ppp. N.
正等正觉	心	令生起

dharma-gaganābhyudgatarājasya	tathāgatasya	arhataḥ
m. sg. G. 依主释	m. sg. G.	m. sg. G.
超法空王的	如来的	应供的

samyak-saṃbuddhasya	saṃmukhaṃ (9—24)
m. sg. G.	adv.
正等正觉的	面前

原文的呼格名词出现在句子中间，竺法护也原封不动地译成插于句中的人名称呼语。虽然逐字逐词地翻译了原文，但是汉语的人名称呼语没有外在的词形变化，这样插于句中不仅割裂了句子结构，造成话语中断，而且难以辨认，如果没有原文或鸠摩罗什的异译本作为对照，这里

的"族姓子"很容易被误解为句子的主语，影响翻译效果。

竺法护之前，类似的翻译现象更为普遍，如东汉安世高译《人本欲生经》中：

是时阿难为行道。(1/245b)｜若阿难为行道，是识止处已知。(1/245b)｜彼阿难第一受行从得解。(1/245c)

汉译中的"阿难"很像句子的主语，但通读全文后得知，该经通篇讲述佛对贤者阿难开示佛法，"阿难"其实是结构上独立的人名称呼语，译者很可能直接仿照原文呼格名词置于句中的语序来翻译，导致本为人名称呼语的"阿难"出现在句子中间，其听话人的身分不甚明晰，带来理解障碍。

所以为了避免误解，提高语篇的连贯性，后来的译经很少再将人名称呼语插入句中，而是移出句外（句首或句尾），成为独立成分，如例(12)(13)，以凸显呼格独立的语篇地位。在鸠摩罗什翻译的《妙法莲华经》中几乎见不到照搬原文词序、插于句中的人名称呼语。

第二，在对《法华经》进行梵汉对勘后可知，两位译者还主动采用添词意译的方式，将直接对应呼格的汉译成分移入句中作主语或宾语，用汉语中结构独立的小句对译原文的呼格名词，把它作为新话题链的出发点，起到承上启下的语篇衔接功能，这样既贴近汉语的表达习惯，又能清晰交待谈话双方的角色转换。

意译的方式主要有两种：

一是在原来的人名称呼语后添加"当知/欲知/惟说"等祈愿类动词，将原文的呼格名词译成祈愿类动词的主语，形成结构独立的祈使小句，明确提示听话人注意下文内容，与原文呼格的篇章语义功能基本对等。如：

(15) D：如来之慧巍巍如斯，……。比丘**欲知**！佛之智慧，圣明普达。

K：如来无碍智，……。诸比丘**当知**！佛智净微妙。

etādṛśaṃ jñānu[②] tathāgatānāṃ ... etādṛśam

adj. N. n. sg. N. m. pl. G. adj. N.

如是 智慧 诸位如来的 如是

bhikṣava jñānam etad ananta-jñānasya tathāgatasya ... (7—13，14)

m. pl. V. n. sg. N. pron. N. adj. G. 多财释 m. sg. G.

比丘们啊 智慧 这 有无量智慧 如来的

(16) **D：**其佛三昧未久，威神德本，面出一光。……彼时世尊与二十亿诸菩萨俱。

K：尔时如来放眉间白毫相光……。弥勒**当知**！尔时会中有二十亿菩萨。

atha khalu tasyāṃ velāyāṃ tasya bhagavataś

adv. adv. pron. L. f. sg. L. pron. G. m. sg. G..

于是 在这个 时候 这 世尊的

candrasūryapradīpasya tathāgatasya bhrū-vivarāntarād

m. sg. G. m. sg. G. n. sg. Ab. 依主释

日月灯明的 如来的 从眉毛中间

ūrṇā-kośād ekā raśmir niścaritā ... tena khalu

m. sg. Ab. 依主释 num. N. f. sg. N. ppp. N. pron. L. adv.

从白毫中 一束 光 放出 在这个

punar ajita samayena tasya bhagavato

adv. m. sg. V. m. sg. L. pron. G. m. sg. G..

复次 莫能胜啊 时候 这位 世尊的

viṃśati-bodhisattva-koṣyaḥ samanubaddhā abhūvan (1—126～128)

f. pl. N. 依主释 ppp. N. aor. 3. pl. P.

二十亿菩萨 随侍 有

(17) D：便问溥首曰："仁者**惟说**！今何因缘有此瑞应？"

K：问文殊师利言："以何因缘而有此瑞？"

tasyāṃ velāyāṃ mañjuśriyaṃ kumāra-bhūtam etad

pron. L. f. sg. L. m. sg. Ac. adj. m. sg. Ac. pron. n. sg. Ac.

在这个 时候 文殊师利 为童子的 此(言)

avocat ko nv atra mañjuśrīḥ hetuḥ kaḥ

aor. 3. sg. P. inter. N. adv. adv. m. sg. V. m. sg. N. inter. N.

说了 什么 今 此中 文殊师利啊 原因 什么

pratyayo yad ayam evaṃ-rūpa (1—44, 45)

m. sg. N. adv. dem. N. adj. m. sg. N.

原因 即 这 如是相

二是在原来的人名称呼语前添加言告类动词(有时还在动词前补出施事主语)，将原文的呼格名词译成言告类动词的对象宾语，组成动宾结构(或主动宾结构)，同样是以独立小句的形式参与语篇组织，不仅起到与原文呼格基本对等的篇章衔接功能，而且还清楚交待出谈话当中的听说角色，更加贴近汉语。如：

(18) D：**告**舍利弗："大仙如是，为诸群生救护父母。"

K：**告**舍利弗："我亦如是，众圣中尊，世间之父。"

emeva haṃ[3] śārisutā maha-ṛṣī sattvāna[4] trāṇaṃ

adv. pers. 1. sg. N. m. sg. V. m. sg. N. m. pl. G. n. sg. N.

即如是 我 舍利弗啊 大仙 众生的 依怙

ca pitā ca bhomi[5] (3—195)

conj. m. sg. N. conj. pres. 1. sg. P.

和 父亲 和 是

(19) D："……悉来诣我。"**佛语**迦叶："于时黎庶无数亿姟皆来听经。"

K:汝等天、人、阿修罗众,皆应到此,为听法故。尔时无数千万亿种众生,来至佛所而听法。

upasaṃkrāmantu māṃ　bhavanto deva-manuṣyā

imv. 3. pl. P.　pers. 1. sg. Ac.　ppt. V.　m. pl. V. 相违释

趣至　我　您们　天神和人

dharma-śravaṇāya　...　tatra kāśyapa bahūni

n. sg. D. 依主释　adv.　m. sg. V.　adj. N.

为了听法　此处　迦叶啊　无量

prāṇi-koṭī-nayuta-śata-sahasrāṇi tathāgatasya

n. pl. N. 依主释　m. sg. G.

百千亿那术众生　如来的(面前)

dharma-śrāvaṇāya upasaṃkrāmanti (5—14, 15)

n. sg. D. 依主释　pres. 3. pl. P.

为了听法　趣至

(20) D:其志声闻缘觉乘,已得声闻缘觉之路,若行菩萨及成就者,其新发意皆当付此,诸族姓子听所说经不拒逆者……,其十六子……。

K:"若声闻、辟支佛及诸菩萨,能信是十六菩萨所说经法,受持不毁者……。"**佛告**诸比丘:"是十六菩萨……。"

ye ke-cid bhikṣavaḥ śrāvaka-yānikā vā pratyekabuddha-

rel. N.　inter. N.　m. pl. V.　m. pl. N. 依主释　conj.　m. pl. N. 依主释

凡是　比丘们啊　诸声闻乘　或　诸缘觉乘

yānikā vā bodhisattva-yānikā vā-eṣāṃ kula-putrāṇāṃ

conj.　m. pl. N. 依主释　conj.　pron. G.　m. pl. G.

或　诸菩萨乘　或　这些　善男子们的

dharma-deśanāṃ na pratikṣepsyanti na pratibādhiṣyante ...

f. sg. Ac. 依主释 adv. caus. fut. 3. pl. P. adv. fut. 3. pl. A.

法教 不 将令生诽谤 不 将违逆

taiḥ khalu punar bhikṣavaḥ ṣoḍaśabhiḥ kula-putrais ...

(7—135，136)

pron. . I. . adv. adv. m. pl. V. num. I. m. pl. I.

这些 复次 比丘们啊 十六 善男子们

同时异译对比显示，以上两种意译呼格的方式在佛经翻译中常常交替使用，起到基本等价的篇章衔接功能。如：

(21) D：**佛语**莫能胜：“彼二万如来最前兴者，号日月灯明。”

K：“弥勒**当知**！初佛后佛，皆同一字，名日月灯明。”

tatra ajita teṣāṃ viṃśati-tathāgata-sahasrāṇāṃ

adv. m. pl. V. pron. G. n. pl. G. 依主释

此中 莫能胜啊 这些 二万如来中

pūrvakaṃ tathāgatam upādāya yāvat paścimakas

adj. Ac. m. sg. Ac. ger. adv. adj. N.

过去 如来 始从 乃至 最后

tathāgataḥ so 'pi candrasūryapradīpa-nāmadheya

m. sg. N. pron. N. adv. adj. N. 多财释

如来 这 也 名叫日月灯明

eva tathāgato 'bhūd (1—113)

adv. m. sg. N. aor. 3. sg. P.

即 如来 是

(22) D：**告**舍利弗：“我见如是，……”

K：“舍利弗**当知**！我本立誓愿，……”

evaṃ ca　cintemy　ahu⑥　śāriputra（2—133）

adv.　conj.　pers. 1. sg. P.　pers. 1. sg. N.　m. pl. V.

如是　又　思量　我　舍利弗啊

竺法护在对应原文呼格的人名称呼语前增译言告类动词“语”“告”及其主语“佛”，鸠摩罗什则在人名称呼语后增译祈愿类动词“当知”，都是构造一个独立小句，用贴近汉语习惯的表达方式翻译原文呼格，实现源头语（梵语）和目的语（汉语）之间篇章语义功能的对等转换。

统计《法华经》1～10 品，通过直译和意译两种方式译出的呼格数量为：

汉译本＼翻译方式	直译	意译	合计
《正法华经》	80	46	126
《妙法莲华经》	112	27	139

可见，佛经翻译不仅通过直译将原典语言的特点带入汉语，而且还主动利用汉语既有的词汇、语法手段，将原文名词的呼格变化意译成符合汉语类型特征的表达方式，使之能为汉语自身结构接纳，真正实现佛经翻译的对等转换。如此说明，语言中的既成事实会在一定程度上迫使新形式就范，不允许新形式沿循另一条本质上不同的道路发展，汉译佛经中诸多来自原典的异质语言要素就是在与汉语固有规则的碰撞与调和中逐步走向本土化的。

附　注

①《大正藏》引【宋】【元】【明】【宫】本皆作“適”。

② 见 BHSG § 8.30。

③ 见 BHSG § 21.46。

④ 见 BHSG § 8.117。

⑤ 见 BHSG § 1.29 & BHSD，P412。

⑥ 见 BHSG § 20.63。

结　语

汉译佛典语言作为汉语历史文献语言的一个非自然的独特变体，混杂了原典语言、汉语的文言、口语以及方言俗语等诸多语言成分，要比传统中土汉语具有更加复杂多元的性质，其中来自原典语言、不合汉语表达规范的异质性成分无疑是汉译佛典语言中最具特色的东西。所以，本文选取中古时期影响最大的汉译佛典《法华经》，通过对其中的1～10品进行全面细致的梵汉对勘和同经异译的比较，初步展示汉译《法华经》语言的语法面貌和语法特点，尤其是受到原典影响而形成的不同于汉语固有语法的特点。

梵汉两种语言之间存在着巨大的类型差异，梵语是典型的屈折语，而汉语是典型的孤立语。译者既要忠实反映原典语言的特点，又要保证译文的通俗易懂，设法实现梵汉两种语言结构类型的对等转换，不得不利用汉语中现有的成分去表现原文，使得许多带有原典语言特点的异质性成分被披上汉语的外衣移植到译经中来，对汉译佛典语言产生影响，形成不同于地道中土汉语的词汇、语法特点。只不过由于语法涉及一个语言的深层组织规则，具有高度的稳固性和隐秘性，汉语固有的语法体系又相当成熟，所以这种影响不易察觉。但是通过系统的梵汉对勘和异译比较，则有可能挖掘出汉译佛典语言在语法上受到的外来影响。以汉译《法华经》为例，原文的影响表现在译经语法的方方面面：

第一，在名词格范畴的表现形式上，译者全面参照原典梵语的名词格尾体系建构汉语格范畴的显性表达系统，力求达到梵汉两种语言格范畴的系统对应，使得汉译佛经中表现名词格范畴的语法标记明显多于同期中土文献，不仅赋予了汉语原有介词以语义格标记的功能，如用“于/於”和“以”标记宾格，用“以”“由”“因”“用”等标记具格，用“为”和“向”标记目的格，用“从”“于/於”“在”“自”“自从”“从于”等标记方位格，而且吸纳了诸多名源后置词如“故”“时”“中”“上”“前”等、动源及副源后置词“俱”以及前置词和后置词搭配而成的框式介词“以……故”“於……中”“与……俱”等，壮大了汉译佛经的介词阵容。有些格标记还在原文词序特征的驱动下，携带被标记的名词性成分发生句法上的移位，对中古时期汉语介词短语的语序变化起到积极的推动作用。

第二，在表达动词的时体范畴方面，原文动词丰富的形态变化促使译经频繁利用汉语线性序列上的词汇形式或功能成分，明确标识句中动词的语法范畴。例如译经依照原文动词的三时变化，平均调用汉语中表达过去、现在、未来意义的时态副词，标识句中动词的时态范畴。与时态标记的句法分布形成互补，汉译佛经将汉语原有的完成义动词“-已”改造成专门对译原文独立式变化的体标记，附于动词之后，标识句中动词的体范畴。此外，许多汉语固有的助词、副词、助动词等语法形式也被译经用作动词的语态标记和语气标记，以求准确反映原文动词的语态变化和语气变化。如此形成的大量形式为“动词＋附加成分”的可分析动词短语，不仅能有效对应原文由动词形态变化表现的语法范畴，实现梵汉两种语言结构类型的对等转换，而且在客观上符合汉语双音化的发展趋势，加速了汉语动词双音化的进程。

第三，原典语言的构式特点也通过翻译进入汉译佛经，与汉语既有的用法互相作用、彼此交融，形成框式结构、同源宾语结构、“自然为＋V”非宾格结构，“S,N是”等多种带有鲜明译经特色的句法结构。有些结构已经被汉语接受，变成了汉语的固有用法，如至今可见的框式介词“在……上”“从……中”等，有些作为后世汉语同类表达形式的前身或过渡形式，如框式连词“若……者/时”之于现代汉语的“假如……的话”，同源宾语结构“雨雨”之于后世汉语的动宾复合词“降雨”等等，深刻影响并推动着汉语语法的发展变化。

第四，在复句的发展上，汉译佛经中显示、强化分句之间逻辑语义关系的句法关联词也比同期中土汉语更加丰富、更加成熟。其中最重要的原因就在于它是作为一种有效的转换手段，翻译原文由动词形态交替及关系代词（或关系副词）表现的句法语义关系，尤其在原文句型特征的影响下，译经句法关联词还表现出配对使用的显著倾向。

第五，在语篇组织方面，汉译佛经也深受原文篇章衔接处必有小品词或词形变化等显性标记的启发，频繁利用汉语线性序列上的形式标记加以突显，如有意在语篇话题转换处添加话题转移标记，将原文位于句中的呼格名词译成句首的人名称呼语，等等，起到与原文词形变化功能相等的语篇衔接作用，实现了梵汉两种语言更为深层的类型对应，同时也体现出汉译佛经的语篇特点。

总而言之，原典语言丰富的形态变化促进了汉译佛经中各类显性句法标记的兴起，它们虽然表现为汉语的外形，却是作为与原文功能对等的形式标记出现在汉译佛经中，不可避免地带有原典语言的用法特点，对汉语固有的语法规范形成巨大冲击，呈现出丰富多样的变异倾向，因此从这个意义上说，汉译佛经语言比同期中土汉语更具革新性和进步性。而且《法华经》的异译对比显示，在系统反映原典语言的语法特点上，后出的鸠摩罗什译本比早期的竺法护译本更加规范成熟，许多来自原典语言的变异成分逐渐被固定下来，并凭借译文的广宣弘传渗透到汉语全民语的表达系统中。

当然，由于汉译佛经的语言比较研究才刚刚起步，本书所揭示的语法现象，也是从一部佛经中发现的，尚不足以全面展现汉语史上经由佛经翻译导致的语言接触对佛教汉语的语法、进而对汉语语法发展产生的影响，所以我们期待今后能够对更多的汉译佛典进行梵汉对勘和异译比较研究，形成规模，凭借充足的语言事实，逐步接近佛经翻译影响下汉语演变的真相。

缩略语及符号表

T = 大正新修大藏经，高楠顺次郎、渡边海旭主编，东京，1924—34。

No. = 大藏经中的序号。

D = 竺法护译《正法华经》，T9，No. 263，pp. 63—134。

K = 鸠摩罗什译《妙法莲花经》，T9，No. 262，pp. 1—62。

BHSD = F. Edgerton，《佛教混合梵文字典》(*Buddhist Hybrid Sanskrit Dictionary*)，Yale University Press，1953。

BHSG = F. Edgerton，《佛教混合梵文文法》(*Buddhist Hybrid Sanskrit Grammar*)，Yale University Press，1953。

A.	ātmanepada，middle-voice 为己，中间语态
Ab.	ablative 从格
Ac.	accusative 业格
adj.	adjective 形容词
adv.	adverb 副词
aor.	aorist 不定过去时
app.	past-active-participle 过去主动分词
caus.	causative 使役
compar.	comparative-degree 比较级
conj.	conjunction 连词
D.	dative 为格
dem.	demonstrative-pronoun 指示代名词
den.	denominative 动名词
des.	desiderative 祈求式
du.	dual 双数

f.	feminine 阴性
fut.	future 将来时
fpp.	future-passive-participle 将来被动分词,必要分词
fpt.	future-participle 未来分词
G.	genitive 属格
ger.	gerund 绝对分词
I.	instrumental 具格
impf.	imperfect 未完成时
imv.	imperative 命令语气
indec.	indeclinable 不变词
inf.	infinitive 不定式
int.	intensive 加强式
inter.	interrogarive 疑问代名词
interj.	interjection 感叹词
L.	locativen 位格
m.	masculine 阳性
N.	nominative 主格
n.	neuter 中性
num.	numeral 数词
opt.	optative 祈愿语气、虚拟语气
ord.	ordinal 序数词
P.	parasmaipada,active-voice 为他,主动语态
pass.	passive 被动语态
pers. 1.	first-personal 第一人称代名词
pers. 2.	second-personal 第二人称代名词
pers. 3.	third-personal 第三人称代名词
perf.	perfect 完成时
pl.	plural 复数

ppp.	past-passive-participle 过去被动分词
ppt.	present-participle 现在分词
pref.	prefix 接头词
prep.	preposition 介词
pres.	present 现在时
pron.	pronoun 代名词
rel.	relative-pronoun 关系代名词
sg.	singular 单数
sufix.	后缀
superl.	superlative 最高级
V.	vocative 呼格
依主释	tat-puruṣa 格限定复合词
持业释	karma-dhāraya 同格限定复合词
相违释	dvaṃdva/dvandva 并列复合词
有财释	bahu-vrīhi 所有复合词
√	root 语根
→	表变化： 1. 连音变成不连音 2. 词类转用，如 m. sg. Ac. →adv. 3. 复合词的关系变化，如持业释→多财释

参 考 文 献

(英)贝尔(Bell, R. T.)　1989　《翻译与翻译过程:理论与实践》(*Translation and Translating: Theory and Practie*),秦洪武译,外语教学与研究出版社,2005年。

(日)本田义英　1949　《西域出土法华经》,京都:本田博士还历纪念梵本法华经刊行会。

曹逢甫　1977　《话题在汉语中的功能研究——迈向语段分析的第一步》(*A Functional Analysis of Topic in Chinese: The First Step toward Discourse Analysis*),谢天蔚译,语文出版社,1995年。

———　1990　《汉语的句子与子句结构》(*Sentence and Clause Structure in Chinese: A Functional Perspective*),王静译,北京语言大学出版社,2005年。

曹广顺　2004　《重叠与归一——汉语语法历史发展中的一种特殊形式》,《汉语史学报》第4辑,上海教育出版社。

曹广顺、遇笑容　2000　《中古译经中的处置式》,《中国语文》第6期。

曹仕邦　1990　《中国佛教译经史论集》,东初出版社(台北)。

陈秀兰　1997　《对许理和教授〈最早的佛经译文中的东汉口语成分〉一文的几点补充》,《古汉语研究》第2期。

———　2003　《魏晋南北朝文与汉文佛典语言比较研究》,浙江大学博士后出站报告。

(日)大西克也　2004　《施受同辞刍议——〈史记〉中的"中性动词"和"作格动词"》,《意义与形式——古代汉语语法论文集》,lincom Eu-

ropa。
(美)丹尼尔·布歇(Daniel Boucher) 2005 《犍陀罗语与早期汉译佛经的再思考——以〈妙法莲华经〉为个案》,萨尔吉译,徐文堪校,载朱庆之主编《佛教汉语研究》,商务印书馆,2009年。
丁 力 1998 《现代汉语列项选择问研究》,华中师范大学出版社。
段 晴 2001 《波你尼语法入门》,北京大学出版社。
——— 2002 《梵语以及梵语的启示》,载于维雅编《东方语言文字与文化》,北京大学出版社。
——— 2007 *In the Pursuit of Vyākaraṇa-elements in Chinese Translations*(《探索汉译佛经中的梵文隐性现象》),于东京大学演讲稿,未刊。
段业辉 2002 《中古汉语助动词研究》,南京师范大学出版社。
董秀芳 2004 《汉语的词库与词法》,北京大学出版社。
——— 2006 《古汉语中动名之间"於/于"的功能再认识》,《古汉语研究》第2期。
董志翘 2000 《中古文献语言论集》,巴蜀书社。
方广锠 1997 《敦煌遗书中的〈妙法莲华经〉及有关文献》,《中华佛学学报》第10期。
(美)C.J.菲尔墨著 1968 《"格"辨》(*The case for case*),胡明扬译,商务印书馆,2002年。
冯春田 2000 《近代汉语语法研究》,山东教育出版社。
郭 锐 1993 《汉语动词的过程结构》,《中国语文》第6期。
何乐士 1992 《敦煌变文与《世说新语》若干语法特点的比较》,载程湘清主编《隋唐五代汉语研究》,山东教育出版社。
——— 1999 《专书语法研究的几点体会》,《镇江师专学报》第1期。
——— 2004 《左传虚词研究》(修订本),商务印书馆。

何亚南 2001 《〈三国志〉和裴注句法专题研究》,南京师范大学出版社。

何元建 2004 《论使役句的类型学特征》,《语言科学》第1期。

洪堡特 1826 《洪堡特语言哲学文集》,姚小平译,湖南教育出版,2001年。

胡敕瑞 2005a 《从隐含到呈现(上)——试论中古词汇的一个本质变化》,《语言学论丛》第31辑,商务印书馆。

——— 2005b 《动结式的早期形式及其判断标准》,《中国语文》第3期。

胡湘荣 1993 《从鸠摩罗什的佛经重译本与原译本的对比看系词"是"的发展》,《湖南师范大学学报》第3期。

黄国清 2001 《竺法护译〈正法华经〉"自然"译词析论》,《中华佛学研究》第5期。

季羡林 1947 《论梵文妙法莲华经》,载《印度古代语言论集》,中国社会科学院出版社,1982年。

——— 1948 《浮屠与佛》,《史语所集刊》第20本上册;又载《中印文化关系史论文集》,三联书店,1982年。

——— 1956 《原始佛教的语言问题》,载《印度古代语言论集》,中国社会科学院出版社,1982年。

——— 1958 《再论原始佛教的语言问题——兼评美国梵文学者佛兰克林·爱哲顿的方法论》,载《印度古代语言论集》,中国社会科学院出版社,1982年。

江蓝生 2003 《语言接触与元明时期的特殊判断句》,《语言学论丛》第28辑,商务印书馆。

蒋绍愚 2001 《〈世说新语〉〈齐民要术〉〈洛阳伽蓝记〉〈贤愚经〉〈百喻经〉中的"已""竟""讫""毕"》,《语言研究》第1期。

蒋忠新　1988　《民族文化宫图书馆藏梵文〈妙法莲华经〉写本》，中国社会科学出版社。

金克木　1999　《波你尼语法概述》，载《梵竺庐集（丙）·梵佛探》，江西教育出版社。

李葆嘉　2002　《汉语起源与演化模式研究》，黑龙江教育出版社。

李　明　2001　《汉语助动词的历史演变研究》，北京大学博士学位论文。

李佐丰　1994　《文言实词》，语文出版社。

梁启超　1920　《翻译文学与佛典》，载《佛学研究十八篇》，上海古籍出版社，2001年。

刘爱菊　2005　《汉语并列连词历史演变研究》，北京大学博士学位论文。

刘丹青　2003　《语序类型学与介词理论》，商务印书馆。

———　2008　《语法调查研究手册》，上海教育出版社。

吕　澂　1979　《印度佛学源流略讲》，上海人民出版社。

吕叔湘　1987　《说"胜"和"败"》，《中国语文》第1期。

吕叔湘　1999　《汉语语法论文集》（增订本），商务印书馆。

吕叔湘著、江蓝生补　1985　《近代汉语指代词》，学林出版社。

龙国富　2004　《姚秦译经助词研究》，湖南师范大学出版社。

———　2005　《从梵汉对勘看中古汉译佛经中的特殊判断句》，"汉语史中的语言接触"国际学术研讨会，北京香山。

罗杰瑞　1995　《汉语概说》，语文出版社。

马庆株　1992　《汉语动词和动词性结构》，北京语言学院出版社。

马祖毅　1998　《中国翻译简史》，中国对外翻译出版公司。

梅祖麟　1978　《现代汉语选择问句法的来源》，《史语所集刊》（第49本第1分）；又载《梅祖麟语言学论文集》，商务印书馆，2000年。

梅祖麟 1980 《四声别义中的时间层次》,《中国语文》第 6 期;又载《梅祖麟语言学论文集》,商务印书馆,2000 年。

——— 1981 《现代汉语完成貌句式和词尾的来源》,《语言研究》创刊号;又载《梅祖麟语言学论文集》,商务印书馆,2000 年。

——— 1991 《从汉代的"动·杀""动·死"来看动补结构的发展》,《中国境内语言暨语言学》第 2 期。

(加拿大)蒲立本 1995 《古汉语语法纲要》(*Outline of Classical Chinese Grammar*),孙景涛译,语文出版社,2006 年。

(日)山田龙城 1988 《梵语佛典导论》,许洋主译,华宇出版社(台北)。

宋亚云 2005 《汉语作格动词的历史演变及相关问题研究》,北京大学博士学位论文。

邵永海 1990 《从〈左传〉和〈史记〉看上古汉语的双宾语结构及其发展》,载《缀玉集》,北京大学出版社。

沈 阳、司马翎 2010 《句法结构标记"给"与动词结构的衍生关系》,《中国语文》第 3 期。

石毓智、李 讷 2004 《汉语语法化的历程——形态句法发展的动因和机制》,北京大学出版社。

帅志嵩 2006 《中古汉语[+完成]语义研究》,北京大学博士学位论文。

孙玉文 2000 《汉语变调构词研究》,北京大学出版社。

(德)A. F. 斯坦茨勒 1870 《梵文基础读本》,季羡林译,段晴、钱文忠补,北京大学出版社,1996 年。

(日)太田辰夫 1958 《中国语历史文法》蒋绍愚、徐昌华译,北京大学出版社,1987 年。

——— 1988 《汉语史通考》江蓝生、白维国译,重庆出版社,1991

年。
(日)汤山明 1983 《佛教梵语文献学》,尚会鹏译,《世界宗教研究》第3期。
——— 1994 《从中亚地区对佛教典籍的接受情况来看罗什汉译〈妙法莲华经〉的特色》,《世界宗教研究》第2期。
汤用彤 1936 《汉魏两晋南北朝佛教史》,中华书局,1983年。
唐钰明 1987 《汉魏六朝被动式略论》,《中国语文》第3期。
——— 1991 《汉魏六朝佛经"被"字句的随机统计》,《中国语文》第4期。
——— 1992 《中古"是"字判断句述要》,《中国语文》第5期。
——— 1993 《利用佛经材料考察汉语词汇语法史札记》,《中山大学学报》第4期。
香坂顺一 1983 《白话语汇研究》,白维国、江蓝生译,中华书局,1997年。
(日)辛嶋静志 1991 《法华经诸汉译本与梵本、藏译本的对比研究》(1—3册),北京大学博士学位论文。
——— 1997 《汉译佛典的语言研究》,《俗语言研究》第4期。
——— 1998a 《汉译佛典的语言研究(二)》,《俗语言研究》第5期。
——— 1998b 《正法华经词典》,日本创价大学国际佛教学高等研究所。
——— 2001 《妙法莲华经词典》,日本创价大学国际佛教学高等研究所。
邢福义 2002 《汉语复句研究》,商务印书馆。
徐赳赳 2003 《现代汉语篇章回指研究》,中国社会科学出版社。
徐烈炯、刘丹青 1998 《话题的结构与功能》,上海教育出版社。
徐烈炯、刘丹青主编 2003 《话题与焦点新论》,上海教育出版社。

徐通锵　1997　《语言论》，东北师范大学出版社。

徐真友　1997　《关于佛典语言的一些研究》，万金川译，《正观》1997年第1期。

（荷兰）许理和（Erik Zürcher）　1959　《佛教征服中国》（*The Buddhist Conquest of China*），李四龙译，江苏人民出版社，1999年。

———　1977　《最早的佛经译文中的东汉口语成分》，蒋绍愚译，《语言学论丛》第14辑，商务印书馆，1987年。

万金川　2005　《佛经语言学论集》，正观出版社（台湾南投）。

汪维辉　1998　《系词"是"发展成熟的时代》，《中国语文》第2期。

王　力　1937　《中国文法中的系词》，《清华学报》第1期。

王继红　2004　《基于梵汉对勘的佛教汉语语法研究——以〈阿毗达磨俱舍论·分别界品〉为例》，北京大学博士学位论文。

王建军　2003　《汉语存在句的历时研究》，天津古籍出版社。

王文颜　1984　《佛典汉译之研究》，天华出版事业股份有限公司（台北）。

（美）卫道真　2002　《篇章语言学》，徐赳赳译，中国社会科学出版社。

魏培泉　1997　《论古代汉语中几种处置式在发展中的分与合》，《中国境内语言暨语言学》第4辑。

———　2002　《中古汉语时期汉文佛典的比拟式》，第一届汉文佛典语言学国际研讨会（台北）。

吴福祥　1996　《敦煌变文语法研究》，岳麓书社。

吴金华　1983　《试论"R为A所见V"式》，《中国语文》第3期。

杨伯峻、何乐士　1992　《古汉语语法及其发展》（上、下），语文出版社。

杨富学　1994　《论所谓的〈喀什本梵文"法华经"写卷〉》，《中华佛学学报》第7期。

杨永龙　2001　《〈朱子语类〉完成体研究》，河南大学出版社。

姚振武　1998　《“为”字的性质与“为”字式》，载郭锡良主编《古汉语语法论集》，语文出版社。

俞光中、（日）植田均　2000　《近代汉语语法研究》，学林出版社。

俞理明　1993　《佛经文献语言》，巴蜀书社。

遇笑容、曹广顺　2002　《中古汉语中的“VP不”式疑问句》，《纪念王力先生百年诞辰学术论文集》，商务印书馆。

袁　焱　2001　《语言接触与语言演变——阿昌语个案调查研究》，民族出版社。

曾立英　2007　《现代汉语作格动词的判定标准》，载《语言学论丛》第35辑，商务印书馆。

邹嘉彦、游汝杰主编　2004　《语言接触论集》，上海教育出版社。

张华文　2000　《试论东汉以降前置宾语“是”字判断句》，《云南师范大学学报》第1期。

张　军　2006　《汉藏语系语言判断句研究》，中央民族大学出版社。

张美兰　2003　《〈祖堂集〉语法研究》，商务印书馆。

张永言　1999　《语文学论集》（增补本），语文出版社。

张振德、宋子然　1995　《〈世说新语〉语言研究》，巴蜀书社。

赵彦春　2005　《翻译归结论》，上海教育出版社。

（日）志村良志　1984　《中国中世纪语法史研究》，江蓝生、白维国译，中华书局，1995年。

周达甫　1957　《怎样研究梵汉翻译和对音》，《中国语文》第4期。

周一良　1947　《论佛典翻译文学》，载《魏晋南北朝史论集》，中华书局，1963年。

周祖谟　1966　《四声别义释例》，载《问学集》（上册），中华书局。

朱德熙　1983　《自指和转指——汉语名词化标记“的、者、所、之”的语法功能和语义功能》，《方言》第1期。

朱冠明 2005 《中古汉语佛典语法专题研究》,北京大学博士后出站报告。

朱冠明、段 晴 2005 《梵汉本〈法华经〉语词札记》,《古汉语研究》第2期。

朱庆之 1990a 《试论汉魏六朝佛典里的特殊疑问词》,《语言研究》第1期。

——— 1990b 《佛经翻译与中古汉语词汇二题》,《中国语文》第2期。

——— 1992 《佛典与中古汉语词汇研究》,文津出版社(台北)。

——— 1993 《汉译佛典语文中的原典影响初探》,《中国语文》第5期。

——— 1994 《隋以前汉译佛经虚词笺识》,《古汉语研究》第2期。

——— 1995 《汉译佛典中的"所V"式被动句及其来源》,《古汉语研究》第1期。

——— 1991 《"将无"考》,《季羡林教授八十华诞纪念论文集》(上),江西人民出版社。

——— 1998 《佛教汉语的"时"和"时时"》,《汉语史研究集刊》第1辑,巴蜀书社。

——— 2001 《佛教混合汉语初论》,《语言学论丛》第24辑,商务印书馆。

——— 2003 《论佛教对古代汉语词汇发展演变的影响》,《普门学报》第15期、第16期。

朱庆之、朱冠明 2006 《佛典与汉语语法研究》,载《汉语史研究集刊》第9辑,巴蜀书社。

朱永生、严世清 2001 《系统功能语言学多维思考》,上海外语教育出版社。

荻原云来(U. Wogihara)& C. 土田胜弥(Tsuchida) 1934—35《改订梵文法华经》(*Saddharmapundarīka-sutra*, *Romanized and Revised Text of the Bibliotheca Buddhica Publication by Consulting a Sanskrit Ms. and Tibetan and Chinese Translations*),山喜房佛书林,东京。

荻原云来(U. Wogihara)编 1940—74 《汉译对照梵和大辞典》(*Sanskrit-Japanese Dictionary*),东京。(the revised and enlarged edition, 1978)

辻直四郎 1977 《サンスクリット文法》(《梵语文法》),岩波书店。

Barry J.(布莱克) 2005 《格范畴》(*Case*),北京大学出版社。

Bernd Heine & Tania Kuteva 2005 *Language Contact and Grammatical Change*, Cambridge University Press.

Comrie, Bernard 1976 *Aspect: An Instruction to the Study of Verbal Aspect and Related Problems*, Cambridge University Press.

Li,Charles N. & Sandra A. Thompson 1976 *Subject and Topic: A New Typology of Language*, in C. Li,ed, *Subject and Topic*, Acdemic Press, New York.

M. katre, Sumitra (tr.) 1989 *Aṣṭādhyāyī of Pāṇini*,(《波你尼经》), Delhi.

Monier Williams 1988 *A Sanskrit-English Dictionary*, Oxford University Press, Oxford.

Peter Pfeandt (compiled) 1983 *Mahāyāna Texts Translated into Western Languages*, A Bibliographical Guide, West Germany: Religionswissenschaftliches Seminar der Universität Bonn.

Pulleyblank 1973 *Some Further Evidence Regarding Old Chinese -s and Its Time of Disappearance*, Bullentin of the School of Oriental and African Studies 36.2.

Whitney, William Dwight 1889 *Sanskrit Grammar*. Including both the Classical Language and the Older Dialects of Veda and Brahmana, 21889 Cambridge (Mass.) (Harvard Universtity Press), Second Edition; 51924 Leipzig; reprint Delhi 1962: Motilal Banarsidass.

Spencer, Andrew 1991 *Morpholgical Theory*. Blackwell Publishers, Oxford.

附录:《法华经》1～10 品梵汉对勘语料(节录)

凡　例

一、版本说明

梵本依据荻原云来(U. Wogihara)、土田胜弥(C. Tsuchida)编订《改订梵文法华经》(*Saddharmapundarīka-sutra, Romanized and Revised Text of the Bibliotheca Buddhica Publication by Consulting a Sanskrit Ms. and Tibetan and Chinese Translations*),山喜房佛书林,东京,1934—35 年。

汉译本依据目前校勘最好的日本《大正新修大藏经》本,高楠顺次郎、渡边海旭主编,东京,1924—34。选取西晋竺法护译《正法华经》(9, No. 263)和姚秦鸠摩罗什译《妙法莲华经》(9, No. 262)两个同经异译本。

二、节录篇幅

由于《法华经》1～10 品的对勘语料达两千多页,因此采取节录的方式,拟从每品中抽出一部分作为代表,分别包括散文和偈颂。

三、语段切分

散文部分主要按照语篇的话题链进行切分,较大的话题链进一步切分成次级子话题链;偈颂部分直接采用梵本的分段。然后对切分出来的语段统一用数字编序。例如:

1-1　表第一品第 1 段

2-3　表第二品第 3 段

四、语段解析

1. 每段开始先列出《正法华经》和《妙法莲华经》中的汉译，再配上对应的原文，并将梵本中的连音形式还原成不连音形式，以便逐词解析，复合词内部用"－"连接各组成成分，无原文处用"(无)"注明，然后译成现代汉语。例如：

3-1

D：於是贤者舍利弗闻佛说此，欣然踊跃，即起叉手，白众佑曰。

K：尔时舍利弗踊跃欢喜，即起合掌，瞻仰尊颜而白佛言。

atha khalv āyuṣmāñ śāriputras tasyāṃ velāyāṃ tuṣṭa udagra ātta-manāḥ pramuditaḥ prīti-saumanasya-jāto yena bhagavāṃs tenāñjaliṃ praṇāmya bhagavato 'bhimukho bhagavantam eva vyavalokayamāno bhagavantam etad avocat → atha khalu āyuṣmān śāriputras tasyām velāyām tuṣṭas udagras ātta-manās pramuditas prīti-saumanasya-jātas yena bhagavān tena añjalim praṇāmya bhagavatas abhimukhas bhagavantam eva vyavalokayamānas bhagavantam etad avocat：于是长者舍利弗欢喜踊跃心醉高兴，对诸世尊恭敬合掌，瞻视著世尊面庞，对世尊说。

2. 细分语段。将该段原文分成更短的句子或短语，在段落序号的基础上继续编排小节序号。原文后紧跟现代汉语翻译和相应的两种汉译，无汉译处同样用"(无)"注明，增译处添加方框。之后对原文及汉译分别进行篇章话语以及句法结构的描写分析，"↔"前是对原文的分析术语(有时用缩略语表示)，后是对汉译的分析术语。"主语""谓语""状语""补语"等语法分析术语主要依据朱德熙的《语法讲义》(商务印书馆，1999 年)，"主题""主题链""子句"等语篇分析术语依据曹逢甫著、王静译的《汉语的句子与子句结构》(北京语言大学出版社，2005 年)。

“主题 1”表一级主题，依次类推。例如对上面 3－1 的细分结果为：

3-1-1. atha khalu：於是。

D：於是。句首小品词↔连词，用作话题转换标记

K：尔时。句首小品词↔时间词，用作话题转换标记

3-1-2. āyuṣmān śāriputras：长者舍利弗。

D：贤者舍利弗。**K**：舍利弗。N. ↔主题兼主语

3-1-3. tasyām velāyām：在这个时候。在此位格用作副词，表时间，修饰 avocat。

D：闻佛说此。L. ↔小句，表时间

K：(无)。

3-1-4. tuṣṭas udagras ātta-manās pramuditas prīti-saumanasya-jātas：欢喜踊跃心醉高兴。修饰 āyuṣmān śāriputras。

D：欣然踊跃。**K**：踊跃欢喜。adj. ppp. ↔连动式的 VP1，说明部分

3-1-5. yena bhagavān tena añjalim praṇāmya：对诸世尊恭敬合掌。

D：即起叉手。**K**：即起合掌。ger. 结构↔连动式的 VP2，说明部分

3-1-6. bhagavatas abhimukhas bhagavantam eva vyavalokayamānas 瞻视著世尊面庞。修饰 āyuṣmān śāriputras。

D：(无)。

K：瞻仰尊颜。ppt. ↔连动式的 VP4，说明部分

3-1-7. bhagavantam etad avocat：对世尊说。

D：白众佑曰。**K**：而白佛言。核心动词句↔连动式的 VP5，说明部分

3. 逐一解析小节内的单词。

a. 每一单词后，先在括号中列出它变化前的原形词干，动词则还原至词根，用“√”标明，如有前置词，则用“－”连接并置于词根之前；再标注该词的性、数、格、人称、时态、语态、词性等语法信息（均使用缩略语以降低标注长度），然后译成现代汉语，并附上汉译本对应词，无汉译处同样用“（无）”注明。例如对上面3-1-7的词语解析为：

◆bhagavantam：(bhagavat) m. sg. Ac. 世尊、佛。**D**：众佑。**K**：佛。

◆etad：pron. n. sg. Ac. 此、斯、是。

◆avocat：(√vac) aor. 3. sg. P. 说、讲。**D**：白……曰。**K**：白……言。

b. 逐层分解复合词，并标明关系类型，“依主释”“持业释”两类复合词还分别在括号中注出主格以下的六类格关系和副词、形容词、同位等修饰关系。例如上面3-1-4中的复合词：

◆ātta-manās：(ātta-manas) adj. m. sg. N. 心喜的、令人心醉的。持业释(形容词关系)→多财释。**D**：欣然。**K**：欢喜。

ātta：(ā-√dā) ppp. 被取走的、被夺的。

manas：n. 心、意。

◆prīti-saumanasya-jātas：(prīti-saumanasya-jāta) ppp. m. sg. N. 生欢喜快乐。依主释(业格关系)。

prīti-saumanasya：欢喜快乐。相违释。

prīti：f. 欢喜、喜好。saumanasya：n. 快乐、悦意。

jāta：(√jan) ppp. 所生、已生。

c. 偈颂中大量不规则的词形变化，均在脚注中指出它们在F. Edgerton编撰《佛教混合梵文字典》(BHSD)和《佛教混合梵文文法》(BHSG)中的出处。例如3-11中：

◆imu ghoṣa：这声音。**D**：一句之业。**K**：是法音。

imu①：(idam) dem. m. sg. Ac. 这。限定ghoṣa。

ghoṣa[②]：m. sg. Ac. 声音。

附 注

① 见 BHSG § 21.85。

② 见 BHSG § 8.31。

I. Nidāna-parivarto nāma prathamaḥ

序 品 名为 第一

prose：1-1

D：闻如是：一时佛游王舍城灵鹫山，与大比丘众俱，比丘千二百。

K：如是我闻：一时，佛住王舍城耆阇崛山中，与大比丘众万二千人俱。

evaṃ mayā śrutaṃ ekasmin samaye bhagavān rājagṛhe viharati sma gṛdhakūṭe parvate mahatā bhikṣu-saṃghena sārdhaṃ dvādaśabhir bhikṣu-śataiḥ→evam mayā śrutam ekasmin samaye bhagavān rājagṛhe viharati sma gṛdhakūṭe parvate mahatā bhikṣu-saṃghena sārdham dvādaśabhis bhikṣu-śatais：我曾经这样听说。有一个时候，世尊住在灵鹫山中，和大比丘僧众一千二百比丘在一起。↔主题链（什译三处模仿原文词序，有意在开篇奠定基调，凸显翻译佛经的文体风格）

1-1-1. evam mayā śrutam：我曾这样听说。

D：闻如是。——开篇套语。

K：如是我闻。——开篇套语，模仿原文词序。

◆evam：adv. 如此、这样。修饰 śrutam。

D：如是。adv. ↔谓词性代词，位于动词“闻”后作宾语

K：如是。adv. ↔谓词性代词，位于动词“闻”前作状语

◆mayā：（mad）pron. sg. I. 我。在此具格表施事。**D：（无）**。**K：**我。I. ↔施事主语

◆śrutam：（√ śru）ppp. n. sg. N. 已被听见。代替动词。**D：**闻。**K：**闻。ppp. ↔中动词（含过去被动义）

1-1-2. ekasmin samaye bhagavān rājagṛhe viharati sma gṛdhakūṭe parvate：一个时候，世尊住在灵鹫山中。

D：一时佛游王舍城灵鹫山。

K：一时佛住王舍城耆阇崛山中。

◆ekasmin samaye：一个时候。位格表示时间点，修饰 viharati。

D：一时。K：一时。L. ↔时间词，位于句首作主题 1

ekasmin：(eka)num. m. sg. L. 一。修饰 samaye。

samaye：(samaya)m. sg. L. 时。

◆bhagavān：(bhagavat)m. sg. N. 世尊、佛。D：佛。K：佛。N. ↔主题 2 兼主语

◆rājagṛhe ... gṛdhakūṭe parvate：在王舍城耆阇崛山中。位格表地点，修饰 viharati。

D：王舍城灵鹫山。L. ↔介词短语，作处所补语

K：王舍城耆阇崛山中。L. ↔方位词短语，作处所补语

rājagṛhe：(rāja-gṛha)n. sg. L. 在王舍(城)。依主释(属格关系)。D：王舍城。K：王舍城。

rāja：(rājan)m. 国王。作复合词前语时变为 rāja。gṛha：n. 舍、宅。

gṛdhakūṭe parvate：在灵鹫山中。D：灵鹫山。K：耆阇崛山中。

gṛdhakūṭe：(gṛdhakūṭa)m. sg. L. 鹫峰。

parvate：(parvata)m. sg. L. 大山。

◆viharati sma：游行、住。D：游。K：住。

viharati：(vi-√hṛ)pres. 3. sg. P. 游行。

sma：indec. 接在动词之后，表示过去。

1-1-3. mahatā bhikṣu-saṃghena sārdham：和庞大的比丘僧众一起。具格表状态，修饰 viharati。

D：与大比丘众俱。K：与大比丘众……俱。I. ＋adv. ↔"与……

俱”框式结构。一解为作补语，表伴随。一解为 1-1-2. 的后续子句，说明主题 2。模仿原文词序。

◆mahatā bhikṣu-saṃghena：和大比丘僧团，即由比丘组成的庞大僧团。受 sārdham 支配。

D：与大比丘众。K：与大比丘众。I. ↔介词短语。同时“大比丘众”模仿原文词序。

mahatā：(mahat) adj. m. sg. I. 大。修饰 bhikṣu-saṃghena。D：大。K：大。

bhikṣu-saṃghena：(bhikṣu-saṃgha) m. sg. I. 比丘僧众。依主释（属格关系）。D：比丘众。K：比丘众。

bhikṣu：男性出家人。音译为比丘。saṃgha：团体。音译为僧伽。

◆sārdham：adv. 俱、在一起。D：俱。K：俱。

1-1-4. dvādaśabhis bhikṣu-śatais：由一千二百比丘（组成）。

D：比丘千二百。I. ↔主谓短语，同时“比丘”作为主题 3 引领一个主题链。

K：万二千人。I. ↔名词短语，作“大比丘众”的同位语，同时作为主题 3 引领一个主题链。

◆dvādaśabhis：(dvādaśa) num. n. pl. I. 十二。

◆bhikṣu-śatais：(bhikṣu-śata) num. n. pl. I. 一百比丘。依主释（属格关系）。

śata：n. 一百。虽与bhikṣu构成复合词，但意义上与 dvādaśabhis 相连表示十二个一百，即一千二百。

1-2

D：一切无著，诸漏已尽，无复欲尘，已得自在，逮得己利，生死已索，众结即断，一切由已，获度无极，已脱於慧，心解得度。

K：皆是阿罗汉，诸漏已尽，无复烦恼，逮得己利，尽诸有结，心得自在。

sarvair arhadbhiḥ kṣīṇ'āsravair niḥkleśair vaṇībhūtaiḥ suvimukta-cittaiḥ suvimukta-prajñair ājāneyair mahā-nāgaiḥ kṛta-karaṇīyair apahṛta-bhārair anuprāpta-svakārthaiḥ parikṣīṇa-bhava-saṃyojanaiḥ samyag-ājñā-suvimukta-cittaiḥ sarva-ceto-vaśitā-parama-pāramitā-prāptair

→sarvais arhadbhis kṣīṇa-āsravais niḥkleśais vaśībhūtais suvimukta-cittais suvimukta-prajñais ājāneyais mahā-nāgais kṛta-karaṇīyais apahṛta-bhārais anuprāpta-svakārthais parikṣīna-bhava-saṃyojanais samyag-ājñā-suvimukta-cittais sarva-ceto-vaśitā-parama-pāramitā-prāptais：全部（都是）阿罗汉，苦患尽灭，不再烦恼，已得自在，心慧得解，拥有伏象，所作已办，重担已释，证得己利。烦恼悉除，於正智心善得解脱，皆得自在，到达最胜彼岸。pl. I. ↔1-1. 的后续子句。说明主题3。

◆sarvais arhadbhis：全部（都是）阿罗汉。

D：一切无著。同格词↔小句，主谓结构

K：皆[是]阿罗汉。同格词↔小句，"是"字判断句

sarvais：(sarva) adj. n. pl. I. 一切、全部、所有。修饰 arhadbhis。

D：一切。K：皆。

arhadbhis：(arhat) adj. n. pl. I. 应供，音译为阿罗汉。D：无著。

K：阿罗汉。

◆kṣīṇa-āsravais：(kṣīṇa-āsrava) adj. n. pl. I. 烦恼尽灭。持业释（形容词关系）→多财释。

D：诸漏已尽。K：诸漏已尽。持业释（形容词关系）↔主谓结构

kṣīṇa:(√ kṣi)ppp. 已尽、尽灭。D:已尽。K:已尽。ppp. 中的“过去”义↔副词“已”

āsrava:m. 苦恼、病患。D:诸漏。K:诸漏。

◆niḥkleśais:(nir-kleśa)adj. n. pl. I. 不再烦恼。持业释(副词关系)→多财释。

D:无复欲尘。K:无复烦恼。持业释(副词关系)↔后续子句,状中结构

nir:pref. 无、外。D:无复。K:无复。

kleśa:m. 烦恼、惑。D:欲尘。K:烦恼。

◆vaśībhūtais:(vaśī-bhūta)adj. n. pl. I. 已得自在。依主释(业格关系)→多财释。

D:已得自在。依主释(业格关系)↔动宾结构

K:心得自在。依主释(业格关系)↔主谓结构,“心”为增译主语

vaśī:m. 自在者、自在天。D:自在。K:自在。

bhūta:(√ bhū)ppp. 被变成、已发生、存在。D:已得。K:得。

◆suvimukta-cittais:(suvimukta-citta)adj. n. pl. I. 心得解脱。持业释(形容词关系)→多财释。

D:心解。持业释(形容词关系)↔主谓结构

K:(无)

suvimukta:(su-vi-√ muc)ppp. 善得解脱。D:解。

citta:n. 心、意。D:心。

◆suvimukta-prajñais:(suvimukta-prajña)adj. n. pl. I. 慧得解脱。持业释(形容词关系)→多财释。

D:已脱於慧。持业释(形容词关系)↔动补结构

K:(无)

suvimukta:(su-vi-√ muc)ppp. 善得解脱。ppp. 的“过去”义↔

副词“已”

prajña：m. 智慧。

◆ājāneyais mahā-nāgais：拥有伏象。

ājāneyais：(ājāneya) adj. n. pl. I. 易调、善顺。修饰 mahā-nāgais。

mahā-nāgais：(mahā-nāga) adj. n. pl. I. 大象。持业释（形容词关系）→多财释。

nāga：m. 龙、象。

◆kṛta-karaṇīyais：(kṛta-karaṇīya) fpp. n. pl. I. 已作应作之事。依主释（业格关系）→多财释。

kṛta：(√kṛ) ppp. 已作。karaṇīya：(√kṛ) fpp. 应作。

◆apahṛta-bhārais：(apahṛta-bhāra) adj. n. pl. I. 重担已释的。持业释（形容词关系）→多财释。

apahṛta：(apa-√hṛ) ppp. 去除、夺去。

bhāra：m. 重担。

◆anuprāpta-svakārthais：(anuprāpta-svaka-artha) adj. n. pl. I. 证得己利。持业释（形容词关系）→多财释。

D：逮得己利。K：逮得己利。持业释（形容词关系）↔动宾结构

svaka-artha：自己的利益。持业释（形容词关系）。D：己利。K：己利。

svaka：adj. 自、己。artha：n. 利益、道理。

anuprāpta：(anu-pra-√āp) ppp. 证得、成就、具足。D：逮得。K：逮得。

◆parikṣīna-bhava-saṃyojanais (parikṣīna-bhava-saṃyojana) adj. n. pl. I. 烦恼悉尽。持业释（形容词关系）→多财释。

D：众结即断。持业释（形容词关系）↔主谓结构

K：尽诸有结。持业释（形容词关系）↔动宾结构

parikṣīna:(pari-√kṣi)ppp. 悉尽。**D:**即断。**K:**尽。

bhava-saṃyojana:n. 烦恼。依主释(属格关系)。**D:**结。**K:**有结。

bhava:m. 生、存在、有。saṃyojana:n. 结使、烦恼。

◆ samyag-ājñā-suvimukta-cittais(samyag-ājñā-suvimukta-citta) adj. n. pl. I. 於正智心善得解。依主释(位格关系)→多财释。

samyak-ājñā:f. 正智、正教。持业释(副词关系)。

samyak:adv. 正确、正等。ājñā:f. 言教、告令。

◆ sarva-ceto-vaśitā-parama-pāramitā-prāptais(sarva-ceto-vaśitā-parama-pāramitā-prāpta)adj. n. pl. I. 皆得自在,达至最胜彼岸。依主释(具格关系)→多财释。

D:一切由已,获度无极。依主释(具格关系)↔并列结构

K:(无)。

sarva-ceto-vaśitā:f. 皆心得自在。持业释(形容词关系)。**D:**一切由已。持业释(形容词关系)↔主谓结构

sarva:adj. 一切、全部、所有。

ceto-vaśitā:f. 心自在。依主释(属格关系)

ceto:(cetas)n. 心、意、念。vaśitā:f. 自在。

parama-pāramitā-prāpta:ppp. 已经到达最胜的彼岸。依主释(业格关系)。**D:**获度无极。依主释(业格关系)↔动宾结构

parama-pāramitā:最胜的彼岸。持业释(形容词关系)。

parama:adj. 最胜、第一。pāramitā:f. 到达彼岸的状态。音译为波罗蜜多。

prāpta:(pra-√āp)ppp. 已得、获得。

1-3

D:名曰:贤者知本际、贤者大迦叶、上时迦叶、象迦叶、江迦叶、舍利弗、大目揵连、迦旃延、阿那律、劫宾㝹、牛呞、离越、譬利斯、薄拘卢、拘绨、难陀、善意、满愿子、须菩提、阿难、罗云。

K:其名曰:阿若憍陈如、摩诃迦叶、优楼频螺迦叶、迦耶迦叶、那提迦叶、舍利弗、大目揵连、摩诃迦旃延、阿㝹楼驮、劫宾那、憍梵波提、离婆多、毕陵伽婆蹉、薄拘罗、摩诃拘绨罗、难陀、孙陀罗难陀、富楼那弥多罗尼子、须菩提、阿难、罗睺罗。如是众所知识大阿罗汉等。

abhijṇātair mahā-śrāvakaiḥ / tad-yathā / āyuṣmatā c'ājñātakauṇḍinyena āyuṣmatā caśvajitā āyuṣmatā ca bāṣpeṇa āyuṣmatā ca mahānāmnā āyuṣmatā ca bhadrikeṇa āyuṣmatā ca mahākāśyapena āyuṣmatā coruvilvākāśyapena āyuṣmatā ca nadīkāśyapena āyuṣmatā ca gayākāśyapena āyuṣmatā ca śāriputreṇa āyuṣmatā ca mahāmaudgalyāyanena āyuṣmatā ca mahākātyāyanena āyuṣmatā cāriruddhena āyuṣmatā ca revatena āyuṣmatā ca kapphinena āyuṣmatā ca gavāṃpatinā āyuṣmatā ca pilindavatsena āyuṣmatā ca bakkulena āyuṣmatā ca mahākauṣṭhilena āyuṣmatā ca bharaḍvājena āyuṣmatā ca mahānandena āyuṣmatā copanandena āyuṣmatā ca sundaranandena āyuṣmatā ca pūrṇāmaitrāyaṇīputreṇa āyuṣmatā ca subhū tinā āyuṣmatā ca rāhulaena / ebhiś cānyaiś ca mahā-śrāvakaiḥ / āyuṣmatā c'ānandena śaikṣeṇa

→abhijñātais mahā-śrāvakais /tad-yathā / āyuṣmatā ca ājñātakauṇḍinyena āyuṣmatā ca aśvajitā āyuṣmatā ca bāṣpeṇa āyuṣmatā ca mahānāmnā āyuṣmatā ca bhadrikeṇa āyuṣmatā ca mahākāśyapena āyuṣmatā ca uruvilvākāśyapena āyuṣmatā ca nadīkāśyapena āyuṣmatā ca gayākāśyapena āyuṣmatā ca śāriputreṇa āyuṣmatā ca mahāmaudgalyāyanena āyuṣmatā ca mahākātyāyanena āyuṣmatā cāriruddhena āyuṣmatā ca revatena āyuṣmatā ca kapphinena āyuṣmatā ca gavāṃpatinā āyuṣmatā ca pilindavatsena āyuṣmatā ca bakkulena āyuṣmatā ca mahākauṣṭhilena āyuṣmatā ca bharadvājena āyuṣmatā ca mahānandena āyuṣmatā copanandena āyuṣmatā ca sundaranandena āyuṣmatā ca pūrṇāmaitrāyaṇīputreṇa āyuṣmatā ca subhūtinā āyuṣmatā ca rāhulaena / ebhiś cānyaiś ca mahā-śrāvakaiḥ/ āyuṣmatā ca ānandena śaikṣeṇa：众所周知大声闻们。譬如长者知本际、长者马师、长者摩诃南、长者跋提罗、长者摩诃迦叶、长者优楼频螺迦叶、长者那提迦叶、长者迦耶迦叶。长者舍利弗、长者大目揵连、长者摩诃迦旃延、长者阿逸楼驮、长者离婆多、长者劫宾那、长者憍梵波提、长者毕陵伽婆蹉、长者薄拘罗、长者摩诃拘絺罗、长者颇罗堕、长者摩诃难陀、长者近喜、长者善意、长者满愿子、长者须菩提、长者罗睺罗、长者阿难有学、及余诸大弟子。pl. I. ↔1-1. 的后续子句，说明主题 3

◆abhijñātais mahā-śrāvakais：众所周知大声闻们。

D：（无）。**K：**众所知识大阿罗汉等。

abhijñātais：(abhi-√jñā)ppp. m. pl. I. 名称高远、众所知识。修饰 mahā-ś rāvakais。**K：**众所知识。ppp. 的"被动"义↔"所—"

mahā-śrāvakais：(mahā-śrāvaka)m. pl. I. 大弟子们。持业释（形容词关系）。**K：**大阿罗汉等。pl. ↔复数标记"—等"

mahā：(mahat)adj. 大。

śrāvaka：m. 弟子、声闻。

◆tad-yathā＝adv.：譬如。D：名曰。K：其名曰。

◆āyuṣmatā ca ājñātakauṇḍinyena：长者知本际。D：贤者知本际。K：阿若憍陈如。

āyuṣmatā：(āyuṣmat) adj. m. pl. I. 具足寿命、长者。加在名号前，表尊敬。

ca：conj. 和、而且、又、然而。

ājñāta-kauṇḍinyena：(ājñāta-kauṇḍinya) m. sg. I. (人名)知本际。音译为阿若憍陈如。

◆āyuṣmatā ca aśvajitā：长者马师。

aśvajitā：(aśvajita) m. sg. I. (人名)马师。

◆āyuṣmatā ca bāṣpeṇa：长者婆师波。

bāṣpeṇa：(bāṣpa) m. sg. I. (人名)气。音译为婆师波。

◆āyuṣmatā ca mahānāmnā：长者摩诃南。

mahānāmnā：(mahā-nāman) m. sg. I. (人名)大名、音译为摩诃南。

◆āyuṣmatā ca bhadrikeṇa：长者跋提罗。

bhadrikeṇa：(bhadrika) m. sg. I. (人名)具妙、音译为跋提罗。

◆āyuṣmatā ca mahākāśyapena：长者摩诃迦叶。D：大迦叶。K：摩诃迦叶。

mahākāśyapena：(mahā-kāśyapa) m. sg. I. (人名)音译为摩诃迦叶。

◆āyuṣmatā ca uruvilvākāśyapena：长者优楼频螺迦叶。D：上时迦叶。K：优楼频螺迦叶。

uruvilvākāśyapena：(uruvilvā-kāśyapa) m. sg. I. (人名)音译为优楼频螺迦叶。

◆āyuṣmatā ca nadīkāśyapena 长者那提迦叶。D：江迦叶。K：那

提迦叶。

nadīkāśyapena：(nadī-kāśyapa) m. sg. I.（人名）音译为那提迦叶。

◆āyuṣmatā ca gayākāśyapena：长者迦耶迦叶。D：象迦叶。K：迦耶迦叶。

gayākāśyapena：(gayā-kāśyapa) m. sg. I.（人名）迦耶迦叶。

◆āyuṣmatā ca śāriputreṇa：长者舍利弗。D：舍利弗。K：舍利弗。

śāriputreṇa：(śāri-putra) m. sg. I.（人名）善男子。音译为舍利弗。

◆āyuṣmatā ca mahāmaudgalyāyanena：长者大目揵连。D：大目揵连。K：大目揵连。

mahāmaudgalyāyanena：(mahā-maudgalyāyana) m. sg. I.（人名）大目揵连。

◆āyuṣmatā ca mahākātyāyanena：长者摩诃迦旃延。D：迦旃延。K：摩诃迦旃延。

mahākātyāyanena：(mahā-kātyāyana) m. sg. I.（人名）摩诃迦旃延。

◆āyuṣmatā ca ariruddhena：长者阿逸楼驮。D：阿那律。K：阿逸楼驮。

āriruddhena：(āriruddha) m. sg. I.（人名）音译为阿逸楼驮。

◆āyuṣmatā ca revatena：长者离婆多。D：离越。K：离婆多。

revatena：(revata) m. sg. I.（人名）音译为离婆多。

◆āyuṣmatā ca kapphinena：长者劫宾那。D：劫宾㝹。K：劫宾那。

kapphinena：(kapphina) m. sg. I.（人名）音译为劫宾那。

◆āyuṣmatā ca gavāṃpatinā：长者憍梵波提。D：牛呞。K：憍梵波提。

gavāṃpatinā:(gavāṃ-pati)m. sg. I.(人名)牛呞。音译为憍梵波提。

◆āyuṣmatā ca pilindavatsena:长者毕陵伽婆蹉。D:譬利斯。K:毕陵伽婆蹉。

pilindavatsena:(pilindavatsa)m. sg. I.(人名)音译为毕陵伽婆蹉。

◆āyuṣmatā ca bakkulena:长者薄拘罗。D:薄拘卢。K:薄拘罗。

bakkulena:(bakkula)m. sg. I.(人名)音译为薄拘罗。

◆āyuṣmatā ca mahākauṣṭhilena:长者摩诃拘绨罗。D:拘绨。K:摩诃拘绨罗。

mahākauṣṭhilena:(mahā-kauṣṭhila)m. sg. I.(人名)音译为摩诃拘绨罗。

◆āyuṣmatā ca bharadvājena:长者颇罗堕。

bharadvājena:(bharad-vāja)m. sg. I.(人名)音译为颇罗堕。

◆āyuṣmatā ca mahānandena:长者摩诃难陀。D:难陀。K:难陀。

mahānandena:(mahā-nanda)m. sg. I.(人名)音译为摩诃难陀。

◆āyuṣmatā ca upanandena:长者近喜。

upanandena:(upanandena)m. sg. I.(人名)近喜。音译为跋难陀。

◆āyuṣmatā ca sundaranandena:长者善意。D:善意。K:孙陀罗难陀。

sundaranandena:(sundara-nanda)m. sg. I.(人名)善意。音译为孙陀罗难陀。

◆āyuṣmatā ca pūrṇāmaitrāyaṇīputreṇa:长者满愿子。D:满愿子。K:富楼那弥多罗尼子。

pūrṇāmaitrāyaṇīputreṇa:(pūrṇā-maitrāyaṇī-putra)m. sg. I.(人

名)满愿子。音译为富楼那弥多罗尼子。

◆āyuṣmatā ca subhūtinā:长者须菩提。D:须菩提。K:须菩提。

subhūtinā:(subhūti)m. sg. I.(人名)善地。音译为须菩提。

◆āyuṣmatā ca rāhulaena:长者罗睺罗。D:罗云。K:罗睺罗。

rāhulena:(rāhula)m. sg. I.(人名)音译为罗睺罗。

◆ebhis ca anyais ca mahā-śrāvakais:这些和其他诸大弟子。D:(无)。K:如是(大阿罗汉等)。

ebhis:(tad)pron. m. pl. I. 这些。限定 mahā-śrāvakais。

anyais:(anya)adj. m. pl. I. 其他的。修饰 mahā-śrāvakais。

◆āyuṣmatā ca ānandena śaikṣeṇa:长者阿难有学。D:阿难。K:阿难。

ānandena:(ānanda)m. sg. I.(人名)阿难。

śaikṣeṇa:(śaikṣa)m. sg. I. 学、有学。

1-4

D:(无)。

K:复有学、无学二千人。

anyābhyāṃ ca dvābhyāṃ bhikṣusahasrābhyāṃ śaikṣāśaikṣābhyāṃ →anyābhyām ca dvābhyām bhikṣusahasrābhyām śaikṣāśaikṣābhyām:又(有)其他学与无学二千比丘。du. I. ↔1-1. 的后续子句,说明主题 2,同时"学无学二千人"充当主题 3,"复有"为增译的主题标记

◆anyābhyām:(anya)adj. n. du. I. 其他。

◆ca:conj. 和、而且、又、然而。

◆dvābhyām bhikṣusahasrābhyām:二千比丘。D:(无)。K:二千人。

dvābhyām:(dva)num. n. du. I. 二。

bhikṣusahasrābhyām：(bhikṣu-sahasra) n. du. I. 一千比丘。依主释(属格关系)。

bhikṣu：m. 男性出家人。音译为比丘。

sahasra：num. n. 一千。意义与 dvābhyām 相连，表示二千。

◆śaikṣāśaikṣābhyām：(śaikṣa-aśaikṣa) adj. n. du. I. 学与无学。相违释。**D：(无)**。**K：**学无学。

śaikṣa：adj. 学、有学。

aśaikṣa：adj. 无学。

1-5

D：(无)。

K：摩诃波阇波提比丘尼，与眷属六千人俱。

mahāprajāpatī-pramukhaiś ca ṣaḍbhir bhikṣuṇīsahasraiḥ → mahāprajāpatī-pramukhais ca ṣaḍbhis bhikṣuṇīsahasrais：又(有)以大爱道为首的六千比丘尼。pl. I. ↔1-1. 的后续子句，说明主题 2，同时"摩诃波阇波提比丘尼"充当主题 3

◆ mahāprajāpatī-pramukhais：(mahāprajāpatī-pramukha) adj. n. pl. I. 以大爱道为首的。依主释(具格关系)→多财释。修饰 ṣaḍbhis bhikṣuṇīsahasrais。

mahā-prajā-patī：f. (人名)大爱道。音译为摩诃波阇波提。**D：(无)**。**K：**摩诃波阇波提比丘尼。

pra-mukha：adj. 元首、将领。

◆ ṣaḍbhis bhikṣuṇīsahasrais：六千比丘尼。**D：(无)**。**K：**六千人。

ṣaḍbhis：(ṣaṭ) num. n. pl. I. 六。

bhikṣuṇīsahasrais：(bhikṣuṇī-sahasra) n. pl. I. 一千比丘尼。依主释(属格关系)。

bhikṣuṇī：f. 女性出家人。音译为比丘尼。

sahasra：n. 一千。虽然位置在bhikṣuṇī之后，但意义上应与ṣaḍbhis相连表示六千。

verse：1-47

D：文殊师利　今何以故　导利众庶　放演光明
　甚大威曜　出于面门　神变遍照　十方霍然

K：文殊师利　导师何故　眉间白毫　大光普照

kiṃ kāraṇaṃ mañjuśirī iyaṃ hi
　　raśmiḥ pramuktā nara-nāyakena /
prabhāsayantī bhramukāntarātu
　　rṇāya kośād iyam eka-raśmiḥ //1//

→kim kāraṇam mañjuśirī iyam hi raśmis pramuktā nara-nāyakena / prabhāsayantī bhramukāntarātu ūrṇāya kośāt iyam eka-raśmis

1-47-1. kim kāraṇam mañjuśirī iyam hi raśmis pramuktā nara-nāyakena：文殊师利啊！什么原因世间导师放此光芒。

◆kim kāraṇam：什么原因。**D：**何以故。**K：**何故。

kim：inter. n. sg. N. 什么。修饰kāraṇam。

kāraṇam：(kāraṇa)n. sg. N. 因缘。

◆mañjuśirī：f. sg. V. 文殊师利啊。**D：**文殊师利。**K：**文殊师利。

◆hi：adv. 事实上、因为。

◆iyam hi raśmis：此光。**D：**光明甚大威曜。**K：**大光。

iyam：(idam)dem. f. sg. N. 这。限定 raśmis。

raśmis：(raśmi) f. sg. N. 光明。

◆pramuktā：(pra-√muc)ppp. f. sg. N. 放、普放。代替动词。**D：**放演、出。**K：(无)**。

◆nara-nāyakena：(nara-nāyaka)m. sg. I. 世人导师。依主释（属格关系）。**D：**导利众庶。**K：**导师。

nara：m. 人、男。nāyaka：m. 导师。

1-47-2. prabhāsayantī bhramukāntarātu ūrṇāya kośāt iyam eka-raśmis：从眉间（白）毫照射出此道光芒。

◆prabhāsayantī[①]：(pra-√ bhās) caus. ppt. f. sg. N. 遍照。修饰 eka-raśmis。**D：**遍照。**K：**普照。

◆bhramuka-antarātu[②]：(bhramuka-antara)n. sg. Ab. 从眉间。依主释（属格关系）。**D：**于面门。**K：**眉间。

◆ūrṇāya kośāt：从眉间（白）毫中。**D：（无）**。**K：**白毫。

ūrṇāya[③]：(ūrṇā)f. sg. Ab. 从眉间（白）毫。限定 kośāt。

kośāt：(kośa)m. sg. Ab. 从库藏。

◆iyam eka-raśmis：这一束光明。**D：**光明。**K：**大光。

iyam：(idam)dem. f. sg. N. 这。限定 eka-raśmis。

eka-raśmis：(eka-raśmi) f. sg. N. 一道光明。持业释

1-48

D：天雨众华　纷纷如降　意华大意　柔软音华

种种若干　其色殊妙　栴檀馨香　悦可众心

K：雨曼陀罗　曼殊沙华　栴檀香风　悦可众心

māndāravāṇāṃ ca mahanta-varṣaṃ

puṣpāṇi muñcanti surāḥ suhṛṣṭāḥ /

mañjūṣakāṃś candana-cūrṇa-miśrān

divyān sugandhāṃś ca mano-ramāṃś ca //2/

→māndāravāṇām ca mahanta-varṣam puṣpāṇi muñcanti surās suhṛṣṭās mañjūṣakān candana-cūrṇa-miśrān divyān sugandhān ca manoramān ca

1-48-1. māndāravāṇām ca mahanta-varṣam puṣpāṇi muñcanti surās suhṛṣṭās：天众欢喜，散大曼陀罗(华)雨、众花。

◆māndāravāṇām ca mahanta-varṣam：大曼陀罗(华)雨。**D：**意华。**K：**曼陀罗。

māndāravāṇām：(māndārava)m. pl. G. 曼陀罗(华)。修饰 mahanta-varṣam。

ca：conj. 和、而且、又、然而。

mahanta-varṣam：(mahanta-varṣa)m. sg. Ac. 大雨。持业释(形容词关系)。

mahanta④：adj. 大。varṣa：n. 雨。

◆puṣpāṇi：(puṣpa)n. pl. Ac. 众花。**D：**众华。**K：(无)**。

◆muñcanti：(√muc)pres. 3. pl. P. 解开、放。**D：**雨。**K：**雨。

◆surās：(sura)m. pl. N. 天、天众。**D：**天。**K：(无)**。

◆suhṛṣṭās：(su-√hṛṣ)ppp. m. pl. N. 欢喜地。现在分词表方式。

1-48-2. mañjūṣakān candana-cūrṇa-miśrān divyān sugandhān ca manoramān ca：曼殊沙(华)、栴檀香末和微妙天香。

◆mañjūṣakān：(mañjūṣaka) m. pl. Ac. 曼殊沙(华)。**D：**柔软音华。**K：**曼殊沙华。

◆candana-cūrṇa-miśrān：(candana-cūrṇa-miśra)m. pl. Ac. 栴檀香末。依主释(具格关系)。**D：**栴檀。**K：**栴檀。

candana-cūrṇa：n. 栴檀香末。miśra：adj. 杂、合。

◆divyān sugandhān：天香。

divyān：(divya)adj. m. pl. Ac. 天上、端严。

sugandhān：(su-gandha) m. pl. Ac. 香、好香、香味。**D：**馨香。

K：香风。

◆mano-ramān：（mano-rama）adj. m. pl. Ac. 可爱、微妙、悦可心。D：悦可众心。K：悦可众心。

◆ca ... ca：conj. 和。

1-49

D：严净巍巍　皆悉周遍　今日四辈　欣然踊跃
　於此佛土　十方世界　六反震动　莫不倾摇

K：以是因缘　地皆严净　而此世界　六种震动
　时四部众　咸皆欢喜　身意快然　得未曾有

yehī mahī śobhati ’yaṃ samantāt
　　parṣāś ca catvāra sulabdha-harṣāḥ /
sarvaṃ ca kṣetraṃ imu saṃprakampitaṃ
　　ṣaḍbhir vikārehi subhīṣma-rūpaṃ //3//

→yehī mahī śobhati ’yaṃ samantāt parṣās ca catvāra sulabdha-harṣās /

sarvaṃ ca kṣetraṃ imu saṃprakampitaṃ ṣaḍbhis vikārehi subhīṣma-rūpam

1-49-1. yehī mahī śobhati ’yaṃ samantāt parṣās ca catvāras sulabdha-harṣās：因此周遍盛大庄严，四众善得欢喜。

◆yehī[⑤]：（yad）rel. n. pl. I. 因此。D：（无）。K：以是因缘。

◆mahī：（mahin）adj. m. sg. N. 大。D：巍巍。K：（无）。

◆ayam：（idam）dem. m. sg. N. 此。D：（无）。K：地。

◆śobhati：（śubh）pres. 3. sg. P. 庄严、照耀。D：严净。K：严净。

◆samantāt：（sam-anta）adj. sg. Ab. 普遍、周遍。D：皆悉周遍。K：皆。

◆parṣās ca catvāra：四部众。D：四辈。K：四部众。

parṣās：(parṣā)f. pl. N. 众会。

ca：conj. 和、而且、又、然而。

catvāras：(catur)num. f. N. 四。

◆sulabdha-harṣās：(sulabdha-harṣā)f. pl. N. 善得欢喜。持业释(形容词关系)。D：欣然踊跃。K：欢喜。

sulabdha：(su-√labh)adj. 善得、大善利。harṣa：m. 欢喜。

1-49-2. sarvam ca kṣetram imu saṃprakampitam ṣaḍbhis vikārehi subhīṣma-rūpam：一切佛土六反震动。

◆sarvam ca kṣetram imu：一切(佛)土。D：於此佛土十方世界。K：此世界。

sarvam：adj. n. sg. N. 一切、全部、所有。修饰 kṣetram。

kṣetram：(kṣetra)n. sg. N. 国土。

imu[6]：(idam)dem. n. sg. N. 此。限定 kṣetram。

◆saṃprakampitam：(sam-pra-√kamp)ppp. n. sg. N. 等遍摇动、共震。D：震动。K：震动。

◆ṣaḍbhisvikārehi：六种。D：六反。K：六种。

ṣaḍbhis：(ṣaḍ)num. pl. I. 六。修饰 vikārehi。

vikārehi[7]：(vikāra)m. pl. I. 变异、反转。

◆subhīṣma-rūpam：(subhīṣma-rūpa)adj. n. sg. N. 威猛之相。持业释(形容词关系)。D：莫不倾摇。K：(无)。

subhīṣma：adj. 可怖、大威猛。rūpa：n. 相貌、色。

1-50

D：于彼光明　则照东方　万八千土　其晖普彻

诸佛境土　紫磨金色　煌煌灼灼　焮无不接

K：眉间光明　照于东方　万八千土　皆如金色

sā caiva raśmī purimā-diśāya

aṣṭādaśa-kṣetra-sahasra-pūrṇāḥ /

avabhāsayī eka-kṣaṇena sarve

suvarṇa-varṇā iva bhonti kṣetrāḥ //4//

→sā caiva raśmī purimā-diśāya aṣṭādaśa-kṣetra-sahasra-pūrṇā avabhāsayī eka-kṣaṇena sarve suvarṇa-varṇā iva bhonti kṣetrās

1-50-1. sā ca eva raśmī purimā-diśāya aṣṭādaśa-kṣetra-sahasra-pūrṇā：就是此光又普照东方一万八千国土。

◆sā ca eva raśmī：即此光。D：于彼光明。K：眉间光明。

sā：(tad)pron. f. sg. N. 此。限定 raśmī。

ca：conj. 和、而且、又、然而。

eva：adv. 就是，才是。强调语，放在所强调的词语之后。

raśmī：f. sg. N. 光明。

◆purimā-diśāya[⑧]：(purimā-diśā) f. sg. L. 东方。依主释(属格关系)。D：东方。K：于东方。

purimā：f. 东。diśā f. 方所。

◆aṣṭādaśa-kṣetra-sahasra-pūrṇā：adj. f. sg. N. 充满一万八千国土。依主释(业格关系)。D：万八千土。K：万八千土。

aṣṭādaśa-kṣetra-sahasra：一万八千国土。

aṣṭādaśa：num. 十八。

kṣetra-sahasra：n. 一千(佛)土。

kṣetra：n. 国土、世界。

sahasra：n. 一千。意义上与aṣṭādaśa相连，表示一万八千。

pūrṇā:(√pṛ)ppp. f. 具足、充满。

1-50-2. avabhāsayī eka-kṣaṇena sarve suvarṇa-varṇā iva bhonti kṣetrās:普照之后，所有国土顷刻间变得如同金色。

◆avabhāsayī[⑨]:(ava-√bhās)ger. 遍照(后)。**D:**照、彻。**K:**照。

◆eka-kṣaṇena:(eka-kṣaṇa)n. sg. I. 一刹那顷。持业释。

eka:num. 一。kṣaṇa:m. 须臾、刹那顷。

◆sarve:(sarva)adj. m. pl. N. 全部、一切、所有。**D:**普。**K:**皆。

◆suvarṇa-varṇās:(suvarṇa-varṇa)m. pl. N. 金色。依主释(属格关系)。**D:**紫磨金色。**K:**金色。

su-varṇa:m. 黄金。varṇa:m. 色身、色像。

◆iva:adv. 犹如。**D:(无)**。**K:**如。

◆bhonti[⑩]:(√bhū)pres. 3. pl. P. 变成、发生、存在。

◆kṣetrāḥ[⑪]:(kṣetra)m. pl. N. 国土。**D:**诸佛境土。**K:(无)**。

附 注

① 见 BHSG §18.6。

② 见 BHSG § 8.53。

③ 见 BHSG § 9.58。

④ 见 BHSG §18.5。

⑤ 见 BHSG § 21.46。

⑥ 见 BHSG § 21.85。

⑦ 见 BHSG § 8.108。

⑧ 见 BHSG § 9.42。

⑨ 见 BHSG § 35.49 "Gerunds in i,ī"。

⑩ 见 BHSG § 1.29 & BHSD, P412。

⑪ 见 BHSG § 8.100。

II. Upāya-kauśalya-parivarto nāma dvīyaḥ
方便 品 名为 第二

prose：2-1

D：於是世尊从三昧觉，告贤者舍利弗：

K：尔时世尊从三昧安详而起，告舍利弗：

atha khalu bhagavān smṛtimān saṃprajñānas tataḥ samādher vyutthito vyutthāy' āyuṣmantam śāriputram āmantrayate sma →atha khalu bhagavān smṛtimān saṃprajñānas tatas samādhes vyutthitas vyutthāya āyuṣmantam śāriputram āmantrayate sma：於是世尊志念坚固，从三昧觉知而起。起身之后，告诉长者舍利弗。↔主题链，连动式

2-1-1. atha khalu：於是。

D：於是。句首小品词↔连词，用作话题转换标记

K：尔时。句首小品词↔时间词，用作话题转换标记

◆atha：adv. 此时、从此、这样。

◆khalu：indec. 事实上、确实；然而。

2-1-2. bhagavān smṛtimān saṃprajñānas tatas samādhas vyutthitas vyutthāya：世尊志念坚固，已经觉悟，从三昧中起，起身以后。

D：於是世尊从三昧觉。ger. 结构↔连动式的 VP1

K：尔时世尊从三昧安详而起。ger. 结构↔连动式的 VP1

◆bhagavān：(bhagavat) m. sg. N. 世尊。作 vyutthitas 的主词。**D**：世尊。**K**：世尊。N. ↔主题兼主语

◆smṛtimān：(smṛtimat) adj. m. sg. N. 正念、志念坚固。修饰 bhagavān。**D**：(无)。**K**：安详。

◆saṃprajñānas：(saṃ-pra-√jñā) ppp. m. sg. N. 已了知、觉知。代

替动词。

◆tatas samādhes：从这三昧中。从格表起点来源，修饰 vyutthitas。D：从三昧。K：从三昧。Ab. ↔介宾短语，作地点状语

tatas：adv. 从此。限定 samādhas。

samādhes：(samādhi) m. sg. Ab. 定、三昧。

◆vyutthitas：(vi-ud-√ thā) ppp. m. sg. N. 出、起。代替动词。D：觉。K：起。ppp. ↔连动式的 VP1

◆vyutthāya：(vi-ud-√ sthā) ger. 起身以后。

2-1-3. āyuṣmantam śāriputram：对长者舍利弗。作 āmantrayate sma 的受词。

D：贤者舍利弗。K：舍利弗。Ac. ↔间接宾语

◆āyuṣmantam：(āyuṣmat) adj. m. sg. Ac. 具足寿命、长者。加在名号前，表尊敬。D：贤者。K：(无)。

◆śāriputram：(śāriputra) m. sg. Ac. (人名)善男子。音译为舍利弗。D：舍利弗。K：舍利弗。

2-1-4. āmantrayate sma：普告。

D：告。K：告。核心动词↔连动式的 VP2

◆āmantrayate：(ā-√ mantraya) pres. 3. sg. A. 告……言、普告。

◆sma：indec. 接现在时动词之后，表示过去时态。

2-2

D：佛道甚深，如来、至真、等正觉所入之慧，难晓难了，不可及知，虽声闻缘觉。

K：诸佛智慧甚深无量，其智慧门难解难入，一切声闻、辟支佛所不能知。所以者何？

gambhīraṃ śāriputra durdṛśaṃ duranubodhaṃ

buddha-jñānaṃ tathāgatair arhadbhiḥ samyak-saṃbuddhaiḥ pratibuddhaṃ durvijñeyaṃ sarva-śrāvaka-pratyekabuddhaiḥ /tat kasya hetoḥ→gambhīram śāriputra durdṛśam duranubodham buddha-jñānam tathāgatais arhadbhis samyak-sambuddhais pratibuddham durvijñeyam sarva-śrāvaka-pratyekabuddhais /tat kasya hetos：舍利弗啊！诸如来应供等正觉所悟佛慧甚深难解，不可觉知，一切声闻和辟支佛难以知晓。什么原因呢？↔新主题链

2-2-1. gambhīram śāriputra durdṛśam duranubodham buddha-jñānam tathāgatais arhadbhis samyak-sambuddhais pratibuddham：舍利弗啊！诸如来应供等正觉所悟佛慧甚深，难可得见，难可觉知。

D：佛道甚深。来至真等正觉所入之慧难晓难了。

K：诸佛智慧甚深无量，其智慧门难解难入。

◆gambhīram：(gambhīra) adj. m. sg. N. 甚深、深远。修饰 buddha-jñānam。**D**：甚深。**K**：甚深无量。adj. N.↔说明部分

◆śāriputra：(śāri-putra) m. sg. V.（人名）善男子。音译为舍利弗。

◆durdṛśam：(dur-dṛśa) adj. m. sg. N. 难可得见，难解。修饰 buddha-jñānam。**D**：难晓。**K**：难解。adj. N.↔说明部分

◆duranubodham：(dur-anubodha) adj. m. sg. N. 难解，难悟，难可觉知。修饰 buddha-jñānam。**D**：难了。**K**：难入。adj. N.↔说明部分

◆buddha-jñānam：(buddha-jñāna) n. sg. N. 圣智、佛慧。依主释（属格关系）。**D**：佛道。**K**：诸佛智慧。N.↔主题兼主语

buddha：m. 佛陀、觉者。jñāna：n. 智慧。

◆tathāgatais arhadbhis samyak-sambuddhais pratibuddham：由诸如来至真等正觉所知。**D**：如来至真等正觉所入。N.↔主语修饰语 **K**：(无)。

tathāgatais arhadbhis samyak-sambuddhais：由诸如来至真等正

觉。三词同位关系。

tathāgatais:(tathāgata)m. pl. I. 如来。**D**:如来。**K**:(无)。

arhadbhis:(arhat)m. pl. I. 应供、阿罗汉。**D**:至真。**K**:(无)。

samyak-sambuddhais:(samyak-saṃbuddha)adj. m. pl. I. 正等正觉。持业释(副词关系)。**D**:等正觉。**K**:(无)。

pratibuddham:(prati-√budh)ppp. m. sg. N. 觉悟、所知。**D**:所入。**K**:(无)。

2-2-2. durvijñeyam sarva-śrāvaka-pratyekabuddhais:一切声闻和辟支佛难以了知。

D:不可及知。[虽]声闻缘觉。——说明子句。"虽"为增译连词,引导让步从句,后现,可能是模仿原文词序。

K:一切声闻、辟支佛所不能知。——说明子句。

◆durvijñeyam:(dus-vi-√jñā)fpp. m. sg. N. 难以觉知,不可了知。代替动词。

D:不可及知。fpp. ↔"可"

K:所不能知。fpp. ↔"所+能"

◆ sarva-śrāvaka-pratyekabuddhais:(sarva-śrāvaka-pratyekabuddha)m. pl. I. 一切声闻和辟支佛。持业释(形容词关系)。在此具格表施事。

D:虽声闻缘觉。I. ↔作条件分句的施事主语

K:一切声闻、辟支佛。I. ↔作说明子句的施事主语

sarva:adj. 一切、全部、所有。

śrāvaka-pratyekabuddha:m. 声闻和辟支佛。相违释。

śrāvaka:m. 声闻、弟子。

pratyeka-buddha:m. 独觉、缘一觉。音译为辟支佛。

2-2-3. tat kasya hetos：何故有此？

D：（无）。**K：**所以者何。

◆tat：pron. m. sg. N. 这。**D：**（无）。**K：**所以者。

◆kasya hetos：甚么原因、何故。**D：**（无）。**K：**何。

kasya：(kim) inter. pron. m. sg. G. 何者、甚么。修饰 hetos。

hetos：(hetu) m. sg. G. 因、缘。

2-3

D：从本亿载，所事归命，无央数劫，造立德本，奉遵佛法，殷勤劳苦，精进修行，尚不能了道品之化。

K：佛曾亲近百千万亿无数诸佛，尽行诸佛无量道法，勇猛精进名称普闻，成就甚深未曾有法，随宜所说意趣难解。

bahu-buddha-koṭī-nayuta-śata-sahasra-paryupāsitāvino hi śāriputra tathāgatā arhantaḥ samyak-saṃubddhā bahu-buddha-koṭī-nayuta-śata-sahasra-cīrṇa-caritāvino 'nuttarāyāṃ samyak-saṃbodhau dūrānugatāḥ kṛta-vīryā āścaryādbhuta-dharma-samanvāgatā durvijñeya-dharma-samanvāgatā durvijñeya-dharmānujñātāvinaḥ/ durvijñeyaṃ śāriputra saṃdhābhāṣyaṃ tathāgatānām arhatāṃ samyak-saṃbuddhānāṃ

→bahu-buddha-koṭī-nayuta-śata-sahasra-paryupāsitāvinas hi śāriputra tathāgatās arhantas samyak-saṃubddhās bahu-buddha-koṭī-nayuta-śata-sahasra-cīrṇa-caritāvinas anuttarāyām samyak-saṃbodhau dūrānugatās kṛta-vīryās āścaryādbhuta-dharma-samanvāgatās durvijñeya-dharma-samanvāgatās durvijñeya-dharmānujñātāvinas/ durvijñeyam śāriputra saṃdhābhāṣyam tathāgatānām arhatām samyak-saṃbuddhānām：舍利弗啊！因为诸如

来至真等正觉曾亲近百千万亿无数诸佛，已行百千万亿无数诸佛所行，(至)於无上正等正觉，深入勇猛，具足赞叹难解未曾有之法。舍利弗啊！诸如来至真等正觉随宜说法甚难了知。↔新主题链，联合式并列复句

2-3-1. bahu-buddha-koṭī-nayuta-śata-sahasra-paryupāsitāvinas hi śāriputras tathāgatās arhantas samyak-saṃubddhās：舍利弗啊！因为诸如来至真等正觉曾亲近百千万亿无数诸佛。

D：从本亿载所事归命。——分句

K：佛曾亲近百千万亿无数诸佛。——分句

◆bahu-buddha-koṭī-nayuta-śata-sahasra-paryupāsitāvinas：(bahu-buddha-koṭī-nayuta-śata-sahasra-paryupāsitāvin) app. m. pl. N. 曾亲近百千万亿无数诸佛。依主释(为格关系)。代替动词。

D：从本亿载所事归命。

K：曾亲近百千万亿无数诸佛。依主释(为格关系)↔动宾结构

bahu-buddha-koṭī-nayuta -śata-sahasra：n. 百千万亿无数诸佛。依主释(属格关系)。**D：(无)**。**K：**百千万亿无数诸佛。

bahu-buddha：无量佛。持业释(形容词关系)。

bahu：adj. 众多、无量。buddha：m. 佛陀、觉者。

koṭī-nayuta-śata-sahasra：百千亿那术。相违释。

śata：n. 一百。sahasra：n. 一千。koṭī：f. 千万、亿。nayuta：n. m. 千亿、那术。

paryupāsitāvin：(pari-upa-√ās)app. 已供养、曾亲近。**D：(无)**。**K：**曾亲近。

◆hi：adv. 事实上、因为。

◆śāriputra：m. sg. V. (人名)善男子。音译为舍利弗。

◆tathāgatās arhantas samyak-saṃubddhās：诸如来至真等正觉。

三词同位关系。

D:**(无)**。**K**:佛。N. ↔主题兼主语

tathāgatās:(tathāgata)m. pl. N. 如来。

arhantas:(arhant)adj. m. pl. N. 应供。

samyak-saṃubddhās:(samyak-saṃbuddha)m. pl. N. 正等正觉。持业释(副词关系)。

2-3-2. bahu-buddha-koṭī-nayuta-śata-sahasra-cīrṇa-caritāvinas:(bahu-buddha-koṭī-nayuta-śata-sahasra-cīrṇa-caritāvin)app. m. pl. N. 已行百千万亿无数诸佛所行。依主释(业格关系)。代替动词。

D:奉遵佛法……修行。——分句。依主释(业格关系)↔动宾结构

K:尽行诸佛无量道法。——分句。依主释(业格关系)↔动宾结构

bahu-buddha-koṭī-nayuta -śata-sahasra-cīrṇa:百千万亿无数诸佛所行。依主释(具格关系)。

bahu-buddha-koṭī-nayuta -śata-sahasra:n. 百千万亿无数诸佛。依主释(属格关系)。

cīrṇa:(√car)ppp. 所行、已行。

caritāvin:(√car)app. 修行。

2-3-3. anuttarāyām samyak-saṃbodhau:(至)於无上正等正觉。在此位格表处所。

◆anuttarāyām:(anuttarā)adj. f. sg. L. 无上、最胜。

◆samyak-saṃbodhau:(samyak-saṃbodhi)adj. f. sg. L. 正等正觉。

2-3-4. dūrānugatās:(dūra-anugata)adj. m. pl. N. 久远、深入。持业释(形容词关系)→多财释。

D:**(无)**。

K:名称普闻。——分句

dūra:adj. 深远、遥远。

anugata:(anu-√gam)ppp. 随行、随入、通达。

2-3-5. kṛta-vīryās:(kṛta-vīrya)adj. m. pl. N. 精进、勇猛。持业释(形容词关系)→多财释。

D:殷勤劳苦精进。——分句

K:勇猛精进。——分句

kṛta:(√kṛ)ppp. 已作。vīrya:n. 精进、勇猛。

2-3-6. āścaryādbhuta-dharma-samanvāgatās durvijñeya-dharma-samanvāgatās durvijñeya-dharmānujñātāvinas:具足赞叹难解未曾有之法。三个复合词并列关系。

D:尚不能了道品之化。——分句。依主释(业格关系)↔动宾结构

K:成就甚深未曾有法。——分句。依主释(业格关系)↔动宾结构

◆āścaryādbhuta-dharma-samanvāgatās:(āścarya-adbhuta-dharma-samanvāgata)ppp. m. pl. N. 成就未曾有之法。依主释(业格关系)。代替动词。

āścarya-adbhuta-dharma:m. 未曾有之法教。依主释(属格关系)。

āścarya-adbhuta:n. 未曾有。相违释。

āścarya:n. 惊异、希有、未曾有。adbhuta:n. 奇特、未曾有。

dharma:m. 法教、正法。

samanvāgata:(sam-anu-ā-√gam)ppp. 成就、具足。

◆durvijñeya-dharma-samanvāgatās:(durvijñeya-dharma-samanvāgata)ppp. m. pl. N. 成就难可了知之法。依主释(业格关系)。代替动词。**D**:尚不能了道品之化。**K**:随宜所说意趣难解。

durvijñeya-dharma:m. 难可了知之法。持业释(形容词关系)。

durvijñeya:(dus-vi-√jñā)fpp. 难以理解,难可了知。

dus:prep:恶的;难的;不完全的。vi:pref. 分离、消灭。

√jñā:了知。

◆durvijñeya-dharmānujñātāvinas:(durvijñeya-dharma-anujñātāvin)app. m. pl. N. 认同此法难可了知。依主释(业格关系)。代替动词。**D**:(无)。**K**:甚深。——分句。

anujñātāvin:(anu-√jñā)app. 许可、听许、赞叹。

2-3-7. durvijñeyam śāriputra saṃdhābhāṣyam tathāgatānām arhatām samyak-saṃbuddhānām:舍利弗啊,诸如来至真等正觉的随宜所说难可了知。

D:尚不能了道品之化。舍利弗!如来观察人所缘起。——分句

K:随宜所说意趣难解。舍利弗!吾从成佛已来。——分句

◆durvijñeyam:(dus-vi-√jñā)fpp. n. sg. N. 难以理解,难可了知。代替动词。**D**:尚不能了道品之化。**K**:意趣难解。

◆śāriputra:m. sg. V.(人名)善男子。音译为舍利弗。**D**:舍利弗。**K**:舍利弗。

◆saṃdhābhāṣyam:(saṃdhā-bhāṣya)n. sg. N. 方便说、秘密教、随宜所说。持业释(形容词关系)。**D**:随谊顺导。**K**:随宜所说。

saṃdhā:(saṃ-√dhā)adj. 以……密意、依义。

bhāṣya:n. 所说、语言。

◆tathāgatānām arhatām samyak-saṃbuddhānām:诸如来至真等正觉。在此属格作领有主词。

D:如来。

K：吾从成佛已来。G. ↔介词短语作时间状语

tathāgatānām：(tathāgata)m. pl. G. 如来。

arhatām：(arhat)m. pl. G. 应供，音译为阿罗汉。

samyak-saṃbuddhānām：(samyak-saṃbuddha)m. pl. G. 正等正觉。持业释(副词关系)。

2-4

D：又舍利弗！如来观察人所缘起[①]，善权方便，随谊顺导，猗靡现慧，各为分别，而散法谊，用度群生。

K：舍利弗！吾从成佛已来[②]，种种因缘，种种譬喻，广演言教无数方便，引导众生令离诸著。所以者何？

tat kasya hetoḥ / svapratyayān dharmān prakāśayati vividhopāya-kauśalya-jñāna-darśana-hetu-kāraṇa-nirdeśan' ārambaṇa-nirukti-prajñaptibhis tais-tair upāya-kauśalyais tasmiṃs-tasmiṃl lagnān sattvān pramocayitum → tat kasya hetos / svapratyayān dharmān prakāśayati vividhopāya-kauśalya-jñāna-darśana-hetu-kāraṇa-nirdeśana ārambaṇa-nirukti-prajñaptibhis tais-tais upāya-kauśalyais tasmiṃs-tasmin lagnān sattvān pramocayitum：什么原因呢？诸如来至真等正觉开示自觉正法，通过分别演说种种方便善巧智慧悟性因缘章句，来度脱各处执著众生。↔2-3. 的后续子句

2-4-1. tat kasya hetos：何故有此？

D：(无)。**K**：所以者何。

◆tat：pron. m. sg. N. 这。**D**：所以者。**K**：(无)。

◆kasya hetos：甚么原因、何故。**D**：何。**K**：(无)。

kasya：(kim) inter. pron. m. sg. G. 何者、甚么。修饰 hetos。

hetos：(hetu)m. sg. G. 因、缘。

2-4-2. svapratyayān dharmān prakāśayati vividhopāya-kauśalya-jñāna-darśana-hetu-kāraṇa-nirdeśana ārambaṇa-nirukti-prajñaptibhis tais-tais upāya-kauśalyais tasmiṃs-tasmin lagnān sattvān pramocayitum：以分别演说种种方便善巧智慧悟性因缘章句，开示正法，来度脱各处执著众生。

D：善权方便，猗靡现慧各为分别，而散法谊。用度群生。——分句

K：种种因缘。种种譬喻。广演言教。无数方便引导众生。令离诸著。——分句

◆svapratyayān dharmān：自觉正法。作的 prakāśayati 受词。

D：法谊。K：言教。Ac. ↔宾语

svapratyayān：(sva-pratyaya)m. pl. Ac. 自觉、自证。

dharmān：(dharma)m. pl. Ac. 正法、法教。

◆prakāśayati：(pra-√kāś)caus. pres. 3. sg. P. 宣畅、开示。D：散。K：广演。

◆vividhopāya-kauśalya-jñāna-darśana-hetu-kāraṇa-nirdeśana ārambaṇa-nirukti-prajñaptibhis tais-tais upāya-kauśalyais：用分别演说种种方便善巧智慧悟性因缘言辞。在此具格表工具手段。

D：善权方便。猗靡现慧。各为分别。I. ↔名词短语，作工具状语

K：种种因缘。种种譬喻。无数方便。I. ↔名词短语，作工具状语

vividhopāya-kauśalya-jñāna-darśana-hetu-kāraṇa-nirdeśana：(vividha-upāya-kauśalya-jñāna-darśana-hetu-kāraṇa-nirdeśana)n. pl. I. 以分别演说种种方便善巧智慧悟性因缘。依主释(业格

关系）。

vividha-upāya-kauśalya-jñāna-darśana-hetu-kāraṇa：n. 种种方便善巧智慧悟性因缘。持业释（形容词关系）。

vividha：adj. 种种、无量。

upāya-kauśalya-jñāna-darśana-hetu-kāraṇa：n. 方便善巧智慧悟性因缘。相违释。

upāya-kauśalya：n. 方便善巧。jñāna：n. 智慧。darśana：n. 知觉、悟性。

hetu：m. 因。kāraṇa：n. 因缘。

nirdeśana：n. 分别演说、现示、所说。

ārambaṇa-nirukti-prajñaptibhis：（ārambaṇa-nirukti-prajñapti）f. pl. I. 以因缘章句。相违释。

ārambaṇa：n. 因缘。nir-ukti：f. 言词、章句。pra-jñapti：f. 建立、施设、言说。

tais-tais upāya-kauśalyais：以种种方便善巧。

tais-tais：（tad）pron. pl. I. 以各种。限定 upāya-kauśalyais。

upāya-kauśalyais：（upāya-kauśalya）n. pl. I. 以方便善巧。

◆tasmiṃs-tasmin lagnān sattvān pramocayitum：度脱各处执著众生。

D：用度群生。inf. 结构↔动词短语，作目的补语

K：引导众生。令离诸著。inf. 结构↔动词短语，作目的补语

tasmiṃs-tasmin：（ta）pron. n. sg. L. 处处。

lagnān sattvān：执著的众生。**D**：群生。**K**：众生执著。Ac. ↔宾语

lagnān：（√lag）ppp. m. pl. Ac. 执著、固执。修饰 sattvān。

sattvān：（sattva）m. pl. Ac. 众生、有情。

pramocayitum：（pra-√ muc）caus. inf. 度脱、解脱、令出。受 prakāśayati 支配。D：用度。K：引导、令离。

verse：2-11

D：世雄不可量　诸天世间人　一切众生类　焉能知导师

K：世雄不可量　诸天及世人　一切众生类　无能知佛者

aprameyā mahā-vīrā loke sa-maru-mānuṣe /

na śakyaṃ sarvaśo jñātuṃ sarva-sattvair vināyakāḥ //1//

→aprameyās mahā-vīrās loke sa-maru-mānuṣe /

na śakyam sarvaśas jñātum sarva-sattvais vināyakās //1//

2-11-1. aprameyās mahā-vīrās loke sa-maru-mānuṣe：在世上天人中，大勇猛者无边无量。

◆aprameyās：（a-pra-√ mā）fpp. m. pl. N. 无边、不可限量。D：不可量。K：不可量。

◆mahā-vīrās：（mahā-vīra）m. pl. N. 大勇猛者、精勤不懈者。D：世雄。K：世雄。

◆loke sa-maru-mānuṣe：在世上天人中。在此位格表地点。D：诸天世间人。K：诸天及世人。

loke：（loka）m. sg. L. 世间。

sa-maru-mānuṣe：（sa-maru-mānuṣa）m. sg. L. 天和人中。持业释（副词关系）→多财释。修饰 loke。

sa：pref. 结合、共有、同等。

maru-mānuṣa：m. 天和人。相违释。

maru：m. 天。mānuṣa：m. 人。

2-11-2. na śakyam sarvaśas jñātum sarva-sattvais vināyakās：此诸导师，一切众生都不能了知。

◆na śakyam sarvaśas jñātum：都不能了知。D：焉能知。K：无能知。

na：adv. 不，非，无。

śakyam：(√śak)fpp. n. sg. N. 能……的。

sarvaśas：adv. 尽、皆、永远。

jñātum：(√jñā)inf. 了知、悟入。受 śakyam 支配。

◆sarva-sattvais：(sarva-sattva)m. pl. I. 一切众生。持业释(形容词关系)。D：一切众生类。K：一切众生类。

sarva：adj. 所有、一切、全部。

sattva：m. 众生、有情。音译为萨埵。

◆vināyakās：(vi-nāyaka)m. pl. N. 导师、如来。D：导师。K：佛。

2-12

D：离垢解脱门　寂然无所畏　如诸佛法貌　莫有逮及者

K：佛力无所畏　解脱诸三昧　及佛诸余法　无能测量者

balā vimokṣā ye teṣāṃ vaiśāradyāś ca yādṛśāḥ /

yādṛśā buddha-dharmāś ca na śakyaṃ jñātu kena-cit //2//

→balās vimokṣās ye teṣām vaiśāradyās ca yādṛśās /

yādṛśās buddha-dharmās ca na śakyam jñātu kena-cit

2-12-1. balās vimokṣās ye teṣām vaiśāradyās ca yādṛśās：凡有力量解脱者，皆有无所畏相。

◆balās[③]：(bala)n. pl. N. 力量。D：(无)。K：力。

◆vimokṣās：(vimokṣa)m. pl. N. 解脱。D：离垢解脱门。K：解脱。

◆ye：(yad)rel. m. pl. N. 做……者、成为……者、有……者。引导从句，和 teṣām(tad)搭配使用，意为“凡……者，皆”。

◆teṣām：(tad)pers. 3. pl. G. 他们。指代诸佛。D：诸佛。K：佛。

◆vaiśāradyās：(vaiśāradya)n. pl. N. 无所畏。D：无所畏。K：无所畏。

◆ca：conj. 和、而且、又、然而。

◆yādṛśās：(yādṛśa)adj. m. pl. N. 如是，如是行相。修饰 balās、vimokṣās、vaiśāradyās。D：如。K：(无)。

2-12-2. yādṛśās buddha-dharmās ca na śakyam jñātu kena-cit：这样的佛法，任何人都无法了知。

◆yādṛśās：(yādṛśa)adj. m. pl. N. 如是，如是行相。修饰 buddha-dharmās。

◆buddha-dharmās：(buddha-dharm)m. pl. N. 佛法。依主释(属格关系)。D：诸佛法貌。K：佛诸余法。pl. ↔复数标记"诸-"

◆ca：conj. 和、而且、又、然而。D：(无)。K：及。

◆na śakyam jñātu kena-cit：不能了知。

na：adv. 不，非，无。D：莫。K：无。

śakyam：(√śak)fpp. n. sg. N. 能……的。D：(无)。K：能。

jñātu[④]：(√jñā)inf. 去了知、去悟入。受 śakyam 支配。D：逮及。K：测量。

◆kena-cit：(ka-cid)inter. m. sg. I. 任何、某。D：有……者。K：……者。

2-13

D：本从亿诸佛　依因而造行　入於深妙谊　所现不可及

K：本从无数佛　具足行诸道　甚深微妙法　难见难可了

pūrve niṣevitā caryā buddha-koṭīna antike /

gambhīrā caiva sūkṣmā ca durvijñeyā sudurdṛśā //3//

→pūrve niṣevitā caryās buddha-koṭīna antike /

gambhīrā ca eva sūkṣmā ca durvijñeyās sudurdṛśās

2-13-1. pūrve niṣevitā caryās buddha-koṭīna antike：往昔在数亿佛前所修之行。

◆pūrve：(pūrva)adj. m. sg. L. 前面、往昔。**D**：本。**K**：本。

◆niṣevitā：(ni-√sev)ppp. m. pl. N. 所修习。代替动词。**D**：造。**K**：行。

◆caryās：(carya)m. pl. N. 行为、所行。作niṣevitā的主词。**D**：行。**K**：诸道。

◆buddha-koṭīna⑤：(buddha-koṭī)f. pl. G. 数亿佛。依主释(属格关系)。**D**：从亿诸佛。**K**：从无数佛。

buddha：m. 佛、觉者。koṭī：f. 千万、亿。

◆antike：(antika)n. sg. L. 近、所。在位格表地点。修饰 niṣevitā。

2-13-2. gambhīrā ca eva sūkṣmā ca durvijñeyās sudurdṛśās：甚深微妙且难知难见。

◆gambhīrā⑥：(gambhīra)adj. 甚深、深远。**D**：深。**K**：甚深。

◆ca：conj. 和、而且、又、然而。

◆eva：adv. 就是，才是。强调语，放在所强调的词语之后。

◆sūkṣmā⑦：(sūkṣmā)adj. f. sg. Ac. 深妙、微妙。**D**：妙。**K**：微妙。

◆durvijñeyās：(dus-vi-√jñā)fpp. m. sg. L. 难以觉知，难可了知。**D**：(无)。**K**：难可了。fpp. ↔可-

◆sudurdṛśās：(su-dus-√dṛś＋a)adj. m. sg. N.. 甚难得见，甚难解。**D**：所现不可及。**K**：难见。

2-14

D：於无央数劫　而学佛道业　果应至道场　犹如行慈愍

K：於无量亿劫　行此诸道已　道场得成果　我已悉知见

tasyāṃ cīrṇāya caryāyāṃ kalpa-koṭyo acintiyā /

phalaṃ me bodhi-maṇḍasmin dṛṣṭaṃ yādṛśakaṃ hi tat //4//

→tasyām cīrṇāya caryāyām kalpa-koṭyas a-cintiyās /

phalam me bodhi-maṇḍasmin dṛṣṭam yādṛśakam hi tad

2-14-1. tasyām cīrṇāya caryāyām kalpa-koṭyas a-cintiyās：在这修行中(过了)不可思议数亿劫波。

◆tasyām cīrṇāya caryāyām：在已修此行的情况下。独立依格。D：学佛道业。K：行此诸道已。

tasyām：(tad) pron. f. sg. L. 此。限定 caryāyām。

cīrṇāya[8]：(√car) ppp. f. sg. L. 所行、已被修习。

caryāyām：(caryā) f. sg. L. 所行、业、事。

◆kalpa-koṭyas a-cintiyās：不可思议数亿劫波。D：於无央数劫。K：於无量亿劫。

kalpa-koṭyas：(kalpa-koṭī) f. pl. N. 亿劫。依主释(属格关系)。

kalpa：m. 劫波。koṭī：f. 千万、亿。

a-cintiyās：(a-√cint-ya) fpp. f. pl. N. 不可思议。修饰 kalpa-koṭyas。

2-14-2. phalam me bodhi-maṇḍasmin dṛṣṭam yādṛśakam hi tad：因此，我在菩提道场中见到了这般果实。

◆phalam：(phala) n. sg. N. 果实。D：果。K：果。

◆me[9]：(mad) pers. 1. sg. I. 我。具格在此表施事。D：(无)。K：我。

◆bodhi-maṇḍasmin[10]：(bodhi-maṇḍa) m. sg. L. 在菩提道场中。D：道场。K：道场。

◆dṛṣṭam：(√dṛś) ppp. n. sg. N. 所见、已见。代替动词。D：应至。K：已悉知见。ppp. ↔已-

◆yādṛśakam：(yādṛśa-ka) adj. n. pl. N. 如是，如是行相。修饰phalam。**D：**犹如。**K：(无)**。

◆hi：adv. 事实上、因为。

◆tad：adv. 因此；在那时；在其中。

2-15

D：使我获斯慧　如十方诸佛　诸相普具足　众好亦如是

K：如是大果报　种种性相义　我及十方佛　乃能知是事

aham̩ ca tat prajānāmi ye cānye loka-nāyakāḥ /

yathā yad yādṛśam̩ cāpi lakṣaṇam̩ cāsya yādṛśam//5//

→aham ca tad prajānāmi ye ca anye loka-nāyakās /

yathā yad yādṛśam ca api lakṣaṇam ca asya yādṛśam

2-15-1. aham ca tad prajānāmi ye ca anye loka-nāyakās：我知道此事，余诸世尊。

◆aham：(mad) pers. 1. sg. N. 我。**D：**我。**K：**我。

◆ca：conj. 和、而且、又、然而。**D：(无)**。**K：**及。

◆tad：pron. n. sg. Ac. 此。**D：**斯慧。**K：**是事。

◆prajānāmi：(pra-√jñā) pres. 1. sg. P. (我)知。**D：**获。**K：**能知。P. ↔能-

◆ye ca anye loka-nāyakās：凡是其余世尊。**D：**十方诸佛。**K：**十方佛。

ye：(yad) rel. m. pl. N. 做……者、成为……者、有……者。

anye：(anya) adj. m. sg. N. 他、异、余。

loka-nāyakās：(loka-nāyaka) m. pl. N. 世间导师、世尊。依主释(属格关系)。

loka：m. 世界、世间。nāyaka：m. 导师、如来。

2-15-2. yathā yad yādṛśam ca api lakṣaṇam ca asya yādṛśam：也有这般形相。

◆yathā：adv. 如……，像……一样地。D：如。K：(无)。

◆yad：conj. 即，……之故，做……之时。

◆yādṛśam：(yādṛśa) adj. m. pl. N. 如是，如是行相。D：如是。K：如是。

◆api：adv. 也、又。D：亦。K：(无)。

◆lakṣaṇam：(lakṣaṇa) n. sg. N. 形相、特征。D：诸相、众好。K：种种性相义。

◆asya：(idam) dem. m. sg. G. 这。

2-16

D：其身不可见　亦无有言说　察诸群黎类　世间无与等

K：是法不可示　言辞相寂灭　诸余众生类　无有能得解

na tad darśayituṃ śakyaṃ vyāhāro 'sya na vidyate /

nāpy asau tādṛśaḥ kaś-cit sattvo lokesmi vidyate //6//

→na tad darśayitum śakyam vyāhāras asya na vidyate /

na api asau tādṛśas kaś-cit sattvas lokesmi vidyate

2-16-1. na tad darśayitum śakyam vyāhāras asya na vidyate：其所说法不可显现，无法分别。

◆na darśayitum śakyam：不可示现。D：不可见。K：不可示。

na：adv. 不，非，无。

darśayitum：(√dṛś) caus. inf. 显现、显示。

śakyam：(√śak) fpp. n. sg. N. 能……的。

◆tad：pron. n. sg. Ac. 这个、那个、此。D：身。K：法。

◆vyāhāras：(vy-āhāra) m. sg. N. 言辞、所说。D：言说。K：言辞。

◆asya:(idam)dem. m. sg. G. 其。**D:**其。**K:**是。

◆na:adv. 不,非,无。**D:**无有。**K:**寂灭。

◆vidyate:(√vid)pres. 3. sg. pass. 了知、分别。**D:**察。**K:**能得解。

2-16-2. na api asau tādṛśas kaś-cit sattvas lokesmi vidyate:任何世上这样的有情也都无法了知。

◆na:adv. 不,非,无。**D:**无。**K:**无有。

◆api:adv. 也、又。**D:**亦。**K:(无)**。

◆asau tādṛśas:如是相。

asau:(adas)dem. m. sg. N. 那个。限定 tādṛśas。

tādṛśas:(tādṛśa)m. sg. N. 如此、如是相。

◆kaś-cit sattvas:任何有情。**D:**诸群黎类。**K:**诸余众生类。

kaś-cit:(ka-cid)inter. m. sg. N. 任何。限定 sattvas。

sattvas:(sattva)m. sg. N. 众生、有情。音译为萨埵。

◆lokesmi[11]:(loka)m. sg. L. 世界上。**D:**世间。**K:(无)**。

◆vidyate:(√vid)pres. 3. sg. pass. 了知、分别。**D:(无)**。**K:**能得解。

附 注

① 梵文见上一节。

② 梵文见上一节。

③ 见 BHSG § 8.100。

④ 见 BHSG § 36.5"*tu* for *tum*"。

⑤ 见 BHSG § 10.202。

⑥ 见 BHSG § 8.78。

⑦ 见 BHSG § 8.78。

⑧ 见 BHSG § 9.63。

⑨ 见 BHSG § 20.63。

⑩ 见 BHSG § 8.63。
⑪ 见 BHSG § 8.70。

III. Aupamya-parivarto nāma tṛtīyaḥ

譬喻 品 名为 第三

prose：3-1

D:於是贤者舍利弗闻佛说此，欣然踊跃，即起叉手，白众佑曰：

K:尔时舍利弗踊跃欢喜，即起合掌，瞻仰尊颜，而白佛言：

atha khalv āyuṣmāñ śāriputras tasyāṃ velāyāṃ tuṣṭa udagra ātta-manāḥ pramuditaḥ prīti-saumanasya-jāto yena bhagavāṃs tenāñjaliṃ praṇāmya bhagavato 'bhimukho bhagavantam eva vyavalokayamāno bhagavantam etad avocat→atha khalu āyuṣmān śāriputras tasyām velāyām tuṣṭas udagras ātta-manās pramuditas prīti-saumanasya-jātas yena bhagavān tena añjalim praṇāmya bhagavatas abhimukhas bhagavantam eva vyavalokayamānas bhagavantam etad avocat:於是长者舍利弗踊跃欢喜，心满意足。面向诸佛恭敬合掌，面对面瞻仰著世尊，对世尊说。↔主题链，连动式

3-1-1. atha khalu:於是。

D:於是。句首小品词↔连词，用作话题转换标记

K:尔时。句首小品词↔时间词，用作话题转换标记

◆atha:adv. 此时、从此、这样。

◆khalu:indec. 事实上、确实；然而。

3-1-2. āyuṣmān śāriputras:长者舍利弗。

D:贤者舍利弗。**K:**舍利弗。N.↔主题兼主语

◆āyuṣmān:(āyuṣmat) adj. m. sg. N. 具足寿命、长者。加在名号前，表尊敬。**D:**贤者。**K:(无)**。

◆śāriputras:(śāriputra) m. sg. N.（人名）善男子。音译为舍利

弗。D:舍利弗。K:舍利弗。

3-1-3. tasyāṃ velāyāṃ:在这个时候。在此位格用作副词,表时间,修饰 avocat。

D:闻佛说此。L.↔小句,表时间

K:(无)。

◆tasyāṃ:(ta)pron. f. sg. L. 此,限定 velāyām。

◆velāyāṃ:(velā)f. sg. L. 时候、分、期限。

3-1-4. tuṣṭas udagras ātta-manās pramuditas prīti-saumanasya-jātas:踊跃欢喜,心满意足。修饰 āyuṣmān śāriputras。

D:欣然踊跃。K:踊跃欢喜。adj. ppp.↔连动式的 VP1,说明部分

◆tuṣṭas:(√tuṣ)ppp. m. sg. N. 欢喜、自足。D:欣然。K:欢喜。

◆udagras:(udagra)adj. m. sg. N. 踊跃、喜悦。D:踊跃。K:踊跃。

◆ātta-manās:(ātta-manas)adj. m. sg. N. 心喜、令人心醉。持业释(形容词关系)→多财释。D:欣然。K:欢喜。

ātta:(ā-√dā)ppp. 被取走、被夺。manas:n. 心、意。

◆pramuditas:(pra-√mud)ppp. m. sg. N. 格外高兴。D:欣然。K:欢喜。

◆prīti-saumanasya-jātas:(prīti-saumanasya-jāta)ppp. m. sg. N. 已生欢喜快乐。依主释(业格关系)。

prīti-saumanasya:欢喜快乐。相违释。

prīti:f. 欢喜、喜好。saumanasya:n. 快乐、悦意。

jāta:(√jan)ppp. 所生、已生。

3-1-5. yena bhagavān tena añjalim praṇāmya:面向诸佛恭敬合掌。

D:即起叉手。K:即起合掌。ger. 结构↔连动式的 VP2,说明部分

◆yena ... tena:prep. 面对、朝向。

◆bhagavān：(bhagavant)m. sg. N. 世尊、佛。

◆añjalim praṇāmya：恭敬合掌。**D：**叉手。**K：**合掌。

añjalim：(añjali)m. sg. Ac. 合掌。

praṇāmya：(pra-√nam)caus. ger. 恭敬、顶礼。

3-1-6. bhagavatas abhimukhas bhagavantam eva vyavalokayamānas：在世尊面前，瞻视世尊。修饰 āyuṣmān śāriputras。

D：(无)。**K：**瞻仰尊颜。ppt.↔连动式的 VP4，说明部分

◆bhagavatas abhimukhas：在世尊面前。

bhagavatas：(bhagavat)m. sg. G. 世尊、佛。

abhimukhas：(abhimukha)adj. m. sg. N. 面对面。

◆bhagavantam：(bhagavat)m. sg. Ac. 世尊、佛。作 vyavalokayamānas 的受词。**D：(无)**。**K：**尊颜。

◆eva：adv. 就是，才是。强调语，放在所强调的词语之后。

◆vyavalokayamānas：(vi-ava-√lok)caus. ppt. A. m. sg. N. 瞻仰著。现在分词表方式。**D：(无)**。**K：**瞻仰。

3-1-7. bhagavantam etad avocat：对世尊说。

D：白众佑曰。**K：**而白佛言。核心动词句↔连动式的 VP5，说明部分

◆bhagavantam：(bhagavat)m. sg. Ac. 世尊、佛。作 avocat 的间接受词。**D：**众佑。**K：**佛。

◆etad：pron. n. sg. Ac. 此(言)。作 avocat 的直接受词。

◆avocat：(√vac)aor. 3. sg. P. 说、讲。**D：**白……曰。**K：**白……言。

3-2

D：今闻大圣讲斯法要，心加欢喜，得未曾有。所以者何？

K：今从世尊闻此法音，心怀勇跃，得未曾有。所以者何？

āścaryādbhuta-prāpto 'smi bhagavann audbilya-prāpta idam evaṃ-rūpaṃ bhagavato 'ntikād ghoṣaṃ śrutvā /tat kasya hetoḥ→ āścarya-adbhuta-prāptas asmi bhagavan audbilya-prāptas idam evaṃ-rūpam bhagavatas antikāt ghoṣam śrutvā /tat kasya hetos：世尊啊！我如今从世尊近前听到了如此话音，逮得欢喜，惊奇希有。为什么呢？↔新主题链，连动式

3-2-1. āścarya-adbhuta-prāptas asmi bhagavan audbilya-prāptas：世尊啊！我现已逮得欢喜，惊奇希有。

D：今……心加欢喜得未曾有。动词句↔连动式的 VP2

K：今……心怀勇跃，得未曾有。动词句↔连动式的 VP2

◆āścarya-adbhuta-prāptas：(āścarya-adbhuta-prāpta) ppp. m. sg. N. 得未曾有。依主释(业格关系)。

D：得未曾有。K：得未曾有。依主释(业格关系)↔动宾结构

āścarya-adbhuta：希有不可思议。相违释。

āścarya：n. 惊异、希有、未曾有。

adbhuta：(ad-bhūta) n. 奇特、未曾有。

prāpta：(pra-√āp) ppp. 已得、证得。

◆asmi：(√as) pres. 1. sg. P. (我)有、是、在。助动词。D：今-。K：今-。

◆bhagavan：(bhagavat) m. sg. V. 世尊啊。

◆audbilya-prāptas：(audbilya-prāpta) ppt. m. sg. N. 逮得欢喜。依主释(业格关系)。

D：心加欢喜。依主释(业格关系)↔主谓结构，“心”为增译主语，“加”为助动词

K：心怀勇跃。依主释(业格关系)↔主谓结构，“心”为增译主语

audbilya：n. 欢喜、踊跃。

3-2-2. idam evaṃ-rūpam bhagavatas antikād ghoṣam śrutvā：从世尊的近前听闻了如此之音。

D：闻大圣讲斯法要。ger. 结构↔连动式的 VP1

K：从世尊闻此法音。ger. 结构↔连动式的 VP1

◆idam evaṃ-rūpam ghoṣam：如此话音。D：斯法要。K：此法音。Ac. ↔宾语。

idam：dem. n. sg. Ac. 这。

evaṃ-rūpam：(evaṃ-rūpa)adj. m. sg. Ac. 如是等类、如是相。

ghoṣam：(ghoṣa)m. sg. Ac. 声音。

◆bhagavatas antikāt：从世尊近前。

D：大圣。

K：从世尊。Ab. ↔介词短语作状语，表起点

bhagavatas：(bhagavat)m. sg. G. 世尊、佛。

antikāt：(antika)n. sg. Ab. 近、所。

◆śrutvā：(√śru)ger. 听闻(后)。D：闻。K：闻。

3-2-3. tat kasya hetos：何故有此？

D：所以者何。K：所以者何。——特指问句，有转换话题的功能。

◆tat：pron. n. sg. N. 这。D：所以者。K：所以者。

◆kasya hetos：甚么原因、何故。D：何。K：何。

kasya：(kim) inter. pron. m. sg. G. 什么。修饰 hetos。

hetos：(hetu)m. sg. G. 因、缘。

3-3

D：常从佛闻法说，化导诸菩萨乘，见余开士听承佛音，德至真觉。甚自悼感，独不豫及，心用灼惕，所示现议，所不绍逮，我已永失如来之

慧。

K：我昔从佛闻如是法，见诸菩萨授记作佛，而我等不豫斯事，甚自感伤，失於如来无量知见。

aśrutvaiva tāvad ahaṃ bhagavann idam evaṃ-rūpaṃ bhagavato 'ntikād dharmaṃ tad-anyān bodhisattvān dṛṣṭvā bodhisattvānāṃ cānāgate 'dhvani buddha-nāmaṃ śrutvā 'tīva śocāmyatīva saṃtapye bhraṣṭo 'smy evaṃ-rūpāt tathāgata-jñāna-gocarāj jñāna-darśanāt → aśrutvā eva tāvat aham bhagavan idam evaṃ-rūpam bhagavatas antikāt dharmam tad-anyān bodhisattvān dṛṣṭvā bodhisattvānām ca anāgate adhvani buddha-nāman śrutvā atīva śocāmi atīva saṃtapye bhraṣṭas asmi evaṃ-rūpāt tathāgata-jñāna-gocarāt jñāna-darśanāt：世尊啊！我好久未曾从世尊近前听闻如是法教了，看见其他菩萨，听到菩萨们来世的佛号，而我却远离了这些如来的智慧、境界和觉知，甚为忧愁感伤。↔新主题链，连动句。

3-3-1. aśrutvā eva tāvat aham bhagavan idam evaṃ-rūpam bhagavatas antikāt dharmam：世尊啊！我好久未曾从世尊近前听闻如是法教了。

D：常从佛闻法说。ger. 结构↔连动式的 VP1

K：我昔从佛闻如是法。ger. 结构↔连动式的 VP1

◆aśrutvā：(a-√śru)ger. 未曾听闻。**D**：常闻。**K**：昔闻。

◆eva：adv. 就是，才是。强调语，放在所强调的词语之后。

◆tāvat：adv. 如此多、如此久。

◆aham：(mad)pers. 1. sg. N. 我。**D**：(无)。**K**：我。N. ↔主题兼主语

◆bhagavan：(bhagavat)m. sg. V. 世尊啊。

◆idam evaṃ-rūpam dharmam：如是法教。**D**：法说。**K**：如是法。

Ac. ↔宾语

idam：dem. n. sg. Ac. 这。

evaṃ-rūpam：(evaṃ-rūpa)adj. n. sg. Ac. 如是等类、如是相。

dharmam：(dharma)m. sg. Ac. 正法、法教。

◆bhagavatas antikāt：从世尊近前。

D：从佛。**K：**从佛。Ab. ↔介词短语作状语，表起点

bhagavatas：(bhagavat) m. sg. G. 世尊、佛。

antikāt：(antika)n. sg. Ab. 近、所。

3-3-2. tad-anyān bodhisattvān dṛṣṭvā：看见了其他菩萨。

D：见余开士。ger. 结构↔连动式的 VP2

K：见诸菩萨。ger. 结构↔连动式的 VP2

◆tad-anyān：(tad-anya)adj. m. pl. Ac. 其余。依主释(属格关系)→多财释。**D：**余。**K：(无)**。

◆bodhisattvān：(bodhisattva)m. pl. Ac. 菩萨们。**D：**开士。**K：**诸菩萨。

◆dṛṣṭvā：(√dṛś)ger. 看见(后)。**D：**见。**K：**见。

3-3-3. bodhisattvānām ca anāgate adhvani buddha-nāman śrutvā：又听闻诸菩萨来世的佛号后。

D：听承佛音德至真觉。ger. 结构↔连动式的 VP3

K：授记作佛。ger. 结构↔连动式的 VP3

◆bodhisattvānām：(bodhisattva)m. pl. G. 诸菩萨。在此属格作领有主词。

◆buddha-nāman：n. sg. Ac. 佛的名号。依主释(属格关系)。**D：**佛音德至真觉。**K：**授记作佛。

buddha：m. 佛。nāman：n. 名字、名号。

◆ca：conj. 和、而且、又、然而。

◆anāgate adhvani：来世。D：(无)。K：未来。

anāgate：(an-ā-√gam)ppp. m. sg. L. 未来、当来。修饰 adhvani。

adhvani：(adhvan)m. sg. L. 世、时、路。

◆śrutvā：(√śru)ger. 听闻(后)。D：听承。K：(无)。

3-3-4. atīva śocāmi atīva saṃtapye bhraṣṭas asmi evaṃ-rūpāt tathāgata-jñāna-gocarāt jñāna-darśanāt：而我却远离了如来的这般智慧、境界和觉知，甚为忧愁感伤。

D：甚自悼感，独不豫及，心用灼惕，所示现议所不绍逮，我已永失如来之慧。动词句↔连动式的 VP4。

K：而我等不豫斯事，甚自感伤，失於如来无量知见。动词句↔连动式的 VP4

◆atīva śocāmi：我甚为忧愁。

atīva：adv. 甚深、最上。D：甚。K：甚。

śocāmi：(√śuc)pres. 1. sg. P. (我)忧愁、悲泣。D：自悼感独不豫及。K：我等不豫斯事。

◆atīva saṃtapye：我甚为伤感。D：心用灼惕。"心"为增译主语。K：甚自感伤。

saṃtapye：(saṃ-√tap)pres. 1. sg. A. (我)感伤、忧悔。

◆bhraṣṭas asmi：我已永失。D：已永失。ppp. ↔已- K：失。

bhraṣṭas：(√bhraṃś)ppp. m. sg. N. 已永失、已远离。

asmi：(√as)pres. 1. sg. P. (我)有、是、在。

◆evaṃ-rūpāt tathāgata-jñāna-gocarāt jñāna-darśanāt：这般如来的智慧、境界和觉知。

D：如来之慧。依主释(属格关系)↔定中结构

K：於如来无量知见。Ab.↔介词结构，表原因

evaṃ-rūpāt：(evaṃ-rūpa)adj. n. sg. Ab. 如是等类、如是相。

tathāgata-jñāna-gocarāt：(tathāgata-jñāna-gocara)m. sg. Ab. 如来的智慧境界。依主释(属格关系)。

tathāgata：m. 如来、佛陀。

jñāna-gocara：智慧行境。相违释。

jñāna：n. 智慧。gocara：m. 行境。

jñāna-darśanāt：(jñāna-darśana)n. sg. Ab. 智慧悟性。相违释。

darśana：n. 知觉、悟性。

3-4

D：假使往返山林岩薮，旷野树下闲居独处。若在燕室，谨勅自守，一身经行，益用愁毒，深自惟言：

K：世尊！我常独处山林树下，若坐若行，每作是念：

yadā cāhaṃ bhagavann abhīkṣṇaṃ gacchāmi parvata-giri-kandarāṇi vana-ṣaṇḍāny ārāma-nadī-vṛkṣa-mūlāny ekāntāni divā-vihārāya tadā 'py ahaṃ bhagavan yad-bhūyastvenānenaiva vihāreṇa viharāmi→yadā ca aham bhagavan abhīkṣṇam gacchāmi parvata-giri-kandarāṇi vana-ṣaṇḍāni ārāma-nadī-vṛkṣa-mūlāni eka-antāni divā-vihārāya tadā api aham bhagavan yad-bhūyastvena anena eva vihāreṇa viharāmi：世尊啊！当我为了白天修行，常常前往山谷密林，园中或河边的树下，(寻得)一处，我那时候也就当作大概的静室来修行。↔新主题链

3-4-1. yadā ca aham bhagavan abhīkṣṇam gacchāmi parvata-giri-kandarāṇi vana-ṣaṇḍāni ārāma-nadī-vṛkṣa-mūlāni eka-antāni divā-vihārāya：世尊啊！当我为了白天修行，常常前往山谷密林，园中或河边的树下，（寻得）一处。

D：假使往返山林岩薮，旷野树下，闲居独处。

K：世尊！我常[＝当]独处山林树下。

◆yadā：conj. 当……时。引导从句，与下文 tadā 搭配使用，意为“当……时，就……”。**D**：假使。**K**：常[＝当]。

◆ca：conj. 和、而且、又、然而。

◆aham：(mad) pers. 1. sg. N. 我。**D**：**（无）**。**K**：我。N. ↔主题兼主语

◆bhagavan：(bhagavat) m. sg. V. 世尊啊。**D**：**（无）**。**K**：世尊！

◆abhīkṣṇam：adv. 恒常、数数。**D**：**（无）**。**K**：常。

◆gacchāmi：(√gam) pres. 1. sg. P. （我）去、至。**D**：往返。**K**：独处。

◆parvata-giri-kandarāṇi vana-ṣaṇḍāni ārāma-nadī-vṛkṣa-mūlāni eka-antāni：山谷密林，园中或河边的树下，（寻得）一处。**D**：山林岩薮旷野树下。**K**：山林树下。Ac. ↔方位词短语，作地点补语

parvata-giri-kandarāṇi：(parvata-giri-kandara) n. pl. Ac. 山岩或泽谷。相违释。

parvata：m. 大山、山陵。giri：m. 山、岩。kandara：n. 泽、谷。

vana-ṣaṇḍāni：(vana-ṣaṇḍa) n. pl. Ac. 静修林。相违释。

vana：m. 山林。ṣaṇḍa：m. n. 密林。

ārāma-nadī-vṛkṣa-mūlāni：(ārāma-nadī-vṛkṣa-mūla) n. pl. Ac. 园林中或河流旁的树下。依主释（位格关系）。

ārāma-nadī：f. 园林或河流。相违释。

ārāma：m. 园林。nadī：f. 江河。

vṛkṣa-mūla：n. 树根。依主释（属格关系）。

vṛkṣa：m. 树。mūla：n. 根、本。

eka-antāni：(eka-anta) n. pl. Ac. 一面、一处、一边。持业释→多财释。

eka：m. 一。anta：m. n. 末、边、面。

◆divā-vihārāya：(divā-vihāra) m. sg. D. 为了日间修行。依主释（位格关系）。D：独处。K：独处。

3-4-2. tadā api aham bhagavan yad-bhūyastvena anena eva vihāreṇa viharāmi：世尊啊！那时候我也就当作大概的静室来修行。

D：若在燕室，谨勅自守，一身经行，益用愁毒，深自惟言。

K：若坐若行，每作是念：

◆tadā：adv. 在那时，当时。

◆api：adv. 也、又、即使。

◆yad-bhūyastvena anena eva vihāreṇa：就作为大概的静室。在此具格表方式，修饰 viharāmi。D：若在燕室。K：若坐。

yad-bhūyastvena：(yad-bhūyastva) adj. m. sg. I. 大多、大体。

anena：(ana) dem. pron. m. sg. I. 这。限定 vihāreṇa。

eva：adv. 就是，才是。强调语，放在所强调的词语之后。

vihāreṇa：(vihāra) m. sg. I. 行境、房舍、静室。

◆viharāmi：(vi-√hṛ) pres. 1. sg. P.（我）经行、安住。D：一身经行。K：若行。

verse：3-11

D：得闻佛乘　一句之业　超出本望　怪未曾有

所当受获　非心口言　覩大尊雄　益怀喜欢

K：我闻是法音　得所未曾有　心怀大欢喜，

疑网皆已除　昔来蒙佛教　不失於大乘，

āścarya-prāpto 'smi mahā-vināyaka

audbilya-jāto imu ghoṣa śrutvā /

kathaṃkathā mahya na bhūya kācit

paripācito 'haṃ iha agra-yāne //1//

→āścarya-prāptas asmi mahā-vināyakas audbilya-jātas imu ghoṣa śrutvā /

kathaṃkathā mahya na bhūya kācit paripācitas aham iha agra-yāne

3-11-1. āścarya-prāptas asmi mahā-vināyaka audbilya-jātas imu ghoṣa śrutvā：大导师啊！我听了这(法)音之后，心生欢喜，得未曾有。

◆āścarya-prāptas：(āścarya-prāpta) ppp. m. sg. N. 得未曾有。依主释(业格关系)。**D**：超出本望、怪未曾有。**K**：得所未曾有。

āścarya：n. 惊奇、希有。

prāpta：(pra-√ āp) ppp. 获得。

◆asmi：(√ as) pres. 1. sg. P. (我)有、是、在。

◆mahā-vināyaka：(mahā-vināyaka) m. sg. N. 大导师啊。持业释(形容词关系)。**D**：大尊雄。**K**：佛。

mahā：(mahat) adj. 大。mahat 作持业、有财释复合词的前语时变成 mahā。

vināyaka：m. 导师、如来。

◆audbilya-jātas：(audbilya-jāta) ppp. m. sg. N. (心)生欢喜。依主释(业格关系)。**D**：怀喜欢。**K**：心怀大欢喜。"心"为增译主语。

audbilya：n. 欢喜、踊跃。jāta：(√ jan) ppp. 所生，已生。

◆imu ghoṣa：这声音。**D**：一句之业。**K**：是法音。

imu[①]：(idam) dem. m. sg. Ac. 这。限定 ghoṣa。

ghoṣa[②]：m. sg. Ac. 声音。

◆śrutvā：(√śru)ger. 听闻之后。**D：**得闻。**K：**闻。

3-11-2. kathaṃkathā mahya na bhūya kācit paripācitas aham iha agra-yāne：我不再有任何疑惑，受教此中第一(佛)乘。

◆kathaṃkathā kācit：任何疑惑。**D：**心口言。**K：**疑网。

kathaṃ-kathā：f. sg. N. 疑惑、犹豫。

kācit：(ka-cid)inter. f. sg. N. 任何。

◆mahya[③]：pers. 1. sg. G. 我的。

◆na：adv. 不、无、非。**D：**非。**K：**皆已除、不失。

◆bhūya → bhūyas：compar. m. sg. N. 益加、转增。**D：**益。**K：**(无)。

◆paripācitas：(pari-√pac)caus. ppp. m. sg. N. 已被教化。**D：**所当受获。**K：**蒙教。

◆aham：(mad)pers. 1. sg. N. 我。**D：**(无)。**K：**我。

◆iha agra-yāne：在此中第一(佛)乘。

iha：adv. 於此、此处。

agra-yāne：(agra-yāna)n. sg. L. 第一乘中。持业释(形容词关系)。**D：**佛乘。**K：**於大乘。L. ↔介词短语，作处所补语

agra：adj. 最胜、第一。yāna：n. 车乘、车舆。

3-12

D：假使有人　能造行者　闻安住音　以为奇雅

诸尘劳垢　鄙已蠲尽　音声之信　亦悉永除

K：佛音甚希有　能除众生恼　我已得漏尽　闻亦除忧恼

āścarya-bhūtaḥ sugatāna ghoṣaḥ

kāṅkṣāṃ ca śokaṃ ca jahāti prāṇināṃ /

kṣīṇ'āsravasyo mama yaś ca śoko

vigato 'sti sarva śṛuṇiyāna ghoṣaṃ //2//

→āścarya-bhūtas sugatāna ghoṣas kāṣkṣām ca śokam ca jahāti prāṇinām /

kṣīṇa-āsravasya mama yas ca śokas vigatas asti sarva śṛuṇiyāna ghoṣam

3-12-1. āścarya-bhūtas sugatāna ghoṣas kāṅkṣām ca śokam ca jahāti prāṇinām：诸佛声音甚为希有，能消减众生的疑惑和忧恼。

◆āścarya-bhūtas：(āścarya-bhūta) adj. m. sg. N. 甚希有、希有事。修饰 ghoṣas。**D**：以为奇雅。**K**：甚希有。

◆sugatāna ghoṣas：诸佛的声音。**D**：安住音。**K**：佛音。

sugatāna④：(sugata) m. pl. G. 诸善逝、诸佛。**D**：安住。**K**：佛。

ghoṣas：(ghoṣa) m. sg. N. 声音。jahāti 的主词。**D**：音。**K**：音。

◆kāṅkṣām ca śokam ca：疑惑和忧恼。**D**：(无)。**K**：恼。

kāṅkṣām：(kāṅkṣā) f. sg. Ac. 疑惑。

ca ... ca：conj. 和。

śokam：(śoka) m. sg. N. 忧恼。

◆jahāti：(√hā) pres. 3. sg. P. 舍弃、减损。**D**：能造行。**K**：能除。P. ↔能-

◆prāṇinām：(prāṇin) m. pl. G. 众生的。**D**：人。**K**：众生。

3-12-2. kṣīṇa-āsravasya mama yas ca śokas vigatas asti sarva śṛuṇiyāna ghoṣam：尽管我烦恼已除，但听闻法音之后，若有忧恼，也都会消散。

◆kṣīṇa-āsravasya mama：尽管我烦恼已除。独立属格。**D**：诸尘劳垢。**K**：我已得漏尽。

kṣīṇa-āsravasya：(kṣīṇa-āsrava) m. sg. G. 烦恼尽灭。持业释(形

容词关系)。D:已蠲尽。K:已得漏尽。ppp. ↔"已-"

kṣīṇa:(√kṣi)ppp. 已尽、尽灭。āsrava:m. 苦恼、病患。

mama:(mad)pers. 1. sg. G. 我。D:鄙。K:我。

◆yas:(yad)rel. m. sg. N. 做……者、成为……者、有……者。

◆ca:conj. 和、而且、又;然而。D:亦。K:亦。

◆śokas:(śoka)m. sg. N. 忧恼。D:(无)。K:忧恼。

◆vigatas:(vi-√gam)ppp. m. sg. N. 散、远离。D:永除。K:除。

◆asti:(√as)pres. 3. sg. P. 变成、发生、存在。

◆sarva⑤:adj. m. pl. N. 所有、一切、全部。D:悉。K:(无)。

◆śṛuṇiyāna⑥:(√śṛu)ger. 听闻(后)。D:闻。K:闻。

◆ghoṣam:(ghoṣa)m. sg. Ac. 声音。D:音声之信。K:(无)。

3-13

D:我本昼日　设经行时　若在树下　端坐一心

设在林薮　山岩之中　心自思惟　如此行谊

K:我处於山谷　或在树林下　若坐若经行　常思惟是事

divā-vihāraṃ anucaṅkramanto

vana-ṣaṇḍa ārāma 'tha vṛkṣa-mūlam /

giri-kandarāṃś cāpy upasevamāno

anucintayāmī imam eva cintām //3//

→divā-vihāram anucaṅkramantas vana-ṣaṇḍa ārāma atha vṛkṣa-mūlam /

giri-kandarām ca api upasevamānas anucintayāmī imam eva cintām

3-13-1. divā-vihāram anucaṅkramantas vana-ṣaṇḍa ārāma atha vṛkṣa-mūlam:因白天修行,于是往返行至山林园苑树下。

◆divā-vihāram：(divā-vihāra) m. sg. Ac. 白日修行。**D**：昼日。**K**：**(无)**。

◆anucaṅkramantas：(anu-√ kram) ppt. P. pl. N. 经行、往返游行。现在分词表方式。**D**：经行。**K**：经行。

◆vana-ṣaṇḍa⑦：(vana-ṣaṇḍa) n. pl. Ac. 山林。相违释。**D**：在林薮。**K**：**(无)**。

vana：m. 山林。ṣaṇḍa：m. n. 密林。

◆ārāma⑧：m. sg. Ac. 园林。

◆atha：adv. 此时、于是。

◆vṛkṣa-mūlam：(vṛkṣa-mūla) n. sg. Ac. 树下。依主释(属格关系)。**D**：在树下。**K**：在树林下。

vṛkṣa：m. 树。mūla：n. 根、本。

3-13-2. giri-kandarām ca api upasevamānas anucintayāmī imam eva cintām：即使崇山峻岭也会亲近，我便思量此事。

◆giri-kandarām⑨：(parvata-giri-kandara) n. pl. Ac. 众山谷中。相违释。**D**：山岩之中。**K**：於山谷。Ac. ↔"於-"

◆ca：conj. 和、而且、又、然而。

◆api：adv. 也、又、即使。

◆upasevamānas：(upa-√ sev) ppt. A. m. sg. N. 亲近、尊崇。现在分词表方式。**D**：**(无)**。**K**：处。

◆anucintayāmī⑩：(anu-√ cint) caus. pres. 1. sg. P. (我)思维、念。**D**：我[心]自思惟。"心"为增译主语。**K**：我常思惟。

◆imam eva cintām：此意。**D**：如此行谊。**K**：是事。

imam⑪：(idam) dem. f. sg. Ac. 此。

eva：adv. 就是，才是。强调语，放在所强调的词语之后。

cintām：(cintā) f. sg. Ac. 心意、思惟。

3-14

D:呜呼自责　弊恶之意　因平等法　而得无漏

　不由三界　顺尊法居　追悔过事　以诫将来

K:呜呼深自责　云何而自欺　我等亦佛子

　同入无漏法　不能于未来　演说无上道

aho 'smi parivañcitu pāpa-cittais

tulyeṣu dharmeṣu anāsraveṣu /

yan nāma traidhātuki agra-dharmaṃ

na deśayiṣyāmi anāgate 'dhve //4//

→aho asmi parivañcitu pāpa-cittais tulyeṣu dharmeṣu anāsraveṣu /

yan nāma traidhātuki agra-dharmam na deśayiṣyāmi anāgate adhve

3-14-1. aho asmi parivañcitu pāpa-cittais tulyeṣu dharmeṣu anāsraveṣu:呜呼！在平等(趣入)无漏正法的情况下,我却恶意欺诳。

◆aho:interj. 呜呼。D:呜呼。K:呜呼。

◆asmi parivañcitu:我欺诳。

asmi:(√as)pres. 1. sg. P. (我)有、是、在。D:自。K:深自。

parivañcitu[12]:(pari-√vañc)ppp. m. sg. N. 欺诳。D:责。K:责欺。

◆pāpa-cittais:(pāpa-citta)n. pl. I. 用恶意。依主释(属格关系)。D:弊恶之意。K:(无)。

pāpa:m. 罪恶、恶业。citta:n. 心意。

◆tulyeṣu dharmeṣu anāsraveṣu:在平等(趣入)无漏正法的情况下。独立依格。D:因平等法而得无漏。K:同入无漏法。

tulyeṣu：(tulya)adj. m. pl. L. 等量、同一。D：平等。K：同入。

dharmeṣu：(dharma)m. pl. L. 正法、法教。D：法。K：法。

anāsraveṣu：(an-āsrava)m. pl. L. 无苦恼、无病患。D：得无漏。K：无漏。

3-14-2. yat nāma traidhātuki agra-dharmam na deśayiṣyāmi anāgate adhve：因此，未来世我不会在所谓的三界中开示胜法。

◆yat：conj. ……之故；……之时。

◆nāma：adv. 名曰、名为。

◆traidhātuki⑬：(traidhātuka)adj. sg. L. 三界之中。D：由三界。K：(无)。

◆agra-dharmam：(agra-dharma) m. pl. Ac. 最上法、(世)第一法。持业释(形容词关系)。D：尊法。K：无上道。

◆na：adv. 不、无、非。D：不。K：不。

◆deśayiṣyāmi：(√diś) fut. 1. sg. P. (我)将宣说、将开示。D：(无)。K：能演说。P.↔能一。

◆anāgate adhve：於未来世。D：将来。K：於未来。

anāgate：(an-ā-√gam)ppp. m. sg. L. 未来、当来。

adhve⑭：(adhvan)m. sg. L. 世、时、路。

3-15

D：紫磨金容　相三十二　我已违远　失不自严

K：金色三十二　十力诸解脱　同共一法中　而不得此事

dvātriṃśatī-lakṣaṇa mahya bhraṣṭā

suvarṇa-varṇa-cchavitā ca bhraṣṭā /

balā vimokṣāś c' imi sarvi riñcitā

tulyeṣu dharmeṣu aho 'smi mūḍhaḥ //5//

→dvātriṃśatī-lakṣaṇa mahya bhraṣṭā suvarṇa-varṇa-cchavitā ca bhraṣṭā /

balās vimokṣās ca imi sarvi riñcitā tulyeṣu dharmeṣu aho asmi mūḍhas

3-15-1. dvātriṃśatī-lakṣaṇa mahya bhraṣṭā suvarṇa-varṇa-cchavitā ca bhraṣṭā：我永远失去三十二相，失去金身。

◆dvātriṃśatī-lakṣaṇa⑮：(dvātriṃśatī-lakṣaṇa)f. sg. N. 三十二相。持业释。**D：**相三十二。**K：**三十二。

dvātriṃśatī：num. 三十二。lakṣaṇa：adj. 形相、特征。

◆mahya⑯：(mad)pers. 1. sg. G. 我的。**D：**我。**K：(无)**。

◆bhraṣṭā：(√bhraṃś)ppp. f. sg. N. 永失、远离。**D：**已违远。ppp. ↔ 已-**K：(无)**。

◆suvarṇa-varṇa-cchavitā：(suvarṇa-varṇa-cchavi-tā)f. sg. N. 皮肤金色、身如真金。**D：**紫磨金容。**K：**金色。

◆ca：conj. 和、而且、又、然而。

3-15-2. balās vimokṣās ca imi sarvi riñcitā tulyeṣu dharmeṣu aho asmi mūḍhas：这些力量和解脱全被舍弃。呜呼！在平等(趣入)法教的情况下，我却迷乱了。

◆balās⑰：(bala)n. pl. N. 力量。**D：(无)**。**K：**十力。

◆vimokṣās：(vimokṣa)m. pl. N. 解脱。**D：(无)**。**K：**诸解脱。

◆ca：conj. 和、而且、又；然而。**D：(无)**。**K：**而。

◆imi⑱：(idam)dem. m. pl. N. 这些。

◆sarvi⑲：(sarva)adj. m. pl. N. 所有、全部、一切。

◆riñcitā⑳：(√ric)ppp. m. pl. N. 被弃离。

◆tulyeṣu dharmeṣu：於平等法教中。**D：(无)**。**K：**同共一法中。

tulyeṣu：(tulya)adj. m. pl. L. 等量、同一。

dharmeṣu：(dharma) m. pl. L. 正法、法教。

◆aho：interj. 呜呼。

◆asmi mūḍhas：我自迷失。**D：**失不自严。**K：**不得此事。

asmi：(√as) pres. 1. sg. P.（我）有、是、在。

mūḍhas：(√muh) ppp. m. sg. N. 迷乱、忘失。

◆vañcitas asmi：我被欺诳。

vañcitas：(√vañc) ppp. m. sg. N. 被欺诳。

asmi：(√as) pres. 1. sg. P.（我）有、是、在。**D：**我。**K：**我。

附　注

① 见 BHSG § 21.85。

② 见 BHSG § 8.31。

③ 见 BHSG § 20.63。

④ 见 BHSG § 8.117。

⑤ 见 BHSG § 8.22。

⑥ 见 BHSG § 35.47"Gerunds in *iyāna*"。

⑦ 见 BHSG § 8.101。

⑧ 见 BHSG § 8.101。

⑨ 见 BHSG § 8.102。

⑩ 见 BHSG § 26.2"*ī* for final *i*"。

⑪ 见 BHSG § 21.85。

⑫ 见 BHSG § 8.20。

⑬ 见 BHSG § 8.59。

⑭ 见 BHSG § 17.15。

⑮ 见 BHSG § 9.86。

⑯ 见 BHSG § 20.63。

⑰ 见 BHSG § 8.100。

⑱ 见 BHSG § 21.85。

⑲ 见 BHSG § 21.46。

⑳ 见 BHSG § 8.78。

IV. Adhimukti-parivarto nāma caturtha

信解 品 名为 第四

prose：4-1

D:於是贤者须菩提、迦旃延、大迦叶、大目揵连等，听演大法，得未曾有，本所未闻。而见世尊授舍利弗决，当得无上正真之道，惊喜踊跃，咸从坐起，进诣佛前，偏袒右肩，礼毕叉手，瞻顺尊颜。内自思省，心体熙怡，支节和怿，悲喜并集，白世尊曰：

K:尔时慧命须菩提、摩诃迦旃延、摩诃迦叶、摩诃目犍连，从佛所闻未曾有法，世尊授舍利弗阿耨多罗三藐三菩提记，发希有心，欢喜踊跃，即从座起，整衣服偏袒右肩，右膝著地，一心合掌，曲躬恭敬，瞻仰尊颜而白佛言：

atha khalv āyuṣmān subhūtir āyuṣmāṃś ca mahākātyāyana āyuṣmāṃś ca mahākāśyapa āyuṣmāṃś ca māhāmaudgalyāyana imam evaṃ-rūpam aśruta-pūrvaṃ dharmaṃ śrutvā bhagatavo 'ntikāt saṃmukham āyuṣmataś ca śāriputrasya vyākaraṇaṃ śrutvā 'nuttarāyāṃ samyaksaṃbodhāv āścarya-prāptā adbhuta-prāptā audbilya-prāptās tasyāṃ velāyām utthāy' āsanebhyo yena bhagavāṃs tenopasaṃkramyaikāṃsam uttar'āsaṅgaṃ kṛtvā dakṣiṇaṃ jānu-maṇḍalaṃ pṛthivyāṃ pratiṣṭhāpya yena bhagavāṃs tenāñjaliṃ praṇamya bhagavantam abhimukham ullokayamānā avanata-kāyā abhinata-kāyāḥ praṇatakāyās tasyāṃ velāyāṃ bhagavantam etad avocat //

→atha khalu āyuṣmān subhūtis āyuṣmān ca mahākātyāyanas āyuṣmān ca mahākāśyapas āyuṣmān ca māhāmaudgalyāyanas imam evaṃ-rūpam aśruta-pūrvam dharmam śrutvā bhagavatas antikāt saṃmukham āyuṣmatas ca śāriputrasya vyākaraṇam śrutvā anuttarāyām samyaksaṃbodhāu āścarya-prāptās adbhuta-prāptās audbilya-prāptās tasyām velāyām utthāya āsanebhyas yena bhagavān tena upasaṃkramya eka-aṃsam uttara-āsaṅgam kṛtvā dakṣiṇam jānu-maṇḍalam pṛthivyām pratiṣṭhāpya yena bhagavān tena añjalim praṇamya bhagavantam abhimukham ullokayamānās avanata-kāyās abhinata-kāyās praṇata-kāyās tasyām velāyām bhagavantam etad avocat：於是长者须菩提、迦旃延、摩诃迦叶和摩诃目犍连从世尊近前听闻如此闻所未闻之法，又听说世尊受记长者舍利弗无上正等正觉，欢喜踊跃，得未曾有。这时便从座起，来到世尊面前，偏袒一肩，右膝著地，瞻仰世尊面庞，俯身曲躬，对世尊说。↔主题链，连动式

4-1-1. atha khalu：於是。

D：於是。句首小品词↔连词，用作话题转换标记

K：尔时。句首小品词↔时间词，用作话题转换标记

◆atha：adv. 此时、从此、这样。

◆khalu：indec. 事实上、确实；然而。

4-1-2. āyuṣmān subhūtis āyuṣmān ca mahākātyāyanas āyuṣmān ca mahākāśyapas āyuṣmān ca māhāmaudgalyāyanas：长者须菩提、迦旃延、摩诃迦叶和摩诃目犍连。

D：贤者须菩提、迦旃延、大迦叶、大目揵连[等]。N. ↔主题兼主语

K：慧命须菩提、摩诃迦旃延、摩诃迦叶、摩诃目犍连。N. ↔主题兼主语

◆āyuṣmān：(āyuṣmat) adj. m. sg. N. 具足寿命、长者。加在名号前，表尊敬。**D：**贤者。**K：**慧命。

◆subhūtis：(subhūti) m. sg. N. (人名)善地。音译为须菩提。**D：**须菩提。**K：**须菩提。

◆ca：conj. 和、而且、又、然而。

◆mahākātyāyanas：(mahā-kātyāyana)m. sg. N.（人名）音译为摩诃迦旃延。**D**：迦旃延。**K**：摩诃迦旃延。

◆mahākāśyapas：(mahā-kāśyapa)m. sg. N.（人名）音译为摩诃迦叶。**D**：大迦叶。**K**：摩诃迦叶。

◆māhāmaudgalyāyanas：(māhā-maudgalyāyana)m. sg. N.（佛弟子名）大目犍连，音译为摩诃目犍连。**D**：大目揵连。**K**：摩诃目犍连。

4-1-3. imam evaṃ-rūpam aśruta-pūrvam dharmam śrutvā bhagatavas antikāt saṃmukham：从世尊近前听闻如此闻所未闻法教之后。

D：听演大法……，本所未闻。ger. 结构↔连动式的 VP1

K：从佛所闻未曾有法。ger. 结构↔连动式的 VP1

◆imam evaṃ-rūpam aśruta-pūrvam dharmam：如是闻所未闻之法。**D**：大法……本所未闻。**K**：未曾有法。

imam：(idam)dem. m. sg. Ac. 此。限定 dharmam。

evaṃ-rūpam：(evaṃ-rūpa)adj. m. sg. Ac. 如是等类、如是相。持业释(副词关系)。修饰 dharmam。

aśruta-pūrvam：(aśruta-pūrva)adj. m. sg. Ac. 昔未曾闻。持业释(形容词关系)。修饰 dharmam。

aśruta：(a-√śru)ppp. 未曾闻。pūrva：adj. 前面、往昔。

dharmam：(dharma)m. sg. Ac. 法教、正法。

◆śrutvā：(√śru)ger. 听闻(后)。**D**：听演。**K**：闻。

◆bhagavatas antikāt saṃmukham：从世尊近前。**D**：(无)。**K**：从佛所。Ab. ↔介词短语作状语，表起点来源。

bhagavatas：(bhagavat) m. sg. G. 世尊、佛。

antikāt：(antika)n. sg. Ab. 近、所。

saṃmukham：adv. 面前、现在前。

4-1-4. āyuṣmatas ca śāriputrasya vyākaraṇam śrutvā anuttarāyām samyaksaṃbodhāu：又听闻受记长者舍利弗无上正等正觉。

D：而见[世尊]授舍利弗决，[当得]无上正真之道。ger. 结构↔连动式的 VP2，“世尊”为增译的主语

K：[世尊]授舍利弗阿耨多罗三藐三菩提记。ger. 结构↔连动式的 VP2，“世尊”为增译的主语

◆āyuṣmatas ca śāriputrasya：为长者舍利弗。D：舍利弗。K：舍利弗。

āyuṣmatas：(āyuṣmat) adj. m. sg. G. 具足寿命、长者。加在名号前，表尊敬。

śāriputrasya：(śāriputra) m. sg. G.（人名）善男子。音译为舍利弗。

◆vyākaraṇam：(vyākaraṇa) n. sg. Ac. 受记、分别解说。D：授……决。K：授……记。

◆śrutvā：(√śru) ger. 听闻(后)。D：见。K：(无)。

◆anuttarāyām samyaksaṃbodhāu：於无上正等正觉。D：无上正真之道。K：阿耨多罗三藐三菩提。

anuttarāyām：(anuttarā) adj. f. sg. L. 无上、最胜。修饰 samyaksaṃbodhau。

samyaksaṃbodhāu：(samyak-saṃbodhi) m. sg. L. 正等觉。持业释(副词关系)。

samyak：adv. 正确、正等。音译为三藐。

saṃbodhi：m. 正觉。音译为菩提。

4-1-5. āścarya-prāptās adbhuta-prāptās audbilya-prāptās：欢喜踊跃，得未曾有。省略 be 动词。

D：惊喜踊跃。——连动式的 VP3。

K：发希有心，欢喜踊跃。——连动式的 VP3。

◆āścarya-prāptās：(āścarya-prāpta) ppp. m. pl. N. 得未曾有。依主释(业格关系)。

āścarya：n. 惊异、希有、未曾有。prāpta：(pra-√ āp) ppp. 已得、证得。

◆adbhuta-prāptās：(adbhuta-prāpta) ppp. m. pl. N. 得未曾有。依主释(业格关系)。

adbhuta：n. 奇特、未曾有。

◆audbilya-prāptās：(audbilya-prāpta) ppp. m. pl. N. 心怀踊跃。依主释(业格关系)。

audbilya：n. 欢喜、踊跃。

4-1-6. tasyām velāyām utthāya āsanebhyas：此时便从座起。

D：咸从坐起。ger. 结构↔连动式的 VP4

K：即从座起。ger. 结构↔连动式的 VP4

◆tasyām velāyām：此时。在此位格用作副词，表时间，修饰 abhāṣata。

tasyām：(tad) pron. f. sg. L. 此，限定 velāyā。

velāyām：(velā) f. sg. L. 时候、分、期限。

◆utthāya：(ud-√ sthā) ger. 出(后)、起(后)。D：起。K：即起。

◆āsanebhyas：(āsana) n. pl. Ab. 从床座。D：从坐。K：从座。Ab.↔介词短语作状语，表起点。

4-1-7. yena bhagavān tena upasaṃkramya：来到了世尊面前。

D：进诣佛前。ger. 结构↔连动式的 VP5

K：(无)。

◆yena ... tena：prep. 面对、朝向。D：前。K：(无)。

◆bhagavān：(bhagavant) m. sg. N. 世尊。D：佛。K：(无)。

◆upasaṃkramya：(upa-sam-√kram) ger. 行诣(后)、来至(后)。D：进诣。K：(无)。

4-1-8. eka-aṃsam uttara-āsaṅgam kṛtvā：偏袒一肩。

D：偏袒右肩。ger. 结构↔连动式的 VP6

K：整衣服偏袒右肩。ger. 结构↔连动式的 VP6

◆eka-aṃsam：(eka-aṃsa) m. sg. Ac. 一肩。持业释。D：右肩。K：右肩。

eka：num. 一。aṃsa：m. 部分、肩。

◆uttara-āsaṅgam：(uttara-āsaṅga) m. sg. Ac. 上衣、覆左肩衣。

◆kṛtvā：(√kṛ) ger. 已做。D：偏袒。K：偏袒。

4-1-9. dakṣiṇam jānu-maṇḍalam pṛthivyām pratiṣṭhāpya：令右膝著地。

D：礼毕。ger. 结构↔连动式的 VP7

K：右膝著地。ger. 结构↔连动式的 VP6

◆dakṣiṇam jānu-maṇḍalam：右膝。D：(无)。K：右膝。

dakṣiṇam：(dakṣiṇa) n. sg. Ac. 右。

jānu-maṇḍalam：(jānu-maṇḍala) n. sg. Ac. 膝、膝盖。

◆pṛthivyām：(pṛthivī) f. sg. L. 地、土。D：(无)。K：地。

◆pratiṣṭhāpya：(pra-√sthā) caus. ger. 令住、依止。D：(无)。K：著。

4-1-10. yena bhagavān tena añjalim praṇamya：向诸佛恭敬合掌。

D：叉手。ger. 结构↔连动式的 VP8

K：一心合掌。ger. 结构↔连动式的 VP7

◆yena ... tena：prep. 面对、朝向。

◆bhagavān：(bhagavant) m. sg. N. 诸世尊、诸佛。

◆añjalim praṇāmya：恭敬合掌。D：叉手。K：合掌。

añjalim：(añjali) m. sg. Ac. 合掌。

praṇāmya：(pra-√nam)caus. ger. 恭敬、顶礼。

4-1-11. bhagavantam abhimukham ullokayamānās：瞻仰著世尊面庞。

D：(无)。K：瞻仰尊颜。ppt. ↔连动式的 VP8

◆bhagavatas abhimukhas：於世尊面对面的。D：(无)。K：尊颜。

bhagavatas：(bhagavat)m. sg. G. 世尊、佛。

abhimukhas：(abhimukha)adj. m. sg. N. 面对面的。

◆bhagavantam：(bhagavat) m. sg. Ac. 世尊、佛。作 vyavalokayamānas 的受词。

◆eva：adv. 就是，才是。强调语，放在所强调的词语之后。

◆ullokayamānās：(ut-√lok)caus. ppt. A. m. pl. N. 瞻仰著。现在分词表方式。D：(无)。K：瞻仰。

4-1-12. avanata-kāyās abhinata-kāyās praṇata-kāyās：曲躬倾身。省略 be 动词。

D：支节和怿，悲喜并集。——连动式的 VP9。

K：曲躬恭敬。——连动式的 VP9。

◆avanata-kāyās：(avanata-kāya) adj. m. pl. N. 曲躬、倾身。持业释(形容词关系)→多财释。

avanata：(√nam)ppp. 曲、垂下。kāya：m. 身体。

◆abhinata-kāyās：(abhinata-kāya)adj. m. pl. N. 低身。持业释(形容词关系)→多财释。

abhinata：(abhi-√nam)ppp. 低向。

◆praṇata-kāyās：(praṇata-kāya) adj. m. pl. N. 曲躬、倾身。持业释(形容词关系)→多财释。

praṇata：(abhi-√nam)ppp. 曲、垂下。

4-1-13. tasyām velāyām bhagavantam etad avocat：此时对世尊说此(事)。

D:白世尊曰。核心动词句↔连动式的 VP10

K:而白佛言。核心动词句↔连动式的 VP10

◆bhagavantam:(bhagavat)m. sg. Ac. 世尊、佛。作 avocat 的间接受词。D:世尊。K:佛。Ac. ↔ 间接宾语

◆etad:pron. n. sg. Ac. 此(事)。作 avocat 的直接受词。

◆avocat:(√vac)aor. 3. sg. P. 说、讲。D:白……曰。K:白……言。

4-2

D:唯大圣通！我等朽迈，年在老耄，於众耆长，金老羸劣，归命众佑，翼得灭度，志存无上正真之道，进力尠少，无所堪任。

K:我等居僧之首，年并朽迈，自谓已得涅槃，无所堪任，不复进求阿耨多罗三藐三菩提。

vayaṃ hi bhagavañ jīrṇā vṛddhā mahallakā asmān bhikṣu-saṃghe sthavira-saṃmatā jarā-jīrṇī-bhūtā nirvāṇa-prāptāḥ sma iti bhagavan nirudyamā anuttarāyāṃ samyak-sambodhāv apratibalāḥ smāprativīry' ārambhāḥ sma→vayaṃ hi bhagavan jīrṇās vṛddhās mahallakās asmān bhikṣu-saṃghe sthavira-saṃmatās jarā-jīrṇī-bhūtās nirvāṇa-prāptās sma iti bhagavan nirudyamās anuttarāyām samyak-sambodhāu apratibalās sma aprativīrya ārambhās sma:世尊啊！因为我们已经年迈衰老。(想)我们在比丘僧众中如同长老一样年迈，逮得涅槃。世尊啊！(我们)已懈怠衰弱，无力堪求无上正等正觉了。↔新主题链，因果复句

4-2-1. vayaṃ hi bhagavan jīrṇās vṛddhās mahallakās asmān bhikṣu-saṃghe sthavira-saṃmatās jarā-jīrṇī-bhūtās nirvāṇa-prāptās sma iti:世尊啊！因为我们已经年迈衰老，在比丘

僧众中就像长老一样，想我们已得涅槃。

D：唯大圣通！我等朽迈，年在老耄，於众耆长佥老羸劣，归命众佑，冀得灭度。——原因分句。

K：我等居僧之首，年并朽迈，自谓已得涅槃。——原因分句。

◆vayam：(mad) pers. 1. pl. N. 我们。**D**：我等。**K**：我等。N. ↔主题兼主语

◆hi：adv. 事实上、因为。

◆bhagavan：(bhagavat) m. sg. V. 世尊啊。**D**：唯大圣通。**K**：**(无)**。

◆jīrṇās vṛddhās mahallakās：已年迈衰老。**D**：朽迈年在老耄。**K**：年并朽迈。

jīrṇās：(√jṛ) ppp. m. pl. N. 衰老、朽故。

vṛddhās：(√vṛdh) ppp. m. pl. N. 年迈、老者。

mahallakās：(mahallaka) adj. m. pl. N. 耆旧、衰朽。

◆asmān bhikṣu-saṃghe sthavira-saṃmatās jarā-jīrṇī-bhūtās nirvāṇa-prāptās sma iti：想我们在比丘僧众中如同长老一样年迈，也已逮得涅槃。省略 be 动词。

asmān：(mad) pers. 1. pl. Ac. 我们。**D**：**(无)**。**K**：自。

bhikṣu-saṃghe：(bhikṣu-saṃgha) m. sg. L. 在比丘僧众中。依主释(属格关系)。**D**：於众。L. ↔介词短语作状语，表范围 **K**：僧之。

bhikṣu：男性出家人。音译为比丘。

saṃgha：团体。音译为僧伽。

sthavira-saṃmatās：(sthavira-saṃmata) ppp. m. sg. N. 像长老一样。依主释(业格关系)。**D**：耆长。**K**：居首。

sthavira：m. 大德、尊者、长老。saṃmata：(sam-√man)

ppp. 相似。

jarā-jīrṇī-bhūtās：(jarā-jīrṇī-bhūta) ppp. m. pl. N. 成为长者。依主释(业格关系)。**D**：佥老羸劣。**K**：年并朽迈。

jarā-jīrṇī：f. 衰老。相违释。

jarā：f. 老。jīrṇī：f. 衰老。

bhūta：(√bhū) ppp. 已变成、已发生、存在。

nirvāṇa-prāptās：(nirvāṇa-prāpta) ppp. m. pl. N. 已得涅槃。**D**：得灭度。**K**：已得涅槃。

nirvāṇa：n. 寂灭、涅槃。prāpta：(pra-√āp) ppp. 获得。

sma：indec. 接在动词之后，表示过去时态。

iti：adv. (出现在一句或一词之后)如此地说、如此地想。**D**：冀。**K**：谓。

4-2-2. bhagavan nirudyamās anuttarāyām samyak-saṃbodhāu apratibalās sma aprativīrya-ārambhās sma：世尊啊！(我们)已经懈怠衰弱，无力堪求无上正等正觉了。省略 be 动词。

D：志存无上正真之道，进力尠少，无所堪任。——结果主句

K：无所堪任，不复进求阿耨多罗三藐三菩提。——结果主句

◆nirudyamās：(nir-udyama) adj. m. pl. N. 懈怠、懒惰。**D**：进边尠少。**K**：不复进求。

◆anuttarāyām samyak-saṃbodhāu：於无上正等正觉。**D**：无上正真之道。**K**：阿耨多罗三藐三菩提。

anuttarāyām：(anuttarā) adj. f. sg. L. 无上、最胜。修饰 samyak-saṃbodhau。

samyaksaṃbodhāu：(samyak-saṃbodhi) m. sg. L. 正等觉。持业释(副词关系)。

◆apratibalās：(a-pratibala) adj. m. pl. N. 怯弱、无力。D：进力甚

少。K:(无)。

◆aprativīrya-ārambhās:(aprativīrya-ārambha)m. pl. N. 无力、不能堪任。持业释(形容词关系)。D:无所堪任。K:无所堪任。

aprativīrya:adj. 力不能敌。ārambha:m. 发起、造作。

4-3

D:如来所讲,我等靖听,次第坐定,诸来大众不敢危疲,无所患厌。

K:世尊往昔说法既久,我时在座,身体疲懈。

yadā 'pi bhagavān dharmaṃ deśayati ciraṃ-niṣaṇṇaś ca bhagavān bhavati vayaṃ ca tasyāṃ dharma-deśanāyāṃ pratyupasthitā bhavāmaḥ/ tadā 'py asmākaṃ bhagavan ciraṃ-niṣaṇṇānāṃ bhagavantaṃ ciraṃ-paryupāsitānām aṅga-pratyaṅgāni duḥkhanti saṃdhi-visaṃdhayaś ca duḥkhanti/

→yadā api bhagavān dharmam deśayati ciraṃ-niṣaṇṇas ca bhagavān bhavati vayam ca tasyām dharma-deśanāyām pratyupasthitās bhavāmas/ tadā api asmākam bhagavan ciraṃ-niṣaṇṇānām bhagavantam ciraṃ-paryupāsitānām aṅga-pratyaṅgāni duḥkhanti saṃdhi-visaṃdhayas ca duḥkhanti:当世尊久坐说法,我们也安住於此法时,世尊啊!我们当时也在久坐供养世尊,四肢关节疼痛不已。↔新主题链,条件复句

4-3-1. yadā api bhagavān dharmam deśayati ciraṃ-niṣaṇṇas ca bhagavān bhavati vayam ca tasyām dharma-deśanāyām pratyupasthitās bhavāmas:当世尊久坐说法,我们也安住于此法时。

D:如来所讲,我等靖听,次第坐定。yadā 从句↔条件分句

K:世尊往昔说法既久,我时在座。yadā 从句↔条件分句

◆yadā：conj. ……之时、尔时。D：(无)。K：时。

◆api：adv. 也、即使。

◆bhagavān：(bhagavant) m. sg. N. 世尊。D：如来。K：世尊。

◆dharmam：(dharma) m. sg. Ac. 正法、法教。D：所讲。K：法。

◆deśayati：(√diś) caus. pres. 3. sg. P. 宣说、开示。D：(无)。K：说。

◆ca：conj. 和、而且、又、然而。

◆ciraṃ-niṣaṇṇas bhavati：久坐。D：(无)。K：既久。

ciraṃ-niṣaṇṇas：(ciram-niṣaṇṇa) ppp. m. sg. N. 久坐。持业释(副词关系)。

ciram：adv. 长久。niṣaṇṇa：(ni-√sad) ppp. m. sg. N. 坐。

bhavati：(√bhū) pres. 3. sg. P. 变成、发生、存在。

◆vayam：(mad) pers. 1. pl. N. 我们。D：我等。K：我。

◆tasyām dharma-deśanāyām：在这法说中。

tasyām：(tad) pron. f. sg. L. 此。限定 dharma-deśanāyām。

dharma-deśanāyām：(dharma-deśanā) f. sg. L. 法说、法教、宣扬法义。依主释(业格关系)。

dharma：m. 法、道。deśanā：f. 分别演说、教示。

◆pratyupasthitās bhavāmas：(我们)安住。D：次第坐定。K：在座。

pratyupasthitās：(prati-upa-√sthā) ppp. m. pl. N. 现前、安住、依止。

bhavāmas：(√bhū) pres. 1. pl. P. (我们)变成、发生、存在。

4-3-2. tadā api asmākam bhagavan ciraṃ-niṣaṇṇānām bhagavantam ciraṃ-paryupāsitānām aṅga-pratyaṅgāni duḥkhanti saṃdhi-visaṃdhayas ca duḥkhanti：世尊啊！当时我们久坐供养世

尊，四肢和关节疼痛不已。

D：诸来大众不敢危疲，无所患厌。——主句

K：身体疲懈。——主句。

◆tadā：adv. 尔时、在那时。D：（无）。K：时。

◆bhagavan：（bhagavat）m. sg. V. 世尊啊。

◆asmākam ciraṃ-niṣaṇṇānām bhagavantam ciraṃ-paryupāsitānām：我们久坐供养世尊后。独立属格表条件。

asmākam：（mad）pers. 1. pl. G. 我们。

ciraṃ-niṣaṇṇānām：（ciram-niṣaṇṇa）ppp. m. pl. G. 久坐。持业释（副词关系）。

bhagavantam：（bhagavat）m. sg. Ac. 世尊、佛。

ciraṃ-paryupāsitānām：（ciram-paryupāsita）ppp. m. pl. G. 长久亲近供养。

paryupāsita：（pari-upa-√ās）ppp. 亲近、供养。

◆aṅga-pratyaṅgāni：（aṅga-pratyaṅga）n. pl. N. 肢体、身体。D：（无）。K：身体。

◆saṃdhi-visaṃdhayas：（saṃdhi-visaṃdhi）m. pl. N. 骨节关节。相违释。

saṃdhi：m. 骨节。visaṃdhi：m. 关节。

◆duḥkhanti：（√duḥkh）pres. 3. pl. P. 苦患、苦痛。D：危疲。K：疲懈。

verse：4-75

D：我等今日　逮闻斯音　怪之愕然　得未曾有

由是之故　心用悲喜　又省导师　柔软音声

K：我等今日　闻佛音教　欢喜踊跃　得未曾有

āścarya-bhūtā sma tathā 'dbhutāś ca
audbilya-prāptā sma śṛuṇitva ghoṣaṃ /
sahasaiva asmābhir ayaṃ tathā 'dya
manojña-ghoṣaḥ śrutu nāyakasya //1//

→āścarya-bhūtās sma tathā adbhutās ca audbilya-prāptās sma śṛuṇitva ghoṣam /

sahasā eva asmābhis ayam tathā adya manojña-ghoṣas śrutu nāyakasya

4-75-1. āścarya-bhūtās sma tathā adbhutās ca audbilya-prāptās sma śṛuṇitva ghoṣam：听闻此音后，欢喜踊跃，已得未曾有。

◆āścarya-bhūtās：(āścarya-bhūta) ppp. m. pl. N. 得未曾有。依主释（业格关系）。**D**：得未曾有。**K**：得未曾有。

āścarya：n. 惊奇、希有。bhūta：(√bhū) ppp. 变成、发生、存在。

◆sma：indec. 接在动词之后，表示过去时态。

◆tathā：adv. 如此、同样地。

◆adbhutās：(adbhuta) ppp. m. pl. N. 奇特、希有、未曾有。**D**：怪之愕然。**K**：(无)。

◆ca：conj. 和、而且、又、然而。

◆audbilya-prāptās：(audbilya-prāpta) adj. m. sg. N. 心怀踊跃。依主释（业格关系）。**D**：心用悲喜。**K**：欢喜踊跃。

audbilya：n. 欢喜、踊跃。prāpta：(pra-√āp) ppp. 已得、获得。

◆śruṇitva[①]：(√śru) ger. 听闻（后）。**D**：逮闻。**K**：闻。

◆ghoṣam：(ghoṣa) m. sg. Ac. 声音。**D**：斯音。**K**：音教。

4-75-2. sahasā eva asmābhis ayam tathā adya manojña-ghoṣas śrutu nāyakasya：今日我们忽闻导师这同样悦意之音。

◆sahasā：(sahas) adj. m. sg. I. →adv. 卒尔、忽然。

◆eva：adv. 就是，才是。强调语，放在所强调的词语之后。

◆asmābhis：(mad) pers. 1. pl. I. 由我们。在此具格表施事。D：我等。K：我等。

◆ayam manojña-ghoṣas：这悦意之音。D：柔软音声。K：音教。

ayam：(idam) dem. m. sg. N. 此。限定 manojña-ghoṣas。

manojña-ghoṣas：(manojña-ghoṣa) m. sg. N. 悦可意音。依主释（属格关系）。

manojña：adj. 喜悦、可意。ghoṣa：m. 声音。

◆tathā：adv. 如此、同样地。

◆adya：adv. 今天。D：今日。K：今日。

◆śrutu[②]：(√śru) ppp. m. sg. N. 所闻、已闻。代替动词。D：省。K：闻。

◆nāyakasya：(nāyaka) m. sg. G. 导师、如来。D：导师。K：佛。

4-76

D：尊妙珍宝　[为]大积聚　一处合集　以赐我等

未曾思念　亦不有求　还闻弘教　心怀踊跃

K：佛说声闻　当得作佛　无上宝聚　不求自得。

viśiṣṭa-ratnāna mahanta-rāśir

muhūrta-mātreṇ' ayam adya labdhaḥ /

na cintito nāpi kadāci prārthitas

taṃ śrutva āścarya-gatā sma sarve //2//

→viśiṣṭa-ratnāna mahanta-rāśis muhūrta-mātreṇa ayam adya labdhas /

na cintitas na api kadāci prārthitas tam śrutva āścarya-gatās sma sarve

4-76-1. viśiṣṭa-ratnāna mahanta-rāśis muhūrta-mātreṇa ayam adya labdhas：今日须臾既得此无上宝聚。

◆viśiṣṭa-ratnāna③：(viśiṣṭa-ratna)n. pl. G. 无双至宝。持业释(形容词关系)。**D**：尊妙珍宝。**K**：无上宝。

viśiṣṭa：(vi-√śiṣ)ppp. 无比、第一。ratna：n. 宝贝。

◆mahanta-rāśis：(mahanta-rāśi)m. sg. N. 大聚。持业释(形容词关系)。**D**：大积聚。**K**：聚。

mahanta：(mahat)adj. m. pl. N. 大的。rāśi：m. 堆积、聚。

◆muhūrta-mātreṇa④：(muhūrta-mātra)n. sg. I. →adv. 须臾。

◆ayam：(idam)dem. m. sg. N. 此。限定 mahanta-rāśis。

◆adya：adv. 今天。

◆labdhas：(√labh)ppp. m. sg. N. 已得、所获。**D**：以赐。**K**：自得。

4-76-2. na cintitas na api kadāci prārthitas tam śrutva āścarya-gatās sma sarve：听了此音之后，皆至未曾有，任何时候不思也不求。

◆na cintitas：不思。**D**：未曾思念。**K**：不求。

na：adv. 不，非，无。

cintitas：(a-√cint)ppp. m. sg. N. 所求、所思。

◆na prārthitas：不求。**D**：不有求。**K**：不求。

prārthitas：(pra-√arthaya)ppp. m. sg. N. 愿求。

◆api：adv. 也、又、即使。**D**：亦。**K**：(无)。

◆kadāci⑤：adv. 某时、任何时候。

◆tam：(tad)pron. m. sg. Ac. 此(法)。**D**：弘教。**K**：(无)。

◆śrutva⑥：(√śru)ger. 听闻(后)。**D**：闻。**K**：(无)。

◆āścarya-gatās：(āścarya-gata)ppp. m. pl. N. 已至希有。依主释(业格关系)。代替动词。**D**：心怀踊跃。**K**：(无)。

āścarya：n. 惊奇、希有。gata：(√gam)ppp. 所至、已诣。

◆sma：indec. 接在动词之后，表示过去时态。

◆sarve：(sarva)adj. m. pl. N. 所有、一切、全部。

4-77

D：譬如长者　而有一子　兴起如愚　亦不闇冥

　自舍其父　行诣他国　志于殊域　仁贤百千

K：譬如童子　幼稚无识　舍父逃逝　远到他土

yathā 'pi bālaḥ puruṣo bhaveta

utplāvito bāla-janena santaḥ /

pituḥ sakāśātu apakrameta

anyaṃ ca deśaṃ vraji so sudūraṃ //3//

→yathā api bālas puruṣas bhaveta utplāvitas bāla-janena santas / pitus sakāśātu apakrameta anyam ca deśam vraji sas sudūram

4-77-1. yathā api bālas puruṣas bhaveta utplāvitas bāla-janena santas：亦如一人愚痴，无智所出。

◆yathā：adv. 如……，像……一样地。D：譬如。K：譬如。

◆api：adv. 也、又、即使。D：亦。K：(无)。

◆bālas puruṣas：愚人、幼儿。

bālas：(bāla)adj. m. sg. N. 幼稚、愚痴。D：(无)。K：幼稚无识。

puruṣas：(puruṣa)m. sg. G. 人、丈夫。D：一子。K：童子。

◆bhaveta：(√bhū) opt. 3. sg. A. 当变成、当存在。D：有。K：(无)。

◆utplāvitas：(ut-√plu)ppp. m. sg. N. 所出、涌出。D：兴起。K：(无)。

◆bāla-janena：(bāla-jana)m. sg. I. 愚夫、无智人。持业释(形容词

关系）。**D**：如愚。**K**：(无)。

bāla：adj. 愚痴、幼稚。jana：m. 民众、苍生。

◆santas：(santa)adj. m. sg. N. 有。

4-77-2. pitus sakāśātu apakrameta anyam ca deśam vraji sas sudūram：他从父亲跟前逃走，远行他方。

◆pitus sakāśātu：从父亲的跟前。

pitus：(pitṛ)m. sg. G. 父亲。**D**：其父。**K**：父。

sakāśātu[⑦]：(sakāśa)m. sg. Ab. 边、处所、面前。

◆apakrameta：(apa-√kram)opt. 3. sg. A. 逃离、退散。**D**：自舍。A. ↔自- **K**：舍逃逝。

◆anyam ca deśam：他方、异处。**D**：他国。**K**：他土。

anyam：(anya)adj. m. sg. Ac. 其他、异。修饰 deśam。

deśam：(deśa)m. sg. Ac. 处所。

◆ca：conj. 和、而且、又、然而。

◆vraji[⑧]：(√vraj)aor. 3. sg. P. 出游、安行。**D**：行诣。**K**：到。

◆sas：(tad)pers. m. sg. N. 他。

◆sudūram：adv. 远远地。**D**：(无)。**K**：远。

4-78

D：於时长者　愁忧念之　然后而闻　即自迸走

游于十方　意常怛戚　父子隔别　二三十年

K：周流诸国　五十余年　其父忧念　四方推求

pitā ca taṃ śocati tasmi kāle

palāyitaṃ jñātva svakaṃ hi putraṃ /

śocantu so dig-vidiśāsu añce

varṣāṇi pañcāśad-anūnakāni //4//

→pitā ca tam śocati tasmi kāle palāyitam jñātva svakam hi putram /

śocantu sas dig-vidiśāsu añce varṣāṇi pañcāśad-anūnakāni

4-78-1. pitā ca tam śocati tasmi kāle palāyitam jñātva svakam hi putram：此时父亲得知道自己儿子逃走之后，忧愁(此)事。

◆pitā：(pitṛ)m. sg. N. 父亲。**D：**长者。**K：**其父。

◆ca：conj. 和、而且、又、然而。**D：(无)**。**K：(无)**。

◆tam：(tad)pron. m. sg. Ac. 此(子)。**D：**之。**K：(无)**。

◆śocati：(√śuc)pres. 3. sg. P. 忧愁、悲泣。**D：**愁忧。**K：**忧念。

◆tasmi kāle：此时。**D：**於时。**K：(无)**。

tasmi[9]：(tad)pron. m. sg. L. 这。

kāle：(kāla)m. sg. L. 时、世。

◆palāyitam：(palā-√i)ppp. m. sg. Ac. 逃亡。修饰 putram。**D：**迸走。**K：**周流。

◆jñātva[10]：(√jñā)ger. 知道(后)。**D：**然后而闻。**K：(无)**。

◆svakam putram：自己儿子。

svakam：(svaka)adj. n. sg. Ac. 自己。修饰 putram。

putram：(putra) m. sg. Ac. 儿子。

◆hi：adv. 事实上、因为。

4-78-2. śocantu sas dig-vidiśāsu añce varṣāṇi pañcāśad-anūnakāni：悲泣著四方寻找，整五十年。

◆śocantu[11]：(√śuc)ppt. m. sg. N. 忧愁著、悲泣著。**D：**意常悒戚。**K：(无)**。

◆sas：(tad)pron. m. sg. N. 此(父)。

◆dig-vidiśāsu：(diś-vidiśā)f. pl. L. 於四方。相违释。**D：**于十方[Wr.]。**K：**四方。

diś：f. 方、处所。vidiśā：f. 角、方、(四)维。

◆añce：(√ac)pres. 1. sg. A. 寻找、游。D：游。K：推求。

◆varṣāṇi pañcāśad-anūnakāni：五十年整。D：二三十年。K：五十余年。

varṣāṇi：(varṣa)n. pl. Ac. 年、岁。

pañcāśad-anūnakāni：(pañcāśat-anūnaka)adj. n. pl. Ac. 五十整。

pañcāśat：num. 五十。anūnaka：adj. 不减。

附　注

① 见 BHSG § 35.10。

② 见 BHSG § 8.20。

③ 见 BHSG § 8.117。

④ 见 BHSG § 8.117。

⑤ 见 BHSG § 2.90"Dropping of final consonants"。

⑥ 见 BHSG § 35.10。

⑦ 见 BHSG § 8.50。

⑧ 见 BHSG § 35.17。

⑨ 见 BHSG § 21.46。

⑩ 见 BHSG § 35.10。

⑪ 见 BHSG § 18.8。

V. Oṣadhī-parivarto nāma pañcamaḥ

药草　　品　　名为　　第五

prose：5-1

D：尔时世尊告大迦叶及诸耆年声闻：

K：尔时世尊告摩诃迦叶及诸大弟子。

atha khalu bhagavān āyuṣmantaṃ mahākāśyapaṃ tāṃś cānyān sthavirān mahā-śrāvakān āmantrayāmāsa → atha khalu bhagavān āyuṣmantam mahākāśyapam tān ca anyān sthavirān mahā-śrāvakān āmantrayāmāsa：尔时世尊遍告长者摩诃迦叶及其他长老诸大声闻。↔主题句

◆atha khalu：於是、尔时。

D：尔时。**K：**尔时。句首小品词↔话题转换标记

atha：adv. 此时、从此、这样。

khalu：indec. 事实上、确实；然而。

◆bhagavān：(bhagavat) m. sg. N. 世尊、佛。**D：**世尊。**K：**世尊。N. ↔ 主题兼主语

◆āyuṣmantam mahākāśyapam：长者摩诃迦叶。**D：**大迦叶。**K：**摩诃迦叶。Ac. ↔间接宾语

āyuṣmantam：(āyuṣmat) adj. m. pl. Ac. 具足寿命、长者。加在名号前，表尊敬。

mahākāśyapam：(mahā-kāśyapa) m. sg. Ac. (人名)音译为摩诃迦叶。

◆tān anyān sthavirān mahā-śrāvakān：其他长老诸大声闻。

D：诸耆年声闻。**K：**诸大弟子。Ac. ↔ 间接宾语

tān：(tad) pron. m. pl. Ac. 这些。限定 sthavirān。

anyān：(anya)adj. m. pl. Ac. 其余、异。修饰 sthavirān。

sthavirān：(sthavira)m. pl. Ac. 大德、尊者、长老。

mahā-śrāvakān：(mahā-ś rāvaka)m. pl. Ac. 诸大弟子、诸大声闻。持业释(形容词关系)。

mahā：(mahat)adj. 大。作持业释、有财释复合词的前语时变成 mahā。

śrāvaka：(√śru)m. 弟子、声闻、小乘人、阿罗汉。

◆ca：conj. 和、而且、又、然而。**D：**及。**K：**及。

◆āmantrayāmāsa：(ā-√mantraya)perf. 3. sg. P. 已告……言、普告了。**D：**告。**K：**告。

5-2

D：善哉！所叹如实，审如所言，如来之德如向所喻。

K：善哉，善哉！迦叶！善说如来真实功德，诚如所言。

sādhu sādhu mahākāśyapa sādhu khalu punar yuṣmākaṃ kāśyapa yad yūyaṃ tathāgatasya bhūtān guṇa-varṇān bhāṣadhve → sādhu sādhu mahākāśyapa sādhu khalu punas yuṣmākam kāśyapa yad yūyam tathāgatasya bhūtān guṇa-varṇān bhāṣadhve：大迦叶啊！很好，很好。迦叶啊！因你们演说如来真实功德相，(所言)确实很好。↔新主题句

5-2-1. sādhu sādhu mahākāśyapa：大迦叶啊，很好，很好。

D：善哉！**K：**善哉，善哉！迦叶！

◆sādhu：interj. 善哉。**D：**善哉。**K：**善哉。

◆mahākāśyapa：m. sg. V. 大迦叶啊。**D：(无)**。**K：**迦叶。

5-2-2. sādhu khalu punas yuṣmākam kāśyapa yad yūyam tathāgatasya bhūtān guṇa-varṇān bhāṣadhve：迦叶啊！因你们演说如来真实功德相，(所言)确实很好。

D:所叹如实,审如所言。如来之德如向所喻。

K:善说如来真实功德,诚如所言。

◆sādhu:adj. n. sg. N. 善、妙。**D:(无)**。**K:**善。

◆khalu:indec. 事实上、确实。**D:**如实、审。**K:**诚。

◆punas:adv. 又,但是。

◆yuṣmākam:(yuṣmad)pers. 2. pl. G. 你们的。

◆kāśyapa:m. sg. V. 迦叶啊。

◆yad:conj. 即,……之故。

◆yūyam:(tvad)pers. 2. pl. N. 你们。

◆tathāgatasya bhūtān guṇa-varṇān:如来诸真实功德相。

D:如来之德。**K:**如来真实功德。Ac.↔间接宾语

tathāgatasya:(tathāgata)m. sg. G. 如来。**D:**如来之。**K:**如来。

bhūtān:(√bhū)ppp. m. pl. Ac. 真实、实有。修饰 guṇa-varṇān。**D:(无)**。**K:**真实。

guṇa-varṇān:(guṇa-varṇa)m. pl. Ac. 诸功德相。依主释(属格关系)。**D:**德。**K:**功德。

guṇa:m. 功德、利益、美。varṇa:m. 色身、色像。

◆bhāṣadhve:(√bhāṣ)pres. 2. pl. A. (你们)宣说、敷演。**D:**所叹、所喻。**K:**善说。

5-3

D:复倍无数,不可思谊,无能计量劫之姟底,一一计数大圣所应。如来之慧无能限者。

K:如来复有无量无边阿僧祇功德,汝等若於无量亿劫说不能尽。

ete ca kāśyapa tathāgatasya bhūtā guṇā ataś cānye aprameyā asaṃkhyeyā yeṣāṃ na sukaraḥ paryanto adhigantum aparimitān api kalpān bhāṣamāṇaiḥ→ete ca kāśyapa tathāgatasya bhūtās guṇās atas ca anye aprameyās asaṃkhyeyās yeṣām na sukaras paryantas adhigantum aparimitān api kalpān bhāṣamāṇais：迦叶啊！因如来真实功德无数无边故，即使以无数劫宣说也不易证得其究竟。↔新主题句，因果复句

5-3-1. ete ca kāśyapa tathāgatasya bhūtās guṇās atas ca anye aprameyās asaṃkhyeyās：迦叶啊！如来除了这些真实功德外，还有其他无量无边(功德)。

D：复倍无数不可思谊，如来之慧无能限者。——原因分句

K：如来复有无量无边阿僧祇功德。——原因分句

◆tathāgatasya：(tathāgata)m. sg. G. 如来。在此属格表主体。**D**：如来之。**K**：如来。G. ↔主语

◆ete bhūtās guṇās：这些真实功德。**D**：慧。**K**：(无)。

ete：(etad)pron. m. pl. N. 这些。限定 guṇās。

bhūtās：(√bhū)ppp. m. pl. N. 真实、实有。修饰 guṇās。

guṇās：(guṇa)m. pl. N. 功德、美德。

◆kāśyapa：m. sg. V. 迦叶啊。

◆atas ca anye：除此之外，还有其他。

atas：adv. 从此；此故。

ca：conj. 和、而且、又、然而。

anye：(anya)adj. m. pl. N. 其余、异。

◆aprameyās asaṃkhyeyās：无数无边。代替动词。

D：无数不可思谊、无能限。**K**：无量无边阿僧祇。fpp. ↔谓语

aprameyās：(a-pra-√mā)fpp. m. pl. N. 无边、不可限量。

asaṃkhyeyās：(a-saṃkhyeya)fpp. m. pl. N. 无央数。

5-3-2. yeṣām na sukaras paryantas adhigantum aparimitān api kalpān bhāṣamāṇais：若有边际，即使宣说无量劫数，也不容易达其究竟。

D：无能计量劫之姟底。一一计数大圣所应。——主句

K：汝等若於无量亿劫说不能尽。——主句

◆yeṣām：(yad) rel. m. pl. G. 做……者、成为……者、有……者。D：之。K：(无)。

◆na：adv. 不，非，无。D：无。K：不。

◆sukaras：(sukara) adj. m. sg. N. 容易、能够。D：能。K：能。

◆paryantas：(paryanta) m. sg. N. 边际、究竟。D：姟底。K：尽。

◆adhigantum：(adhi-√gam) inf. 获得、达到。D：计量。K：(无)。

◆aparimitān kalpān：无数劫波。D：劫。K：无量亿劫。

aparimitān：(a-parimita) ppp. m. pl. Ac. 无量。修饰 kalpān。

kalpān：(kalpa) m. pl. Ac. 数劫。

◆api：adv. 也、又、即使。D：复。K：复。

◆bhāṣamāṇais：(√bhāṣ) ppr. m. pl. I. 凭借宣说。D：一一计数。K：说。

5-4

D：(无)。

K：迦叶！[当知]如来是诸法之王，若有所说，皆不虚也。

dharma-svāmī kāśyapa tathāgataḥ sarva-dharmāṇāṃ rājā prabhūr vaśī /yaṃ ca kāśyapa tathāgato dharmaṃ yatropanikṣipati sa tathaiva bhavati → dharma-svāmī kāśyapa tathāgatas sarva-dharmāṇām rājā prabhūs vaśī /yam ca kāśyapa tathāgatas dharmam yatra upanikṣipati sa tathā eva bhavati：迦叶啊！如来是法主、诸法之王、大自在天。迦叶啊！凡是如来藏护之法，都是同样如实(不虚)。↔新主题链，因果复句

5-4-1. dharma-svāmī kāśyapa tathāgatas sarva-dharmāṇām rājā prabhūs vaśī：迦叶啊！如来是正法之主、诸法之王、大自在天。省略 be 动词。

D：(无)。

K：迦叶！[当知]如来是诸法之王。——原因分句

◆dharma-svāmī：(dharma-svāmin) m. sg. N. 正法之主。依主释(属格关系)。

dharma：m. 正法、法教。svāmin：m. 主、夫。

◆kāśyapa：m. sg. V. 迦叶啊。**D：(无)**。**K**：迦叶！

◆tathāgatas：(tathāgata) m. sg. N. 如来。**D：(无)**。**K**：如来。N. ↔主题兼主语

◆sarva-dharmāṇām rājā：诸法之王。**D：(无)**。**K**：诸法之王。N. ↔表语

sarva-dharmāṇām：(sarva-dharma) m. pl. G. 一切诸法。持业释(形容词关系)。G. ↔"之"

rājā：(rājan) m. sg. N. 国王。

◆prabhūs vaśī：大自在天。

prabhūs：(prabhū) adj. m. sg. N. 多、大。

vaśī：(vaśin) adj. m. sg. N. 自在；自在天。

5-4-2. yam ca kāśyapa tathāgatas dharmam yatra upanikṣipati sa tathā eva bhavati：迦叶啊！凡是如来藏护之法，都是同样如实(不虚)。

D：(无)。

K：若有所说，皆不虚也。——主句

◆yam：(yad) rel. m. sg. Ac. 做……者、成为……者、有……者。限定 dharmam。引导从句，与下文 sa(tad) 搭配使用，意为"凡……者，皆"。**D：(无)**。**K**：若。

◆ca：conj. 和、而且、又、然而。

◆dharmam：(dharma)m. sg. Ac. 正法、法教。**D：(无)**。**K：**所说。

◆yatra：adv. 某处。

◆upanikṣipati：(upa-ni-√kṣip) pres. 3. sg. P. 安置、藏护。**D：(无)**。**K：**有。

◆sa：(tad) pron. m. sg. N. 此(法)。

◆tathā：adv. 如此、同样地。**D：(无)**。**K：**皆。

◆eva：adv. 就是，才是。强调语，放在所强调的词语之后。

◆bhavati：(√bhū) pres. 3. sg. P. 变成、发生、存在。**D：(无)**。**K：**……也。

5-5

D：不有法想，地道处所，莫能尽原。

K：於一切法，以智方便而演说之，其所说法，皆悉到於一切智地。

sarva-dharmāṃś ca kāśyapa tathāgato yuktyopanikṣipati/ tathāgata-jñānenopanikṣipati/ tathopanikṣipati yathā te dharmāḥ sarvajña-bhūmim eva gacchanti→sarva-dharmān ca kāśyapa tathāgatas yuktyā upanikṣipati tathāgata-jñānena upanikṣipati/ tathā upanikṣipati yathā te dharmās sarvajña-bhūmim eva gacchanti：迦叶啊！如来用其智慧方便藏护所有正法，就像这些正法达到一切智地一样藏护。↔5-4-1. 的后续句，联合式并列复句

5-5-1. sarva-dharmān ca kāśyapa tathāgatas yuktyā upanikṣipati tathāgata-jñānena upanikṣipati：迦叶啊！如来用智慧方便藏护诸法。

D：(无)。**K：**於一切法，以智方便而演说[之]。——分句

◆sarva-dharmān：(sarva-dharma) m. pl. Ac. 一切诸法。持业释

(形容词关系)。**D:(无)**。**K:**於一切法……之。Ac.↔主语+回指代词

◆ca:conj. 和、而且、又、然而。

◆kāśyapa:m. sg. V. 迦叶啊。

◆tathāgatas:(tathāgata)m. sg. N. 如来。

◆yuktyā:(yukti)f. sg. I. 以相应、善解、方便。**D:(无)**。**K:**以方便。I. ↔介词短语作工具状语

◆upanikṣipati:(upa-ni-√kṣip) pres. 3. sg. P. 安置、藏护。**D:(无)**。**K:**演说。

◆tathāgata-jñānena:(tathāgata-jñāna)n. sg. I. 用如来的智慧。依主释(属格关系)。**D:(无)**。**K:**以智。I. ↔介词短语作工具状语

tathāgata:m. 如来。jñāna:n. 智慧。

5-5-2. tathā upanikṣipati yathā te dharmās sarvajña-bhūmim eva gacchanti:就像诸法达到一切智地一样藏护。

D:(无)。**K:**其所说法,[皆悉]到於一切智地。——分句

◆tathā:adv. 如此、同样地。

◆yathā:adv. 如同,像……一样地。

◆te dharmās:这些正法。**D:(无)**。**K:**其所说法。N.↔主语

te:(tad)pron. m. pl. N. 这些。限定 dharmās。

dharmās:(dharma)m. pl. N. 法教、正法。

◆sarvajña-bhūmim:(sarvajña-bhūmi)f. sg. Ac. 一切智地。持业释(形容词关系)。**D:(无)**。**K:**於一切智地。Ac. ↔介词短语作处所补语

sarvajña:adj. 遍知、一切智。bhūmi:f. 地、位。

◆eva:adv. 就是,才是。强调语,放在所强调的词语之后。

◆gacchanti:(√gam)pres. 3. pl. P. 去、至、过。**D:(无)**。**K:**到。

5-6

D:世尊普入一切诸谊,察于世间,见众庶心,所度无极,一切分别,皆使决了权慧之事,劝立一切,度於彼岸,皆现普智,入诸通慧。

K:如来观知一切诸法之所归趣,亦知一切众生深心所行,通达无碍;又於诸法究尽明了,示诸众生一切智慧。

sarva-dharmārtha-gatiṃ ca tathāgato vyavalokayati / sarva-dharmārtha-vaśitā-prāptaḥ sarva-dharmādhyāśaya-prāptaḥ sarva-dharma-viniścaya-kauśalya-jñāna-parama-pāramitā-prāptaḥ / sarvajña-jñāna-saṃdarśakaḥ sarvajña-jñānāvatārakaḥ sarvajña-jñānopanikṣepakaḥ kāśyapa tathāgato 'rhan samyak-saṃbuddhaḥ→sarva-dharma-artha-gatim ca tathāgatas vyavalokayati / sarva-dharma-artha-vaśitā-prāptas sarva-dharma-adhyāśaya-prāptas sarva-dharma-viniścaya-kauśalya-jñāna-parama-pāramitā-prāptas / sarvajña-jñāna-saṃdarśakas sarvajña-jñāna-avatārakas sarvajña-jñāna-upanikṣepakas kāśyapa tathāgatas arhan samyak-saṃbuddhas:如来能观见一切正法的意义和境界。於一切法义已得自在,於一切法义已得欲乐、决断、善权、智慧最胜彼岸。迦叶啊! 如来应供等正觉能示现、深入、处置。↔新主题链,联合式并列复句

5-6-1. sarva-dharma-artha-gatim ca tathāgatas vyavalokayati:如来能观见一切正法的意义和境界。

D:世尊普入一切诸谊,察于世间,见众庶心。——分句

K:如来观知一切诸法之所归趣,亦知一切众生深心所行,通达无碍。——分句

◆sarva-dharma-artha-gatim：(sarva-dharma-artha-gati) f. sg. Ac. 一切正法的意义和行境。依主释(属格关系)。D：一切诸谊。[于]世间众庶心。K：一切诸法之所归趣。

sarva-dharma：m. 一切正法。持业释(形容词关系)。

artha-gati：f. 意义和行境。相违铎。

artha：m. 意义。gati：f. 行止、境界。

◆ca：conj. 和、而且、又、然而。

◆tathāgatas：(tathāgata) m. sg. N. 如来。D：世尊。K：如来。N. ↔主题兼主语

◆vyavalokayati：(vi-ava-√lok) caus. pres. 3. sg. P. 瞻仰、观见。D：察见。K：观知。

5-6-2. sarva-dharma-artha-vaśitā-prāptas

sarva-dharma-adhyāśaya-prāptas

sarva-dharma-viniścaya-kauśalya-jñāna-parama-pāramitā-prāptas：

於一切法义已得自在。於一切法义已得所乐。於一切法义已得决断、善巧、智慧度无极。省略 be 动词。

D：所度无极，一切分别，皆使决了，权慧之事，劝立一切，度於彼岸。——分句

K：又於诸法究尽明了。——分句

◆sarva-dharma-artha-vaśitā-prāptas：(sarva-dharma-artha-vaśitā-prāpta) m. sg. N. 於一切法义已得自在。依主释(属格关系)。D：一切分别皆使决了。K：于诸法究尽明了。依主释(属格关系)↔状中结构

sarva-dharma-artha：於一切法义。依主释(属格关系)。

vaśitā-prāpta：已得自在。依主释(业格关系)。

vaśitā：f. 自在。prāpta：(pra-√āp) ppp. 获得。

◆sarva-dharma-adhyāśaya-prāptas：

(sarva-dharma-artha-vaśitā-prāpta) m. sg. N. 於一切法已得欲乐。依主释(位格关系)。

adhyāśaya：m. 所乐、欲乐。

◆sarva-dharma-viniścaya-kauśalya-jñāna-parama-pāramitā-prāptas：(sarva-dharma-viniścaya-kauśalya-jñāna-parama-pāramitā-prāpta) m. sg. N. 於一切法已得决断、善权、智慧最胜彼岸。依主释(位格关系)。**D：**所度无极，权慧之事，劝立一切，度於彼岸。**K：(无)**。

viniścaya-kauśalya-jñāna-parama-pāramitā：决断、善巧、智慧最胜彼岸。依主释(属格关系)。

viniścaya-kauśalya-jñāna：n. 决断、善巧、智慧。相违释。

viniścaya：m. 决断。kauśalya：n. 善巧。jñāna：n. 智慧。

parama-pāramitā：f. 最胜彼岸、度无极。持业释(形容词关系)。

parama：adj. 最胜、第一。pāramitā：f. 到达彼岸。音译为波罗蜜多。

5-6-3. sarvajña-jñāna-saṃdarśakas sarvajña-jñāna-avatārakas sarvajña-jñāna-upanikṣepakas kāśyapa tathāgatas arhan samyak-saṃbuddhas：迦叶啊！如来应供等正觉能示现一切智，深入一切智，安置一切智。省略 be 动词。

D：皆现普智，入诸通慧。——分句

K：示[诸众生]一切智慧。——分句

◆sarvajña-jñāna-saṃdarśakas：(sarvajña-jñāna-saṃdarśaka) adj. m. sg. N. 示现一切智。依主释(业格关系)。**D：**皆现普智。**K：**示[诸众生]一切智慧。

sarvajña-jñāna：n. 一切智。持业释(形容词关系)。

sarvajña：adj. 遍知、一切智。jñāna：n. 智慧。

saṃdarśaka：adj. 开示、显示。

◆sarvajña-jñāna-avatārakas：（sarvajña-jñāna-avatāraka）adj. m. sg. N. 深入一切智。依主释（业格关系）。**D**：入诸通慧。**K**：（无）。

avatāraka：adj. 令入、渡。

◆sarvajña-jñāna-upanikṣepakas：（sarvajña-jñāna-upanikṣepaka）adj. m. sg. N. 安置一切智。依主释（业格关系）。

upanikṣepaka：adj. 安置、藏护。

◆kāśyapa：m. sg. V. 迦叶啊。

◆tathāgatas arhan samyak-saṃbuddhas：如来应供等正觉。三词同位关系。

arhan：（arhant）adj. m. sg. N. 应供。

samyak-saṃbuddhas：（samyak-saṃbuddha）m. sg. N. 正等正觉。持业释（副词关系）。

verse：5-25

D：吾兴於世间　仁和为法王　为众生说法　随其所信乐

K：破有法王　出现世间　随众生欲　种种说法

dharma-rājā ahaṃ loka utpanno bhava-mardanaḥ /

dharmaṃ bhāṣāmi sattvānām adhimuktiṃ vijāniya //1//

→dharma-rājā aham loke utpannas bhava-mardanas /

dharmam bhāṣāmi sattvānām adhimuktim vijāniya

5-25-1. dharma-rājā aham loke utpannas bhava-mardanas：我是法王，破除诸有，生於世上。

◆dharma-rājā：（dharma-rājan）m. sg. N. 法王。依主释（属格关系）。**D**：法王。**K**：法王。

◆aham：（mad）pers. 1. sg. N. 我。**D**：吾。**K**：（无）。

◆loke：（loka）m. sg. L. 世间。**D**：於世间。**K**：世间。

◆utpannas:(ud-√pat)ppp. m. sg. N. 生起。代替动词。D:兴。K:出现。

◆bhava-mardanas:(bhava-mardana)adj. m. sg. N. 破除诸有。依主释(业格关系)。D:仁和。K:破有。

bhava:m. 有、生。mardana:adj. 破除、降伏。

5-25-2. dharmam bhāṣāmi sattvānām adhimuktim vijāniya:知道众生的信乐后,我宣说正法。

◆dharmam:(dharma)m. sg. Ac. 法教、正法。D:法。K:法。

◆bhāṣāmi:(√bhāṣ)pres. 1. sg. P.(我)宣说。D:说。K:说。

◆sattvānām adhimuktim:众生的信解。D:为众生、其所信乐。K:众生欲。

sattvānām:(sattva)m. pl. G. 众生、诸有情。D:为众生、其。K:众生。

adhimuktim:(adhimukti)f. sg. Ac. 信解。D:所信乐。K:欲。

◆vijāniya①:(vi-√jñā)ger. 知道(后)。D:随。K:随。

5-26

D:意勇建大业　久立分别说　群萌多受持　蒸庶无所言

K:如来尊重　智慧深远　久默斯要　不务速说

dhīra-buddhī mahā-vīrā ciraṃ rakṣanti bhāṣitam /

rahasyaṃ cāpi dhārenti na ca bhāṣanti prāṇināṃ //2//

→dhīra-buddhī mahā-vīrā ciram rakṣanti bhāṣitam /

rahasyam ca api dhārenti na ca bhāṣanti prāṇinām

5-26-1. dhīra-buddhī mahā-vīrā ciram rakṣanti bhāṣitam:(他们)智慧深远,精勤勇猛,久护法说。

◆dhīra-buddhī②:(dhīra-buddhi)adj. m. pl. N. 智慧深远。持业释

(形容词关系)→多财释。D:(无)。K:智慧深远。

dhīra:adj. 勇猛、坚固。buddhi:f. 智慧、觉悟。

◆mahā-vīrā[③]:(mahā-vīra)adj. m. pl. N. 大勇猛、精勤不懈。持业释(形容词关系)→多财释。D:意勇建大业。K:尊重。

◆ciram:adv. 久、极长。D:久。K:久。

◆rakṣanti:(√rakṣ)pres. 3. pl. P. 保护、守护。D:立。K:(无)。

◆bhāṣitam:(√bhāṣ)ppp. m. sg. Ac. 所说、说法。D:所言。K:(无)。

5-26-2. rahasyam ca api dhārenti na ca bhāṣanti prāṇinām:也受持秘藏,不对众生宣说。

◆rahasyam:(rahasya)adj. m. sg. Ac. 秘要之藏、秘密。D:(无)。K:斯要。

◆ca:conj. 和、而且、又;然而。

◆api:adv. 也、又;即使。

◆dhārenti[④]:(√dhṛ)caus. pres. 3. pl. P. 令执、受持。D:受持。K:默。

◆na:adv. 不,非,无。D:(无)。K:不。

◆bhāṣanti:(√bhāṣ)pres. 3. pl. P. 宣说、敷演。D:分别说。K:说。

◆prāṇinām:(prāṇin)adj. m. pl. G. 为众生、为诸有情。D:群萌、蒸庶。K:(无)。

5-27

D:法王慧难解　暗冥设闻者　众入怀狐疑　则弃所住处

K:有智若闻　　则能信解　　无智疑悔　　则为永失

durbodhyaṃ cāpi taj jñānaṃ sahasā śrutva bāliśāḥ /

kāṅkṣāṃ kuryuḥ sudurmedhās tato bhraṣṭā bhrameyu te // 3//

→durbodhyam ca api tat jñānam sahasā śrutva bāliśās /

kāṅkṣām kuryus sudurmedhās tatas bhraṣṭā bhrameyu te

5-27-1. durbodhyam ca api tat jñānam sahasā śrutva bāliśās：此智亦难解，凡夫忽然听闻后。

◆durbodhyam：(dur-√budh) fpp. n. sg. N. 难解、不能晓了。**D：**难解。**K：(无)**。

◆ca：conj. 和、而且、又；然而。

◆api：adv. 也、又；即使。

◆tat jñānam：这智慧。**D：**法王慧。**K：**有智。

tat：pron. n. sg. N. 这。限定 jñānam。

jñānam：(jñāna) n. sg. N. 智慧、正智。

◆sahasā：(sahas) adj. m. sg. I. →adv. 卒尔、忽然。

◆śrutva[⑤]：(√śru) ger. 听闻(后)。**D：**入。**K：**闻。

◆bāliśās：(bāliśa) m. pl. N. 凡夫、愚者。**D：**众。**K：(无)**。

5-27-2. kāṅkṣām kuryus sudurmedhās tatas bhraṣṭā bhrameyu te：会生起疑惑。他们缺少智慧，因此会流转迷失。

◆kāṅkṣām：(kāṅkṣā) f. sg. Ac. 疑惑。**D：**狐疑。**K：**疑悔。

◆kuryus：(√kṛ) opt. 3. pl. P. 当起、作。**D：**怀。**K：(无)**。

◆sudurmedhās：(sudurmedha) adj. m. pl. N. 无智、暗冥。**D：**暗冥者。**K：**无智。

◆tatas：adv. 从此、於是。**D：**则。**K：**则。

◆bhraṣṭās：(√bhraṃś) ppp. m. pl. N. 永失、远离。**D：**弃。**K：**永失。

◆bhrameyu[⑥]：(√bhram) opt. 3. pl. P. 当周旋、会流转。**D：**弃所

住处。**K:(无)**。

◆te:(tad)pers. 3. pl. N. 他们。

5-28

D:随其境界说　如本力所任　又示余利谊　则为现正法

K:是故迦叶　　随力为说　　以种种缘　　令得正见

yathā-viṣayu bhāṣāmi yasya yādṛśakaṃ balam /

anyam-anyehi arthehi dṛṣṭiṃ kurvāmi ujjukāṃ //4//

→yathā-viṣayu bhāṣāmi yasya yādṛśakam balam /

anyam-anyehi arthehi dṛṣṭim kurvāmi ujjukām

5-28-1. yathā-viṣayu bhāṣāmi yasya yādṛśakam balam:我随境依力而说。

◆yathā-viṣayu⑦ :adv. 随境。**D:随境界**。**K:(无)**。

◆bhāṣāmi:(√bhāṣ)pres. 1. sg. P.(我)宣说、敷演。**D:说**。**K:说**。

◆yasya:(yad) rel. n. sg. G. 做……者、成为……者、有……者。**D:其**。**K:为-**。

◆yādṛśakam balam:依照力量。**D:如本力所任**。**K:随力**。

yādṛśakam:(yādṛśaka)adj. n. sg. Ac. 如是行相。修饰 balam。

balam:(bala)n. sg. Ac. 力量。

5-28-2. anyam-anyehi arthehi dṛṣṭim kurvāmi ujjukām:通过种种利益,施行正见。

◆anyam-anyehi arthehi:因种种利益。**D:余利谊**。**K:以种种缘**。

anyam-anyehi⑧ :(anyam-anya)adj. m. pl. I. 各异、种种。

arthehi⑨ :(artha)m. pl. I. 利益、意义、目的。

◆kurvāmi:(√kṛ)pres. 1. pl. P.(我们)做、奉行。**D:示、现**。**K:**

令得。

◆dṛṣṭim ujjukām：正见。D：正法。K：正见。

dṛṣṭim：(dṛṣṭi)f. sg. Ac. 见。

ujjukām：(ujjukā)adj. f. sg. Ac. 正。修饰 dṛṣṭim。

5-29

D：譬如纯黑云　涌出升虚空　普雨佛世界　遍覆於土地

K：迦叶当知　　譬如大云　　起於世间　　遍覆一切

yathā 'pi kāśyapā megho lokadhātūya unnataḥ /

sarvam onahatī cāpi chādayanto vasuṃdharāṃ //5//

→yathā api kāśyapā meghas lokadhātūya unnatas /

sarvam onahatī ca api chādayantas vasuṃdharām

5-29-1. yathā api kāśyapā meghas lokadhātūya unnatas：迦叶啊！亦如世上升起云雨。

◆yathā：adv. 如……，像……一样地。D：譬如。K：譬如。

◆api：adv. 也、又；即使。

◆kāśyapā[10]：m. sg. V. 迦叶啊。D：(无)。K：迦叶当知。

◆meghas：(megha)m. sg. N. 云、云雨。D：纯黑云。K：大云。

◆lokadhātūya[11]：(loka-dhātu)m. pl. L. 世界。相违释。D：佛世界。K：於世间。

loka：m. 世间。dhātu：m. 世界。

◆unnatas：(ud-√nam)ppp. m. sg. N. 高起、倨傲。代替动词。D：涌出升。K：起。

5-29-2. sarvam onahatī ca api chādayantas vasuṃdharām：遍覆大地。

◆sarvam：adv. 皆、遍。D：普。K：一切。

◆onahatī：(o-√nah)pres. 3. sg. P. [俗]遍覆。D：遍覆。K：遍覆。

◆ca:conj. 和、而且、又;然而。

◆chādayantas[12]:(√chad)caus. ppt. m. sg. P. 遮覆著。D:雨。K:(无)。

◆vasuṃdharām:(vasuṃdharā)f. sg. Ac. 大地、国土。D:於土地。K:(无)。

5-30

D:又放大电焔　周匝有水气　而复震雷声　人民皆欢喜

K:慧云含润　电光晃曜　雷声远震　令众悦豫

so ca vārisya saṃpūrṇo vidyun-mālī mahā'mbudaḥ /
nirnādayanta śabdena harṣayet sarva-dehinaḥ //6//

→so ca vārisya saṃpūrṇas vidyun-mālī mahā-ambudas/
nirnādayanta śabdena harṣayet sarva-dehinas

5-30-1. so ca vārisya saṃpūrṇas vidyun-mālī mahā-ambudas:这大慧云电光闪曜,满含雨水。

◆so mahā-ambudas:此慧云。D:(无)。K:慧云。

so[13]:(tad)pron. m. sg. N. 此。限定 mahā-ambudas。

mahā-ambudas:(mahā-ambuda)m. sg. N. (慧)云。

◆ca:conj. 和、而且、又;然而。D:又。K:(无)。

◆vārisya[14]:(vāri)n. sg. G. 水。D:水气。K:润。

◆saṃpūrṇas:(saṃ-√pṛ)ppp. m. sg. N. 具足、遍满。代替动词。D:有。K:含。

◆vidyun-mālī:(vidyun-mālin)adj. m. sg. N. 电光晃曜。D:大电焔。K:电光晃曜。

5-30-2. nirnādayanta śabdena harṣayet sarva-dehinas:雷音震击,令一切众生欢喜。

◆nirnādayanta[15]：(nir-√ nad) caus. ppt. m. sg. N. 令震击著。D：震。K：远震。

◆śabdena：(śabda) m. sg. I. 用声音。D：雷声。K：雷声。

◆harṣayet：(√ hṛṣ) caus. opt. 3. sg. P. 会令欢喜。D：欢喜。K：令……悦豫。

◆sarva-dehinas：(sarva-dehin) m. pl. Ac. 一切众生。持业释(形容词关系)。D：人民。K：众。

sarva：adj. 一切、全部、所有。dehin：m. 有身、众生。

5-31

D：阴蔽於日月　除热令阴凉　欲放雨水故　时布现在上

K：日光掩蔽　地上清凉　叆叇垂布　如可承揽

sūrya-raśmī nivāritvā śītalaṃ kṛtva maṇḍalaṃ /

hasta-prāpto 'vatiṣṭhanto vāri muñcet samantataḥ //7//

→sūrya-raśmī nivāritvā śītalam kṛtva maṇḍalam /

hasta-prāptas avatiṣṭhantas vāri muñcet samantatas

5-31-1. sūrya-raśmī nivāritvā śītalam kṛtva maṇḍalam：遮蔽了日光，造立清凉地界。

◆sūrya-raśmī[16]：(sūrya-raśmi) m. sg. N. 日光。依主释(属格关系)。D：於日月。K：日光。

sūrya：m. 日、日轮。raśmi：m. 光明、光耀。

◆nivāritvā：(ni-√ vṛ) caus. ger. 令止、遮障。D：阴蔽。K：掩蔽。

◆kṛtva[17]：(√ kṛ) ger. 造作、建立。

◆śītalam maṇḍalam：清凉地界。D：令阴凉。K：地上清凉。

śītalam：(śītala) adj. n. sg. Ac. 清凉。修饰 maṇḍalam。

maṇḍalam：(maṇḍala) n. sg. Ac. 界、地。

5-31-2. hasta-prāptas avatiṣṭhantas vāri muñcet samantatas：四面降雨，伸手可掬。

◆hasta-prāptas：(hasta-prāpta) ppp. m. sg. N. 触手可得、如可承揽。依主释(具格关系)。**D：(无)**。**K：**如可承揽。

hasta：m. 手、肘。prāpta：(pra-√ āp) ppp. 已得、获得。

◆avatiṣṭhantas[18]：(ava-√ sthā) ppt. m. sg. N. 入、安住。

◆vāri：n. sg. Ac. (雨)水。**D：**雨水。**K：**叆叇。

◆muñcet：(√ muc) opt. 3. sg. P. 当放。**D：**欲放。**K：**垂。

◆samantatas：(samanta) adj. m. sg. Ab. 周匝、四面。**D：**布。**K：**布。

附 注

① 见 BHSG § 35.39。

② 见 BHSG § 10.177。

③ 见 BHSG § 8.78。

④ 见 BHSG § 28.46—50"Present in *eti*"。

⑤ 见 BHSG § 8.94。

⑥ 见 BHSG § 26.19"Third plural *u* for *us*"。

⑦ 见 BHSG § 8.30。

⑧ 见 BHSG § 3.15。

⑨ 见 BHSG § 3.15。

⑩ 见 BHSG § 8.24。

⑪ 见 BHSG § 12.43。

⑫ 见 BHSG § 18.6。

⑬ 见 BHSG § 21.46。

⑭ 见 BHSG § 10.78。

⑮ 见 BHSG § 18.7。

⑯ 见 BHSG § 10.27。

⑰ 见 BHSG § 8.94。

⑱ 见 BHSG § 18.6。

VI. Vyākaraṇa-parivarto nāma ṣaṣṭhaḥ

授记 品 名为 第六

prose：6-1

D：於是世尊说斯颂时，一切普告诸比丘众：

K：尔时世尊说是偈已，告诸大众，唱如是言：

atha khalu bhagavān imā gāthā bhāṣitvā sarvāvantaṃ bhikṣu-saṃgham āmantrayate sma → atha khalu bhagavān imā gāthā bhāṣitvā sarvāvantam bhikṣu-saṃgham āmantrayate sma：於是世尊宣说此偈颂，告诉全体比丘众。↔主题句

6-1-1. atha khalu：於是、尔时。

D：於是。句首小品词↔连词，用作话题转移标记

K：尔时。句首小品词↔时间词，用作话题转移标记

◆atha：adv. 此时、从此、这样。

◆khalu：indec. 事实上、确实；然而。

6-1-2. bhagavān：(bhagavat)m. sg. N. 世尊。**D：**世尊。**K：**世尊。N. ↔主题兼主语

6-1-3. imā gāthā bhāṣitvā：世尊说了这个偈颂后。

D：说斯颂时。ger. ↔"……时"时间条件小句

K：说是偈已。ger. 结构↔"……已"结构，连动式的 VP1

◆imā gāthā：这个偈颂。**D：**斯颂。**K：**是偈。Ac. ↔宾语

imā：(idam)dem. f. pl. Ac. 此。限定 gāthā。

gāthā：(gāthā)f. pl. Ac. 偈颂。

◆bhāṣitvā：(√bhāṣ)ger. 宣说后、敷演后。

D：说……时。ger. ↔"V 时"结构

K：说……已。ger.↔"V已"结构

6-1-4. sarvāvantam bhikṣu-saṃgham āmantrayate sma：普告一切比丘众。

D：一切普告诸比丘众。核心动词↔谓语，说明子句

K：告诸大众。核心动词↔连动式的VP2

◆sarvāvantam bhikṣu-saṃgham：一切比丘众。**D**：诸比丘众。**K**：诸大众。Ac.↔对象宾语

sarvāvantam：(sarvāvat) adj. m. sg. Ac. 一切、全部、所有。修饰 bhikṣu-saṃgham。

bhikṣu-saṃgham：(bhikṣu-saṃgha) m. sg. Ac. 比丘众。依主释（属格关系）。

bhikṣu：m. 比丘。saṃgha：m. 众、聚。

◆āmantrayate sma：告诉。**D**：普告。**K**：告。

āmantrayate：(ā-√mantraya) pres. 3. sg. A. 告……言、普告。

sma：indec. 接现在时动词之后，表示过去时态。

6-2

D：吾尽宣告：此声闻比丘大迦叶者，曾已供养三千亿佛，方当供养如此前数，奉敬承顺诸佛世尊，禀受正法奉持宣行。

K：我此弟子摩诃迦叶，於未来世，当得奉觐三百万亿诸佛世尊，供养恭敬，尊重赞叹，广宣诸佛无量大法。

ārocayāmi vo bhikṣavaḥ prativedayāmi /ayaṃ mama śrāvakaḥ kāśyapo bhikṣus triṃśato buddha-koṭī-sahasrāṇām antike sat-kāraṃ kariṣyati guru-kāraṃ mānanāṃ pūjanām arcanām apacāyanāṃ kariṣyati teṣāṃ ca buddhānāṃ bhagavatāṃ saddharmaṃ dhārayiṣyati → ārocayāmi vas bhikṣavas prativedayāmi / ayam mama śrāvakas kāśyapas bhikṣus triṃśatas buddha-koṭī-sahasrāṇām antike sat-kāram kariṣyati guru-kāram mānanā，pūjanām arcanām apacāyanām kariṣyati teṣām ca buddhānām bhagavatām saddharmam dhārayiṣyati：比丘们啊！我大声告诉你们，我这位弟子迦叶比丘，将在三万亿佛的近前奉行供养，尊重、恭敬、侍奉这些诸佛世尊，护持妙法。↔新主题链

6-2-1. ārocayāmi vas bhikṣavas prativedayāmi：比丘们啊！我大声告诉你们。

D：吾尽宣告。K：(无)。

◆ārocayāmi prativedayāmi：我告诉。

ārocayāmi：(ā-√ruc)caus. pres. 1. sg. P.（我）告、高声唱言。

prativedayāmi：(prati-√vid)caus. pres. 1. sg. P.（我）告、开悟、令得解。

◆vas：(tvad)pers. 2. sg. Ac. 你们。

◆bhikṣavas：(bhikṣu)m. pl. V. 比丘们啊。

6-2-2. ayam mama śrāvakas kāśyapas bhikṣus triṃśatas buddha-koṭī-sahasrāṇām antike sat-kāram kariṣyati：我这位弟子迦叶比丘，将会在三万亿佛近前奉行供养。

D：此声闻比丘大迦叶者，曾已供养三千亿佛，方当供养如此前数。

K：我此弟子摩诃迦叶，於未来世，当得奉觐三百万亿诸佛世尊。

◆ayam mama śrāvakas kāśyapas bhikṣus：我这位弟子迦叶比丘。

D：此声闻比丘大迦叶者。同格关系词组↔“NP，NP者”同位语结构，作主题兼主语

K：我此弟子摩诃迦叶。同格关系词组↔“NP，NP”同位语结构，作主题兼主语

ayam śrāvakas：这位声闻。

ayam：(idam)dem. m. N. 此。限定 śrāvakas。

śrāvakas：(śrāvaka)m. sg. N. 弟子、声闻、小乘人。

mama：(mad)pers. 1. sg. G. 我的。

kāśyapas bhikṣus：迦叶比丘。

kāśyapas：(kāśyapa)m. sg. N. 迦叶。

bhikṣus：(bhikṣu)m. sg. N. 比丘。

◆triṃśatas buddha-koṭī-sahasrāṇām antike：在三万亿佛的近前。D：三千亿佛。K：三百万亿诸佛世尊。G. +L. ↔受事宾语

triṃśatas buddha-koṭī-sahasrāṇām：三万亿佛的近处。

triṃśatas：(triṃśat)num. n. pl. G. 三十。

buddha-koṭī-sahasrāṇām：(buddha-koṭī-sahasra) num. n. pl. G. 一千亿佛的。依主释(属格关系)。

buddha：m. 佛、觉者。

koṭī-sahasra：n. 千亿。相违释。

koṭī：f. 亿。sahasra：n. 一千。

antike：(antika)n. sg. L. 近、所。

◆sat-kāram kariṣyati：将行供养。D：方当供养。K：当得奉覲。

sat-kāram：(sat-kāra)m. sg. Ac. 供养、款待。动名词。

kariṣyati：(√kṛ)fut. 3. sg. P. 将施作、奉行。

6-2-3. guru-kāram mānanām pūjanām arcanām apacāyanām kariṣyati teṣām ca buddhānām bhagavatām：将奉行尊重、恭敬承事此诸佛世尊。

D：奉敬承顺诸佛世尊。K：供养恭敬，尊重赞叹。——6-2-2. 的后续子句

◆guru-kāram mānanām pūjanām arcanām apacāyanām kariṣyati：将奉行尊重、恭敬承事。

D：奉敬承顺。

K:(当得)供养恭敬,尊重赞叹。

guru-kāram:(guru-kāra)m. sg. Ac. 尊重。动名词。

mānanām:(mānanā)f. sg. Ac. 尊敬、承事。动名词。

pūjanām:(pūjanā)f. sg. Ac. 供养。动名词。

arcanām:(arcanā)f. sg. Ac. 恭敬。动名词。

apacāyanām:(apacāyanā)f. sg. Ac. 恭敬、祷祝。动名词。

◆teṣām ca buddhānām bhagavatām:此诸佛世尊。

D:诸佛世尊。G. 用为动名词的受事↔受事宾语 **K**:**(无)**。

teṣām:(tad)pron. m. pl. G. 这些。限定 buddhānām bhagavatām。

ca:conj. 和、而且、又、然而。

buddhānām:(buddha)m. pl. G. 诸佛。

bhagavatām:(bhagavat)m. pl. G. 诸世尊。

6-2-4. saddharmam dhārayiṣyati:将会护持妙法。

D:禀受正法,奉持宣行。**K**:广宣诸佛无量大法。——6-2-2. 的后续子句

◆saddharmam:(saddharma)m. sg. Ac. 正法、妙法。**D**:正法。**K**:诸佛无量大法。Ac. ↔受事宾语

◆dhārayiṣyati:(√dhṛ)caus. fut. 3. sg. P. 将奉持、护持。

D:禀受……奉持宣行。caus. ↔"V1+O+V2"动词组合

K:广宣。

6-3

D:竟斯数已,当得作佛,世界曰还明,劫名弘大,佛号时大光明如来至真等正觉明行成为善逝世间解无上士道法御天人师为佛众佑。

K:於最后身,得成为佛,名曰光明如来、应供、正遍知、明行足、善逝、世间解、无上士、调御丈夫、天人师、佛、世尊。国名光德,劫名大庄

严。

sa paṣcime samucchraya avabhāsaprāptāyāṃ loka-dhātau mahāvyūhe kalpe raśmiprabhāso nāma tathāgato 'rhan samyak-saṃbuddho loke bhaviṣyati vidyā-caraṇa-saṃpannaḥ sugato loka-vid anuttaraḥ puruṣa-damya-sārathiḥ śāstā devānāṃ ca manuṣyāṇāṃ ca buddho bhagavān → sa paścime samucchraye avabhāsaprāptāyām loka-dhātau mahāvyūhe kalpe raśmiprabhāsas nāma tathāgatas arhan samyak-saṃbuddhas loke bhaviṣyati vidyā-caraṇa-saṃpannas sugatas loka-vid anuttaras puruṣa-damya-sārathis śāstā devānām ca manuṣyāṇām ca buddhas bhagavān：在最后身、得光世界、大庄严劫中，他将在世间成佛，名为光明如来、应供、正等正觉、明行足、善逝、世间解、无上士、调御丈夫、天人师、佛、世尊。↔6-2-2.的后续子句，并列关系复句

6-3-1. paścime samucchraye：於最后身。

D：竟斯数已。　L. ↔时间状语小句

K：於最后身。L. ↔介词短语，作时间状语

◆paścime：(paścima) adj. m. sg. L. 后、最后。D：世界。K：于最后。

◆samucchraye：(samucchray) adj. m. sg. L. 身、尊位。D：世界。K：于……身。

6-3-2. avabhāsaprāptāyām loka-dhātau：得光世间中。

D：世界曰还明。K：国名光德。L. ↔独立分句 1

◆avabhāsaprāptāyām：(avabhāsa-prāptā) ppp. f. sg. L. 逮得光明。依主释(业格关系)。

D：还[＝逮]明。

K：光德。

avabhāsa：m. 照耀、光明。prāptā：(pra-√ āp)ppp. f. 证得。

◆loka-dhātau：(loka-dhātu)m. sg. L. 世界。相违释。**D**：世界。**K**：国。

loka：m. 世间。dhātu：m. 世界。

6-3-3. mahāvyūhe kalpe：大庄严劫波中。

D：劫名弘大。**K**：劫名大庄严。L. ↔独立分句 2

◆mahāvyūhe：(mahā-vyūha)m. sg. L. 大庄严。持业释。**D**：弘大。**K**：大庄严。

mahā：(mahat)adj. 大。作持业、有财释复合词的前语时变成 mahā。

vyūha：m. 庄严、严净。

◆kalpe：(kalpa)m. sg. L. 劫波中。**D**：劫。**K**：劫。

6-3-4. sa… raśmiprabhāsas nāma tathāgatas arhan samyak-saṃbuddhas loke bhaviṣyati vidyā-caraṇa-saṃpannas sugatas loka-vid anuttaras puruṣa-damya-sārathis śāstā devānām ca manuṣyāṇām ca buddhas bhagavān：他将在世间成佛，名为光明如来、应供、正等正觉、明行足、善逝、世间解、无上士、调御丈夫、天人师、佛、世尊。

D：当得作佛，……佛号时大光明如来、至真、等正觉、明行、成为善逝、世间解、无上士、道法御、天人师、为佛、众佑。——独立分句 3

K：得成为佛，名曰光明如来、应供、正遍知、明行足、善逝、世间解、无上士、调御丈夫、天人师、佛、世尊。——独立分句 3

◆sa：(tad)pers. 3. m. sg. N. 他。指代迦叶比丘。

◆raśmiprabhāsas：(raśmi-prabhāsa)m. sg. N. (佛名)光明。相违释。**D**：大光明。**K**：光明。

◆nāma：adv. 名曰、名为。**D**：号。**K**：名曰。

◆tathāgatas:(tathāgata)m. sg. N. 如来。**D:**如来。**K:**如来。

◆arhan:(arhant)adj. m. sg. N. 应供。**D:**至真。**K:**应供。

◆samyak-saṃbuddhas:(samyak-saṃbuddha)m. sg. N. 正等正觉。**D:**等正觉。**K:**正遍知。

◆loke:(loka)m. sg. L. 世间、世上。

◆bhaviṣyati:(√bhū)fut. 3. sg. P. 会变成、将存在。**D:**当得作、成为。**K:**得成为。

◆vidyā-caraṇa-saṃpannas:(vidyā-caraṇa-saṃpanna)adj. m. sg. N. 明行足。**D:**明行。**K:**明行足。

◆sugatas:(sugata)m. sg. N. 善逝、如来、佛。**D:**善逝。**K:**善逝。

◆loka-vid:m. sg. N. 世间解。**D:**世间解。**K:**世间解。

◆anuttaras:(anuttara)adj. m. sg. N. 无上、最胜。**D:**无上士。**K:**无上士。

◆puruṣa-damyasārathis:(puruṣa-damya-sārathi) m. sg. N. 调御丈夫。持业释(形容词关系)。**D:**道法御。**K:**调御丈夫。

puruṣa-damya:fpp. 调御丈夫。依主释(业格关系)。

puruṣa:m. 丈夫、人。damya:(√dam)fpp. 应被驯服、应被调御。

sārathi:m. 御者、调御之师。

◆śāstā devānām ca manuṣyāṇām:天人师。**D:**天人师。**K:**天人师。

śāstā:(śāstṛ)m. sg. N. 师、尊者。

devānām:(deva)m. pl. G. 天神。

ca:conj. 和、而且、又、然而。

manuṣyāṇām:(manuṣya) m. pl. G. 人。

◆buddhas:(buddha)m. sg. N. 佛。**D:**佛。**K:**佛。

◆bhagavān：(bhagavant)m. sg. N. 世尊。D：众佑。K：世尊。

6-4

D：寿十二中劫。佛灭度后，正法住二十劫，其像法者亦二十劫。

K：佛寿十二小劫，正法住世二十小劫，像法亦住二十小劫。

dvādaśa cāsyāntara-kalpān āyuṣ-pramāṇaṃ bhaviṣyati /viṃśatiṃ cāsyāntara-kalpān saddharmaḥ sthāsyati /viṃśatim evāntara-kalpān saddharma-pratirūpakaḥ sthāsyati → dvādaśa ca asya antara-kalpān āyuṣ-pramāṇam bhaviṣyati /viṃśatim ca asya antara-kalpān saddharmas sthāsyati /viṃśatim eva antara-kalpān saddharma-pratirūpakas sthāsyati：此(佛)的寿命将有十二小劫，此(佛)的善法将住二十小劫，像法也将住二十小劫。↔新主题链，并列关系复句

6-4-1. dvādaśa ca asya antara-kalpān āyuṣ-pramāṇam bhaviṣyati：此(佛)的寿命将有十二小劫。

D：寿十二中劫。K：佛寿十二小劫。——分句 1

◆dvādaśa ca antara-kalpān：十二小劫。D：十二中劫。K：十二小劫。

dvādaśa：num. Ac. 十二。

ca：conj. 和、而且、又、然而。

antara-kalpān：(antara-kalpa)m. pl. Ac. 中间劫、小劫。持业释。

antara：n. 中间、小。kalpa：m. 劫波。

◆asya āyuṣ-pramāṇam：此(佛)的寿命。D：寿。K：佛寿。

asya：(idam)dem..n. sg. G. 此(佛)的。

āyuṣ-pramāṇam：(āyuṣ-pramāṇa)n. sg. N. 寿量、寿命。

◆bhaviṣyati：(√bhū)fut. 3. sg. P. 将变成、发生、存在。

6-4-2. viṃśatim ca asya antara-kalpān saddharmas sthāsyati：此(佛)

的妙法将住二十小劫。

D：正法住二十劫。**K**：正法住世二十小劫。——分句2

◆viṃśatim ca antara-kalpān：二十小劫。**D**：二十劫。**K**：二十小劫。

viṃśatim：(viṃśati) num. Ac. 二十。

◆asya saddharmas：此(佛)的妙法。**D**：正法。**K**：正法。

saddharmas：(saddharma) m. sg. N. 正法、妙法。

◆sthāsyati：(√sthā) fut. 3. sg. P. 将住立、存在。**D**：住。**K**：住世。

6-4-3. viṃśatim eva antara-kalpān saddharma-pratirūpakas sthāsyati：像法将住二十小劫。

D：其像法者亦二十劫。**K**：像法亦住二十小劫。——分句3

◆viṃśatim eva antara-kalpān：即二十小劫。**D**：二十劫。**K**：二十小劫。

eva：adv. 就是，才是。强调语，放在所强调的词语之后。

◆saddharma-pratirūpakas：(saddharma-pratirūpaka) adj. m. sg. N. 像法。依主释(具格关系)。

D：其像法者。adj. ↔"者"字结构，"者"表转指

K：像法。adj. ↔专有名词

pratirūpaka：adj. 像、相似。

◆sthāsyati：(√sthā) fut. 3. sg. P. 将住立、存在。**D**：住。**K**：住。

6-5

D：其佛国土，甚为清净，无有砾石、荆蕀、秽浊之瑕。山陵溪涧，普大快乐。绀琉璃地，众宝为树，黄金为绳，连绵诸树，有八交道，诸宝树木，常有华实，悉皆茂盛。

K：国界严饰，无诸秽恶、瓦砾荆棘、便利不净。其土平正，无有高

下、坑坎堆阜。琉璃为地，宝树行列，黄金为绳，以界道侧，散诸宝华，周遍清净。

tac cāsya buddha-kṣetraṃ śuddhaṃ bhaviṣyati śucy-apagata-pāṣāṇa-śarkara-kaṭhalyaṃ apagata-śvabhra-prapātam apagata-syandanikā-gūthoḍigallaṃ samaṃ ramaṃīyaṃ prāsādikaṃ darśanīyaṃ vaiḍūrya-mayaṃ ratna-vṛkṣa-pratimaṇḍitaṃ suvarṇa-sūtrāṣṭā-pada-nibaddhaṃ puṣpābhikīrṇaṃ → tat ca asya buddha-kṣetram śuddham bhaviṣyati śuci-apagata-pāṣāṇa-ṣarkara-kaṭhalyam apagata-śvabhra-prapātam apagata-syandanikā-gūthoḍigallam samam ramaṇīyam prāsādikam darśanīyam vaiḍūrya-mayam ratna-vṛkṣa-pratimaṇḍitam suvarṇa-sūtra-aṣṭā-pada-nibaddham puṣpa-abhikīrṇam：其佛土清净，洁净无石、远离尘土、瓦砾、坑坎、险谷、粪便污秽，土地平整、严净、端正，琉璃所成，宝树庄严，八步道路用黄金丝线系缚，撒满鲜花。↔新主题链

6-5-1. tat ca asya buddha-kṣetram śuddham bhaviṣyati：其佛土清净。

D：其佛国土，甚为清净。

K：国界严饰，周遍清净。

◆tat ca asya buddha-kṣetram：此(佛)的国土。N. ↔主题兼主语

tat buddha-kṣetram：此佛土。

tat：pron. n. sg. N. 这。限定 buddha-kṣetram。

buddha-kṣetram：(buddha-kṣetra) n. sg. N. 佛土、国土。依主释(属格关系)。

buddha：m. 觉者、佛。kṣetra：n. 国土、世界。

ca：conj. 和、而且、又、然而。

asya：(idam) dem. m. sg. G. 此(佛)的。

◆śuddham:(śuddha)ppp. n. sg. N. 清净。**D:**甚为清净。**K:**清净。

◆bhaviṣyati:(√bhū)fut. 3. sg. P. 会变成、将存在。**D:**其。**K:**(无)。

6-5-2. śuci-apagata-pāṣāṇa-śarkara-kaṭhalyam apagata-śvabhra-prapātam apagata-syandanikā-gūthoḍigallam samam ramaṇīyam prāsādikam darśanīyam vaiḍūrya-mayam ratna-vṛkṣa-pratimaṇḍitam suvarṇa-sūtra-aṣṭā-pada-nibaddham puṣpa-abhikīrṇam:洁净无石、远离尘土、瓦砾、坑坎、险谷、粪便污秽,土地端正,琉璃所成,宝树庄严,八步道路用黄金丝线系缚,撒满鲜花。

D:无有砾石、荆蕀、秽浊之瑕、山陵溪涧,普大快乐。绀琉璃地,众宝为树,黄金为绳,连绵诸树。有八交道。诸宝树木常有华实,悉皆茂盛。——6-5-1. 的后续子句

K:无诸秽恶、瓦砾荆棘、便利不净。其土平正,无有高下、坑坎堆阜。琉璃为地,宝树行列,黄金为绳,以界道侧,散诸宝华。——6-5-1. 的后续子句

◆śuci-apagata-pāṣāṇa-śarkara-kaṭhalyam:(śuci-apagata-pāṣāṇa-śarkara-kaṭhalya)n. sg. N. 洁净无石、尘土、瓦砾。相违释。**D:**无有砾石、荆蕀。**K:**无诸秽恶、瓦砾荆棘。

śuci:adj. 清净、洁净。

apagata-pāṣāṇa-śarkara-kaṭhalya:n. 远离石头、瓦砾。持业释(形容词关系)。

apagata:(apa-√gam)ppp. 已远离、已断除。

pāṣāṇa-śarkara-kaṭhalya:n. 石头、瓦砾。相违释。

pāṣāṇa:m. 石。śarkara:m. 尘土、瓦砾。kaṭhalya:n.

瓦砾。

◆apagata-śvabhra-prapātam:(apagata-śvabhra-prapāta) n. sg. N. 远离坑坎、险谷。持业释(形容词关系)。

D:(无有)山陵溪涧。**K:**无有高下、坑坎堆阜。

śvabhra-prapāta:m. 坑坎、险谷。相违释。

śvabhra:m. n. 坑坎、险峻。prapāta:m. 深坑、险谷。

◆apagata-syandanikā-gūthoḍigallam:(apagata-syandanikā-gūthoḍigalla) n. sg. N. 远离粪便污秽。持业释(形容词关系)。

D:(无有)秽浊之瑕。**K:**(无)便利不净。

syandanikā:f. 尿。gūthoḍigalla:n. 粪便污秽。相违释。

◆samam ramaṇīyam prāsādikam darśanīyam:平整、严净、端正。**D:**普大快乐。**K:**其土平正。

samam:(sama) adj. n. sg. N. 同一、平等。

ramaṇīyam:(√ram) fpp. n. sg. N. 可爱、甚清净。

prāsādikam:(prāsādika) adj. n. sg. N. 端正、殊妙。

darśanīyam:(√dṛś) fpp. n. sg. N. 端正、乐见。

◆vaiḍūrya-mayam:(vaiḍūrya-maya) adj. n. sg. N. 琉璃所成。**D:**绀琉璃地。**K:**琉璃为地。

vaiḍūrya:n. 琉璃。maya:sufix. 所成、合成。

◆ratna-vṛkṣa-pratimaṇḍitam:(ratna-vṛkṣa-ratimaṇḍitpa) ppp. n. sg. N. 宝树装饰。依主释(具格关系)。**D:**众宝为树。**K:**宝树行列。

ratna-vṛkṣa:m. 宝树。依主释(属格关系)。

ratna:n. 宝贝。vṛkṣa:m. 树。

pratimaṇḍita:(prati-√maṇḍ) ppp. 庄严、装饰。

◆suvarṇa-sūtra-aṣṭā-pada-nibaddham:

(suvarṇa-sūtra-aṣṭā-pada-nibaddha)ppp. n. sg. N. 八步道路用黄金丝线系缚。依主释(具格关系)。**D:**黄金为绳,有八交道。**K:**黄金为绳,以界道侧。

suvarṇa-sūtra:黄金丝线。依主释(具格关系)。

suvarṇa:n. 黄金;sūtra:n. 线、丝、绳。

aṣṭā-pada-nibaddham:系缚八步道。依主释(业格关系)。

aṣṭā-pada:m. 八步道。持业释。

aṣṭā:num. f 八。pada:m. 步道、足迹。

nibaddha (ni-√bandh)ppp. 系缚、结合。

◆puṣpa-abhikīrṇam:(puṣpa-abhikīrṇa)ppp. n. sg. N. 遍布鲜花。依主释(具格关系)。

D:诸宝树木常有华实,悉皆茂盛。**K:**散诸宝华。

puṣpa:m. 花。abhikīrṇa:(abhi-√kṝ)ppp. 普散、充满。

verse:6-9

D:我覩比丘　以佛明目　迦叶住此　当成为佛

於将来世　无央数劫　供养诸佛　圣中之尊

K:[告]诸比丘　我以佛眼　见是迦叶

於未来世　过无数劫　当得作佛

paśyāmy ahaṃ bhikṣava buddha-cakṣuṣā

sthaviro hy ayaṃ kāśyapa buddha bheṣyati /

anāgate 'dhvāni asaṃkhya-kalpe

kṛtvāna pūjāṃ dvi-padottamānāṃ //1//

→paśyāmi aham bhikṣava buddha-cakṣuṣā sthaviras hi ayam kāśyapa buddha bheṣyati

anāgate adhvāni

asaṃkhya-kalpe kṛtvāna pūjām dvi-pada-uttamānām

6-9-1. paśyāmi aham bhikṣava buddha-cakṣuṣā sthaviras hi ayam kāśyapa buddha bheṣyati：比丘们啊！我凭借佛眼看到，这位迦叶尊者确将成佛。

◆paśyāmi：(√paś)pres. 1. sg. P.（我）看见。**D：**覩。**K：**见。

◆aham：(mad)pers. 1. sg. N. 我。**D：（无）**。**K：**我。

◆bhikṣava[①]：(bhikṣu)m. pl. V. 比丘们啊。**D：**比丘。**K：**[告]诸比丘。

◆buddha-cakṣuṣā：(buddha-cakṣuṣ)m. sg. I. 凭借佛眼。依主释（属格关系）。**D：**以佛明目。**K：**以佛眼。

buddha：m. 觉者、佛。cakṣuṣ：眼、目。

◆hi：adv. 事实上、因为。

◆sthaviras ayam kāśyapa：这位迦叶尊者。**D：**迦叶。**K：**是迦叶。

sthaviras：(sthavira)m. sg. N. 大德、尊者、长老。

ayam：(idam)dem. m. N. 此。限定 sthaviras。

kāśyapa[②]：(kāśyapa)m. sg. N.（人名）音译为迦叶。

◆buddha[③]：(buddha)m. sg. N. 佛。**D：**佛。**K：**佛。

◆bheṣyati：(√bhū)fut. 3. pl. P. 将变成、将发生、当存在。**D：**当成为。**K：**当得作。

6-9-2. anāgate adhvāni asaṃkhya-kalpe kṛtvāna pūjām dvi-pada-uttamānām：未来世无数劫中供养了两足尊者后。

◆anāgate adhvāni：在未来世。**D：**於将来世。**K：**於未来世。

anāgate：(an-ā-√gam)ppp. m. sg. L. 未来、当来。修饰adhvani。

adhvāni：(adhvan)m. sg. L. 世、时、路。

◆asaṃkhya-kalpe：(asaṃkhya-kalpa)m. sg. L. 无数劫中。**D：**无央数劫。**K：**过无数劫。

asaṃkhya：adj. 无数。kalpa：m. 劫波。

◆kṛtvāna pūjām：供养后。**D**：供养。**K**：(无)。

kṛtvāna④：(√kṛ)ger. 已做、奉行。

pūjām：(pūjā)f. sg. Ac. 供养、奉事。

◆dvi-pada-uttamānām：(dvi-pada-uttama)m. pl. G. 两足尊者。**D**：诸佛圣中之尊。**K**：(无)。

6-10

D：具足悉满　三千亿佛　斯大迦叶　诸漏得尽

便当越度　三品之行　当得佛道　亲近法施

K：而於来世　供养奉觐　三百万亿

诸佛世尊　为佛智慧　净修梵行

trimśat-sahasrāḥ paripūrṇa-koṭyo

jinān ayaṃ drakṣyati kāśyapo hy ayaṃ /

cariṣyatī tatra ca brahma-caryaṃ

bauddhasya jñānasya kṛtena bhikṣavaḥ //2//

→trimśat-sahasrāḥ paripūrṇa-koṭyas jinān ayam drakṣyati kāśyapas hi ayam

cariṣyatī tatra ca brahma-caryam bauddhasya jñānasya kṛtena bhikṣavas

6-10-1. trimśat-sahasrāḥ paripūrṇa-koṭyas jinān ayam drakṣyati kāśyapas hi ayam：这位迦叶将会看见三万亿佛。

◆trimśat-sahasrāḥ paripūrṇa-koṭyas jinān：具足三万亿佛。**D**：具足悉满三千亿佛。**K**：三百万亿诸佛世尊。

trimśat-sahasrāḥ⑤：(trimśat-sahasra)n. pl. N. 三万。

paripūrṇa-koṭyas：(paripūrṇa-koṭī)f. pl. N. 具足一亿。

paripūrṇa:(pari-√ pṛ)ppp. 已具足。koṭī:f. 一亿。

jinān:(jina)m. pl. Ac. 诸胜者、诸佛。

◆drakṣyati:(√ dṛś)fut. 3. sg. P. 将看见。**D:(无)**。**K:**奉覲。

◆ayam kāśyapas:这位迦叶。**D:**斯大迦叶。**K:(无)**。

ayam:(idam)dem. m. N. 此。

kāśyapas:(kāśyapa)m. sg. N.(人名)音译为迦叶。

◆hi:adv. 事实上、因为。

6-10-2. cariṣyatī tatra ca brahma-caryam bauddhasya jñānasya kṛtena bhikṣavas:比丘们啊！因佛智所为，将在此中修习梵行。

◆cariṣyatī brahma-caryam:将修梵行。

cariṣyatī⑥ :(√ car)fut. 3. sg. P. 将修行。**D:**当越度。**K:**净修。

brahma-caryam:(brahma-carya)n. sg. N. 净行、梵行。依主释（属格关系）。**D:**三品之行。**K:**梵行。

brahman:m. 梵天 n. 净行。作复合词前语作 brahma。

carya:n. 行为、所行。

◆tatra:adv. 此处、於此。

◆ca:conj. 和、而且、又、然而。

◆bauddhasya jñānasya:佛智慧。**D:(无)**。**K:**为佛智慧。

bauddhasya:(bauddha)m. sg. G. 佛。

jñānasya:(jñāna)n. sg. G. 智慧、正智。

◆kṛtena:(√ kṛ)ppp. n. sg. I. 所行、已做。

◆bhikṣavas:(bhikṣu)m. sg. V. 比丘们啊。

6-11

D:供养诸佛　天人之尊　合集得至　无上大道

最於来世　尊无上伦　为大圣道　无极神仙

K:供养最上　二足尊已　修习一切

无上之慧　於最后身　得成为佛

kṛtvāna pūjāṃ dvi-padottamānāṃ

samudāniya jñānam idaṃ anuttaram /

sa paścime cocchrayi loka-nātho

bhaviṣyate apratimo maharṣiḥ //3//

→kṛtvāna pūjām dvi-pada-uttamānām samudāniya jñānam idam anuttaram

sa paścime ca ucchrayi loka-nāthas bhaviṣyate apratimas maharṣis

6-11-1. kṛtvāna pūjām dvi-pada-uttamānām samudāniya jñānam idam anuttaram:供养两足尊后,便能集成无上智慧。

◆kṛtvāna pūjām:供养了。**D:**供养。**K:**供养……已。

kṛtvāna⑦:(√kṛ)ger. 奉行(后)。

pūjām:(pūjā)f. sg. Ac. 供养、奉事。

◆dvi-pada-uttamānām:(dvi-pada-uttama)m. pl. G. 两足尊者。**D:**诸佛天人之尊。**K:**最上二足尊。

◆samudāniya⑧:(sam-ud-ā-√ni)pres. 3. sg. P. 集合、积集。**D:**合集得至。**K:(无)**。

◆jñānam idam anuttaram:这最胜智慧。**D:**无上大道。**K:**无上之慧。

jñānam:(jñāna)n. sg. Ac. 智慧、正智。

idam:dem. n. N. 此。限定 jñānam。

anuttaram:(anuttara)adj. n. sg. N. 无上、最胜。修饰 jñānam。

6-11-2. sa paścime ca ucchrayi loka-nāthas bhaviṣyate apratimas maharṣis:将在最后身成为世间导师、无极大仙。

◆paścime ucchrayi:於最后身。**D:**最于来世。**K:**於最后身。

paścime:(paścima)adj. m. sg. L. 后、最后。

ucchrayi[9]:(ucchraya)m. sg. L. 高、尊、身。

◆ca:conj. 和、而且、又、然而。

◆sa loka-nāthas:世间导师。**D**:大圣道。**K**:佛。

sa:(tad)pron. m. sg. N. 这、那。

loka-nāthas:(loka-nātha)m. sg. N. 世间导师、世尊。

◆bhaviṣyate:(√bhū)fut. 3. sg. A. 将发生、存在、变成。**D**:为。**K**:得成为。

◆apratimas maharṣis:无极神仙。**D**:尊无上伦无极神仙。**K**:(无)。

apratimas:(apratima)adj. m. sg. N. 无与等伦、无极。

maharṣis:(maharṣi)m. sg. N. 大神仙。持业释(形容词关系)。

6-12

D:其佛国土　最胜第一　清净离垢　若干显明
　随意所欲　常可至心　紫磨金色　珍宝庄严

K:其土清净　琉璃为地　多诸宝树
　行列道侧　金绳界道　见者欢喜

kṣetraṃ ca tasya pravaraṃ bhaviṣyati
　vicitra śuddhaṃ śubha darśanīyam /
manojña-rūpaṃ sada premaṇīyaṃ
　suvarṇa-sūtraiḥ samalaṃkṛtaṃ ca //4//

→kṣetram ca tasya pravaram bhaviṣyati vicitra śuddham śubha darśanīyam

manojña-rūpam sada premaṇīyam suvarṇa-sūtrais samalaṃkṛtam ca

6-12-1. kṣetram ca tasya pravaram bhaviṣyati vicitra śuddham śubha darśanīyam：他的国土将最为清净殊胜。

◆kṣetram ca tasya：他的国土。**D：**其佛国土。**K：**其土。

kṣetram：(kṣetra)n. sg. N. 国土。

ca：conj. 和、而且、又、然而。

tasya：(tad)pers. 3. m. sg. G. 他的。

◆pravaraṁ：(pravara)adj. n. sg. N. 最胜、第一。**D：**最胜第一。**K：(无)**。

◆bhaviṣyati：(√bhū)fut. 3. sg. P. 将成为、当存在。

◆vicitra śuddham śubha darśanīyam：清净殊胜。**D：**清净离垢。**K：**清净。

vicitra[⑩]：adj. n. sg. N 端严、殊胜。

śuddham：(śuddha)ppp. n. sg. N. 清净。

śubha[⑪]：adj. n. sg. N. 清净、安宁。

darśanīyam：(√dṛś)fpp. n. sg. N. 端正、乐见。

6-12-2. manojña-rūpam sada premaṇīyam suvarṇa-sūtrais samalaṃkṛtam ca：总是相好形妙，人见人爱，并用金线庄严。

◆manojña-rūpam：(manojña-rūpa)n. sg. N. 形相殊妙。持业释(形容词关系)。**D：**紫磨金色。**K：(无)**。

manojña：adj. 可意、妙。rūpa：n. 色、相。

◆sada[⑫]：adv. 永、恒、常。**D：**常。**K：**常。

◆premaṇīyam：(premaṇīya)adj. n. sg. N. 甚可爱乐。**D：**随意所欲常可至心。**K：**见者欢喜。

◆suvarṇa-sūtrais：(suvarṇa-sūtra)n. pl. I. 用金线。依主释(具格关系)。**D：(无)**。**K：**金绳。

suvarṇa：n. 黄金；sūtra：n. 线、丝、绳。

◆samalaṃkṛtam：(sam-alaṃ-√kṛ)ppp. n. sg. N. 所庄严、所严饰。

D:(无)。**K:**界道。

附 注

① 见 BHSG § 8.87。

② 见 BHSG § 8.22。

③ 见 BHSG § 8.22。

④ 见 BHSG § 35.29。

⑤ 见 BHSG § 8.100。

⑥ 见 BHSG § 26.2"*ī* for final *i*"。

⑦ 见 BHSG § 35.29。

⑧ 见 BHSG § 27.10"*i* instead of thematic vowel *a*,*ā*"。

⑨ 见 BHSG § 35.43。

⑩ 见 BHSG § 8.31。

⑪ 见 BHSG § 8.31。

⑫ 见 BHSG § 3.27 "a for ā"。

VII. Pūrva-yoga-parivarto nāma saptamaḥ

本　事　品　名为　第七

prose：7-1

D：佛告诸比丘：乃去往古久远世时，不可计会无央数劫，有佛号大通众慧如来、至真、等正觉、明行、成为善逝、世间解、无上士、道法御、天人师、为佛众佑。世界曰大殖稼。劫名所在形色。

K：佛告诸比丘：乃往过去无量无边不可思议阿僧只劫，尔时有佛，名大通智胜如来、应供、正遍知、明行足、善逝、世间解、无上士、调御丈夫、天人师、佛、世尊。其国名好成，劫名大相。

bhūta-pūrvaṃ bhikṣavo 'tīte 'dhvany asaṃkhyeyaiḥ kalpair asaṃkhyeyatarair vipulair aprameyair acittyair aparimitair aprāmāṇais tataḥ pareṇa paratareṇa yad' āsīt tena kālena tena samayena mahābhijñā-jñanābhibhūr nāma tathāgato 'rhan samyak-saṃbuddho loka udapādi vidyā-caraṇa-saṃpannaḥ sugato loka-vid anuttaraḥ puruṣa-damya-sārathiḥ śāstā devānāṃ ca manuṣyāṇāṃ ca buddho bhagavān saṃbhavāyāṃ loka-dhātau mahārūpe kalpe

→bhūta-pūrvam bhikṣavas atīte adhvani asaṃkhyeyais kalpais asaṃkhyeyatarais vipulais aprameyais acittyais aparimitais aprāmāṇais tatas pareṇa paratareṇa yadā āsīt tena kālena tena samayena mahābhijñā-jñanābhibhūs nāma tathāgatas arhan samyak-saṃbuddhas loke udapādi vidyā-caraṇa-saṃpannas sugatas loka-vid anuttaras puruṣa-damya-sārathis śāstās devānām ca manuṣyāṇām ca buddhas bhagavān saṃbhavāyām loka-dhātau mahārūpe kalpe：比丘们啊！在往昔过去世，当无数不可思议劫后，那时有位大通智胜如来、应供、正等正

觉、明行足、善逝、世间解、无上士、调御丈夫、天人师、佛、世尊出现於世间。世界(名为)种植，劫(名为)大相。↔主题句，“佛”为增译的主语，“告”为增译的谓语动词

◆bhikṣavas:(bhikṣu)m. sg. V. 比丘们啊。**D:**诸比丘。**K:**诸比丘。V. ↔对象宾语

◆bhūta-pūrvam atīte adhvani:在过去世。在此位格表时间，修饰āsīt。**D:**乃去往古久远世。**K:**乃往过去。L. ↔时间词，作状语

bhūta-pūrvam:adv. 古昔。

atīte:(atīta)ppp. m. sg. L. 过去。修饰 adhvani。

adhvani:(adhvan)m. sg. L. 世、时、路。

◆asaṃkhyeyais kalpais asaṃkhyeyatarais vipulais aprameyais acittyais aparimitais aprāmāṇais:无数不可思议劫。在此具格表动作完成需要的时间，修饰 āsīt。

D:不可计会无央数劫。**K:**无量无边不可思议阿僧只劫。I. ↔时间词短语，作状语

asaṃkhyeyais:(a-saṃkhyeya)fpp. m. pl. I. 无央数。

kalpais:(kalpa)m. pl. I. 劫波。

asaṃkhyeyatarais:(a-saṃkhyeya-tara)compar. m. pl. I. 复过无数、过于算数。

vipulais:(vipula) adj. m. sg. Ac. 广大、无量。

aprameyais:(a-pra-√mā)fpp. m. pl. I. 无量、无边。

acintyais:(acintya) fpp. m. pl. I. 不可思议。

aparimitais:(aparimita)ppp. m. pl. I. 无量。

apramāṇais:(apramāṇa)m. pl. I. 广大、无量。

◆tatas pareṇa paratareṇa:从此以后。

tatas:adv. 从此。

pareṇa：adv. 以后。

paratarам：adv. 之后。

◆yadā：conj. 当……时、某时。

◆āsīt：(√as)impf. 3. sg. P. 是、有、在。**D**：有。**K**：有。

◆tena kālena tena samayena：那时。在此具格表时间，修饰udapādi。

D：时。**K**：尔时。I.↔时间词

tena：(ta)pron. m. sg. I. 此。分别限定 kālena、samayena。

kālena：(kāla) m. sg. I. 时、时分、世。

samayena：(samaya)m. sg. I. 时、劫。

◆mahābhijñā-jñanābhibhūs：(mahābhijñā-jñanābhibhū)m. sg. N.(佛名)大通智胜、大通众慧。**D**：大通众慧。**K**：大通智胜。

◆nāma：adv. 名曰、名为。**D**：号。**K**：名曰。

◆tathāgatas：(tathāgata)m. sg. N. 如来。**D**：如来。**K**：如来。

◆arhan：(arhant)adj. m. sg. N. 应供。**D**：至真。**K**：应供。

◆samyak-saṃbuddhas：(samyak-saṃbuddha)m. sg. N. 正等正觉。**D**：等正觉。**K**：正遍知。

◆loke：(loka)m. sg. L. 世上、世间。

◆udapādi[①]：(ud-√pad)aor. 3. sg. P. 生起、出现。

◆vidyā-caraṇa-saṃpannas：(vidyā-caraṇa-saṃpanna) adj. m. sg. N. 明行足。**D**：明行。**K**：明行足。

◆sugatas：(sugata)m. sg. N. 善逝、如来、佛。**D**：善逝。**K**：善逝。

◆loka-vid：m. sg. N. 世间解。**D**：世间解。**K**：世间解。

◆anuttaras：(anuttara)adj. m. sg. N. 无上、最胜。**D**：无上士。**K**：无上士。

◆puruṣa-damyasārathis：(puruṣa-damya-sārathi) m. sg. N. 调御

丈夫。持业释(形容词关系)。D:道法御。K:调御丈夫。

puruṣa-damya:fpp. 调御丈夫的。依主释(业格关系)。

puruṣa:m. 丈夫、人。damya:(√dam)fpp. 应被驯服的、应被调御的。

sārathi:m. 御者、调御之师。

◆śāstā devānām ca manuṣyāṇām:天人师。D:天人师。K:天人师。

śāstā:(śāstṛ)m. sg. N. 师、尊者。

devānām:(deva)m. pl. G. 天神。

ca:conj. 和、而且、又、然而。

manuṣyāṇām:(manuṣya) m. pl. G. 人。

◆buddhas:(buddha)m. sg. N. 佛。D:佛。K:佛。

◆bhagavān:(bhagavant)m. sg. N. 世尊。D:众佑。K:世尊。

◆saṃbhavāyām loka-dhātau:在种植世界。在此位格表处所,修饰 udapādi。

saṃbhavāyām:(saṃbhavā)m. sg. L. 种植。D:大殖稼。K:好成。

loka-dhātau:(loka-dhātu)m. sg. L. 世间、国土上。相违释。D:世界。K:其国名。

loka:m. 世间。dhātu:m. 世界。

◆mahārūpe kalpe:大相劫中。在此位格表处所,修饰 udapādi。

mahārūpe:(mahā-rūpa)m. sg. L. (劫名)大相。持业释。D:所在形色。K:大相。

kalpe:(kalpa)m. sg. L. 劫波中。D:劫。K:劫。

7-2

D:其佛说经不可称限。譬如於是三千大千世界所有土地有一士夫，皆悉破碎此一佛国，悉令如尘，则取一尘，过东方如千佛界中尘之数国，乃著一尘。如是比类复取一尘，越东如前佛界尘数，乃著一尘，悉使尘尽三千大千世界中尘，令无有余，遍于东方，如是比类无量佛国。

K：诸比丘！彼佛灭度已来，甚大久远。譬如三千大千世界所有地种，假使有人磨以为墨，过于东方千国土乃下一点，大如微尘，又过千国土复下一点，如是展转尽地种墨。

kiyac-cirotpannaḥ sa bhikṣavas tathāgato 'bhūt /tad-yathā 'pi nāma bhikṣavo yāvān iha tri-sāhasra-mahā-sāhasre loka-dhātau pṛthivī-dhātus taṃ kaś-cid eva puruṣaḥ sarvaṃ cūrṇī-kuryān maṣiṃ-kuryāt / atha khalu sa puruṣas tasmāl loka-dhātor ekaṃ paramāṇu-rajo gṛhītvā pūrvasyāṃ diśi loka-dhātu-sahasram atikramya tad ekaṃ paramāṇu-raja upanikṣepet / atha sa puruṣo dvitīyaṃ ca paramāṇu-rajo gṛhītvā tataḥ pareṇa parataraṃ loka-dhātu-sahasram atikramya dvitīyaṃ paramāṇu-raja upanikṣepet /anena paryā yeṇa sa puruṣaḥ sarvāvantaṃ pṛthivī-dhātum upanikṣipet pūrvasyāṃ diśi

→kiyac-cira-utpannas sa bhikṣavas tathāgatas abhūt /tad-yathā api nāma bhikṣavas yāvāt iha tri-sāhasra-mahā-sāhasre loka-dhātau pṛthivī-dhātus tam kaś-cit eva puruṣas sarvam cūrṇī-kuryān maṣiṃ-kuryāt / atha khalu sa puruṣas tasmāt loka-dhātos ekam parama-aṇu-rajas gṛhītvā pūrvasyām diśi loka-dhātu-sahasram atikramya tad ekam parama-aṇu-raja upanikṣepet / atha sa puruṣas dvitīyam ca parama-aṇu-rajas gṛhītvā tatas pareṇa parataraṃ loka-dhātu-sahasram atikramya dvitīyam parama-aṇu-raja upanikṣepet /anena paryāyeṇa sa puruṣas sarvāvantam pṛthivī-dhātum upanikṣipet pūrvasyāṃ diśi：比丘们啊！这位如来佛出

现多久了？比丘们啊！譬如在这三千大千世界中的所有土地，就有一人要把它全部磨成碎墨。於是此人从这世界取来一粒微尘，过了东方一千世界投下这一粒微尘。这样此人又取来第二粒微尘，从这又越过一千世界之后，投下这第二粒微尘。按照此法，此人会遍掷东方所有土地。↔新主题链，解释说明关系复句

7-2-1. kiyac-cira-utpannas sa bhikṣavas tathāgatas abhūt：比丘们啊！此佛出现多久了？

D：其佛说经不可称限。——结果主句

K：诸比丘！彼佛灭度已来，甚大久远。——结果主句

◆bhikṣavas：(bhikṣu)m. pl. V. 比丘们啊。**D：(无)。K：**诸比丘！

◆kiyac-cira-utpannas abhūt：出现多久了。

D：说经不可称限。**K：**灭度已来，甚大久远。——谓语说明部分

kiyac-cira-utpannas：(kiyac-cira-utpanna)ppp. m. sg. N. 出现多久。持业释。

kiyac-cira：adj. 多久。持业释。

kiyac：adj. 几许、多少。cira：adj. 久远。

utpanna：(ud-√ pat)ppp. 生起、出现。

abhūt：(√ bhū)aor. 3. sg. P. 变成、发生、存在。

◆sa tathāgatas：这位如来。**D：**其佛。**K：**彼佛。N. ↔主题兼主语

sa：(tad)pron. n. sg. N. 这、那。限定 tathāgatas。

tathāgatas：(tathāgata)m. sg. N. 如来、佛。

7-2-2. tad-yathā api nāma bhikṣavas yāvāt iha tri-sāhasra-mahā-sāhasre loka-dhātau pṛthivī-dhātus tam kaś-cit eva puruṣas sarvam cūrṇī-kuryāt maṣiṃ-kuryāt：比丘们啊！譬如在这三千大千世界中的所有土地，就有一人要把它全部磨成碎墨。

D：譬如於是三千大千世界所有土地，有一士夫皆悉破碎此一佛国，悉令如尘。——说明子句1

K：譬如三千大千世界所有地种，假使有人磨以为墨。——说明子句1

◆tad-yathā adv. 譬如。D：譬如。K：譬如。

◆api：adv. 也。

◆yāvān：(yāvat) adj. m. sg. N. 所有若干、如数量。D：所有。K：所有。

◆iha tri-sāhasra-mahā-sāhasre loka-dhātau：在这三千大千世界中。D：三千大千世界。K：三千大千世界。

iha：adv. 于此、此处。

tri-sāhasra-mahā-sāhasre：(tri-sāhasra-mahā-sāhasra) n. sg. L. 在三千大千。相违释。

trisāhasra：n. 三千。mahā-sāhasra：n. 大千。

loka-dhātau：(loka-dhātu) m. sg. L. 世间、国土上。相违释。

loka：m. 世间。dhātu：m. 世界。

◆pṛthivī-dhātus：(pṛthivī-dhātu) m. sg. N. 地界、土地。D：土地。K：地种。

◆tam：(tad) pron. m. sg. Ac. 它。D：此一佛国。K：(无)。

◆kaś-cit eva puruṣas：就有一个人。D：有一士夫。K：有人。

kaś-cit：(ka-cid) inter. m. sg. N. 任何、某。

eva：adv. 就是，才是。强调语，放在所强调的词语之后。

puruṣas：(puruṣa) m. sg. N. 人、男。

◆sarvam：adv. 全、都。D：皆悉。K：所有。

◆cūrṇī-kuryāt：(cūrṇī-√kṛ) opt. 3. sg. P. 欲磨、破碎。D：破碎。K：磨。

◆maṣiṃ-kuryāt：(maṣiṃ-√kṛ)opt. 3. sg. P. 做成墨。**D：**令如尘。**K：**以为墨。

7-2-3. atha khalu sa puruṣas tasmāt loka-dhātos ekam parama-aṇu-rajas gṛhītvā pūrvasyām diśi loka-dhātu-sahasram atikramya tad ekam parama-aṇu-rajas upanikṣipet：於是此人从这世界取来一粒微尘，过了东方一千世界投下这一粒微尘。

D：则取一尘，过东方如千佛界中尘之数国，乃著一尘。——说明子句 2

K：过於东方千国土乃下一点，大如微尘。——说明子句 2

◆atha khalu：於是。**D：**则。**K：(无)**。

atha：adv. 此时、从此、这样。

khalu：indec. 事实上、确实；然而。

◆sa puruṣas：此人。

sa：(tad)pron. m. sg. N. 此。限定 puruṣas。

◆tasmāt loka-dhātos：从这世界里。在此从格表来源。

tasmāt：(ta)pron. m. sg. Ab. 从此。

loka-dhātos：(loka-dhātu)m. sg. Ab. 从世界。相违释。

◆ekam parama-aṇu-rajas：一粒微尘。**D：**一尘。**K：(无)**。

ekam：(eka)num. n. sg. Ac. 一。

parama-aṇu-rajas：n. sg. Ac. 尘、微尘。

◆gṛhītvā：(√grah)ger. 取、执持。**D：**取。**K：(无)**。

◆pūrvasyām diśi：在东方。**D：**东方。**K：**于东方。L. ↔介词短语，作地点补语

pūrvasyām：(pūrva)adj. f. sg. L. 东边的。

diśi：(diś)f. sg. L. 方、处所。

◆loka-dhātu-sahasram：(loka-dhātu-sahasra) n. sg. Ac. 一千世

界。依主释(属格关系)。D:如千佛界中尘之数国。K:千国土。

loka-dhātu:m. 世界。相违释。sahasra:n. 一千。

◆atikramya:(ati-√kram)ger. 超过、越过。D:过。K:过。

◆tad ekam parama-aṇu-rajas:这一粒微尘。D:一尘。K:一点大如微尘。

tad:pron. n. sg. Ac. 这、那。

◆upanikṣipet:(upa-ni-√kṣip)opt. 3. sg. P. 会安置、投掷。D:著。K:下。

7-2-4. atha sa puruṣas dvitīyam ca parama-aṇu-rajas gṛhītvā tatas pareṇa parataraṃ loka-dhātu-sahasram atikramya dvitīyam parama-aṇu-rajas upanikṣepet:这样此人又取来第二粒微尘,从这又越过一千世界之后,投下这第二粒微尘。

D:如是比类复取一尘,越东如前佛界尘数,乃著一尘。——说明子句 3

K:又过千国土,复下一点。——说明子句 3

◆atha:adv. 此时、从此、这样。D:如是比类。K:(无)。

◆dvitīyam ca parama-aṇu-rajas:第二粒微尘。D:一尘。K:一点。

dvitīyam:(dvitīya)adj. n. sg. Ac. 第二。

ca:conj. 和、而且、又、然而。D:复。K:又。

◆tatas pareṇa parataram:从此以后。

tatas:adv. 从此。

pareṇa:adv. 以后。

parataram:adv. 之后。

◆loka-dhātu-sahasram:(loka-dhātu-sahasra) n. sg. Ac. 一千世界。依主释(属格关系)。D:如前佛界尘数。K:千国土。

◆atikramya:(ati-√kram)ger. 超过、越过。D:越。K:过。

◆upanikṣipet：(upa-ni-√kṣip) opt. 3. sg. P. 会安置、投掷。**D：**著。**K：**下。

7-2-5. anena paryāyeṇa sa puruṣas sarvāvantam pṛthivī-dhātum upanikṣipet pūrvasyāṃ diśi：以此方式，此人会投遍东方所有土地。

D：悉使尘尽三千大千世界中尘，令无有余，遍於东方，如是比类无量佛国。——说明子句 4

K：如是展转，尽地种墨。——说明子句 4

◆anena paryāyeṇa：按照此法。在此具格表方式手段。**D：**如是比类。**K：**如是展转。

anena：(ana) pron. n. sg. I. 这。限定 paryāyeṇa。

paryāyeṇa：(paryāya) n. sg. I. 门、句。

◆sarvāvantam pṛthivī-dhātum：一切地界。

sarvāvantam：(sarvāvat) adj. m. sg. N. 周遍、一切。**D：**悉、遍。**K：**尽。

pṛthivī-dhātum：(pṛthivī-dhātu) m. sg. N. 地界、土地。**D：**佛国。**K：**地。

◆upanikṣipet：(upa-ni-√kṣip) opt. 3. sg. P. 会安置、投掷。**D：(无)**。**K：**种。

◆pūrvasyām diśi：在东方。**D：**于东方。**K：(无)**。

7-3

D：於意云何？宁可称限得诸佛界边际不乎？

K：於汝等意云何？是诸国土，能得边际，知其数不？

tat kiṃ manyadhve bhikṣavaḥ śakyaṃ teṣāṃ loka-dhātūnām anto vā paryanto vā gaṇanayā 'dhigantuṃ →tat kim manyadhve bhikṣavas śakyam teṣām loka-dhātūnām antas vā paryantas vā gaṇanayā adhigantum：那么，比丘们啊！你们以为如何？能用数量得到这些世界的边际么？↔新主题句

7-3-1. tat kim manyadhve bhikṣavas：比丘们啊！你们此时作何念？

D：於意云何？**K**：於汝等意云何？——特指问句，起引入话题的功能。

◆tat：adv. 因此、那么。

◆kim manyadhve：你们以为如何？

kim：inter. n. sg. N. 什么。

manyadhve：(√man)pres. 2. pl. A. (你们)作念、谓。

◆bhikṣavas：(bhikṣu)m. pl. V. 比丘们啊。

7-3-2. śakyam teṣām loka-dhātūnām antas vā paryantas vā gaṇanayā adhigantum：能用数量得出这些世界的边际么？

D：宁可称限得诸佛界边际不乎？词序型是非问句↔"宁……不乎"是非问句

K：是诸国土，……能得边际，知其数不？词序型是非问句↔"……不"是非问句型

◆śakyam… adhigantum：能证得。

śakyam：(√śak) fpp. n. sg. N. 能。**D**：宁可……不乎?。**K**：能……不？

adhigantum：(adhi-√gam)inf. 证得、获得。**D**：称限得。**K**：得。

◆teṣām loka-dhātūnām：此诸世界的。**D**：诸佛界。**K**：是诸国土。

teṣām：(tad)pron. m. pl. G. 这些。

loka-dhātūnām：(loka-dhātu)m. pl. G. 诸世界的。

◆antas vā paryantas vā：边际。**D**：边际。**K**：边际。

antas：(anta)m. sg. N. 终末、边际。

paryantas：(paryanta)m. sg. N. 边际、究竟。

vā … vā：conj. 或。

◆gaṇanayā：(gaṇanā)f. sg. I. 用算数、凭数量。**D：(无)**。**K：**其数。

7-4

D：比丘答曰："不也，世尊！不也，安住！"

K："不也，世尊！"

ta āhuḥ /no hī daṃ bhagavan no hīdaṃ sugata →te āhus no hi idam bhagavan no hi idam sugata：这些(比丘)回答说："世尊啊！的确不能。善逝啊！的确不能。"↔新主题句

◆te：(tad)pron. m. pl. N. 这些(比丘)。**D：**比丘。N. ↔主题兼主语 **K：(无)**。

◆āhus：(√ah)perf. 3. pl. P. 说、答。**D：**答曰。**K：**不也。

◆no hi idam：这的确不(能)。**D：**不也。**K：(无)**。

no：indec. 非、不、无。

hi：adv. 事实上、因为。

idam：dem. n. N. 这。

◆bhagavan：(bhagavat)m. sg. V. 世尊啊。**D：**世尊。**K：**世尊。

◆sugata：m. sg. V. 善逝啊。**D：**安住。**K：(无)**。

verse：7-8

D：我念过去　无数亿劫　时有如来

两足之尊　名大通慧　无极慈仁

K：我念过去世　无量无边劫

有佛两足尊　名大通智胜

abhū atītā bahu kalpa-koṭyo

anusmarāmi dvi-padānam uttamam /

Abhijñajñānābhibhuvaṃ mahā-munim

abhūṣi tat-kālam anuttamo jinaḥ //1//

→abhū atītās bahu kalpa-koṭyas anusmarāmi dvi-padānam uttamam /

Abhijñajñānābhibhuvam mahā-munim abhūṣi tat-kālam anuttamas jinas

7-8-1. abhū atītās bahu kalpa-koṭyas anusmarāmi dvi-pādanum uttamam：过去无数亿劫，我忆念两足至尊。

◆abhū②：(√bhū)aor. 3. pl. P. 存在、变成、发生。

◆atītās：(ati-√i)ppp. f. pl. N. 过去、往昔。**D**：过去。**K**：过去世。

◆bahu kalpa-koṭyas：无数亿劫。**D**：无数亿劫。**K**：无量无边劫。

bahu③：adj. f. pl. N. 无量、众多。

kalpa-koṭyas：(kalpa-koṭī)f. pl. N. 亿劫。依主释(属格关系)。

kalpa：m. 劫波。koṭī：f. 亿。

◆anusmarāmi：(anu-√smṛ)pres. 1. sg. P. (我)忆念、至心正念。**D**：我念。**K**：我念。

◆dvi-padānam uttamam：两足至尊。**D**：两足之尊。**K**：两足尊。

dvi-padānam④：(dvi-pada)adj. m. pl. G. 两足的。

uttamam：(uttama)superl. m. sg. Ac. 无上、至尊。

7-8-2. Abhijñajñānābhibhuvam mahā-munim abhūṣi tat-kālam anuttamas jinas：那时大通智胜世尊是最胜佛。

◆Abhijñajñānābhibhuvam mahā-munim：大通智胜世尊。**D**：大通慧。**K**：大通智胜。

Abhijñajñānābhibhuvam：(abhijñajñānābhibhuva)m. sg. Ac. (佛名)大通智胜。

mahā-munim：(mahā-muni)m. sg. Ac. 大圣、世尊。持业释(形

容词关系）。

mahā：(mahat) adj. 大。muni：m. 圣者、隐者。

◆abhūṣi[5]：(√bhū) aor. 3. sg. P. 存在、变成、发生。D：有。K：有。

◆tat-kālam：(tat-kāla) m. sg. Ac. 那时。依主释（属格关系）。D：时。K：（无）。

◆anuttamas jinas：无上胜者。D：如来。K：佛。

anuttamas：(anuttama) adj. m. sg. N. 最胜、无上。

jinas：(jina) m. sg. N. 胜者、佛。

7-9

D：於时世尊　黎庶之上　比如皆取　此佛世界
悉破碎之　尽令如尘　假使有人　一一取尘
过千佛界　乃著一尘

K：如人以力磨　三千大千土　尽此诸地种
皆悉以为墨　过於千国土　乃下一尘点

yathā tri-sāhasrima loka-dhātuṃ
kaś-cid rajaṃ kurya aṇupramāṇam /
paramāṇum ekaṃ ca tato gṛhītvā
kṣetraṃ sahasraṃ gamiyāna nikṣipet //2//

→yathā tri-sāhasrima loka-dhātum kaś-cit rajam kurya aṇupramāṇam /

paramāṇum ekam ca tatas gṣhītvā kṣetram sahasram gamiyāna nikṣipet

7-9-1. yathā tri-sāhasrima loka-dhātum kaś-cit rajam kurya aṇupramāṇam：如同有人要做三千国土微尘。

◆yathā：adv. 如同，像……一样地。D：比如。K：如。

◆tri-sāhasrima loka-dhātum：三千国土。**D：**此佛世界。**K：**三千大千土。

tri-sāhasrima[⑥]：adj. m. sg. Ac. 三千。

loka-dhātum：(loka-dhātu)m. sg. Ac. 世间、国土。相违释。

loka：m. 世间。dhātu：m. 世界。

◆kaś-cit：(ka-cid)inter. m. sg. N. 任何、某。**D：**人。**K：**人。

◆kurya[⑦]：(√kṛ)opt. 3. sg. P. 要做、施行。**D：**破碎。**K：**为。

◆rajam aṇupramāṇam：微尘。**D：**尘。**K：**墨。

rajam：(raja)m. sg. Ac. 尘。

aṇupramāṇam：(aṇu-pramāṇa)adj. m. sg. Ac. 微量、少分。修饰 rajam。

7-9-2. paramāṇum ekam ca tatas gṛhītvā kṣetram sahasram gamiyāna nikṣipet：从中取来一粒微尘，过了一千国土便会投下。

◆paramāṇum ekam：一粒微尘。**D：**一尘。**K：**一尘点。

paramāṇum：(parama-aṇu)n. sg. Ac. 微尘。

ekam：(eka)num. n. sg. Ac. 一个。

◆ca：conj. 和、而且、又、然而。

◆tatas：adv. 从此、因此。

◆gṛhītvā：(√grah)ger. 已摄持。**D：**取。**K：**(无)。

◆kṣetram sahasram：一千国土。**D：**千佛界。**K：**於千国土。——"於"为宾格标记。

kṣetram：(kṣetra)n. sg. Ac. 国土、(佛)土。

sahasram：(sahasra)n. sg. Ac. 一千。

◆gamiyāna[⑧]：(√gam)ger. 过了。**D：**过。**K：**过。

◆nikṣipet：(ni-√kṣip)opt. 3. sg. P. 会安置、投掷。**D：**著。**K：**下。

7-10

D:如是次第　圣尊国土　其人著尘　皆令悉遍

若干之数　悉令周普　世界众限　有不可数

K:如是展转点　尽此诸尘墨

dvitīyaṃ tṛtīyaṃ pi ca eva nikṣipet

sarvaṃ pi so nikṣipi taṃ rajo-gatam /

riktā bhavetā iya loka-dhātuḥ

sarvaś ca so pāṃsu bhaveta kṣīṇaḥ //3//

→dvitīyam tṛtīyam pi ca eva nikṣipet sarvam pi sas nikṣipi tam rajo-gatam /

riktā bhavetā iya loka-dhātus sarvas ca sas pāṃsu bhaveta kṣīṇ as

7-10-1. dvitīyam tṛtīyam pi ca eva nikṣipet sarvam pi sas nikṣipi tam rajo-gatam:接二连三地全都投下了微尘。

◆dvitīyam tṛtīyam pi:第二第三(粒)、接二连三地。D:次第。K:展转。

dvitīyam:(dvitīya)adj. n. sg. Ac. 第二。

tṛtīyam:(tṛtīya)adj. n. sg. Ac. 第三。

pi[⑨]:adv. 也、又、即使。

◆ca:conj. 和、而且、又、然而。

◆eva:adv. 就是,才是。强调语,放在所强调的词语之后。

◆nikṣipet:(ni-√kṣip)opt. 3. sg. P. 会安置、投掷。D:著。K:点。

◆sarvam:(sarva). adj. n. sg. Ac. 全、都。D:皆。K:尽。

◆sas:(tad)pron. m. sg. N. 此(人)。D:其人。K:(无)。

◆nikṣipi[⑩]:(√kṣip)ger. 已安置、投掷。D:取。K:(无)。

◆tam rajo-gatam：微尘。**D：**尘。**K：(无)**。

tam：(tad) pron. n. sg. Ac. 这。

rajo-gatam：(rajo-gata)adj. n. sg. Ac. 为尘。

7-10-2. riktā bhavetā iya loka-dhātus sarvas ca sas pāṃsu bhaveta kṣīṇas：这国土所弃尽为微尘。

◆riktā bhavetā：舍弃。

riktā[11]：(ric)ppp. m. sg. N. 所弃、舍弃。

bhavetā[12]：(√bhū)opt. 3. sg. A. 会变成、存在、发生。

◆iya loka-dhātus：全部国土。**D：**世界。**K：(无)**。

iya[13]：(idam)dem. f. sg. N. 这。

loka-dhātus：(loka-dhātu)m. sg. N. 世界、国土。相违释。

loka：m. 世间。dhātu：m. 世界。

◆sarvas：(sarva) adj. m. sg. N. 所有、一切、全部。**D：**悉。**K：(无)**。

◆sas pāṃsu：此尘。**D：(无)**。**K：**此诸尘墨。

sas：(tad)pron. m. sg. N. 这。

pāṃsu[14]：m. sg. N. 砂、尘。

◆bhaveta kṣīṇas：当尽。**D：**令周遍。**K：**尽。

bhaveta：(√bhū)opt. 3. sg. A. 当变成、当存在。

kṣīṇas：(√kṣi)ppp. m. sg. N. 已尽、尽灭。

7-11

D：一切所有　大圣国土　诸所有尘

不可限量　皆悉破碎　令无有余

K：如是诸国土　点与不点等

复尽末为尘　一尘为一劫

yo loka-dhātūṣu bhaveta tāsu
　　pāṃsū-rajo yasya pramāṇu nāsti /
rajaṃ karitvāna aśeṣatas taṃ
lakṣyaṃ dade kalpa-śate gatesmin //4//

→yas loka-dhātūṣu bhaveta tāsu pāṃsū-rajas yasya pramāṇu na asti /

rajam karitvāna aśeṣatas tam lakṣyam dade kalpa-śate gatesmin

7-11-1. yas loka-dhātūṣu bhaveta tāsu pāṃsū-rajas yasya pramāṇu na asti：凡有微尘，就会在这些国土上，没有微尘不是。

◆yas：(yad) rel. m. sg. N. 做……者、成为……者、有……者。限定 pāṃsū-rajas。

◆loka-dhātūṣu tāsu：在这些国土上。**D：**一切所有大圣国土。**K：**诸国土。

loka-dhātūṣu：(loka-dhātū) f. pl. L. 诸世界中、诸国土上。相违释。

tāsu：(tad) pron. f. pl. L. 这些。

◆bhaveta：(√bhū) opt. 3. sg. A. 会变成、发生、存在。

◆pāṃsū-rajas：(pāṃsū-raja) m. sg. N. 微尘。持业释。**D：**诸所有尘。**K：**点。

pāṃsū[15]：m. 砂、尘。raja：m. 尘。

◆yasya：(yad) rel. m. sg. G. 做……者、成为……者、有……者。

◆pramāṇu：n. sg. N. 微尘。**D：(无)**。**K：**点。

◆na：adv. 不，非，无。**D：(无)**。**K：**不。

◆asti：(√as) pres. 3. sg. P. 有、是、在。**D：(无)**。**K：**有。

7-11-2. rajam karitvāna aśeṣatas tam lakṣyam dade kalpa-śate gatesmin：都做成了微尘以后，一百劫中可见此(尘)。

◆rajam：(raja)m. sg. Ac. 尘。D：尘。K：尘。

◆karitvāna[16]：(√kṛ)ger. 做成了。D：破碎。K：末为。

◆aśeṣatas：adv. 无余、一切、悉。D：无有余。K：尽。

◆tam：(tad)pron. m. sg. Ac. 此(尘)。

◆lakṣyam：(√lakṣaya)fpp. m. sg. Ac. 可得、可见。

◆dade kalpa-śate gatesmin：於一百劫中。

dade：(dada)adj. n. sg. L. 施与、给与。

kalpa-śate：(kalpa-śata)n. sg. L. 一百劫中。

gatesmin[17]：(√gam)ppp. n. sg. L. 所至、达到。

7-12

D：大圣至尊　逝来如斯　其佛安住　灭度已竟

劫数如是　无量亿千　若欲料限　无能思议

灭度已来　若干劫数

K：此诸微尘数　其劫复过是

彼佛灭度来　如是无量劫

evāprameyā bahu-kalpa-koṭyaḥ

parinirvṛtasyo sugatasya tasya /

paramāṇu sarve na bhavanti lakṣyās

tāvad bahu kṣiṇa bhavanti kalpāḥ //5//

→eva aprameyās bahu-kalpa-koṭyas parinirvṛtasyo sugatasya tasya /

paramāṇu sarve na bhavanti lakṣyās tāvat bahu kṣiṇa bhavanti kalpās

7-12-1. eva aprameyās bahu-kalpa-koṭyas parinirvṛtasyo sugatasya tasya：即此佛灭度以后无量无边亿劫。

◆eva：adv. 即、就是。D：如是。K：如是。

◆aprameyās bahu-kalpa-koṭyas：无量亿劫。D：劫数无量亿千。K：无量劫。

aprameyās：(a-pra-√mā)fpp. m. pl. N. 无边、不可限量。

bahu-kalpa-koṭyas：(bahu-kalpa-koṭī)f. pl. N. 无量亿劫。依主释(属格关系)。D：无亿数劫。K：无量亿劫。

◆parinirvṛtasyo sugatasya tasya：此佛灭度后。独立属格。D：其佛安住灭度已来。K：彼佛灭度来。

parinirvṛtasyo[18]：(pari-nir-√vṛt)ppp. m. sg. G. 已灭度、般涅槃。D：灭度。K：灭度。

sugatasya：(sugata) m. sg. G. 善逝、佛。D：佛安住。K：佛。

tasya：(tad)pron. m. sg. G. 这。D：其。K：彼。

7-12-2. paramāṇu sarve na bhavanti lakṣyās tāvat bahu kṣīṇa bhavanti kalpās：所有微尘都不可见，乃至过完无数劫波。

◆paramāṇu[19]：m. pl. N. 微尘。D：(无)。K：此诸微尘数。

◆sarve：(sarva)adj. m. pl. N. 所有、一切、全部。

◆na bhavanti lakṣyās：不可见。

na：不、无、非。D：无。K：(无)。

bhavanti：(√bhū)pres. 3. pl. P. 变成、发生、存在。助动词。

lakṣyās：(√lakṣaya)fpp. m. pl. N. 可得、可见。D：能思议。K：(无)。

◆tāvat：adv. 如此、乃至。

◆bahu[20]：adj. m. pl. N. 无量、众多。D：若干。K：(无)。

◆kalpās：(kalpa)m. pl. N. 劫波。D：劫数。K：其劫。

◆kṣīṇa bhavanti：尽。D：(无)。K：过。

kṣīṇa：(√kṣi)ppp. m. pl. N. 已尽、尽灭。

附 注

① 见 BHSG § 32.17"he ending in *i*"。

② 见 BHSG § 24.13。

③ 见 BHSG § 12.61。

④ 见 BHSG § 8.120。

⑤ 见 BHSG § 32.72。

⑥ 见 BHSG § 8.31。

⑦ 见 BHSG § 29.42。

⑧ 见 BHSG § 35.45"Gerunds in *iyāna*"。

⑨ 见 BHSD，P344。

⑩ 见 BHSG § 35.49"Gerunds in i，*ī*"。

⑪ 见 BHSG § 8.24。

⑫ 见 BHSG § 3.5。

⑬ 见 BHSG § 21.85。

⑭ 见 BHSG § 12.13。

⑮ 见 BHSG § 3.26。

⑯ 见 BHSG § 35.29。

⑰ 见 BHSG § 8.63。

⑱ 见 BHSG § 3.86。

⑲ 见 BHSG § 12.61。

⑳ 见 BHSG § 12.61。

VIII. Pañca-bhikṣu-śata-vyākaraṇa-parivarto

五 比丘 百 受记 品

nāmā ṣṭamaḥ

名为 第八

prose：8-1

D：於是贤者邠耨文陀尼子，闻佛世尊敷阐善权示现方便，授声闻决当成佛道，追省往古所兴立行。又瞻如来诸佛境界，得未曾有欢喜踊跃。无衣食想，支体解怿，不能自胜，於大正法或悲或喜。

K：尔时富楼那弥多罗尼子，从佛闻是智慧方便随宜说法，又闻授诸大弟子阿耨多罗三藐三菩提记，复闻宿世因缘之事，复闻诸佛有大自在神通之力，得未曾有，心净踊跃。

atha khalvāyuṣmān pūrṇo maitrāyaṇīputro bhagavato 'ntikād idam evaṃ-rūpam upāya-kauśalya-jñāna-darśanaṃ saṃdhābhāṣita-nirdeśaṃ śrutvaiṣāṃ ca mahā-śrāvakāṇāṃ vyākaraṇaṃ śrutvemāṃ ca pūrva-yoga-pratisaṃyuktāṃ kathāṃ śrutvemāṃ ca bhagavato vṛṣabhatāṃ śrutv' āścārya-prāpto 'bhūd adbhuta-prāpto 'bhūn nirāmiṣeṇa ca cittena prīti-prāmodyena sphuṭo 'bhūt

→atha khalu āyuṣmān pūrṇas maitrāyaṇīputras bhagavatas antikāt idam evaṃ-rūpam upāya-kauśalya-jñāna-darśanam saṃdhābhāṣita-nirdeśam śrutvā eṣām ca mahā-śrāvakāṇām vyākaraṇam śrutvā imām ca pūrva-yoga-pratisaṃyuktām kathām śrutvā imām ca bhagavatas vṛṣabhatām śrutvā āścarya-prāptas abhūt adbhuta-prāptas abhūt nirāmiṣeṇa ca cittena prīti-prāmodyena sphuṭas abhūt：于是长者富楼那弥多罗尼子从世尊近前听闻如此善权方便、智

慧、知见的随宜说法，还为诸位大弟子分别解说，又听闻往昔所修言行之后，得未曾有，因心无所求而欢喜踊跃。↔新主题句，连动式

8-1-1. atha khalu āyuṣmān pūrṇas maitrāyaṇīputras bhagavatas antikāt idam evaṃ-rūpam upāya-kauśalya-jñāna-darśanam saṃdhābhāṣita-nirdeśam śrutvā eṣām ca mahā-śrāvakāṇām vyākaraṇam śrutvā imām ca pūrva-yoga-pratisaṃyuktām kathām śrutvā imām ca bhagavatas vṛṣabhatām śrutvā：于是长者富楼那弥多罗尼子从世尊近前听闻如此善权方便、智慧、知见的随宜说法，还为诸位大弟子分别解说，又听闻往昔所修言行之后。

D：於是贤者邠耨文陀尼子，闻佛世尊敷阐善权示现方便，授声闻决当成佛道，追省往古所兴立行。ger. 结构↔连动式的 VP1，并列关系复句

K：尔时富楼那弥多罗尼子，从佛闻是智慧方便随宜说法，又闻授诸大弟子阿耨多罗三藐三菩提记，复闻宿世因缘之事，复闻诸佛有大自在神通之力。ger. 结构↔连动式的 VP1，并列关系复句

8-1-1-1. atha khalu āyuṣmān pūrṇas maitrāyaṇīputras bhagavatas antikāt idam evaṃ-rūpam upāya-kauśalya-jñāna-darśanam saṃdhābhāṣita-nirdeśam śrutvā：于是长者富楼那弥多罗尼子从世尊近前听闻如此善权方便、智慧、知见的随宜说法后。

D：於是贤者邠耨文陀尼子，闻佛世尊敷阐善权示现方便。——分句 1

K：尔时富楼那弥多罗尼子，从佛闻是智慧方便随宜说法。——分句 1

◆atha khalu：于是、尔时。

D：於是。句首小品词↔连词，用作话题转换标记

K：尔时。句首小品词↔时间词，用作话题转换标记

atha:adv. 此时、从此、这样。

khalu:indec. 事实上、确实;然而。

◆āyuṣmān pūrṇas maitrāyaṇīputras:长者富楼那弥多罗尼子。

D:贤者邠耨文陀尼子。

K:富楼那弥多罗尼子。N. ↔主题兼主语

āyuṣmān:(āyuṣmat)adj. m. sg. N. 具寿命、长者。加在名号前,表尊敬。

pūrṇas:(√pṛ)ppp. m. sg. N. 具足、充满。音译为富楼那。

maitrāyaṇīputras:(maitrāyaṇī-putra)m. sg. N. 慈行子。音译为弥多罗尼子。依主释(属格关系)。

maitrāyaṇī:f. 慈行、善知识。音译为弥多罗尼。putra:m. 儿子。

◆bhagavatas antikāt:从世尊的近前。

D:佛世尊。

K:从佛。Ab. ↔介词短语,作状语,表来源

bhagavatas:(bhagavat)m. sg. G. 世尊、佛。

antikāt:(antika)n. sg. Ab. 近、所。

◆idam evaṃ-rūpam upāya-kauśalya-jñāna-darśanam saṃdhābhāṣita-nirdeśam:这般善权方便、智慧、知见的随宜说法。

D:敷阐善权示现方便。K:是智慧方便随宜说法。

idam:dem. n. sg. N. 此。

evaṃ-rūpam:(evam-rūpa)adj. m. sg. Ac. 如是等类、如是相。持业释。

evam:adv. 如是。rūpa:n. 色、相。

upāya-kauśalya-jñāna-darśanam:(upāya-kauśalya-jñāna-darśana) adj. m. sg. Ac. 方便善巧、智慧、知见。相违释→多财释。

upāya-kauśalya:n. 方便善巧。jñāna:n. 智慧。darśana:n. 知

见、悟性。

saṃdhābhāṣita-nirdeśam：(saṃdhābhāṣita-nirdeśa)m. sg. Ac. 随宜所说法。持业释。

saṃdhābhāṣita：adj. 随宜说法。

nirdeśa：m. 宣说、分别演说。

◆śrutvā：(√śru)ger. 听闻(后)。**D：**闻。**K：**闻。

8-1-1-2. eṣām ca mahā-śrāvakāṇām vyākaraṇam śrutvā：又听说为诸大弟子分别解说。

D：授声闻决，[当成佛道]。——分句 2

K：又闻授诸大弟子[阿耨多罗三藐三菩提]记。——分句 2

◆eṣām ca mahā-śrāvakāṇām：这些大弟子。在此属格表受事。**D：**声闻。**K：**诸大弟子。

eṣām：(etad)pron. m. pl. G. 这些。

ca：conj. 和、而且、又、然而。

mahā-śrāvakāṇām：(mahā-śrāvaka)m. pl. G. 大弟子们。持业释。

mahā：(mahat)adj. 大。śrāvaka：(√śru)m. 弟子、声闻、小乘人、阿罗汉。

◆vyākaraṇam：(vyākaraṇa)n. sg. Ac. 受记、分别解说。**D：**授……决。**K：**授……记。

◆śrutvā：(√śru)ger. 听闻(后)。**D：(无)**。**K：**闻。

8-1-1-3. imām ca pūrva-yoga-pratisaṃyuktām kathām śrutvā：又听闻往昔所修言行。

D：追省往古所兴立行。——分句 3

K：[复]闻宿世因缘之事。——分句 3

◆imām：(idam)dem. f. Ac. 此。

◆pūrva-yoga-pratisaṃyuktām ：(pūrva-yoga-pratisaṃyukta)ppp. f. sg. Ac. 往昔修习。D：往古所兴立。K：宿世因缘。

pūrva-yoga：m. 本事。持业释。

pūrva：adj. 前面、往昔。yoga：m. 相合、修习。

pratisaṃyukta：(prati-sam-√yuj)ppp. 结合、相应。

◆kathām：(kathā)f. sg. Ac. 言辞、论说。D：行。K：事。

◆śrutvā：(√śru)ger. 听闻(后)。D：追省。K：闻。

8-1-2. āścarya-prāptas abhūt adbhuta-prāptas abhūt nirāmiṣeṇa ca cittena prīti-prāmodyena sphuṭas abhūt：得未曾有，因心无所求而欢喜踊跃。

D：得未曾有，欢喜踊跃，无衣食想。定式动词句↔连动式的 VP2

K：得未曾有，心净踊跃。定式动词句↔连动式的 VP2

◆āścarya-prāptas abhūt adbhuta-prāptas abhūt：D：得未曾有。K：得未曾有。

āścarya-prāptas：(āścarya-prāpta)adj. m. sg. N. 得未曾有。依主释(业格关系)

aścarya：n. 惊异、希有、未曾有。prāpta：(pra-√āp)ppp. 已得、证得。

abhūt：(√bhū)aor. 3. sg. P. 变成、发生、存在。

adbhuta-prāptās：(adbhuta-prāpta)adj. m. sg. N. 得未曾有。

adbhuta：n. 奇特、希有、未曾有。

◆nirāmiṣeṇa ca cittena：因心无所求。D：无衣食想。K：心净。

nirāmiṣeṇa：(nirāmiṣa)adj. n. sg. I. 无所希求、无染。

cittena：(citta)n. sg. I. 心意。

◆prīti-prāmodyena sphuṭas abhūt：充满欢喜踊跃。D：欢喜踊跃。

K：踊跃。

prīti-prāmodyena：(prīti-prāmodya) n. sg. I. 由欢喜踊跃。

prīti：f. 欢喜、悦。prāmodya：n. 喜悦、踊跃。

sphuṭas：(sphuṭa) adj. m. sg. N 充满、遍满。

8-2

D：即从坐起，稽首佛足，寻发心言：

K：即从座起，到於佛前，头面礼足，却住一面，瞻仰尊颜目不暂舍①，而作是念：

梵文：(无)。

8-3

D：甚难及也，世尊！未曾有也，安住！如来至真等正觉所设方谋甚深甚深，非口所宣。此诸世界有若干品，以无数权随现慧谊。顺化群生，分别了法。为此众人说其本原，方便度脱。

K：世尊！甚奇特，所为希有。随顺世间若干种性，以方便知见而为说法，拔出众生处处贪著。

āścaryaṃ bhagavann āścaryaṃ sugata parama-duṣkaraṃ tathāgatā arhantaḥ samyak-saṃbuddhāḥ kurvanti ya imaṃ nānā-dhātukaṃ lokam auuvartayante bahubhiś copāyakauśalya-jñāna-nidarśanaiḥ sattvānāṃ dharmaṃ deśayanti tasmiṃs-tasmiṃś ca sattvān vilagnān upāya-kauśalyena pramocayanti / kim atra bhagavann asmābhiḥ śakyaṃ kartum /tathāgata evāsmākaṃ jānīta āśayaṃ pūrva-yoga-caryāṃ ca /

→āścaryam bhagavan āścaryam sugata parama-duṣkaram tathāgatās arhantas samyak-saṃbuddhās kurvanti ye imam nānā-dhātukam lokam anuvartayante bahubhis ca upāyakauśalya-jñāna-nidarśanais sattvānām dharmam deśayanti tasmin-tasmin ca sattvān vilagnān upāya-kauśalyena pramocayanti：世尊啊！甚为希有。善逝啊！未曾有啊。诸如来至真等正觉能行第一难行之事。随顺这世间种种品性，以无数方便善巧、智慧、例证为众生开示正法。又用方便善巧度脱各处执著众生。↔新主题链，并列关系复句

8-3-1. āścaryam bhagavan āścaryam sugata parama-duṣkaram tathāgatās arhantas samyak-saṃbuddhās kurvanti：世尊啊！甚为希有。善逝啊！未曾有啊。诸如来至真等正觉能行第一难行之事。

D：甚难及也，世尊！未曾有也，安住！如来至真等正觉所设方谋甚深甚深，非口所宣。——分句1

K：世尊！甚奇特，所为希有！——分句1

◆āścaryam bhagavan āścaryam sugata：世尊啊！甚为希有。

āścaryam：(āścarya) n. sg. N. 惊异、希有、未曾有。**D：**甚难及也，未曾有也。**K：**甚奇特。

bhagavan：(bhagavat) m. sg. V. 世尊啊。**D：**世尊。**K：**(无)。

sugata：m. sg. V. 善逝啊。**D：**安住。**K：**(无)。

◆parama-duṣkaram：(parama-duṣkara) adj. n. sg. Ac. 第一难行事。持业释。**D：**所设方谋甚深甚深。**K：**所为希有。

parama：adj. 最胜、第一。duṣkara：adj. 难行、希有事。

◆tathāgatās arhantas samyak-saṃbuddhās：诸如来至真等正觉。**D：**如来至真等正觉。**K：**世尊。N. ↔主题兼主语

tathāgatās：(tathāgata) m. pl. N. 如来。

arhantas：(arhant) adj. m. pl. N. 应供。

samyak-saṃubddhās：(samyak-saṃbuddha)m. pl. N. 正等正觉。

◆kurvanti：(√kṛ)pres. 3. pl. P. 做、奉行。

8-3-2. ye imam nānā-dhātukam lokam anuvartayante：凡是随顺这世间种种品性。

D：此诸世界有若干品。——分句 2

K：随顺世间若干种性。——分句 2

◆ye：(yad)rel. m. pl. N. 做……者、成为……者、有……者。

◆imam nānā-dhātukam lokam：这世人种种品性。

imam：(idam)dem. m. Ac. 这。**D**：此。**K**：(无)。

nānā-dhātukam：(nānā-dhātuka)m. sg. Ac. 种种品性。持业释。**D**：若干品。**K**：若干种性。

nānā：adj. 种种、诸。dhātuka：m. 种性。

lokam：(loka)m. sg. Ac. 世间、世人。**D**：世界。**K**：世间。

◆anuvartayante：(anu-√vṛt)caus. pres. 3. pl. A. 随行、顺应。**D**：(无)。**K**：随顺。

8-3-3. bahubhis ca upāyakauśalya-jñāna-nidarśanais sattvānām dharmam deśayanti：以无数方便善巧、智慧、例证为众生宣说正法。

D：以无数权随现慧谊，顺化群生，分别了法，为此众人说其本原。——分句 3

K：以方便知见而为说法。——分句 3

◆bahubhis ca upāyakauśalya-jñāna-nidarśanais：以无量方便善巧、智慧、征兆。在此具格表工具手段。**D**：以无数权随现慧谊。**K**：以方便知见。

bahubhis：(bahu)adj. m. pl. I. 无量、众多。

upāya-kauśalya-jñāna-nidarśanais：

(upāya-kauśalya-jñāna-nidarśana)n. pl. I. 以诸方便善巧、智慧、例证。

upāya-kauśalya：n. 方便善巧。jñāna：n. 智慧。nidarśana：n. 例证、说明。

◆sattvānām：(sattva)m. pl. G. 为诸众生、诸有情。在此属格表对象。**D**：为此众人。**K**：为-。G. ↔格标记"为"

◆dharmam：(dharma)m. sg. Ac. 法、道。**D**：法。**K**：法。

◆deśayanti：(√ diś)caus. pres. 3. pl. P. 宣说、开示。**D**：说。**K**：说。

8-3-4. tasmin-tasmin ca sattvān vilagnān upāya-kauśalyena pramocayanti：又用方便善巧度脱各处执著众生。

D：方便度脱。——分句 4

K：拔出众生处处贪著。——分句 4

◆tasmin-tasmin：(tad)pron. m. sg. L. 处处、到处。**D**：**(无)**。**K**：处处。

ca：conj. 和、而且、又、然而。

◆sattvān vilagnān：诸执著众生。**D**：**(无)**。**K**：众生贪著。

sattvān：(sattva)m. pl. Ac. 诸众生、诸有情。**D**：**(无)**。**K**：众生。

vilagnān：(vi-√ lag)ppp. m. pl. Ac. 执著。**D**：**(无)**。**K**：贪著。

◆upāya-kauśalyena：(upāya-kauśalya)n. sg. I. 用方便善巧。在此具格表工具手段。**D**：方便。**K**：**(无)**。

◆pramocayanti：(pra-√ muc)caus. pres. 3. pl. P. 度脱、救出。**D**：度脱。**K**：拔出。

8-4

D：世尊圣慧，悉知我等行迹志性之所归趣，乃复举喻，说古世事及始发意。

K：我等於佛功德，言不能宣，唯佛世尊能知我等深心本愿。

kim atra bhagavann asmābhiḥ śakyaṃ kartum /tathāgata evāsmākaṃ jānīta āśayaṃ pūrva-yoga-caryāṃ ca →kim atra bhagavann asmābhis śakyam kartum / tathāgatas eva asmākam jānīte āśayam pūrva-yoga-caryām ca：世尊啊！我们如何能在此有所作为呢？只有如来了知我们的深心本愿和往昔修行道业。↔新主题链，并列关系复句

8-4-1. kim atra bhagavan asmābhis śakyam kartum：世尊啊！我们如何能在此有所作为？

D：（无）。

K：我等於佛功德，言不能宣。——分句1

◆kim：inter. n. sg. N. 什么。

◆atra：adv. 今、此处、此中。D：（无）。K：於佛功德。

◆bhagavan：(bhagavat) m. sg. V. 世尊啊。

◆asmābhis：(mad) pers. 1. pl. I. 由我们。在此具格表施事。D：（无）。K：我等。

◆śakyam：(√śak) fpp. n. sg. N. 能……的。D：（无）。K：能。

◆kartum：(√kṛ) inf. 施做、奉行。D：（无）。K：宣。

8-4-2. tathāgatas eva asmākam jānīte āśayam pūrva-yoga-caryām ca：只有如来了知我们的深心本愿和往昔修行道业。

D：世尊圣慧，悉知我等行迹志性之所归趣，乃复举喻，说古世事及始发意。

K：唯佛世尊能知我等深心本愿。——分句2

◆tathāgatas：(tathāgata) m. sg. N. 如来、佛。D：世尊。K：佛世尊。

◆eva：adv. 就是，才是。强调语，放在所强调的词语之后。D：

（无）。K：唯。

◆asmākam：(mad) pers. 1. pl. G. 我们的。D：我等。K：我等。

◆jānīte：(√jñā) pres. 3. sg. A. 了知。D：知。K：能知。

◆āśayam：(āśaya) m. sg. Ac. 心意、深心本愿。D：志性之所归趣。K：深心本愿。

◆pūrva-yoga-caryām：(pūrva-yoga-caryā) f. m. Ac. 往日修行之事。D：行迹、古世事及始发意。K：（无）。

pūrva：adj. 前面、往昔。

yoga-caryā：f. 修行之事。相违释。

yoga：m. 相合、修习。caryā：f. 应行之道、业。

◆ca：conj. 和、而且、又、然而。

8-5

D：[时]满愿子稽首佛足，却住一面，归命世尊，瞻戴光颜，目未曾眴。

K：头面礼足，却住一面，瞻仰尊颜目不暂舍。

sa bhagavataḥ pādau śirasā 'bhivandyaikānte sthito 'bhūd bhagavantam eva namas-kurvann animiṣābhyāṃ ca netrābhyāṃ saṃprekṣamāṇaḥ →sa bhagavatas pādau śirasā abhivandya eka-ante sthitas abhūt bhagavantam eva namas-kurvan animiṣābhyām ca netrābhyām saṃprekṣamāṇas：此（贤者）用头顶礼了世尊两足，而后住立一边，目不转睛地瞻仰归命世尊。↔新主题链，连动式

8-5-1. sa bhagavatạs pādau śirasā abhivandya：此（贤者）用头顶礼了世尊两足。

D：[时]满愿子稽首佛足。ger. 结构↔连动式的 VP1，"时"为增译的话题转移标记

K:头面礼足。ger. 结构↔连动式的 VP1

◆sa:(tad)pron. m. sg. N. 此(贤者)。**D:**满愿子。N. ↔主题兼主语 **K:(无)**。

◆bhagavatas:(bhagavat)m. sg. G. 世尊的。**D:**佛。**K:(无)**。

◆pādau:(pāda)m. du. Ac. 两足、双脚。**D:**足。**K:**足。

◆śirasā:(śiras)n. sg. I. 用头。**D:**稽首。**K:**头面。

◆abhivandya:(abhi-√vand)ger. 礼敬(后)。**D:**礼。**K:**礼。

8-5-2. eka-ante sthitas abhūt bhagavantam eva namas-kurvan animiṣābhyām ca netrābhyām saṃprekṣamāṇas:站在一边,双目直视不瞬地瞻仰归命世尊。

D:却住一面,归命世尊,瞻戴光颜,目未曾眴。定式动词句↔连动式的 VP2

K:却住一面,瞻仰尊颜,目不暂舍。定式动词句↔连动式的 VP2

◆eka-ante:(eka-anta)n. sg. L. 于一面、一边。持业释。**D:**一面。**K:**一面。

eka:m. 一。anta:m. n. 末、边、面。

◆sthitasabhūt:站立。

sthitas:(√sthā)ppp. m. sg. N. 所住、在。**D:**住。**K:**住。

abhūt:(√bhū)aor. 3. sg. P. 变成、发生、存在。助动词。

◆bhagavantam:(bhagavat)m. sg. Ac. 世尊。**D:**世尊。**K:**尊颜。

◆eva:adv. 就是,才是。强调语,放在所强调的词语之后。

◆namas-kurvan:(namas-√kṛ)ppt. P. m. sg. N. 归命、敬礼。音译为南无。**D:**归命。**K:(无)**。

◆animiṣābhyām ca netrābhyām:双目直视不瞬地。**D:**目未曾眴。**K:**目不暂舍。

animiṣābhyām:(animiṣa)adj. m. du. I. 直视不瞬、谛视。

ca：conj. 和、而且、又、然而。

netrābhyām：（netra）m. du. I. 两眼。

◆saṃprekṣamāṇas：（pra-√īkṣ）ppt. P. m. sg. N. 观察著、瞻仰著。D：瞻戴。K：瞻仰。

8-6

D：佛告诸比丘。

K：尔时佛告诸比丘。

atha khalu bhagavān āyuṣmataḥ pūrṇasya maitrāyaṇīputrasya citt'āśayam avalokya sarvāvantaṃ bhikṣu-saṃgham āmantrayate sma →atha khalu bhagavān āyuṣmatas pūrṇasya maitrāyaṇīputrasya citta-āśayam avalokya sarvāvantam bhikṣu-saṃgham āmantrayate sma：尔时世尊观见长者富楼那弥多罗尼子的心意后，遍告诉比丘众。↔新主题句

◆atha khalu：尔时、于是。D：（无）。K：尔时。句首小品词↔时间词，话题转换标记

atha：adv. 此时、从此、这样。

khalu：indec. 事实上、确实；然而。

◆bhagavān：（bhagavant）m. sg. N. 世尊。D：佛。K：佛。N. ↔主题兼主语

◆āyuṣmatas pūrṇasya maitrāyaṇīputrasya：长者富楼那弥多罗尼子的。

āyuṣmatas：（āyuṣmat）adj. m. sg. G. 具足寿命、长者。加在名号前，表尊敬。

pūrṇasya：（√pṛ）ppp. m. sg. G. 具足、充满。音译为富楼那。

maitrāyaṇīputrasya：（maitrāyaṇī-putra）m. sg. G. 慈行子、善知

识子。音译为弥多罗尼子。

◆citta-āśayam:(citta-āśaya)m. 心意。相违释。

citta:n. 心,心意。āśaya:m. 心意、深心本愿。

◆avalokya:(ava-√lok)ger. 观见(后)。

◆sarvāvantam bhikṣu-saṃgham:一切比丘众。**D**:诸比丘。**K**:诸比丘。

sarvāvantam:(sarvāvat)adj. m. sg. Ac. 一切、周遍。修饰 bhikṣu-saṃgham。

bhikṣu-saṃgham:(bhikṣu-saṃgha)m. sg. Ac. 比丘众。依主释(属格关系)。

bhikṣu:m. 比丘。saṃgha:m. 众、聚。

◆āmantrayate sma:告诉。**D**:告。**K**:告。

āmantrayate:(ā-√mantraya)pres. 3. sg. A. 告……言、普告。

sma:indec. 接在动词之后,表示过去时态。

8-7

D:宁见声闻满愿子乎?於比丘众为法都讲,光扬谘嗟诸佛之德,敷陈正典精进劝助,开佛说法讽受奉宣,散示未闻而无懈废阐弘谊趣解畅盘结。

K:汝等见是富楼那弥多罗尼子不?我常称其於说法人中最为第一,亦常叹其种种功德,精勤护持助宣我法。

paśyatha bhikṣavo yūyam imaṃ śrāvakaṃ pūrṇaṃ maitrāyaṇīputraṃ yo mayā 'sya bhikṣu-saṃghasya dharma-kathikānām agryo nirdiṣṭo bahubhiś ca bhūtair guṇair abhiṣṭuto bahubhiś ca prakārair asmin mama śāsane saddharma-parigrahāyābhiyuktaḥ →paśyatha bhikṣavas yūyam imam śrāvakam pūrṇam maitrāyaṇīputram yas mayā asya bhikṣu-saṃghasya dharma-kathikānām agryas nirdiṣṭas bahubhis ca bhūtais guṇais abhiṣṭutas bahubhis ca prakārais asmin mama śāsane saddharma-parigrahāya abhiyuktas：比丘们啊！你们看见这位富楼那弥多罗尼子声闻了吗？我所称叹在为比丘众说法（人）中的最胜者，并因无量真实功德、无量品貌而被称赞，为护念正法，在我这教法中勤修精进。↔新主题链

8-7-1. paśyatha bhikṣavas yūyam imam śrāvakam pūrṇam maitrāyaṇīputram：比丘们啊！你们看见这位富楼那弥多罗尼子声闻了吗？

D：宁见声闻满愿子乎？一般疑问句↔"宁……乎？"

K：汝等见是富楼那弥多罗尼子不？一般疑问句↔"……不？"

◆paśyatha：（√paś）pres. 2. pl. P.（你们）看见。**D**：见。**K**：见。

◆bhikṣavas：（bhikṣu）m. pl. V. 比丘们啊。

◆yūyam：（tvad）pers. 2. pl. N. 你们。**D**：**（无）**。**K**：汝等。N. ↔主题1兼疑问句主语

◆imam śrāvakam pūrṇam maitrāyaṇīputram：此声闻富楼那弥多罗尼子。

D：声闻满愿子。Ac. ↔宾语，兼主题2，引导后续子句

K：是富楼那弥多罗尼子。Ac. ↔宾语

imam：（idam）dem. m. sg. Ac. 此。

śrāvakam：（śrāvaka）m. sg. Ac. 弟子、声闻、阿罗汉。

pūrṇam：（√pṛ）ppp. m. sg. Ac. 具足、充满。音译为富楼那。

maitrāyaṇīputram：（maitrāyaṇī-putra）m. sg. Ac. 慈行子、善知识子。音译为弥多罗尼子。

8-7-2. yas mayā asya bhikṣu-saṃghasya dharma-kathikānām agryas nirdiṣṭas bahubhis ca bhūtais guṇais abhiṣṭutas bahubhis ca prakārais asmin mama śāsane saddharma-parigrahāya abhiyuktas：我所称叹在为比丘众说法（人）中的最胜者，并因无量真实功德、无量品貌而被称赞，为护念正法，在我这教法中勤修精进。

D：于比丘众为法都讲，光扬谘嗟诸佛之德，敷陈正典，精进劝助。

K：我常称其于说法人中最为第一，亦常叹其种种功德，精勤护持助宣我法。

◆yas：(yad) rel. m. sg. N. 做……者、成为……者、有……者。引导从句。

D：（无）。K：其。rel. N. ↔回指代词，作宾语，兼主题 2，引导后续子句

◆mayā：(mad) pers. 1. sg. I. 被我。在此具格表施事。D：（无）。K：我。

◆asya bhikṣu-saṃghasya：为此比丘众。D：於比丘众。K：（无）。

asya：(idam) dem. m. sg. G. 此。

bhikṣu-saṃghasya：(bhikṣu-saṃgha) m. sg. G. 比丘僧团。依主释（属格关系）。

◆dharma-kathikānām：(dharma-kathika) adj. m. pl. G. 诸说法（人）中。依主释（业格关系）。D：为法都讲。K：於说法人中。G. ↔“於……中”框式结构

dharma：m. 正法、道。kathika：adj. 说、宣。

◆agryas：(agrya) adj. m. sg. N. 最胜、第一。D：（无）。K：最为第一。

◆nirdiṣṭas：(nir-√ diś) ppp. m. sg. N. 所称赞、所分别。D：光扬。K：常称。

◆bahubhis ca bhūtais guṇais：因无量真实功德。**D**：诸佛之德。**K**：种种功德。

bahubhis：(bahu)adj. m. pl. I. 无量、众多。

ca：conj. 和、而且、又、然而。

bhūtais：(√bhū)ppp. m. pl. I. 真实、存在。

guṇais：(guṇa)m. pl. I. 功德。

◆abhiṣṭutas：(abhi-√stu)ppp. m. sg. N. 所赞叹。**D**：谘嗟。**K**：常叹。

◆bahubhis ca prakārais：因无量品貌。

prakārais：(prakāra)m. pl. I. 差别、品类、相貌。

◆asmin mama śāsane：在我这教法中。**D**：正典。**K**：我法。

asmin：(idam)pron. m. sg. L. 于此。

mama：(mad)pers. 1. sg. G. 我的。

śāsane：(śāsana)m. sg. L. 教法中。

◆saddharma-parigrahāya：(saddharma-parigraha)m. sg. D. 为了护念正法。依主释(业格关系)。**D**：劝助。**K**：护持助宣。

saddharma：m. 正法、妙法。

parigraha：m. 摄受、护念、加被。动名词。

◆abhiyuktas：(abhi-√yuj)ppp. m. sg. N. 精进、勤修。**D**：精进。**K**：精勤。

verse：8-27

D：诸比丘听　于此谊旨　如吾所语　诸天世人
　行权方便　究竟善学　若当遵崇　修佛道行

K：诸比丘谛听　佛子所行道　善学方便故　不可得思议

śṛṇotha me bhikṣava etam artham

yathā carī mahya sutena cīrṇā /

upāya-kauśalya-suśikṣitena

yathā ca cīrṇā iya bodhi-caryā //1//

→śṛṇotha me bhikṣavas etam artham yathā carī mahya sutena cīrṇā /

upāya-kauśalya-suśikṣitena yathā ca cīrṇā iya bodhi-caryā

8-27-1. śṛṇotha me bhikṣavas etam artham yathā carī mahya sutena cīrṇā：比丘们啊！请听我（所讲）的道义，像我的佛子修行一样。

◆śṛṇotha：（√śru）pres. 2. pl. P.（你们）听、请听。**D**：听。**K**：谛听。

◆me：（mad）pers. 1. sg. G. 我的。**D**：吾所语。**K**：偈。

◆bhikṣavas：（bhikṣu）m. sg. V. 比丘们啊。**D**：诸比丘。**K**：诸比丘。

◆etam artham：义。**D**：於此谊旨。——"於"为宾格标记。**K**：**（无）**。

etam：（etad）pron. n. sg. Ac. 这。

artham：（artha）n. sg. Ac. 利益、道理。

◆yathā：adv. 如同，像……一样地。**D**：如。**K**：**（无）**。

◆carī②：（carī）f. sg. N. 行、所行。**D**：**（无）**。**K**：道。

◆mahya③：pers. 1. sg. G. 我的。

◆sutena：（suta）m. sg. I. 佛子。在此具格表施事。**D**：**（无）**。**K**：佛子。

◆cīrṇā：（√car）ppp. f. sg. N. 所行、所修。**D**：**（无）**。**K**：所行。

8-27-2. upāya-kauśalya-suśikṣitena yathā ca cīrṇā iya bodhi-caryā：用善学方便，如修菩提行。

◆upāya-kauśalya-suśikṣitena：（upāya-kauśalya-suśikṣita）ppp. n.

sg. I. 用善学方便。依主释(具格关系)。D:行权方便究竟善学。K:善学方便故。

upāya-kauśalya:n. 方便善巧。相违释。

upāya:m. 方便、权。kauśalya:n. 善巧、善能。

suśikṣita:(su-√śikṣ)ppp. 善学、善觉。

◆yathā:adv. 如同,像……一样地。D:若。K:(无)。

◆ca:conj. 和、而且、又、然而。

◆cīrṇā:(√car)ppp. f. sg. N. 所行、被修习。D:修。K:(无)。

◆iya bodhi-caryā:这菩提行。D:佛道行。K:(无)。

iya④:(idam)dem. f. sg. N. 这。

bodhi-caryā:f. sg. N. 菩提道。依主释(属格关系)。

bodhi:f. 开悟、觉悟。音译为菩提。caryā:f. 所行、业、事。

8-28

D:此诸众生　脆劣懈废　故当演说　微妙寂静

示现声闻　缘觉之乘　而常住立　菩萨大道

K:知众乐小法　而畏於大智　是故诸菩萨　作声闻缘觉

hīnādhimuktā ima sattva jñātvā

udāra-yāne ca samuttrasanti /

tatu śrāvakā bhont' imi bodhisattvāḥ

pratyeka-bodhiṃ ca nidarśayanti //2//

→hīna-adhimuktās ima sattva jñātvā udāra-yāne ca samuttrasanti/ tatu śrāvakās bhonta imi bodhisattvās pratyeka-bodhim ca nidarśayanti

8-28-1. hīna-adhimuktās ima sattva jñātvā udāra-yāne ca samuttrasanti:知道了此诸众生信解低劣,在高贵大乘中(产生)畏

惧。

◆hīna-adhimuktās：(hīna-adhimukta) adj. m. pl. N. 低劣信解、小欲。持业释(形容词关系)。**D：**脆劣懈废。**K：**乐小法。

hīna：(√hā) ppp. 不足、缺乏。

adhimukta：(adhi-√muc) ppp. 信解。

◆ima sattva：此诸众生。**D：**此诸众生。**K：**众。

ima⑤：(idam) dem. m. pl. N. 这些。

sattva⑥：m. pl. N. 众生、有情。

◆jñātvā：(√jñā) ger. 了知(后)。**D：(无)**。**K：**知。

◆udāra-yāne：(udāra-yāna) n. sg. L. 于高贵之乘。持业释。**D：(无)**。**K：**于大智。

udāra：adj. 高、贵。yāna：n. 车乘。

◆ca：conj. 和、而且、又、然而。**D：**而。**K：**而。

◆samuttrasanti：(sam-ud-√tras) pres. 3. pl. P. 怖畏、惊怖。**D：(无)**。**K：**畏。

8-28-2. tatu śrāvakās bhonta imi bodhisattvās pratyeka-bodhim ca nidarśayanti：因此这些菩萨就变成声闻，示现缘觉。

◆tatu⑦：adv. 因此。**D：**故。**K：**是故。

◆śrāvakās：(śrāvaka) m. pl. N. 诸声闻、弟子们。**D：**声闻。**K：**声闻。

◆bhonta⑧：(√bhū) ppt. m. pl. N. 变成、发生、存在。**D：**常住立。**K：(无)**。

◆imi bodhisattvās：此诸菩萨。**D：**菩萨大道。**K：**诸菩萨。

imi⑨：(idam) dem. m. pl. N. 这些。

bodhisattvās：(bodhi-sattva) m. pl. N. 诸菩萨。

◆pratyeka-bodhim：(pratyeka-bodhi) f. sg. Ac. 独觉、缘一觉。**D：**

缘觉之乘。K：缘觉。

◆nidarśayanti：(ni-√dṛś) caus. pres. 3. pl. P. 示现、显现。D：示现。K：作。

8-29

D：善权方便　若干亿千　以用开化　无数菩萨

斯声闻众　故复说言　上尊佛道　甚为难获

K：以无数方便　化诸众生类　自说是声闻　去佛道甚远

upāya-kauśalya-śatair anekaiḥ

paripācayante bahu-bodhisattvān /

evaṃ ca bhāṣanti vayaṃ hi śrāvakā

dūre vayaṃ uttamam agra-bodhiyā //3//

→upāya-kauśalya-śatais anekais paripācayante bahu-bodhisattvān / evam ca bhāṣanti vayam hi śrāvakās dūre vayam uttamam agra-bodhiyā

8-29-1. upāya-kauśalya-śatais anekais paripācayante bahu-bodhisattvān：用无数百千方便善巧教化众菩萨。

◆upāya-kauśalya-śatais anekais：用无数百千方便善巧。D：善权方便若干亿千以用。K：以无数方便。

upāya-kauśalya-śatais：(upāya-kauśalya-śata) n. pl. I. 数百方便善巧。

upāya-kauśalya：n. 方便善巧。śata：num. n. 一百。

anekais：(aneka) adj. n. pl. I. 非一、众多。

◆paripācayante：(pari-√pac) caus. pres. 3. pl. A. 教化。D：开化。K：化。

◆bahu-bodhisattvān：(bahu-bodhisattva) m. pl. Ac. 无量菩萨。持

业释。**D**:无数菩萨。**K**:诸众生类。

bahu:adj. 无量、众多。bodhisattva:m. 音译为菩提萨埵,略作菩萨。

8-29-2. evam ca bhāṣanti vayam hi śrāvakās dūre vayam uttamam-agra-bodhiyā:这样说:"我们确实是声闻弟子,离最胜菩提很远。"

◆evam:adv. 如此、这样。

◆ca:conj. 和、而且、又、然而。

◆bhāṣanti:(√bhāṣ)pres. 3. pl. P. 宣说。**D**:说言。**K**:说。

◆vayam:(mad)pers. 1. pl. N. 我们。**D**:**(无)**。**K**:自。

◆hi:adv. 事实上、因为。

◆śrāvakās:(śrāvaka)m. pl. N. 诸声闻、弟子们。**D**:斯声闻众。**K**:声闻。

◆dūre:(dūra)adj. m. sg. L. 远。**D**:甚为难获。**K**:甚远。

◆uttamam-agra-bodhiyā⑩:(uttamam-agra-bodhi)f. sg. Ab. 无上菩提。持业释。**D**:上尊佛道。**K**:佛道。

uttamam:(uttama)superl. m. sg. Ac. 无上、至尊。

agra-bodhi:f. 无上道、妙菩提。持业释。

agra:adj. 第一、最胜。bodhi:f. 开悟、觉悟。音译为菩提。

附 注

① 原文见 8—5。

② 见 BHSG § 10.18。

③ 见 BHSG § 20.63。

④ 见 BHSG § 21.85。

⑤ 见 BHSG § 21.85。

⑥ 见 BHSG § 8.79。

⑦ 见 BHSG § 16.32。

⑧ 见 BHSG § 1.29 & § 8.79。

⑨ 见 BHSG § 21.85。

⑩ 见 BHSG § 21.85。

IX. Vyākaraṇa-parivarto nāma navamaḥ

受记 品 名为 第九

prose：9-1

D：於是贤者阿难自念言："我宁可蒙受决例乎？"

K：尔时阿难、罗睺罗[①]而作是念："我等每自思惟：设得受记，不亦快乎？"

atha khalv āyuṣmān ānandas tasyāṃ velāyām evaṃ cintayāmāsa / apy eva nāma vayam evaṃ-rūpaṃ vyākaraṇaṃ pratilabhemahi →atha khalu āyuṣmān ānandas tasyām velāyām evam cintayāmāsa /api eva nāma vayam evaṃ-rūpam vyākaraṇam pratilabhemahi：於是长者阿难心想："我们是否也可得受此记呢？"↔新主题句

9-1-1. atha khalu āyuṣmān ānandas tasyām velāyām evam cintayāmāsa：於是长者阿难此时这样想。

D：於是贤者阿难自念言。

K：尔时阿难而作是念。

◆atha khalu：於是。

D：於是。句首小品词↔连词，话题转移标记

K：尔时。句首小品词↔时间词，话题转移标记

atha：adv. 此时、从此、这样。

khalu：indec. 事实上、确实；然而。

◆āyuṣmān ānandas：长者阿难。**D**：贤者阿难。**K**：阿难。N. ↔主题兼主语

āyuṣmān：(āyuṣmat) adj. m. sg. N. 具寿命、长者。加在名号前，表尊敬。

ānandas：(ānanda) m. sg. N. (人名)阿难。

◆tasyām velāyām：在这个时候。

tasyām：(ta)pron. f. sg. L. 这、那。

velāyām：(velā)f. sg. L. 时候、分、期限。

◆evam：adv. 如此、这样。**D：(无)**。**K：**是。

◆cintayāmāsa：(√cint)perf. 3. sg. P. 思维、考虑。**D：**自念言。**K：**作……念。

9-1-2. api eva nāma vayam evaṃ-rūpam vyākaraṇam pratilabhemahi：

或许我们也该得受此记？

D：我宁可蒙受决例乎？evam 的同位成分↔直接引语，揣测问句

K：我等每自思惟：设得受记，不亦快乎？evam 的同位成分↔直接引语，揣测问句

◆api eva nāma：或许。**D：**宁……乎？**K：**……乎？

api：adv. 也、又、即使。

eva：adv. 就是，才是。强调语，放在所强调的词语之后。

nāma：adv. 名曰、名为。

◆vayam：(mad)pers. 1. pl. N. 我们。**D：**我。**K：**我等。

◆evaṃ-rūpam vyākaraṇam：受如此记。**D：**受决例。**K：**受记。

evaṃ-rūpam：(evaṃ-rūpa)adj. m. sg. Ac. 如是等类、如是相。

vyākaraṇam：(vyākaraṇa)n. sg. Ac. 受记、分别解说。

◆pratilabhemahi：(prati-√labh)opt. 1. pl. A. (我们)会逮得。**D：**可蒙。**K：**得。

9-2

D：心念此已，发愿乙密，即从坐起稽首佛足。贤者罗云，复前自投世尊足下，俱共白言：

K：即从座起，到於佛前，头面礼足，俱白佛言：

evaṃ ca cintayitvā 'nuvicintya prārthayitvotthāy' āsanād bhagavataḥ pādayor nipātya /āyuṣmāṃś ca rāhulo 'py evaṃ cintayitvā 'nuvicintya prārthayitvā bhagavataḥ pādayor nipātyaivaṃ vācam abhāṣata →evam ca cintayitvā anuvicintya prārthiyitvā utthāya āsanāt bhagavatas pādayos nipātya āyuṣmān ca rāhulas api evam cintayitvā anuvicintya prārthayitvā bhagavatas pādayos nipātya evam vācam abhāṣata：如是思维发愿后，便从床座起来，礼敬世尊双足，长者罗睺罗也是如此，然后这样说道：↔9-1. 的后续句，连动式

9-2-1. evam ca cintayitvā anuvicintya prārthayitvā utthāya āsanāt bhagavatas pādayos nipātya：如是思维发愿后，从床座起来，礼敬世尊双足。

D：心念此已，发愿乙密，即从坐起稽首佛足。贤者罗云，后前自投世尊足下。ger. 结构↔连动式 VP1

K：即从座起，到於佛前，头面礼足。ger. 结构↔连动式 VP1

◆evam：adv. 如是、这样。**D**：此。**K**：**(无)**。

◆ca：conj. 和、而且、又、然而。

◆cintayitvā anuvicintya：思维以后。**D**：心念已。**K**：**(无)**。

cintayitvā：(√cint)caus. ger. 思维(后)、考虑(后)。

anuvicintya：(anu-√cint)caus. ger. 思维(后)、考虑(后)。

◆prārthayitvā：(pra-√arth)caus. ppt. m. pl. N. 希求(后)、求愿(后)。**D**：发愿乙密。**K**：**(无)**。

◆utthāya：(ud-√sthā)ger. 起来(后)。**D**：即起。**K**：即起。

◆āsanāt：(āsana)n. sg. Ab. 从床座。**D**：从坐。**K**：从坐。Ab. ↔介词短语，作状语，表起点

◆bhagavatas：(bhagavat)m. sg. G. 世尊的。**D**：佛。**K**：佛。

◆pādayos：(pāda)m. du. G. 两足、双脚。在此属格表受事。**D**：

足。K:足。

◆nipātya:(ni-√pad)caus. ger. 低下、敬礼。D:稽首。K:头面礼。

9-2-2. āyuṣmān ca rāhulas api evam cintayitvā anuvicintya prārthayitvā bhagavatas pādayos nipātya:长者罗睺罗也如是思维发愿后,从床座起来,礼敬世尊双足。

D:贤者罗云,复前自投世尊足下。ger. 结构↔9-2-1. 的并列分句

K:(无)。

◆āyuṣmān ca rāhulas:长者罗睺罗。D:贤者罗云。K:(无)。

āyuṣmān:(āyuṣmat)adj. m. sg. N. 具寿命、长者。加在名号前,表尊敬。

ca:conj. 和、而且、又、然而。

rāhulas:(rāhula)m. sg. N.(人名)罗睺罗。

◆api:adv. 也、又。D:复。K:(无)。

◆bhagavatas:(bhagavat) m. sg. G. 世尊的。D:世尊。K:(无)。

◆pādayos:(pāda)m. du. G. 两足、双脚。在此属格表受事。D:足下。K:(无)。

◆nipātya:(ni-√pad)caus. ger. 低下、敬礼。D:自投。K:(无)。

9-2-3. evam vācam abhāṣata:如此说道。

D:俱共白言。定式动词部分↔连动式 VP2

K:俱白佛言。定式动词部分↔连动式 VP2

◆vācam:(vāc)m. sg. Ac. 言语。D:言。K:言。

◆abhāṣata:(√bhāṣ)impf. 3. sg. A. 宣说。D:白。K:白。

9-3

D:唯为我等演甘露味。大圣是父,靡不明彻,无归得归无救得救无护得护,於诸天阿须伦兴立庄严若干种变。阿难罗云则是佛子,亦是

侍者，持圣法藏。

K：世尊！我等於此亦应有分，唯有如来，我等所归。又我等为一切世间天、人、阿修罗所见知识。阿难常为侍者，护持法藏；罗睺罗是佛之子。

asmākam api tāvad bhagavann avasaro bhavatv asmākam api tāvat sugatāvasaro bhavatu /asmākaṃ hi bhagavān pitā janako layanaṃ trāṇaṃ ca/ vayaṣ hi bhagavan sa-deva-mānuṣāsure loke ‘tīva citrī-kṛtāḥ /bhagavataś caite putrā bhagavataś copasthāyakā bhagavataś ca dharma-kośaṃ dhārayantīti

→asmākam api tāvat bhagavan avasaras bhavatu asmākam api tāvat sugata avasaroas bhavatu /asmākaṃ hi bhagavān pitā janakas layanam trāṇam ca/ vayam hi bhagavan sa-deva-mānuṣa-asure loke atīva citrī-kṛtās /bhagavatas ca ete putrās bhagavatas ca upasthāyakās bhagavatas ca dharma-kośam dhārayanti iti：世尊啊！我们也应有这样的机会。善逝啊！我们也应有这样的机会。因为世尊是我们的父亲，能为我们生起遮护归所；还因我们在世间天、人、阿修罗中最为庄严，是世尊的儿子，世尊的侍者，护持世尊的法藏。↔新主题链，因果关系复句

9-3-1. asmākam api tāvat bhagavan avasaras bhavatu asmākam api tāvat sugata avasaroas bhavatu：世尊啊！我们也应有这样的机会。善逝啊！我们也应有这样的机会。

D：唯为我等演甘露味。imv. ↔祈使句，作结果主句

K：世尊！我等於此亦应有分。imv. ↔祈使句，作结果主句

◆asmākam：(mad) pers. 1. pl. G. 我们的。在此属格表领有。D：为我等。K：我等。

◆api：adv. 也、又、即使。D：(无)。K：亦。

◆tāvat:adv. 如此多、如此久。D:(无)。K:于此。

◆bhagavan:(bhagavat)m. sg. V. 世尊啊。D:(无)。K:世尊!

◆avasaras:(avasara)m. sg. N. 分、机会。D:(无)。K:分。

◆bhavatu:(√ bhū)imv. 3. sg. P. 应变成、发生、存在。D:(无)。K:应有。

◆asmākam api tāvat avasaroas bhavatu:善逝啊,我们也当如此有分。

sugata:m. sg. V. 善逝啊。

9-3-2. asmākam hi bhagavān pitā janakas layanam trāṇam ca:因为世尊是我们的父亲,能为我们生起遮护归所。省略 be 动词。

D:大圣是父,靡不明彻,无归得归,无救得救,无护得护。含 hi 的原因小句↔原因分句 1

K:唯有如来,我等所归。含 hi 的原因小句↔原因分句 1

◆asmākam:(mad)pers. 1. pl. G. 我们的。D:(无)。K:我等。

◆hi:adv. 事实上、因为。

◆bhagavān:(bhagavat)m. sg. N. 世尊。D:大圣。K:如来。

◆pitā:(pitṛ)m. sg. N. 父亲。D:父。K:(无)。

◆janakas:(janaka)adj. m. sg. N. 能生、能发起。

◆layanam trāṇam ca:归处和依怙。

layanam:(layana)n. sg. Ac. 房舍、归处。D:无归得归。K:所归。

trāṇam:(trāṇa)n. sg. Ac. 救护、依怙。D:无归得归。K:(无)。

ca:conj. 和、而且、又、然而。

9-3-3. vayam hi bhagavan sa-deva-mānuṣa-asure loke atīva citrī-kṛtās:因为我们在世间天、人、阿修罗中最为庄严。

D:於诸天阿须伦兴立庄严若干种变。含 hi 的原因小句↔原因分

句 2

K:又我等为一切世间天、人、阿修罗所见知识。含 hi 的原因小句↔原因分句 2

◆vayam:(mad)pers. 1. pl. N. 我们。**D**:(**无**)。**K**:我等。

◆sa-deva-mānuṣa-asure:(sa-deva-mānuṣa-asurā) adj. f. sg. L. 在天、人和阿修罗中。相违释。**D**:於诸天阿须伦。**K**:为天、阿修罗。L.↔介词短语,作关系状语

sa:prefix. 和、有。deva:m. 天。mānuṣa:m. 人。asura:m. 阿修罗。

◆loke:(loka)m. sg. L. 世间、世上。**D**:(**无**)。**K**:一切世间。

◆atīva:adv. 甚深、最上。

◆citrī-kṛtās:(citrī-kṛta)ppp. m. pl. N. 庄严所为。持业释。**D**:兴立庄严若干种变。**K**:所见知识。

citrī:(citrin)adj. 庄严;种种。kṛta:(√kṛ)ppp. 已作、所为。

9-3-4. bhagavatas ca ete putrās bhagavatas ca upasthāyakās bhagavatas ca dharma-kośam dhārayanti iti:这些(人)是世尊的儿子,世尊的侍者,护持世尊的法藏。省略 be 动词。

D:阿难罗云则是佛子,亦是侍者,持圣法藏。——9-3-3. 的同位说明成分

K:阿难常为侍者,护持法藏;罗睺罗是佛之子。——9-3-3. 的同位说明成分

◆bhagavatas ca putrās:世尊的儿子、佛子。**D**:佛子。**K**:佛之子。

putrās:(putra)m. pl. N. 儿子。

◆ete:(etad)pron. m. pl. N. 这些(人)。**D**:阿难罗云。**K**:阿难、罗睺罗。

◆bhagavatas ca upasthāyakās:世尊的侍者。

upasthāyakās：(upa-sthāyaka) m. pl. N. 侍者、给事。D：侍者。K：侍者。

◆bhagavatas ca dharma-kośam：世尊的法藏。D：圣法藏。K：法藏。

dharma-kośam：(dharma-kośa) m. sg. Ac. 法藏。依主释(属格关系)。

dharma：m. 法、道。kośa：m. 库、藏。

◆dhārayanti：(√dhṛ) caus. pres. 3. pl. P. 令持、受持。D：持。K：护持。

◆iti：adv.(出现在一句或一词之后)如此地说、如此地想。

9-4

D：惟愿世尊，乎令我等所愿具足，授无上正真。

K：若佛见授阿耨多罗三藐三菩提记者，我愿既满，众望亦足。

tan nāma bhagavan kṣipram eva pratirūpaṃ bhaved yad bhagavān asmākaṃ vyākuryād anuttarāyāṃ samyak-saṃbodhau →tad nāma bhagavan kṣipram eva pratirūpam bhavet yad bhagavān asmākam vyākuryāt anuttarāyām samyak-saṃbodhau：如果世尊为我们受记於无上正等正觉的话，世尊啊！我们的愿望就会迅速达成。↔新主题链，假设关系复句

9-4-1. tad nāma bhagavan kṣipram eva pratirūpam bhavet：世尊啊！很快就能如愿以偿。

D：惟愿世尊，乎令我等所愿具足。

K：我愿既满，众望亦足。tad 主句↔结果主句

◆tad：pron. n. sg. N. 此(愿)。D：所愿。K：我愿、众望。

◆nāma：adv. 名曰、名为。

◆bhagavan:(bhagavat)m. sg. V. 世尊啊。D:惟愿世尊。K:(无)。

◆kṣipram:adv. 速疾地。D:乎。K:(无)。

◆eva:adv. 就是,才是。强调语,放在所强调的词语之后。D:(无)。K:既。

◆pratirūpam bhavet:会实现。D:具足。K:满、足。

pratirūpam:(pratirūpa)n. sg. N. 如法、无不顺。

bhavet:(√bhū)opt. 3. sg. P. 会变成、存在、发生。

9-4-2. yad bhagavān asmākam vyākuryāt anuttarāyām samyak-saṃbodhau:如果世尊为我们受记於无上正等正觉。

D:授无上正真。

K:若佛见授阿耨多罗三藐三菩提记者。yad 从句↔假设分句

◆yad:rel. n. sg. Ac. 做……者、成为……者、有……者。与上句 tad 搭配使用,意为"若……则"。D:(无)。K:若……者。

◆bhagavān:(bhagavat)m. sg. N. 世尊、佛。

◆asmākam:(mad)pers. 1. pl. G. 为我们。在此属格表受事。D:我等。K:见。

◆vyākuryāt:(vi-ā-√kṛ)opt. 3. sg. P. 作答、受记。D:授。K:授。

◆anuttarāyām samyak-saṃbodhau:於无上正等正觉。D:无上正真。K:阿耨多罗三藐三菩提记。

anuttarāyām:(anuttarā)adj. f. sg. L. 无上、最胜。

samyak-saṃbodhau:(samyak-saṃbodhi)adj. f. sg. L. 正等正觉。

9-5

D:又余声闻合二千人与尘劳俱,皆从坐起,偏袒右肩,一心叉手,瞻戴尊颜我等逮见。

K: 尔时 学、无学声闻弟子二千人皆从座起，偏袒右肩，到於佛前，一心合掌，瞻仰世尊，如阿难、罗睺罗所愿，住立一面。

anye ca dve bhikṣu-sahasre sātireke śaikṣāśaikṣāṇāṃ śrāvakāṇām utthāy' āsanebhya ekāṃsam uttar' āsaṅgaṃ kṛtvā 'ñjaliṃ pragṛhya bhagavato 'bhimukhaṃ bhagavantam ullokayamāne tasthatur etām eva cintām anuvicintayamāne yad utedam eva buddha-jñānam / apy eva nāma vayam api vyākaraṇaṃ pratilabhemahy anuttarāyāṃ samyak-saṃbodhāv iti

→anye ca dve bhikṣu-sahasre sātireke śaikṣa-aśaikṣāṇām śrāvakāṇām utthāya āsanebhyas eka-aṃsam uttara āsaṅgam kṛtvā añjalim pragṛhya bhagavatas abhimukham bhagavantam ullokayamāne tasthatus etām eva cintām anuvicintayamāne yad uta idam eva buddha-jñānam / api eva nāma vayam api vyākaraṇam pratilabhemahi anuttarāyām samyak-saṃbodhāu iti：其余又有二千多学与无学比丘声闻，从床座起来，偏袒一肩，合掌以后，住立一侧，瞻仰著世尊面容，心中也(向往)佛慧："我们是否也可受记於无上正等正觉呢?"↔新主题链，连动式

9-5-1. anye ca dve bhikṣu-sahasre sa-atireke śaikṣa-aśaikṣāṇām śrāvakāṇām utthāya āsanebhyas：其余二千比丘学与无学诸声闻从座起来后。

D: 又余声闻合二千人 与尘劳俱 ，皆从坐起。ger. 结构↔连动式的 VP1

K: 尔时 学、无学声闻弟子二千人皆从座起。ger. 结构↔连动式的 VP1，"尔时"为增译的话题转移标记

◆anye ca dve bhikṣu-sahasre sa-atireke śaikṣa-aśaikṣāṇām

śrāvakāṇām：其余二千多学与无学比丘声闻。

D：余声闻合二千人。**K**：学、无学声闻弟子二千人。N. ↔主题兼主语

anye ca dve bhikṣu-sahasre sa-atireke：余二千比丘。支配 śaikṣa-aśaikṣāṇām śrāvakāṇām。

anye：(anya) adj. n. du. N. 其他、余。

ca：conj. 和、而且、又、然而。

dve：(dva) num. n. N. 二。

bhikṣu-sahasre：(bhikṣu-sahasra) num. n. du. N. 一千比丘。依主释(属格关系)。

bhikṣu：m. 比丘。

sahasra：n. 一千。意义与 dve 相连，表示“二千比丘”。

sātireke：(sātireka) adj. n. du. N. 余、过。

śaikṣa-aśaikṣāṇām śrāvakāṇām：学与无学诸声闻。

śaikṣa-aśaikṣāṇām：(śaikṣa-aśaikṣa) adj. m. pl. G. 学与无学。相违释。

śrāvakāṇām：(śrāvaka) m. pl. G. 诸声闻、弟子们。

◆utthāya：(ud-√sthā) ger. 起来(后)。**D**：起。K：起。

◆āsanebhyas：(āsana) n. pl. Ab. 从床座。**D**：从坐。**K**：从座。Ab. ↔介词短语作状语，表起点。

9-5-2. eka-aṃsam uttara āsaṅgam kṛtvā：一肩偏袒。

D：偏袒右肩。ger. 结构 ↔连动式的 VP2

K：偏袒右肩。ger. 结构 ↔连动式的 VP2

◆eka-aṃsam：(eka-aṃsa) m. sg. Ac. 一肩。持业释。**D**：右肩。**K**：右肩。

eka：num. 一。aṃsa：m. 部分、肩。

◆uttara-āsaṅgam:(uttara-āsaṅga)m. sg. Ac. 上衣、覆左肩衣。

◆kṛtvā:(√kṛ)ger. 已做。**D:**偏袒。**K:**偏袒。

9-5-3. añjalim pragṛhya:合掌。

D:一心叉手。ger. 结构 ↔连动式的 VP3

K:到於佛前,一心合掌。ger. 结构 ↔连动式的 VP3

◆añjalim:(añjali)m. sg. Ac. 合掌。

◆pragṛhya:(pra-√grah)ger. 摄、持。

9-5-4. bhagavatas abhimukham bhagavantam ullokayamāne tasthatus etām eva cintām anuvicintayamāne yad uta idam eva buddha-jñānam:瞻仰著世尊面容,住立一侧,心中也有些意,即(向往着)佛慧:"我们是否也可受记於无上正等正觉呢?"

D:瞻戴尊颜,我等逮见。定式动词部分↔连动式的 VP4

K:瞻仰世尊,如阿难、罗睺罗所愿,住立一面。定式动词部分↔连动式的 VP4

◆bhagavatas abhimukham:面对世尊。**D:**尊颜。**K:**世尊。

bhagavatas:(bhagavat)m. sg. G. 世尊、佛。

abhimukham:(abhimukha)adj. m. sg. Ac. 面对面。

◆bhagavantam:(bhagavat)m. sg. Ac. 世尊、佛。**D:**瞻戴。**K:**尊颜。

◆ullokayamāne:(ut-√lok)caus. ppt. A. m. du. L. 瞻仰著。现在分词表方式。**D:**瞻戴。**K:**瞻仰。

◆tasthatus:(√sthā)perf. 3. pl. P. 住、立。**D:**(无)。**K:**住立一面。

◆etām eva cintām:即此念。

etām:(etad)pron. f. sg. Ac. 这。

eva:adv. 就是,才是。强调语,放在所强调的词语之后。

cintām：(cintā) f. sg. Ac. 念、意。

◆anuvicintayamāne：(anu-vi-√cint) caus. ppt. A. m. du. N. 思维著、考虑著。现在分词表方式。

◆yad uta：惯用语。所谓、即是。

yad：conj. 即、……之故。

uta：indec. 又、或。

◆idam eva buddha-jñānam：即此佛慧。

idam：dem. n. N. 这。

buddha-jñānam：(buddha-jñāna) n. sg. Ac. 圣智、佛慧。依主释（属格关系）。

buddha：m. 佛陀、觉者。jñāna：n. 智慧、正智。

◆api eva nāma：或许；应该。

api：adv. 也、又、即使。

eva：adv. 就是，才是。强调语，放在所强调的词语之后。

nāma：adv. 名曰、名为。

◆vayam：(mad) pers. 1. pl. N. 我们。

◆vyākaraṇam：(vyākaraṇa) n. sg. Ac. 受记、分别解说。

◆pratilabhemahi：(prati-√labh) opt. 1. pl. A. (我们)会逮得。

◆anuttarāyām samyak-saṃbodhāu：於无上正等正觉。

anuttarāyām：(anuttarā) adj. f. sg. L. 无上、最胜。

samyak-saṃbodhau：(samyak-saṃbodhi) adj. f. sg. L. 正等正觉。

◆iti：adv. (出现在一句或一词之后)如此地说、如此地想。

9-6

D：佛告阿难。

K：尔时佛告阿难：

atha khalu bhagavān āyuṣmantam ānandam āmantrayate sma:於是世尊告诉长者阿难。↔新主题句

◆atha khalu:尔时、于是。**D:(无)**。**K:**尔时。句首小品词↔时间词,话题转换标记

atha:adv. 此时、从此、这样。

khalu:indec. 事实上、确实;然而。

◆bhagavān:(bhagavant)m. sg. N. 世尊、佛。**D:**佛。**K:**佛。N. ↔主题兼主语

◆āyuṣmantam ānandam:长者阿难。**D:**阿难。**K:**阿难。

āyuṣmantam:(āyuṣmat)adj. m. sg. Ac. 具足寿命、长者。加在名号前,表尊敬。

ānandam:(ānanda)m. sg. Ac.(人名)阿难。

◆āmantrayate sma:告诉。**D:**告。**K:**告。

āmantrayate:(ā-√mantraya)pres. 3. sg. A. 告……言、普告。

sma:indec. 接在动词之后,表示过去时态。

9-7

D:汝於来世当得作佛,号海持觉娱乐神通如来、至真、等正觉、明行、成为善逝、世间解、无上士、道法御、天人师、为佛众佑。

K:汝於来世当得作佛,号山海慧自在通王如来、应供、正遍知、明行足、善逝、世间解、无上士、调御丈夫、天人师、佛、世尊。

bhaviṣyasi tvam ānandānāgate 'dhvani sāgaravaradharabuddhivikrīḍitābhijño nāma tathāgato 'rhan samyak-saṃbuddho vidyā-caraṇa-saṃpannaḥ sugato loka-vid anuttaraḥ puruṣa-damya-sārathiḥ śāstā devānāṃ ca manuṣyāṇāṃ ca buddho bhagavān → bhaviṣyasi tvam ānanda anāgate adhvani sāgaravaradharabuddhivikrīḍitābhijñas nāma tathāgatas arhan samyak-saṃbuddhas vidyā-caraṇa-saṃpannas sugatas loka-vid anuttaras puruṣa-damya-sārathis śāstā devānām ca manuṣyāṇām ca buddhas bhagavān：阿难啊！你将在未来世上成佛，名为山海慧自在通如来、应供、正遍知、明行足、善逝、世间解、无上士、调御丈夫、天人师、佛、世尊。↔新主题链

◆bhaviṣyasi：(√bhū)fut. 2. sg. P.（你）将变成、发生、存在。**D**：当得作。**K**：当得作。

◆tvam：(tvad)pers. 2. sg. N. 你。**D**：汝。**K**：汝。N. ↔主题兼主语

◆ānanda：m. sg. V.（人名）阿难！

◆anāgate adhvani：未来世。**D**：於来世。**K**：于来世。

anāgate：(an-ā-√gam)ppp. m. sg. L. 未来、当来。

adhvani：(adhvan)m. sg. L. 世、时。

◆sāgaravaradharabuddhivikrīḍitābhijñas：(sāgaravaradharabuddhivikrīḍitābhijña) m. sg. N.（佛名）山海慧自在通。**D**：海持觉娱乐神通。**K**：山海慧自在通王。

◆nāma：adv. 名曰、名为。**D**：号。**K**：号。

◆tathāgatas：(tathāgata)m. sg. N. 如来。**D**：如来。**K**：如来。

◆arhan：(arhant)adj. m. sg. N. 应供。**D**：至真。**K**：应供。

◆samyak-saṃbuddhas：(samyak-saṃbuddha) m. sg. N. 正等觉。**D**：等正觉。**K**：正遍知。

◆vidyā-caraṇa-saṃpannas：(vidyā-caraṇa-saṃpanna) adj. m. sg. N. 明行足。**D**：明行。**K**：明行足。

◆sugatas：(sugata)m. sg. N. 善逝、如来、佛。**D**：善逝。**K**：善逝。

◆loka-vid：m. sg. N. 世间解。**D**：世间解。**K**：世间解。

◆anuttaras:(anuttara)adj. m. sg. N. 无上、最胜。D:无上士。K:无上士。

◆puruṣa-damyasārathis:(puruṣa-damya-sārathi) m. sg. N. 调御丈夫。持业释(形容词关系)。D:道法御。K:调御丈夫。

puruṣa-damya:fpp. 调御丈夫的。依主释(业格关系)。

puruṣa:m. 丈夫、人。damya:(√ dam)fpp. 应被驯服、所当调御。

sārathi:m. 御者、调御之师。

◆śāstā devānām ca manuṣyāṇām:天人师。D:天人师。K:天人师。

śāstā:(śāstṛ)m. sg. N. 师、尊者。

devānām:(deva)m. pl. G. 天神。

ca:conj. 和、而且、又、然而。

manuṣyāṇām:(manuṣya) m. pl. G. 人。

◆buddhas:(buddha)m. sg. N. 佛。D:佛。K:佛。

◆bhagavān:(bhagavant)m. sg. N. 世尊。D:(无)。K:世尊。

9-8

D:先当供养六十二亿佛,恭顺奉侍,执持正法将护经典,然后究竟成最正觉。

K:当供养六十二亿诸佛,护持法藏,然后得阿耨多罗三藐三菩提。

dvāṣaṣṭīnāṃ buddhakoṭīnāṃ sat-kāraṃ kṛtvā guru-kāraṃ mānanāṃ pūjanāṃ ca kṛtvā teṣāṃ buddhānāṃ bhagavatāṃ saddharmaṃ dhārayitvā śāsana-parigrahaṃ ca kṛtvā 'nuttarāṃ samyak-saṃbodhim abhisaṃbhotsyasi → dvāṣaṣṭīnām buddhakoṭīnām sat-kāram kṛtvā guru-kāram mānanām pūjanām ca kṛtvā teṣām buddhānām bhagavatām saddharmam dhārayitvā śāsana-parigraham ca kṛtvā anuttarām samyak-saṃbodhim abhisaṃbhotsyasi：供养六十二亿佛，并奉行尊重、恭敬承事，受持诸佛正法，加护教法，然后你将证得无上正等正觉。↔9-7.的后续句，连动式

9-8-1. dvāṣaṣṭīnām buddhakoṭīnām sat-kāram kṛtvā guru-kāram mānanām pūjanām ca kṛtvā：供养六十二亿佛，奉行尊重、恭敬承事。

D：先当供养六十二亿佛，恭顺奉侍。ger.结构↔连动式的VP1，"先"为增译时间副词，用以提示动作发生的先后顺序

K：当供养六十二亿诸佛。ger.结构↔连动式的VP1

◆dvāṣaṣṭīnām buddhakoṭīnām：六十二亿佛。在此属格表受事。**D：**六十二亿佛。**K：**六十二亿诸佛。

dvāṣaṣṭīnām：(dvāṣaṣṭi)num. G. 六十二。

buddhakoṭīnām：(buddha-koṭī)f. pl. G. 数亿佛。依主释(属格关系)。

buddha：m. 佛、觉者。

koṭī：f. 千万、亿。意义上与dvāṣaṣṭīnām相连，表六十二亿。

◆sat-kāram kṛtvā：善行供养(后)。**D：**供养。**K：**供养。

sat-kāram：(sat-kāra)m. sg. Ac. 供养、款待。动名词。

kṛtvā：(√kṛ)ger. 奉行(后)。

◆guru-kāram mānanām pūjanām ca kṛtvā：奉行尊重、恭敬承事(后)。**D：**恭顺奉侍。**K：(无)**。

guru-kāram：(guru-kāra)m. sg. Ac. 尊重。动名词。

mānanām：(mānanā)f. sg. Ac. 尊敬、承事。动名词。

pūjanām：(pūjanā)f. sg. Ac. 供养。动名词。

ca：conj. 和、而且、又、然而。

9-8-2. teṣām buddhānām bhagavatām saddharmam dhārayitvā śāsana-parigraham ca kṛtvā：受持诸佛世尊的正法，又加护教法。

D：执持正法将护经典。ger. 结构↔连动式的 VP2

K：护持法藏。ger. 结构↔连动式的 VP2

◆teṣām buddhānām bhagavatām：此诸佛世尊的。

teṣām：(tad) pron. m. pl. G. 这些。

buddhānām：(buddha) m. pl. G. 诸佛。

bhagavatām：(bhagavat) m. pl. G. 诸世尊。

◆saddharmam：(sa-ddharma) m. sg. Ac. 正法、妙法。**D：**正法。**K：(无)**。

◆dhārayitvā：(√dhṛ) caus. ger. 受持(后)。**D：**执持。**K：(无)**。

◆śāsana-parigraham：(śāsana-parigraha) m. sg. Ac. 摄受教法。依主释(业格关系)。**D：**将护经典。**K：**护持法藏。

śāsana：m. 教法。parigraha：m. 摄受、护念。动名词。

9-8-3. anuttarām samyak-saṃbodhim abhisaṃbhotsyasi：你将证得无上正等正觉。

D：[然后]究竟成最正觉。**K：**[然后]得阿耨多罗三藐三菩提。定式动词部分↔连动式的 VP3，“然后”为增译时间副词，用以提示动作发生的先后顺序。

◆anuttarām samyak-saṃbodhim：无上正等正觉。**D：**最正觉。**K：**阿耨多罗三藐三菩提。

anuttarām：(anuttarā) adj. f. sg. Ac. 无上、最胜。

samyak-saṃbodhim：(samyak-saṃbodhi) m. sg. Ac. 正等正觉。持业释。

◆abhisaṃbhotsyasi：(abhi-sam-√budh) fut. 2. sg. P. (你)将证

得、当成就。D:究竟成。K:得。

verse:9-17

D:今佛颁宣　诸比丘众　仁者阿难　总持吾法
　於当来世　成为最胜　供养诸佛　六十二亿

K:我今僧中说　阿难持法者
　当供养诸佛　然后成正觉

ārocayāmī ahu bhikṣu-saṃghe
　　ānanda-bhadro mama dharma-dhārakaḥ /
anāgate 'dhvāni jino bhaviṣyati
　　pūjitva ṣaṣṭiṃ sugatāna koṭyaḥ //1//

→ārocayāmī ahu bhikṣu-saṃghe ānanda-bhadras mama dharma-dhārakas

anāgate adhvāni jinas bhaviṣyati pūjitva ṣaṣṭim sugatāna koṭyas

9-17-1. ārocayāmī ahu bhikṣu-saṃghe ānanda-bhadras mama dharma-dhārakas:我在比丘众中高声唱言:"贤者阿难是我的护法者。"

◆ārocayāmī②:(ā-√ruc) caus. pres. 1. sg. P.(我)告、高声唱言。D:今颁宣。K:今说。

◆ahu③:pers. 1. sg. N. 我。D:佛。K:我。

◆bhikṣu-saṃghe:(bhikṣu-saṃgha) m. sg. L. 在比丘僧团中。依主释(属格关系)。D:诸比丘众。K:僧中。

◆ānanda-bhadras:(ānanda-bhadra) adj. m. sg. N. 贤者阿难。持业释。D:仁者阿难。K:阿难。

ānanda:m.(人名)阿难。bhadra:adj. 殊妙、贤善。

◆mama:(mad) pers. 1. sg. G. 我的。D:吾。K:(无)。

◆dharma-dhārakas：(dharma-dhāraka)m. sg. N. 法护者。依主释(业格关系)。D：总持法。K：持法者。

dharma：m. 法教、道。dhāraka：m. 护持者。

9-17-2. anāgate adhvāni jinas bhaviṣyati pūjitva ṣaṣṭim sugatāna koṭyas："供养六十亿诸佛之后，来世将成为佛。"

◆anāgate adhvāni：在未来世。D：于当来世。K：(无)。

anāgate：(an-ā-√gam)ppp. m. sg. L. 未来、当来。修饰adhvani。

adhvani：(adhvan)m. sg. L. 世、时。

◆jinas：(jina)m. sg. N. 胜者、佛。D：最胜。K：正觉。

◆bhaviṣyati：(√bhū)fut. 3. sg. P. 将变成、将发生、将存在。D：成为。K：成。

◆pūjitva④：(√pūj)ger. 供养(后)。D：供养。K：供养。

◆sugatāna⑤：(sugata)m. pl. G. 诸善逝、诸佛。D：诸佛。K：诸佛。

◆ṣaṣṭim koṭyas：六十亿。支配 sugatāna。D：六十二亿。K：(无)。

ṣaṣṭim：(ṣaṣṭi)f. Ac. 六十。

koṭyas⑥：(koṭī)f. pl. Ac. 数千万、数亿。

9-18

D：名曰海持　觉乘神通　於此博闻　彼成大道

其土清净　显现微妙　自然跱立　无数幢幡

K：号曰山海慧　自在通王佛

其国土清净　名常立胜幡

nāmena so sāgarabuddhidhārī

abhijña-prāpto iti tatra viśrutaḥ/

pariśuddha-kṣetrasmi sudarśanīye

anonatāyāṃ dhvajavaijayantyām //2//

→nāmena sas sāgarabuddhidhārī abhijña-prāptas iti tatra viśrutas / pariśuddha-kṣetrasmi sudarśanīye anonatāyām dhvajavaijayantyām

9-18-1. nāmena sas sāgarabuddhidhārī abhijña-prāptas iti tatra viśrutas：名为海持觉，据说已得神通，于此博闻。

◆nāmena[⑦]：(nāman) n. sg. I. 有名字。**D：**名曰。**K：**号曰。

◆sas：(tad) pron. m. sg. N. 此。

◆sāgarabuddhidhārī：(sāgara-buddhi-dhārin) adj. m. sg. N.（佛名）海持觉。**D：**海持觉。**K：**山海慧。

◆abhijña-prāptas：(abhijña-prāpta) ppp. m. sg. N. 逮得神通。依主释（业格关系）。**D：**乘神通。**K：**自在通王佛。

abhi-jña：f. 神通力。prāpta：(pra-√ āp) ppp. 已得、证得。

◆iti：adv.（出现在一句或一词之后）如此地说、如此地想。

◆tatra：adv. 此处、於此。**D：**於此。**K：(无)**。

◆viśrutas：(vi-√ śru) ppp. sg. m. N. 善闻、博闻。**D：**博闻。**K：(无)**。

9-18-2. pariśuddha-kṣetrasmi sudarśanīye anonatāyām dhvajavaijayantyām：国土清净乐见，常立胜幡。

◆pariśuddha-kṣetrasmi[⑧]：(pariśuddha-kṣetra) n. sg. L. 清净国土。持业释。**D：**其土清净。**K：**其国土清净。

pariśuddha：(pari-√ śudh) ppp. 清净。kṣetra：n. 住处、土地。

◆sudarśanīye：(su-√ dṛś) fpp. n. sg. L. 好看、端正、乐见。**D：**显现微妙。**K：(无)**。

◆anonatāyām：(ano-natā) ppp. f. sg. L.［俗］常立。**D：**自然跱立。

K：常立。

◆dhvajavaijayantyām：(dhvajavaijayantī) f. sg. L. 胜幡。D：无数幢幡。K：胜幡。

9-19

D：诸菩萨众　如江河沙　皆是如来　之所建发
　悉如最胜　无极神足　其德名闻　流遍十方

K：教化诸菩萨　其数如恒沙
　佛有大威德　名闻满十方

tahi bodhisattvā yatha gaṅga-vālikās
　　tataś ca bhūyo paripācayiṣyati /
maha-rddhikaś co sa jino bhaviṣyati
　　daśa-ddiśe loka-vighuṣṭa-śabdaḥ //3//

→tahi bodhisattvās yatha gaṅga-vālikās tatas ca bhūyas paripācayiṣyati /

maha-rddhikas co sa jinas bhaviṣyati daśa-ddiśe loka-vighuṣṭa-śabdas

9-19-1. tahi bodhisattvās yatha gaṅga-vālikās tatas ca bhūyas paripācayiṣyati：此中菩萨如恒河沙数，因此还要教化（他们）。

◆tahi[9]：(tad) pron. m. sg. L. 于此、此中。

◆bodhisattvās：(bodhisattva) m. sg. N. 菩萨们。D：诸菩萨众。K：诸菩萨。

◆yatha[10]：adv. 如同、犹如。D：如。K：如。

◆gaṅga-vālikās：(gaṅga-vālikā) f. pl. N. 恒河沙。依主释（属格关系）。D：江河沙。K：恒沙。

◆tatas：adv. 从此、于是。

◆ca：conj. 和、而且、又、然而。

◆bhūyas：compar. m. sg. Ac. →adv. 多分、益加、转增。

◆paripācayiṣyati：(pari-√pac) fut. 3. sg. P. 将教化、成就。**D**：建发。**K**：教化。

9-19-2. maha-rddhikas co sa jinas bhaviṣyati daśa-ddiśe

loka-vighuṣṭa-śabdas：此佛神通广大，名声普闻，流遍十方世界。

◆maha-rddhikas：(maha-rddhika) adj. m. sg. N. 大神通、大威德。持业释。**D**：无极神足。**K**：大威德。

◆co[11]：conj. 和、而且、又、然而。

◆sa jinas：此佛。**D**：最胜。**K**：佛。

sa：(tad) pron. m. sg. N. 此。

jinas：(jina) m. sg. N. 胜者、佛。

◆bhaviṣyati：(√bhū) fut. 3. sg. P. 将变成、发生、存在。**D**：**(无)**。**K**：有。

◆daśa-ddiśe：(daśa-diśa) m. sg. L. 於十方。持业释。**D**：十方。**K**：十方。

◆loka-vighuṣṭa-śabdas：(loka-vighuṣṭa-śabda) m. sg. N. 名声世间广闻。依主释(位格关系)。**D**：其德名闻流遍。**K**：名闻满。

loka：m. 世人、世间。

vighuṣṭa-śabda：m. 名声普闻。持业释。

vighuṣṭa：(vi-√ghuṣ) ppp. 普闻、广布。śabda：m. 声音。

附　注

① 梵文见下一节。

② 见 BHSG § 26.2。

③ 见 BHSG § 20.63。

④ 见 BHSG § 35.10。

⑤ 见 BHSG § 8.117。

⑥ 见 BHSG § 10.162。

⑦ 见 BHSG § 17.11。

⑧ 见 BHSG § 8.63。

⑨ 见 BHSG § 9.55。

⑩ 见 BHSG § 3.27“a for ā”。

⑪ 见 BHSD，P234。

X. dharma-bhāṇaka-parivarto nāma daśamaḥ

法 师 品 名为 第十

prose：10-1

D：尔时世尊告八万菩萨，因药王开士缘诸菩萨等。

K：尔时世尊因药王菩萨，告八万大士：

atha khalu bhagavān bhaiṣajyarājaṃ bodhisattvaṃ mahāsattvam ārabhya tāny aśītiṃ bodhisattva-sahasrāṇy āmantrayate sma → atha khalu bhagavān bhaiṣajyarājam bodhisattvam mahāsattvam ārabhya tāni aśītim bodhisattva-sahasrāṇi āmantrayate sma. 於是世尊因药王菩萨大士，告诉八万菩萨。↔新主题句

◆atha khalu：於是。

D：尔时。K：尔时。句首小品词↔时间词，用作话题转移标记。

atha：adv. 此时、从此、这样。

khalu：indec. 事实上、确实；然而。

◆bhagavān：(bhagavat) m. sg. N. 世尊。D：世尊。K：世尊。N. ↔主题兼主语

◆bhaiṣajyarājam bodhisattvam mahāsattvam：药王菩萨大士。D：药王开士。K：药王菩萨。

bhaiṣajyarājam：(bhaiṣajya-rāja) m. sg. Ac. (菩萨名)药王。

bodhisattvam mahāsattvam：菩萨大士。二词同位关系。

bodhisattvam：(bodhi-sattva) m. sg. Ac. 音译为菩提萨埵，略作菩萨。

mahāsattvam：(mahā-sattva) m. sg. Ac. 大士、大菩萨。音译为摩诃萨。持业释。

◆ārabhya:(ā-√rabh)ger.→prep. 从……开始、以、因。

D:因。K:因。

◆tāni aśītim bodhisattva-sahasrāṇi:这八万菩萨。D:八万菩萨。

K:八万大士。

tāni:(tad)pron. n. pl. Ac. 这些。限定 aśītim bodhisattva-sahasrāṇi。

aśītim:(aśīti)num. Ac. 八十。

bodhisattva-sahasrāṇi:(bodhisattva-sahasra)n. pl. Ac. 数千菩萨。依主释(属格关系)。

bodhisattva:m. 菩萨。

sahasra:n. 一千。意义上与 aśītim 相连,表八万。

◆āmantrayate sma:普告。D:告。K:告。

āmantrayate:(ā-√mantraya)pres. 3. sg. A. 告……言、普告。

sma:indec. 接现在时动词之后,表示过去时态。

10-2

D:宁察斯四部众,无央数亿天、龙、鬼神、阿须伦、迦留罗、真陀罗、揵沓和、摩休勒、人与非人,比丘、比丘尼、清信士、清信女、声闻、缘觉、菩萨,现在目覩,欲闻如来说斯经典。

K:药王!汝见是大众中,无量诸天、龙王、夜叉、干闼婆、阿修罗、迦楼罗、紧那罗、摩睺罗伽、人与非人,及比丘、比丘尼、优婆塞、优婆夷,求声闻者、求辟支佛者、求佛道者,如是等类,咸於佛前,闻妙法华经。

paśyasi tvam bhaiṣajyarājāsyāṃ parṣadi bahu-deva-nāga-yakḍa-gandharvāsura-garuḍa-kiṃnara-mahoraga-manuṣyāmanuṣyān bhikṣu-bhikṣuṇy-upāsakopāsikāḥ śrāvaka-yānīyān pratyekabuddha-yānīyān bodhisattva-yānīyāṃś ca yair ayaṃ dharma-paryāyas tathāgatasya saṃmukhaṃ śrutaḥ → paśyasi tvam bhaiṣajyarāja asyām bahu-deva-nāga-yakṣa-gandharva-asura-garuḍa-kiṃnara-mahoraga-manuṣya-amanuṣyān bhikṣu-bhikṣuṇy-upāsaka-upāsikās śrāvaka-yānīyān pratyekabuddha-yānīyān bodhisattva-yānīyān ca yais ayam dharma-paryāyas tathāgatasya saṃmukham śrutas：药王啊！你看见这集会中无量天、龙、神、夜叉、揵闼婆、阿须伦、迦留罗、真陀罗、摩休勒及人，比丘、比丘尼、清信士、清信女，声闻乘、缘觉乘及菩萨乘，在如来面前听闻此法了吗？↔新主题链

10-2-1. paśyasi tvam bhaiṣajyarāja asyām parṣadi bahu-deva-nāga-yakṣa-gandharva-asura-garuḍa-kiṃnara-mahoraga-manuṣya-amanuṣyān bhikṣu-bhikṣuṇy-upāsaka-upāsikāsśrāvaka-yānīyān pratyekabuddha-yānīyān bodhisattva-yānīyān ca：药王啊！你看见这集会中无量天、龙、神、夜叉、揵闼婆、阿须伦、迦留罗、真陀罗、摩休勒及人，比丘、比丘尼、清信士、清信女，声闻乘、缘觉乘及菩萨乘了吗？

D：宁察斯四部众，无央数亿天龙鬼神阿须伦迦留罗真陀罗揵沓恕摩休勒人与非人，比丘比丘尼清信士清信女声闻缘觉菩萨。

K：药王！汝见是大众中，无量诸天、龙王、夜叉、干闼婆、阿修罗、迦楼罗、紧那罗、摩睺罗伽、人与非人，及比丘、比丘尼、优婆塞、优婆夷，求声闻者、求辟支佛者、求佛道者。

◆paśyasi：(√paś)pres. 2. sg. P.（你）看见。**D**：察。**K**：见。

◆tvam：(tvad)pers. 2. N. 你。**D**：**(无)**。**K**：汝。N. ↔主题1兼主语

◆bhaiṣajyarāja：m. sg. V. 药王啊。**D**：**(无)**。**K**：药王！

◆asyām parṣadi：在这集会中。**D**：斯四部众。**K**：是大众中。

asyām：(idam)pron. f. sg. L. 此。

parṣadi：(par-ṣad)f. sg. L. 部众、集会。

◆bahu-deva-nāga-yakṣa-gandharva-asura-garuḍa-kiṃnara-mahoraga-manuṣya-amanuṣyān bhikṣu-bhikṣuṇy-upāsaka-upāsikās śrāvaka-yānīyān pratyekabuddha-yānīyān bodhisattva-yānīyān ca：无量天、龙、神、夜叉、揵闼婆、阿须伦、迦留罗、真陀罗、摩休勒及人，比丘、比丘尼、清信士、清信女，声闻乘、缘觉乘及菩萨乘。

D：无央数亿天、龙、鬼神、阿须伦、迦留罗、真陀罗、揵沓和、摩休勒、人与非人，比丘、比丘尼、清信士、清信女、声闻、缘觉、菩萨。Ac. ↔宾语兼主题，引导后续子句

K：无量诸天、龙王、夜叉、干闼婆、阿修罗、迦楼罗、紧那罗、摩睺罗伽、人与非人，及比丘、比丘尼、优婆塞、优婆夷，求声闻者、求辟支佛者、求佛道者。Ac. ↔宾语兼主题 2，引导后续子句

bahu-deva-nāga-yakṣa-gandharva-asura-garuḍa-kiṃnara-mahoraga-manuṣya-amanuṣyān：(bahu-deva-nāga-yakṣa-gandharva-asura-garuḍa-kiṃkara-mahoraga-manuṣya)f. pl. Ac. 无量天、龙、神、夜叉、揵闼婆、阿须伦、迦留罗、真陀罗、摩休勒及人。持业释。

bahu：adj. 众多、无量。

deva-nāga-yakṣa-gandharva-asura-garuḍa-kiṃkara-mahoraga-manuṣya：天龙神夜叉揵闼婆阿须伦迦留罗真陀罗摩休勒及人。相违释。

deva：m. 天神。nāga：m. 龙神。yakṣa：m. 夜叉。gandharva：m. 香神、揵闼婆。asura：m. 阿须伦。garuḍa：m. 金翅鸟、迦楼罗。kiṃnara：真陀罗。

mahoraga：m. 大腹行、摩休勒。manuṣya：m. 人。

bhikṣu-bhikṣuṇy-upāsaka-upāsikās：(bhikṣu-bhikṣuṇy-upāsaka-upāsikā)m. pl. N. 比丘、比丘尼、

清信士、清信女。相违释。

bhikṣu：m. 比丘。bhikṣuṇī：f. 比丘尼。upāsaka：m. 清信士。upāsikā：f. 清信女。

śrāvaka-yānīyān：(śrāvaka-yānīya) adj. m. pl. N. 声闻乘。依主释(具格关系)。

śrāvaka：m. 弟子、声闻、小乘人。yānīya：(√yā) fpp. 当趣入、所当乘。

pratyekabuddha-yānīyān：(pratyekabuddha-yānīya) adj. m. pl. N. 缘觉乘。依主释(具格关系)。

pratyekabuddha：m. 独觉、缘一觉。音译为辟支佛。

bodhisattva-yānīyān：(śrāvaka-yānīya) adj. m. pl. N. 菩萨乘。依主释(具格关系)。

bodhisattva：m. 菩萨。

ca：conj. 和、而且、又、然而。

10-2-2. yais ayam dharma-paryāyas tathāgatasya saṃmukham śrutas：在如来面前听闻此法者。

D：现在目覩欲闻如来[说]斯经典。定语从句↔10-2-1. 的后续子句

K：如是等类咸於佛前闻妙法华经。定语从句↔10-2-1. 的后续子句，说明主题 2

◆yais：(yad) rel. m. pl. 由……者。在此具格表施事。引导宾语从句。D：(无)。K：如是等类。rel. ↔回指成分

◆ayam dharma-paryāyas：此法。D：斯经典。K：妙法华经。

ayam：(idam) dem. m. sg. N. 这。

dharma-paryāyas：(dharma-paryāya) m. sg. N. 法门、法句。依主释(为格关系)。

dharma：m. 法教、道。pary-āya：m. 门、句、言说。

◆tathāgatasya saṃmukham:在如来面前。**D**:现在目睹如来。**K**:于佛前。G+adv. ↔"于……前"框式结构,作状语,表来源

tathāgatasya:(tathāgata)m. sg. G. 如来的。

saṃmukham:adv. 面前、现在前。

◆śrutas:(vi-√śru)ppp. sg. m. N. 听闻、已闻。代替动词。**D**:欲闻。**K**:闻。

10-3

D:(无)。

K:(无)。

āha / paśyāmi bhagavan paśyāmi sugata:(药王)说:"世尊!我看见了。善逝!我看见了。"

◆āha:(āh)perf. 3. sg. P. 说、讲。

◆paśyāmi:(√paś)pres. 1. sg. P. (我)看见。

◆bhagavan:(bhagavat)m. sg. V. 世尊啊。

◆sugata:m. sg. V. 善逝啊。

10-4

D:一切众会闻一颂一偈,一发意顷欢喜劝助,佛皆授斯四部之决,当得无上正真道意。

K:一偈一句,乃至一念随喜者,我皆与授记,当得阿耨多罗三藐三菩提。

bhagavān āha /sarve khalv ete bhaiṣajyarāja bodhisattvā mahāsattvā yair asyāṃ parṣady antaśca ekā 'pi gāthā śrutaika-padam api śrutaṃ yair vā punar antaśa eka-cittotpādenāpy anumoditam idaṃ sūtraṃ sarvā etā ahaṃ bhaiṣajyarāja catasraḥ parṣado vyākaromy anuttarāyāṃ samyak-saṃbodhau

→bhagavān āha /sarve khalu ete bhaiṣajyarāja bodhisattvās mahāsattvās yais asyām parśadi antaśas ekā api gāthā śrutā eka-padam api śrutam yais vā punar antaṣas eka-cittā utpādena api anumoditam idam sūtram sarvās etās aham bhaiṣajyarāja catasras parṣadas vyākaromi anuttarāyāṃ samyak-saṃbodhau：世尊说："药王啊！一切菩萨大士若在这集会中听闻此经，乃至一偈一句，或复一心随喜。药王啊！我就受记所有四部众，(至)於无上正等正觉。"↔新主题句

10-4-1. bhagavān āha：世尊说。

◆bhagavān：(bhagavant)m. sg. N. 世尊。

◆āha：(√ah)perf. 3. sg. P. 已说、讲。

10-4-2. sarve khalu ete bhaiṣajyarāja bodhisattvās mahāsattvās yais asyām parṣadi antaśas ekā api gāthā śrutā eka-padam api śrutam yais vā punar antaśas eka-cittā utpādena api anumoditam idam sūtram：药王啊！一切菩萨大士若在这集会中听闻此经，乃至一偈一句，或复一心随喜。

D：一切众会闻一颂一偈，一发意顷，欢喜劝助。yad 从句↔条件小句，充当主题

K：一偈一句，乃至一念随喜者。yad 从句↔"……者"字结构，充当主题

◆khalu：indec. 事实上、确实；然而。

◆bhaiṣajyarāja：m. sg. V. 药王啊。

◆sarve ete bodhisattvās mahāsattvās：所有这些菩萨大士。**D：**一切众会。**K：(无)**。

sarve：(sarva)adj. m. pl. 一切、全部、所有。

ete：(etad)pron. n. du. N. 这些。

bodhisattvās mahāsattvās：菩萨大士。二词同位关系。

bodhisattvās：（bodhi-sattva）m. pl. N. 菩萨。音译为菩提萨埵，略作菩萨。

mahāsattvās：（mahā-sattva）m. pl. N. 大士。音译为摩诃萨。持业释。

◆yais：（yad）rel. m. pl. I. 由……者。在此具格表施事。引导主语从句，与下文 etās（etad）搭配使用，意为"凡是/若……，都/则"。D：（无）。K：……者。

◆asyām parṣadi：在这集会中。D：斯四部众。K：是大众中。

asyām：（idam）pron. f. sg. L. 此。

parṣadi：（par-ṣad）f. sg. L. 部众、集会。

◆antaśas：adv. 乃至。D：（无）。K：乃至。

◆ekā api gāthā：即使一偈颂。D：一颂一偈。K：一偈。

ekā：adj. f. sg. N. 一。

api：adv. 也、又；即使。

gāthā：f. sg. N. 偈颂。

◆śrutā：（√śru）ppp. f. sg. N. 已闻、听闻。D：闻。K：（无）。

◆eka-padam api：即使一句。D：（无）。K：一句。

eka-padam：（eka-pada）m. sg. Ac. 一句。持业释。

eka：adj. 一。pada：m. 文句、章句。

◆śrutam：（√śru）ppp. n. sg. N. 所闻、听闻。

◆vā：conj. 或。

◆punar：adv. 又，但是。

◆eka-citta-utpādena api：即使生起一心。D：一发意顷。K：一念。

eka-citta-utpādena：（eka-citta-utpāda）m. sg. I. 生起一心。依主释（业格关系）。

eka-citta：n. 一心。持业释。utpāda：m. 生起。

◆anumoditam：(anu-√ mud) caus. ppp. n. sg. N. 随喜、生欢喜。D：欢喜劝助。K：随喜。

◆idam sūtram：此经典。

idam：dem. n. sg. N. 这。

sūtram：(sūtra) n. sg. N. 经典。

10-4-3. sarvās etās aham bhaiṣajyarāja catasras parṣadas vyākaromi anuttarāyām samyak-saṃbodhau：药王啊！我就受记一切四部众，(令至)於无上正等正觉。

D：佛皆授斯四部之决，当得无上正真道意。etad 主句↔说明部分

K：我皆与授记，当得阿耨多罗三藐三菩提。etad 主句↔说明部分

◆aham：(mad) pers. 1. sg. N. 我。D：佛。K：我。

◆sarvās：(sarva) adj. f. pl. Ac. 所有、全部、一切。D：皆。K：皆。

◆etās catasras parṣadas：这四部众会。D：斯四部。K：(无)。

etās：(etad) pron. f. pl. Ac. 这些。

catasras：(catur) num. f. Ac. 四。

parṣadas：(parṣad) f. pl. Ac. 部众、集会。

◆vyākaromi：(vy-ā-√ kṛ) aor. 1. sg. P. (我)受记、分别解说。D：授决。K：与授记。

◆anuttarāyām samyak-saṃbodhau：於无上正等正觉。D：无上正真道意。K：阿耨多罗三藐三菩提。

anuttarāyām：(anuttarā) adj. f. sg. L. 无上、最胜。

samyak-saṃbodhau：(samyak-saṃbodhi) adj. f. sg. L. 正等正觉。

10-5

D：佛告药王：假使如来灭度之后，闻斯经典一颂四句，发意之顷代劝助者，佛皆授决，当得无上正真之道。

K：佛告药王：又如来灭度之后，若有人闻妙法华经，乃至一偈一句，一念随喜者，我亦与授阿耨多罗三藐三菩提记。

ye 'pi ke-cid bhaiṣajyarāja tathāgatasya parinirvṛtasyemaṃ dharma-paryāyaṃ śroṣyanty antaśa eka-gāthām api śrutvā 'ntaśa ca ekenāpi cittotpādenābhyanumodayiṣyanti tān apy ahaṃ bhaiṣajyarāja kula-putrān vā kula-duhitṝr vā vyākaromy anuttarāyāṃ samyak-saṃbodhau → ye api ke-cid bhaiṣajyarāja tathāgatasya parinirvṛtasya imam dharma-paryāyam śroṣyanti antaśas eka-gāthām api śrutvā antaśas ca ekena api citta-utpādena abhyanumodayiṣyanti tān api aham bhaiṣajyarāja kula-putrān vā kula-duhitṝs vā vyākaromi anuttarāyām samyak-saṃbodhau：药王啊！若又有人在如来灭度以后听闻此法，乃至一偈，听后又一心随喜。药王啊！我也会受记这些善男子或善女人，(令至)於无上正等正觉。↔新主题链，假设关系复句

10-5-1. ye api ke-cid bhaiṣajyarāja tathāgatasya parinirvṛtasya imam dharma-paryāyam śroṣyanti antaśas eka-gāthām api śrutvā antaśas ca ekena api citta-utpādena abhyanumodayiṣyanti：药王啊！若又有人在如来灭度以后听闻此法，乃至一偈，听后又一心随喜。

D：佛告药王：假使如来灭度之后，闻斯经典一颂四句，发意之顷代劝助者。——"佛"为增译主题兼主语，"告"为增译谓词

K：佛告药王：又如来灭度之后，若有人闻妙法华经，乃至一偈一

句，一念随喜者。——“佛”为增译主题兼主语，“告”为增译谓词

◆ye api ke-cid：若又有人。D：假使……者。K：若有人……者。

ye：(yad) rel. m. pl. N. 做……者、成为……者、有……者。引导从句，与下文 tān(tad) 搭配使用，意为“凡是/若……，都/则”。

api：adv. 也、又。

ke-cid：(ka-cid) inter. m. pl. N. 任何、某些。

◆bhaiṣajyarāja：m. sg. V. 药王啊。D：药王。K：药王。V. ↔ 对象宾语

◆tathāgatasya parinirvṛtasya：在如来灭度后。

D：如来灭度之后。K：如来灭度之后。独立属格↔方位词短语，作时间状语

tathāgatasya：(tathāgata) m. sg. G. 如来。

parinirvṛtasya：(parinirvṛta) ppp. m. sg. G. 已灭度、般涅槃。

◆imam dharma-paryāyam：此法。D：斯经典。K：妙法华经。

imam：(idam) pron. m. sg. Ac. 此。

dharma-paryāyam：(dharma-paryāya) m. sg. Ac. 法门、法句。依主释(为格关系)。

dharma：m. 法、道。pary-āya：门、句、言说。

◆śroṣyanti：(√śru) fut. 3. sg. P. 将听闻。D：闻。K：闻。

◆antaśas：adv. 乃至。D：(无)。K：乃至。

◆eka-gāthām api：即使一偈。D：一颂四句。K：一偈一句。

eka-gāthām：(eka-gāthā) f. sg. Ac. 一偈。持业释。

eka：adj. 一。gāthā：f. 偈、颂。

◆śrutvā：(√śru) ger. 听闻之后。

◆ca：conj. 和、而且、又、然而。

◆ekena api citta-utpādena：即使因生起一心。D：发意之顷。K：

一念。

ekena:(eka)adj. m. sg. I. 一。

citta-utpādena:(citta-utpāda)m. sg. I. 生起心意。依主释(属格关系)。

citta:n. 心意。utpāda:m. 生起。

◆abhyanumodayiṣyanti:(abhi-anu-√mud)caus. fut. 3. sg. P. 将随喜、生欢喜。**D:**代劝助。**K:**随喜。

10-5-2. tān api aham bhaiṣajyarāja kula-putrān vā kula-duhitṝs vā vyākaromi anuttarāyām samyak-saṃbodhau:药王啊！我也会受记这些善男子或善女人,(令至)於无上正等正觉。

D:佛皆授决,当得无上正真之道。

K:我亦与授阿耨多罗三藐三菩提记。

◆tān kula-putrān vā kula-duhitṝr vā:此诸善男子或善女人。

tān:(tad)pron. m. pl. Ac. 这些。

kula-putrān:(kula-putra)m. pl. Ac. 诸善男子、诸族姓子。

vā…vā:conj. 或。

kula-duhitṜs:(kula-duhitṛ)f. pl. Ac. 诸善女人、诸族姓女。

◆api:adv. 也、又。**D:(无)**。**K:**亦。

◆aham:(mad)pers. 1. sg. N. 我。**D:**佛。**K:**我。

◆bhaiṣajyarāja:同上。

◆vyākaromi:(vy-ā-√kṛ)press. 1. sg. P. (我)受记、分别解说。**D:**授决。**K:**与授……记。

◆anuttarāyām samyak-saṃbodhau:於无上正等正觉。**D:**无上正真道意。**K:**阿耨多罗三藐三菩提。

anuttarāyām:(anuttarā)adj. f. sg. L. 无上、最胜。

samyak-saṃbodhau:(samyak-saṃbodhi)adj. f. sg. L. 正等正觉。

verse：10-19

D：若欲住佛道　志慕己功德　当供养彼人　持斯经典者

K：若欲住佛道　成就自然智　常当勤供养　受持法华者

buddhatve sthātu-kāmena svayaṃbhū-jñānam icchatā /

satkartavyāś ca te sattvā ye dhārenti imaṃ nayaṃ //1//

→buddhatve sthātu-kāmena svayaṃbhū-jñānam icchatā/

satkartavyās ca te sattvās ye dhārenti imam nayam

10-19-1. buddhatve sthātu-kāmena svayaṃbhū-jñānam icchatā：因欲住於正觉、欲求自然智。

◆buddhatve：(buddhatva)n. sg. L. 正觉、无上果。**D**：佛道。**K**：佛道。

◆sthātu-kāmena：(sthātu-kāma)m. sg. I. 因欲住、欲依。依主释(业格关系)。**D**：欲住。**K**：欲住。

sthātu：(√sthā)inf. 住、立。kāma：m. 乐欲。

◆svayaṃbhū-jñānam：(svayaṃbhū-jñāna)n. sg. Ac. 自然智。依主释(属格关系)。**D**：己功德。**K**：自然智。

svayaṃbhū：m. 自在、自然。jñāna：n. 智慧、正智。

◆icchatā：(√iṣ)ppt. m. sg. I. 因希求、乐欲。现在分词表原因。**D**：志慕。**K**：成就。

10-19-2. satkartavyās ca te sattvā ye dhārenti imam nayam：若有众生护持此法，应被称赞供养。

◆satkartavyās：(sat-√kṛ)fpp. m. pl. N. 应被称赞、所当供养。**D**：当供养。**K**：当勤供养。

◆ca：conj. 和、而且、又、然而。

◆te sattvās：这些众生。**D**：彼人。**K**：即。

te:(tad)pron. m. pl. N. 这些。

sattvās:(sattva)m. pl. N. 众生、有情。

◆ye:(yad)rel. m. pl. N. 有……者。D:……者。K:……者。

◆dhārenti[1]:(√dhṛ)caus. pres. 3. pl. P. 令摄受、护持。D:持。K:受持。

◆imam nayam:此法。D:斯经典。K:法华。

imam:(idam)dem. m. sg. G. 这。

nayam:(naya)m. sg. Ac. 道理、正法。

10-20

D:若乐诸通慧　恣意有所说

　则当受斯典　并供养侍者

K:其有欲疾得　一切种智慧

　当受持是经　并供养持者

sarvajñatvaṃ ca yo icchet kathaṃ śīghraṃ bhaved iti /

sa imaṃ dhārayet sūtraṃ satkuryād vā 'pi dhārakam //2//

→sarvajñatvam ca yas icchet katham śīghram bhavet iti /

sa imam dhārayet sūtram satkuryāt vā api dhārakam

10-20-1. sarvajñatvam ca yas icchet katham śīghram bhavet iti:凡欲求一切智者,(问):"怎么能速成?"

◆sarvajñatvam:(sarvajña-tva)f. sg. Ac. 遍知、一切智。D:诸通慧。K:一切种智慧。

◆ca:conj. 和、而且、又;然而。

◆yas:(yad) rel. m. sg. N. 做……者、成为……者、有……者。D:若。K:其有。

◆icchet:(√iṣ)opt. 3. sg. P. 欲希求、乐欲。D:乐。K:欲。

◆katham：adv. 何故、怎样。

◆śīghram：adv. 迅速地。D：(无)。K：疾。

◆bhavet：(√bhū)opt. 3. sg. P. 会变成、发生、存在。D：(无)。K：得。

◆iti：adv.（出现在一句或一词之后）如此地说、如此地想。

10-20-2. sa imam dhārayet sūtram satkuryāt vā api dhārakam：此（人）则当护持此经，抑或供养护持者。

◆sa：(tad) pron. m. sg. N. 此（人）。

◆imam sūtram：此经。D：斯典。K：是经。

imam：(idam) dem. m. sg. Ac. 这。

sūtram：(sūtra) m. sg. Ac. 经典。

◆dhārayet：(√dhṛ) caus. opt. 3. sg. P. 当受持、护持。D：当受。K：当受持。

◆satkuryāt：(sat-√kṛ) opt. 3. sg. P. 当称赞、供养。D：供养。K：供养。

◆vā：conj. 或。D：并。K：并。

◆api：adv. 也、又、即使。

◆dhārakam：(dhāraka) m. pl. N. 护持者。D：侍者。K：持者。

10-21

D：说此经法者　愍伤于众生
　世吼之所遣　来化群生类

K：若有能受持　妙法华经者
　当知佛所使　愍念诸众生

preṣito loka-nāthena sattva-vaineya-kāraṇāt /
sattvānām anukampā'rthaṃ sūtraṃ yo vācayed idam //3//

→preṣitas loka-nāthena sattva-vaineya-kāraṇāt /

sattvānām anukampā-artham sūtram yas vācayet idam

10-21-1. preṣitas loka-nāthena sattva-vaineya-kāraṇāt：世尊派遣，为了调伏众生。

◆preṣitas：(pra-√ iṣ) ppp. m. sg. N. 所发遣、送与。D：之所遣。K：所使。

◆loka-nāthena：(loka-nātha) m. sg. I. 由世尊、世间导师。在此具格表施事。D：世吼。K：佛。

◆sattva-vaineya-kāraṇāt：(sattva-vaineya-kāraṇa) n. sg. Ab. 因调伏众生的缘故。依主释(属格关系)。D：来化群生类。K：(无)。

sattva-vaineya：adj. 调伏众生。依主释(业格关系)。

sattva：m. 众生。vaineya：adj. 调伏、教化。

kāraṇa：n. 因缘。

10-21-2. sattvānām anukampā-artham sūtram yas vācayet idam：若有人因悲愍众生，宣讲此经。

◆sattvānām：(sattva) m. pl. G. 诸众生、有情。在此属格表受事。D：於众生。K：诸众生。

◆anukampā-artham：(anukampā-artha) m. sg. Ac. 悲愍之故。依主释(属格关系)。D：愍伤。K：愍念。

anukampā：f. 悲愍、怜愍。artha：m. 目的、利益、意义。

◆sūtram idam：此经。D：此经法。K：妙法华经。

sūtram：(sūtra) n. sg. Ac. 经典。

idam：dem. n. sg. Ac. 这。

◆yas：(yad) rel. m. sg. N. 做……者、成为……者、有……者。D：……者。K：若有……者。

◆vācayet：(√ vac) caus. opt. 3. sg. P. 当宣讲。D：说。K：能受持。

10-22

D：假使持是典　所生常精进
　强勇而自来　矜哀于众庶
K：诸有能受持　妙法华经者
　舍于清净土　愍众故生此

upapattiṃ śubhāṃ tyaktvā sa dhīra iha āgataḥ /
sattvānām anukampā'rthaṃ sūtraṃ yo dhārayed idam //4//

→upapattim śubhām tyaktvā sa dhīras iha āgatas /
sattvānām anukampā-artham sūtram yas dhārayed idam

10-22-1. upapattim śubhāṃ tyaktvā sa dhīras iha āgatas：此（人）舍弃了清净生处，勇猛坚定来到这里。

◆upapattim：(upapatti) f. sg. Ac. 受生、往生。**D：**所生。**K：（无）**。

◆śubhām：(śubha) adj. f. sg. Ac. 清净、安宁。**D：（无）**。**K：**於清净土。

◆tyaktvā：(√tyaj) ger. 舍弃（后）。**D：（无）**。**K：**舍。

◆sa：(tad) pron. m. sg. N. 此（人）。

◆dhīras：(dhīra) adj. m. sg. N. 勇猛、坚固。**D：**常精进强勇。**K：（无）**。

◆iha：adv. 于此、此处。**D：（无）**。**K：**此。

◆āgatas：(ā-√gam) ppp. m. sg. N. 已来、已归。**D：**自来。**K：**生。

10-22-2. sattvānām anukampā-artham sūtram yas dhārayed idam：若有人因悲愍众生，宣讲此经。

◆sattvānām：(sattva) m. pl. G. 诸众生、有情。在此属格表受事。**D：**於众庶。**K：**诸众生。

◆anukampā-artham：(anukampā-artha) m. sg. Ac. 悲愍之故。依

主释(属格关系)。D:矜哀。K:愍众故。

anukampā:f. 悲愍、怜愍。artha:m. 目的、利益、意义。

◆sūtram idam:此经。D:是典。K:妙法华经。

sūtram:(sūtra)n. sg. Ac. 经典。

idam:dem. pron. m. sg. Ac. 这。

◆yas:(yad)rel. m. sg. N. 做……者、成为……者、有……者。D:假使。K:诸有……者。

◆vācayet:(√vac)caus. opt. 3. sg. P. 当宣讲。D:持。K:能受持。

10-23

D:自在所欲生　最后于末世

从彼得覩遇　斯经为尊上

K:当知如是人　自在所欲生

能於此恶世　广说无上法

upapatti-vaśo tasya yena so dṛśyate tahi /

paścime kāli bhāṣanto idaṃ sūtraṃ niruttaram //5//

→upapatti-vaśas tasya yena sas dṛśyate tahi /

paścime kāli bhāṣantas idam sūtram niruttaram

10-23-1. upapatti-vaśas tasya yena sas dṛśyate tahi:若见此人于此自在受生。

◆upapatti-vaśas:(upapatti-vaśa)m. sg. N. 自在受生。依主释(属格关系)。D:自在所欲生。K:自在所欲生。

upapatti:f. 受生、往生。vaśa:m. 自在、随意。

◆tasya:(tad)pron. m. sg. G. 他的。

◆yena:(yad)rel. m. sg. I. 由……者。

◆sas:(tad)pron. m. sg. N. 此(人)。D:(无)。K:如是人。

◆dṛśyate：(√dṛś)pres. 3. sg. pass. 被见、被照。D：得覩遇。K：(无)。

◆tahi[②]：(tad)pron. n. sg. L. 於此中。D：从彼。K：(无)。

10-23-2. paścime kāli bhāṣantas idam sūtram niruttaram：则因在最后世宣说这无上经典。

◆paścime kāli：最后世上。D：最后於末世。K：於此恶世。

paścime：(paścima)adj. m. sg. L. 后、最后。

kāli[③]：(kāla)m. sg. L. 时、时分、世。

◆bhāṣantas：(√bhāṣ)ppt. m. pl. N. 因宣说。现在分词表原因。D：(无)。K：能广说。

◆idam sūtram：此经典。D：斯经。K：法。

idam：dem. pron. n. sg. Ac. 这。

sūtram：(sūtra)n. sg. Ac. 经典。

◆niruttaram：(niruttara)adj. n. sg. Ac. 无上、微妙。D：尊上。K：无上。

附　注

① 见 BHSG § 28.46。

② 见 BHSG § 21.46。

③ 见 BHSG § 8.59。

专家评审意见

万金川

19 世纪中叶的洪堡特(W. von Humboldt)曾经在他的著作里指出了梵语和汉语在语言类型学上的根本差异。他说:“在所有已知的语言中,汉语与梵语的对立最为尖锐,因为汉语排斥所有语法形式,把它们推诿给精神劳动来完成,梵语则力图使语法形式的种种细微的差别在语音中得到体现。这两种语言的区别显然在于,前一种语言缺乏语法标记,后一种语言有明确显示出来的语法标记。”(《论人类语言结构的差异及其对人类精神发展的影响》,姚小平译,商务印书馆 1999 年,314 页)然而,洪堡特生前显然并不知道这两种在他心目中尖锐对立的语言,曾经在华夏的历史进程里出现了持久而大量,并且是单向性的语言转换工程,而他那种今日看来业已过时的“汉语观”或许也只是来自他对汉地非佛教文献的文言书面语的片面认识。

事实上,从东汉桓帝建和二年(公元 148 年),安世高在洛阳启动其译业开始,一直到北宋神宗熙宁四年(公元 1071 年),朝廷关闭国家译经院为止,中原地区的佛典翻译工程前后持续了近十个世纪,并且也累积了将近四五千万字的翻译成果。但是,对于这一项跨语种、跨文化,同时也是跨世代的语言转换工程究竟是如何进行其实际操作?并且在所谓“屈折语”转换为“孤立语”的同时,译家们曾经遭遇到哪些困难?他们又是如何克服这些语际转换之间的困境?乃至其具体的转换成果是否曾经给华夏地区的语言演变带来了某些值得一提的效应或影响?虽然有关这些问题的若干研究,在“中古汉语史”的学术名目之下业已展开多时，并且在利用汉译佛典文献之余，学者之间也已取得了相当丰硕的成果。但是，总的来说，这些研究大体仍然是以词汇为中心，而对于"屈折语"和"孤立语"之间如何进行语法转换的根本性问题，乃至经由这种单向性的"语言接触"(language contact)所产生的效应问题，却鲜见有学者能够真正涉足其间而着手较为深入的系统性研究。当然，造成华夏学圈这项学术真空的症结所在，若就方法学的层面来说，其实也是显而易见的。

公元 1881 年，缪勒(M. Müller)在英国出版了具有现代意义的第一部精审校订的梵语佛典——《金刚经》，而在该书的引言里，他先是以极其惊讶的口吻说："中国佛教徒如何取得梵文知识，俾与印度佛教徒交谈，并与他们学习佛教哲理，确实是一桩很令人惊异的事；再者，同样神奇的是，印度佛教徒如何学得这样多的中文，以至在这种异国语言之中，找出精确的译语来翻译佛教的抽象术语。"接着他又说："就我所见，即使是最优秀的中国学者，恐怕也不能借最佳译者的译本，而对《金刚经》或类似作品有正确的理解，除非他能先阅读梵文原典。我那两位学生(亦即南条文雄与笠原研寿)就因阅读梵文原本，而经常能够更适切地了解玄奘等人所企欲表达的义理。如果不透过这个方法，他们看来便无法在汉译本当中发现任何精确且能翻译的意义，甚至在他们几乎已能背诵这些汉译时。"(以上引自《新译梵文佛典·金刚般若波罗蜜经》第五分册，如实出版社 1995 年，572 页)缪勒以上的谈话不但点出了梵语和汉语之间竟然可以进行语际转换的"不可思议性"，同时更清楚指出了"梵汉对勘"对于正确理解汉译佛典的重要性。然而，毋庸讳言的，在中古汉语史专业的研究圈子里，如今虽然对汉译佛典文献的重要性业已取得共识，但是能够驾驭梵语而进行实质性的梵汉文本对勘的语言学研究者，其实还是稀若晨星。在这种情况之下，若干和中古汉语流变有着密切关系的重大议题，不是未得其善解，便是为多数学者所存而不论，乃至被他们刻意忽视。

因此，就中古汉语史的研究来说，审查者以为，《基于梵汉对勘的〈法华经〉语法研究》的书稿实具有其多面性的贡献与价值。依审查者个人之见，此一书稿的主要贡献与价值，至少有以下数端：

其一，在前人研究的基础上，作者清楚地意识到汉译佛典文献的语言生成，乃是一项汉、外“语言接触”的产物，并且作者也同时警觉到这种翻译性语料的特殊性质必须摆放在“语言接触”的视角下来加以处理，方有可能真正得其善解。虽然在书稿里，作者并未正式援引拉波夫(W. Labov)有关“语言接触”和“语言变异”之间的论述，但其人所持有的这种语言变异的新颖视角仍然能够给“佛典汉语研究”带来若干新的启迪。

其二，作者对汉语史，特别是中古汉语语法演变的相关问题，有其极为专业而深刻的认识。这也使得作者能够在语法层面上更为全面而敏锐地观察“汉译佛典语言”和“本土性文献语言”之间的各种大大小小的差别所在。并且，尤为可贵的，在梵汉对勘的方法学操作之下，较之此前的同类研究，作者也更能够为我们在语法层面上充分剖析“汉译佛典语言”的“本土性制约成分”以及它的“源头语影响成分”。

其三，在此一书稿之中，作者以其灵活的梵汉对勘手法，一方面举证历历地为我们展示了昔日的佛典译家是如何想方设法地来克服梵语和汉语之间的那些语法殊性，而使其译文能够较为顺当地符应汉语类型的语法要求；此外，作者也极具说服力地在语言接触的层面上让我们见识到受“屈折语”冲击之下的“孤立语”所产生的一些语法变异，以及这些变异对日后汉语的演变所可能产生的效应。作者在其书稿中所展示的这些成果，则是我们在以往同类研究里难以见到的。

其四，作者能够在“汉译佛典语言”的语法研究上达到如此的高度与深度，当然和其人同时兼备了汉语和梵语的语法知识有直接关系。

事实上，梵汉对勘乃是一项技术含量极高的研究方法，而一般汉语学专业的研究者或佛教学专业的研究者，往往都各只熟知其中之一，而年轻一辈能够灵活操作这种方法的研究者，其实并不多见。我们从该一书稿字里行间处处流露对汉语语法学的熟谙，可以想见书稿的作者应该是汉语专业出身的研究者，然而由于其人充分的方法学意识而使她能够不谋近功，并退而兼治梵语语法，俾便自己能够深入"汉译佛典语言"里的那些异质成分。审查者以为，就方法学的意识以及治学的态度来讲，两者都堪为此一新兴学术领域里的表率。

其五，以《法华经》为例，自来以词汇为中心的梵汉对勘，不论是该经的梵藏汉索引或是两部汉译文本的单经汉梵词典，率皆由日籍学者编辑完成(此中前者为江岛惠教所编而后者则出自辛嶋静志)。至于其语法部分，则一向是佛教学学者甚少涉足的领域，即使是日籍汉学家，则除了牛岛德次和森野繁夫等人曾以该经的罗什译文为例而析论中古时期若干新兴的语法现象外，而对于汉译经本的整体语法现象的探究，可以说至今仍是乏人问津，如今目睹华夏学圈有人能够以梵汉语法对勘的方式而系统性地研究该一经本的语法现象，不论是就华夏学术的整体发展或是汉译佛典语言的研究来说，都称得上是一件令人振奋的事情。

至于说作者此一书稿透过梵汉对勘的方法学操作所获至的创见，从以下两个例子，我们或可窥见其一斑：

其一，对汉译佛典里动名之间"于/於"的介入，是否纯为韵律因素所造成的问题，书稿以大量梵汉对勘的实例显示了"于/於"的介入，实际上是译者为了准确反映梵语宾格的语法标记而来，并非全然不带语法意义的音节衬字。这一点是以往学界并未清楚认识到的。

其二，对于汉译佛典里"S, N是"句式和汉地"S是N"句式之间，两者的"是"是否为系词的问题，书稿以大量梵汉对勘的实例显示了

“S，N是”的“是”并非梵语SOV而动词后置的词序反映，而往往这个“是”字乃是反映了梵语的指示代词。这一点同样也是以往学界未曾得其善解的地方。

诚如作者自己在书稿的“内容提要”所说的：“作为翻译作品，汉译佛典的语言无论在词汇上、还是语法上都不同于一般的汉语文言著作，表现出口语和书面语、汉语与原典语的双重混合，具有复杂、独特的语言个性，而来自原典语言的异质成分则是其中最具特色的东西。要将这些外来成分从译经语言中剥离出来，最直接有效的办法就是利用梵汉对勘。”

因此，就书稿所采用的对勘方法及其实际所获至的成果来说，审查者认为作者的研究实已得到相当成功，故而审查者乐于见到此一书稿的正式出版。

虽然如此，审查者还是认为这部书稿仍有若干可以提升学术品质的空间，以下且提出两点，或可供作者斟酌一二：

其一，在系统性的梵汉语法对勘之下，作者何以对“疑问句式”未加任何处理？是因为梵语的疑问句式和汉语之间并无任何分别？还是说梵语的疑问句式不曾影响过汉语同类句式的发展？

其二，许理和1991在考察汉代译经时，曾经认为译经中“代词系统大规模简化，如人称代词事实上只剩下‘我’和‘汝’”。为什么罗什在翻译梵语名词格变时有着极其丰富的语法标记，而梵语里同样丰富的代词系统却没有能够在汉译佛典里有所表现？这特别指的是第三人称代词以及阴性的人称代词。

最后，是关于“汉译佛典语言”的语法现象是否随不同的译家而有其共性或殊性的问题。譬如S. Zacchetti 1996与渡边章悟2005都曾经以梵汉对勘的方法，考察了笈多译的直本《金刚经》的语法现象，而S. Zacchetti则认为除了少数六、七项堪称规律的梵语形态学上的语法标记曾经反映在笈多的逐语直译而外，至于系统性地在汉语译文里表出梵语形态学上的各种屈折变化，只怕译者并无此类的意图。因此，作者基于梵汉对勘而对《法华经》所进行的语法描写与分析，其所得之结论是否在“佛典汉语”里只是“言语”(parole)而不是“语言”(langue)？审查者的意思是说，书稿的作者日后或有必要以同样的对勘方式来考察同样受到汉地欢迎的《维摩经》，并逐一核证其于《法华经》所得之结果是否可以一样适用于《维摩经》的三个汉译文本。当然，在这一方面，书稿的作者其实也已经在其“结语”中注意到了。

评审人：萬金川

专家评审意见

洪　波

语言接触有多种样态，因文化传播而导致两种或者两种以上语言发生接触关系，是其中的一种类型，汉语与梵语以及中亚地区的一些古代语言发生接触，就属于这种类型。佛教自两汉之际传播到中国之后的数百年里，翻译佛教经典成为当时盛事。翻译成汉语的佛教经典由于译者背景、翻译水平以及所据原语言文本的语言特点等因素而呈现出一种与当时本土文献的语言面貌有或大或小差异的“风格样态”，朱庆之称之为“佛教混合汉语”。这种“佛教混合汉语”本身作为一种文本语言样态不太容易与当时汉语口语发生直接的关系，但是它通过佛教弟子的讲经和诵经而向普通大众传播，从而使得其中的某些“成分”进入到当时的汉语口语中来，并由此而对汉语后来的变化产生了影响。

翻译佛经所呈现的“语言风格样态”既有翻译者个人的因素，也有原典语言的因素，因此要厘清翻译佛经对汉语的影响，就有必要对当时译者的语言背景、个人情况等进行研究，但这一方面现在做起来难度是非常大的，甚至无从查考。好在有不少译经的原典还可追寻，通过译本和原典语言的对照，就能窥见语言转换过程中原语言的某些踪影。《基于梵汉对勘的〈法华经〉语法研究》就是这样一项研究成果。该成果全面、完整、细致地对《法华经》1～10品进行了梵汉对勘工作，在此基础上对《法华经》的部分语法现象进行了梳理，找出了这些语法现象“独特样态”背后的原语言理据。这是一项艰苦而又非常了不起的研究工作，它对研究者的素质有非常高的要求，不仅要求研究者对梵语有一定知识，对中古汉语有相当深入的了解，还要求研究者具有现代语言学的理论素养和眼光。从该项成果的总体来看，研究者上述几个方面的知识和素养都是具备的，而且表现得相当出色，具体表现在研究者对所研究的几个语法专题的驾驭和展开方面。

这项成果的价值不仅表现在它为《法华经》某些“独特语法现象”正本清源，它至少还有以下两个方面的价值：

(1)为汉语史研究者正确利用翻译佛经提供了一个视角；

(2)为文化传播型语言接触研究提供了可靠的研究基础。

希望作者在今后的继续研究中能在下面两个方面投入更多的精力：(1)在对勘的基础上对译经的“语言风格样态”做定量的穷尽性研究，比如对应梵文的受格，译经用了哪些对译方式，各种方式的具体情况如何，为什么会用不同的方式对译。(2)翻译佛经对汉语语法的影响具体的过程和步骤是怎样的？中古以后汉语中究竟有哪些语法现象在汉语史上自身找不到源头和理据，并且是如何与翻译佛经相关的。将这两个方面的研究工作做好了，我们才能理直气壮地说梵语是怎样影响翻译佛经的，翻译佛经又是怎样影响汉语的。

评审人：洪波

检